들으면서 공부하자!
오디오북 시대

잠깐! 오디오북 어떻게 들을 수 있나요?

선을 넘는 창의력 PART 1 오디오북 수강 안내

1. QR코드 접속 ▶ 회원가입 또는 로그인
2. 오디오북 신청 후 마이페이지에서 수강

오디오북 수강 ▲

상담 및 문의전화 **1600-3600**

코로나19 바이러스
"친환경 99.9% 항균잉크 인쇄"
전격 도입

언제 끝날지 모를 코로나19 바이러스
99.9% 항균잉크(V-CLEAN99)를 도입하여 「안심도서」로
독자분들의 건강과 안전을 위해 노력하겠습니다.

TEST REPORT

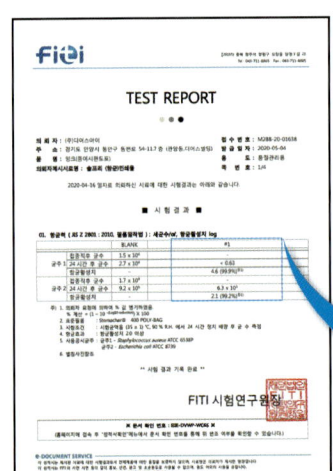

항균잉크(V-CLEAN99)의 특징

- 바이러스, 박테리아, 곰팡이 등에 항균효과가 있는 산화아연을 적용
- 산화아연은 한국의 식약처와 미국의 FDA에서 식품첨가물로 인증 받아 **강력한 항균력**을 구현하는 소재
- 황색포도상구균과 대장균에 대한 테스트를 완료하여 **99.9%**의 **강력한 항균효과 확인**
- 잉크 내 중금속, 잔류성 오염물질 등 **유해 물질 저감**

#1
-
< 0.63
4.6 (99.9%)[주1]
-
6.3 × 10³
2.1 (99.2%)[주1]

창의력으로
'**히트 친**' 사람들

선을 넘는 창의력

프롤로그

내 안에 잠들어 있는 창의적 사고를 깨워라!

사람들은 묻습니다.

"왜 굳이 창의적인 사고가 필요한가?"
"창의적인 사람이 돼야 하는 걸까?"

그건 우리가 살아가는 시대가 '창의인재', '통찰인재', '프로젝트형 인재'를 요구하기 때문입니다. 세계의 리더 국가로 한 걸음씩 나아가고 있는 대한민국에는 변화와 혁신이 필요합니다. 기업은 더 그렇습니다. 매 순간 새로운 것을 창의하고 혁신해야만 합니다. 변화하는 환경에서 창의적인 생각으로 새로운 콘텐츠와 창조 결과물을 만드는 기업만이 생존할 수 있게 된 것입니다.

지난 2015년부터 삼성그룹은 '창의성 테스트'를 면접의 핵심 절차로 도입했습니다. 사회이슈와 사건에서 창의적인 아이디어나 솔루션을 제시하고 임원진들과 토론하는 방식입니다. 2020년부터 문화산업의 대표주자인 CJ ENM과 식품 서비스 전문기업 CJ프레시웨이에서 기존 인·적성 검사인 CAT 대신 CIT(Contents Insight Test)라는 창의성 및 통찰력 평가 시험을 시행했습니다. 이 시험의 경우 주어진 사물을 이용해 플롯 짜기, 특정 인물로 노래 가사 작성하기 등 정답이 없는 문제들로 구성되며 직접 새로운 콘텐츠나 사업을 창조하는 프로젝트를 기획해야 합니다. 하나은행도 새로운 입사 시험으로 SW 활용 창의적 문제해결 검정 시험인 'TOPCIT'을 도입했습니다. 이 시험은 'SW 활용 기술+기획프로젝트 협업 비즈니스+현장 업무능력'을 통합적으로 평가하는 방식입니다.

중견기업이나 중소 벤처기업들의 면접 형태 역시 이런 흐름에서 벗어나지 않습니다. 자기소개서와 면접에 빼놓지 않고 물어보는 질문이 있습니다.

"당신은 살면서 문제를 발견하고 직접 창의적인 아이디어를 찾아 적용하여 문제를 해결해 본 경험이 있는가, 있다면 그 과정을 자세하게 설명해 보세요."

이 질문에 답하려면 창의적 사고가 필요합니다. 직접 창의적인 사람이 되어 문제를 해결하고 혁신을 만들어 본 프로젝트 실전경험이 필요합니다. 그리고 이런 질문은 조직과 기업 현장에서 앞으로도 계속될 것입니다. 우리는 일의 현장에서 내 삶의 꿈을 위해 무수한 프로젝트와 마주 서게 되고 그때마다 창의적인 사고를 필요로 할 것입니다.

당신에게 필요한 '창의 내비게이션'

이 책의 독자분들은 100세 시대를 살아야 합니다. 잘 나가는 대기업의 임직원이라도 40대 중반에는 새로운 진로를 모색해야 하는 경우가 많습니다. 위로 올라갈수록 남은 자리는 피라미드 모양으로 줄어들기 때문입니다. 혹 정년이 보장되는 공무원이라도 은퇴 후 30년 이상 긴 세월을 가치 있게 만들어 갈 제2의 인생 계획을 창조적으로 설계해야 합니다. 스스로 삶의 주인공이 되어 우리가 발 딛고 있는 시대를 읽고 내일을 기획하고 창조하는 '생각하는 힘'이 필요합니다.

가만히 주변을 살펴보세요. 세상과 환경은 빠르게 변합니다. 구글의 '유튜브(Youtube)'와 중국의 '틱톡(Tiktok)' 등 새로운 플랫폼을 활용해 창의적 아이디어와 독창적인 콘텐츠로 큰 자본 없이 고수익을 올리는 일반인들이 등장하기 시작했습니다.

때론 평범했던 이들이 다양한 아이디어나 창업공모전에 수상해 국가나 지방자치단체의 다양한 지원과 혜택을 받기도 하며, 스스로 관심이 있던 분야에 창업하여 일자리와 비즈니스를 만들기도 합니다.

우리도 꿈꿀 수 있습니다. 우리도 도전할 수 있습니다. 하지만 새로운 것을 창조하기 위해서는 반드시 창의하는 방향을 알려주는 좋은 '내비게이션'이 필요합니다.

문제는 '어떻게'이다!

창의한다는 건 뭘까요? 남들과 다르게 생각하고 세상에 없던 새로운 걸 만들어 내는 일입니다. 우리는 현장에서 매 순간 창의하려 합니다. 그러나 잘 안 됩니다. 진짜 문제는 '어떻게'입니다.

'어떻게' 다르게 생각하지?
'어떻게' 새로운 걸 만들지?

창의할 때마다 우리는 항상 '어떻게'라는 장벽과 마주 섭니다. 그런데 가만히 생각해 보면 세상은 온통 창의의 산물입니다. 우리 자신을 포함해 모든 생명은 물론이거니와 캠퍼스 커플(CC)과 부부도 창의를 거쳐 탄생했습니다. 우리가 살면서 사용하는 모든 것은 과거 누군가가 먼저 '어떻게'를 알아내 창의한 결과물들이지요. 스마트폰, 컴퓨터, TV, 전기, 아파트, 지하철, 자동차, 비행기, 학교, 회사, 법률, 국가, 지식, 포털 검색엔진, 소설, 웹툰, 시장, 온라인 쇼핑, 배달서비스 등 모든 창조된 것들은 '어떻게'를 거쳐 나온 것입니다.

새로운 것들이 '어떻게' 탄생했는지를 탐구해 본다면 창의성에 대한 비밀을 풀 수 있습니다. 물론 쉬운 일은 아닙니다. 창의하는 '과정'이 우리 눈에 잘 보이지 않기 때문입니다. 창조된 결과나 일부분은 드러나지만 진행되는 과정은 숨어있는 경우가 많습니다. 따라서 창조된 '결과'를 보는 사람은 누군가 창의한 것에 대가를 지불하고 쓰는 사용자가 되고, 창조하는 '과정'을 보는 사람은 새로운 걸 창의하는 창조자가 됩니다. 창조자와 사용자 사이에는 분명 관점의 차이가 존재합니다.

우리는 창조자의 시선을 가져야 합니다. 창조적 포지션에 서야 비로소 보이지 않던 '창조하는 과정'이 보입니다. 창의한 사람들이 '어떻게' 새로운 것을 만들어 냈는지 있는 그대로 전 과정을 꿰뚫어 보는 것이 바로 '통찰'입니다.

보이지 않는 것을 보는 '통찰'의 힘

'통찰'이라는 요새의 벽은 높지만, 그렇다고 난공불락(難攻不落)은 아닙니다. 통찰은 호기심의 세계라고 할 수 있습니다. 겉으로 드러나는 지식, 정보, 데이터, 결과가 아니라 지식과 지식, 정보와 정보, 데이터와 데이터, 시작과 결과 사이에 보이지 않는 관계를 찾아야 합니다. 생각하고, 질문하고, 호기심을 가지고, 탐구하면 서서히 그 '관계'가 보이기 시작합니다.

무지개는 빛이 공기 중 수증기를 만나 상호작용하며 빨주노초파남보로 굴절되어 뜹니다. 물건을 살 수 있는 건 시장이 열리고 사는 사람과 파는 사람이 만나 돈과 물건을 교환하는 절차를 거치기 때문입니다. 저 하늘의 무수한 별은 모두 수소들이 인력과 핵력으로 치열하게 상호작용하여 탄생한 결과입니다.

모든 창의에는 '어떻게'가 숨어 있습니다. 그리고 '어떻게'라는 메커니즘에는 보이지 않는 '관계'가 숨어 있습니다. 또 '관계' 속에는 또 보이지 않는 절차와 과정과 순서가 권력 구조로 작동합니다. 그 속에서 창조의 변화와 움직임과 생명력이 저절로 작동합니다.

이제 우리는 새로운 것을 창의한 많은 창조자의 '어떻게'를 해결한 도구를 발견하고자 합니다. 그 도구만 있다면 우리도 기존과 다르게 생각하고 창의하고 새로운 것을 창조하는 일을 얼마든지 해낼 수 있을 테니까요.

'먼저' 창의한 사람들의 생각 탐구서

이 책은 창의력으로 '히트 친' 사람들의 이야기입니다. 누구나 알 만한 유명한 창조자들은 물론 조개 속에 숨은 진주같이 사람들 눈에 잘 띄지 않지만 새로운 영감을 주는 통찰자들, 그리고 우리 주변에서 만날 수 있을 법한 평범한 창의꾼들의 이야기를 소개합니다.

여기에 소개한 이들은 평생 '창의성'을 연구하고 강의해 온 저의 그물망에 걸린 이들이자 강렬한 인상을 준 인물들이라고 할 수 있습니다. 도대체 그들은 어떻게 창의했을까요?

PART 1 '오멜라스를 떠나는 조직의 탈주자들'에서는 창의력이 발휘되지 않는 기존의 조직환경에서 탈출해 꿈을 이룬 사례를 다룹니다.

PART 2 '발상의 전환이 만들어 낸 홍해의 기적'에서는 고정관념을 깨고 발상의 전환을 통해 혁신을 만든 사람들의 이야기를 모았습니다.

PART 3 '그 남자가 화성에 가는 법'에서는 모두에게 무시당했음에도 불구하고 황당한 꿈을 이루기 위해 노력하여 큰 업적을 이룬 사람들을 소개합니다.

PART 4 '시작은 초라하지만 끝은 창대하리라'에서는 비록 보잘것없는 출발선에서 시작했지만 특별한 생각을 실행해 큰 성취를 이룬 사람들의 도전기를 들려 드립니다.

PART 5 '관계를 읽는 크리에이터의 눈'에서는 현장에 불어닥친 문제를 창의적으로 해결한 해결사나 참신한 콘텐츠를 창조한 크리에이터, 각종 공모전 대상 수상자들의 아이디어를 소개합니다.

PART 6 '인문학에서 피어난 창의성의 꽃'에서는 역사 속 세상의 이면을 꿰뚫어 보았던 통찰자들의 깨달음과 그들이 현재 우리에게 던지는 소중한 목소리에 귀 기울여 봅니다.

물론 한 인간의 삶에 대한 평가는 저마다의 기준에 따라 달라질 것입니다. 얼마든지 다른 관점에서 해석될 수 있습니다. 하지만 이 책에서는 '창의력'이라는 돋보기를 통해 그들의 '특별함'을 발견하려고 했다는 점을 기억해 주세요.

창의력으로 '히트 친' 사람들의 공통분모

창의는 언제나 우리 눈에 잘 보이지 않는 영역에서 일어납니다. 숨어있는 세계는 즉 추상의 세계이며, 추상은 곧 패턴으로 드러납니다. 그리고 이러한 패턴에서는 공통점을 찾아낼 수 있습니다.

예를 들어 보겠습니다. 70억 사람들은 그 한 명 한 명이 모두 다릅니다. 하지만 70억 인간이 탄생하는 과정은 같습니다. 따라서 탄생하는 패턴은 단 하나입니다. 완성된 집의 크기와 형태는 제각각이지만, 집이라는 개념을 이루는 구조와 그 원리는 다르지 않습니다. 창조된 모든 결과물은 저마다 다르지만, 그 결과물이 창조되는 물리적인 프로세스는 같습니다.

'바람'과 '불'이 무엇인지, 그리고 그 차이점이 무엇인지 아는 것은 '지식'입니다. 그러나 '바람이 부는 메커니즘'과 '불을 피우는 메커니즘'의 '공통점'을 발견하는 것은 '통찰'입니다. 창조가 일어나는 공통적인 패턴이나 메커니즘을 통찰해 보고자 하는 것이 이 책의 메시지입니다.

모든 사람이 아인슈타인이나 레오나르도 다빈치, 스티브 잡스와 같은 생각 천재가 될 수는 없습니다. 하루아침에 창의력을 키우는 일도 쉽지는 않을 것입니다. 그러나 이 책을 선택한 독자 여러분들께서는 절대 포기하지 말았으면 좋겠습니다. 창의력으로 히트 친 사람들이 가지고 있던 사고 프로세스의 공통점을 통해 여러분 역시 창의력에 대한 명쾌한 솔루션을 얻게 될 테니까요.

그럼 지금부터 창의력으로 '히트 친' 사람들과 함께 창의성의 세계, 통찰의 세계로 떠나볼까요?

2021년 11월 북한산 아래서

지은이 이동조

목차

프롤로그
내 안에 잠들어 있는 창의적 사고를 깨워라!

PART 1 오멜라스를 떠나는 조직의 탈주자들

01. 8개월간의 코로나19 백신 개발 프로젝트 ·············· 002
    벤처기업 모더나 이사회 의장 누바 아페얀의 '투자'

02. 불합리와 부조리에서 탈출해 새로움을 시도하라! ·············· 008
    BTS를 탄생시킨 방시혁의 '분노'

03. 감독의 관점으로 자기만의 길을 개척한 아웃사이더 ·············· 015
    딴지일보 김어준 총수의 '초인'

04. 플랫폼은 죽어도 콘텐츠는 죽지 않는다! ·············· 022
    개그콘서트와 웃찾사 종영 후 유튜브로 개그하는 '개튜버들'

05. 숱한 거절 끝에 탄생한 세계 최대 온라인 쇼핑몰 ·············· 027
    알리바바 창시자 겸 이사회 주석 마윈이 당한 '거절'

06. 자신들의 연구 과제를 연결한 두 대학원생 이야기 ·············· 033
    구글 창조자 레리 페이지와 세르게이 브린의 '만남'

07. 작은 성공을 복제하여 큰 성공을 이루다! ·············· 039
    중고 거래 플랫폼 당근마켓 공동창업자 김용현 대표의 '경험'

08. 조직부적응자에서 '수출 스타 경진대회' 대상까지 ·············· 044
    청년창업가 에이치앤에스인터내셔널 유재상 대표의 '무대'

09. 모두에게 유토피아가 될 수 없는 오멜라스 ·············· 049
    대학 연구실을 떠나는 교수님들의 '탈출'

CONTENTS

PART 2 발상의 전환이 만들어 낸 홍해의 기적

01. 음식 사업이 아니라 부동산 사업이라니까요? ······ 056
    맥도날드 체인점 시대를 연 레이 크록의 '발상의 전환'

02. "지금 젊은 애들이 산에서 자전거를 타고 있어요!" ······ 062
    산악자전거 MTB 핵심 부품 만든 시마노 요시조의 '관찰'

03. 양초를 만들지만 팔지는 않아요 ······ 069
    세계 1호 캔들 스토리텔러 노희정 작가의 '스토리'

04. '가장 멋진 길'로 선정된 디즈니랜드 오솔길 ······ 075
    건축가 발터 그로피우스의 '역발상'

05. "기업 기밀정보를 전 세계에 오픈해 봐!" ······ 080
    망해가던 금광기업 살린 롭 맥이웬 사장의 '공개 모집'

06. 주유소에서 치킨을 판 사나이 ······ 085
    KFC 창업자 커널 샌더스의 '끈기'

07. 영상에서 언어와 문자를 없앤 이유? ······ 091
    누적 조회 수 국내 1위 토이푸딩 김세진 대표의 '제거'

08. 공무원 조직에 혁신을 불러온 공익근무요원 ······ 097
    대구노동청 안동지청 반병현 씨의 'ICT 기술'

선을 넘는 창의력 – 창의력으로 '히트 친' 사람들

목차

PART 3 그 남자가 화성에 가는 법

01. 꿈을 이루기 위해 근본부터 다시 생각하라! · · · · · · · · · · 104
　　우주여행 설계자 일론 머스크의 '제1원칙 사고법'

02. PX 판매병에서 대기업 CEO까지 · · · · · · · · · · · · · · · · · 111
　　세계적인 기업 P&G 회장 래플리의 '데이터 수집'

03. 그냥 한 번 써 본 건데, 최고의 추리작가라니! · · · · · · · 116
　　코난 도일의 '세렌디피티'

04. 심해에 가라앉은 타이타닉을 탐사하고 싶어! · · · · · · · 122
　　영화감독 제임스 카메론의 '심해(深海)'

05. 도움이 된다면 내가 만들지, 뭐? · · · · · · · · · · · · · · · · · 128
　　거창한 비전 없이 새로운 걸 창조한 사람들의 '필요'

06. 통째로 들어 옮기면 됩니다 · 135
　　건축가 호르헤 매튜트 레무스의 '통째로'

07. 정말 센 태권도 아세요? · 140
　　실전 태권도 창안한 김동희 사범의 '프로세스'

08. 122년 동안 불가능했던 일을 실현해 낸 창조자 · · · · · 146
　　'두오모' 성당 돔을 만든 건축가 브루텔레스키의 '달걀 세우기'

CONTENTS

PART 4 시작은 초라하지만 끝은 창대하리라

01. '줌(Zoom)'으로 실리콘밸리 신화를 이룩하다 · · · · · · · · · 152
    영어 한마디 못 하던 청년 에릭 유안의 '비자'

02. "밀라노 군주 루도비코 스포르차 님, 저를 뽑아주세요." · · · · · · 158
    생각 천재 레오나르도 다빈치의 '자기소개서'

03. 빛을 사랑하여 조명박물관을 세우다 · · · · · · · · · · · · 164
    조명기업 필룩스 노시청 전 회장의 '빛'

04. 연체료 없이 비디오를 빌려드립니다! · · · · · · · · · · · · 184
    콘텐츠의 보물창고 넷플릭스 창업자 리드 헤이스팅스의 '연체료'

05. 알바 2명과 시작한 투자기업, 세계를 삼키다! · · · · · · · · 190
    소프트뱅크 손정의 회장의 '시스템'

06. 편의점 알바생에서 CEO가 될 수 있었던 비결 · · · · · · · · 199
    전 스타벅스코리아 사장 정진구 씨의 '제안'

07. 교통경찰관의 고충에서 탄생한 LED 볼펜 · · · · · · · · · · 205
    반디펜 개발한 김동환 씨의 '전화위복'

08. 책과 비디오를 대여해 주던 동네서점의 위대한 변신 · · · · · · 210
    츠타야 창업자 마스다 무네아키의 '라이프스타일'

선을 넘는 창의력 – 창의력으로 '히트 친' 사람들

목차

PART 5 관계를 읽는 크리에이터의 눈

01. 대학교 리포트에서 탄생한 세계 최대 물류배송기업 ········ 220
   페덱스 창업자 프레데릭 스미스 회장의 '자전거 바큇살'

02. 섹시한 디자인의 코카콜라병은 어떻게 탄생했을까? ········ 224
   콜라병 디자인공모 수상 알렉산더 사무엘슨과 얼 딘의 '카카오 열매'

03. '뇌졸중 예고 모자' 한 번 써 보실래요? ········ 231
   삼성전자 사내공모 수상 뇌예모 팀의 '웨어러블'

04. 창의적 기획서의 공통점을 찾아라! ········ 237
   7가지 아이디어 공모전 대상 수상자들의 '연결'

05. 평창만의 독창성과 한국의 미를 메달에 담다! ········ 245
   평창동계올림픽 메달 디자인 이석우 대표의 '한글'

06. 어묵숍에서 베이커리숍의 풍취를 느끼다! ········ 249
   삼진어묵의 전문숍 만든 박용준 전 대표의 '베이커리숍'

07. 산호초 보호를 위해 만든 바닷속 박물관 ········ 254
   멕시코 칸쿤 해양생물협회 조각가 제이슨 테일러의 '조각품'

08. 아토피 때문에 개발한 천연 소시지 ········ 259
   청년 창업가 선앤두 김명진 대표의 '천연 재료'

09. 알링턴국립묘지 정상방문 기념패에 숨은 비밀 ········ 264
   금속 공예 작가 김동현 씨의 '단추'

10. 행운의 네 잎 클로버, 무엇과 어울릴까? ········ 268
   화훼 농부 푸드클로버 홍인헌 대표의 '스타벅스'

CONTENTS

PART 6 인문학에서 피어난 창의성의 꽃

01. 달에 산이 있다고 확신한 최초의 인간 · · · · · · · · · · · 274
    과학자 갈릴레오 갈릴레이의 '그림'

02. 저자가 되고 싶다면 저에게 오세요! · · · · · · · · · · · · 279
    개인 출판 컨설팅 1인1책 김준호 대표의 '책'

03. 인문학과 과학을 가장 아름답게 통합한 사람 · · · · · · 292
    세계적 필독서『코스모스』의 작가 칼 세이건의 '전공'

04. 그가 2천 년 앞을 내다볼 수 있었던 이유 · · · · · · · · 300
    원자론을 제시한 고대 철학자 데모크리토스의 '공간'

05. 인간은 '프레임'으로 세상을 인식한다! · · · · · · · · · · 307
    프레임 개념의 창시자 조지 레이코프의 '인식'

06. 노자가 꿰뚫어 본 통찰력, 공자가 제시한 방향성 · · · 315
    동양의 두 철학자 노자와 공자의 '만남'

07.『길가메시』와『오디세이아』이야기 · · · · · · · · · · · · · 322
    삶이란 무엇인가? 영웅 길가메시와 오디세우스의 '인생'

08. 바다가 노인을 이길까? 노인이 바다를 이길까? · · · · 329
    어니스트 헤밍웨이의 '인간'

에필로그
창의적인 사람들의 공통점을 찾아보세요!

선을 넘는 창의력 – 창의력으로 '히트 친' 사람들

PART 1

오멜라스를 떠나는 조직의 탈주자들

01

8개월간의 코로나19 백신 개발 프로젝트
벤처기업 모더나 이사회 의장 누바 아페얀의 '투자'

2020년 3월 미국 백악관.

도널드 트럼프 대통령은 각계각층의 전문가들과 함께 대책 회의를 진행했다. 회의에는 대통령 비서진은 물론 장관들과 의료분야 최고 권위자, 미 국무부 장성들이 참석했다. 회의실에는 팽팽한 긴장감이 감돌았지만 문제에 대한 타개책을 속 시원히 제시하는 이는 없었다.

코로나19 팬데믹으로 인해 전 세계에서 사망자가 속출하는 상황이었다. 바이러스 감염으로 하루 수천 명의 생명이 사라지는 것은 물론, 나라의 국경과 세계 주요 도시들이 속속 봉쇄되기 시작했다. 바이러스는 세계 경제에도 직격탄을 날렸다. 각국의 경제지표들이 곤두박질쳤다. 미국 또한 예외일 수는 없었다. 백신도 치료제도 없는 상황에서 하루빨리 백신을 개발하는 것만이 인류가 생존할 해답이 될 수 있을 것 같았다. 하지만 백신 개발은 현실적으로 오래 걸리는 일로, 아무리 빨라도 수년에서 수십 년이 걸리는 게 보통이었다.

"기존의 방식대로라면 아무리 기간을 단축한다 해도 백신 개발에 약 18개월은 소요될 것으로 전망됩니다."

의학 전문가의 설명에 참석자들은 큰 한숨을 내쉬었다. 몇 가지 상황 보고를 받은 트럼프 대통령은 드디어 결단을 내렸다.

"지금 상황을 보면 우리는 결코 18개월을 기다릴 수 없습니다. 국가적 역량을 총동원해서 백신 개발 기간을 8개월로 단축하세요."

트럼프 대통령은 앨릭스 에이자 미국 보건복지부 장관에게 최단기간 백신 개발을 지시했고, 이에 따라 복지부는 즉각 개발 목표를 설정했다. 8개월 후인 2020년 11월에는 백신이 대량생산에 들어가야 했다.

우선 2021년 1월까지 코로나19 백신 3억 명 분량을 확보하기로 하고 국가 백신 개발 프로젝트팀을 구성했다. 이 백신 개발 작전에는 정부 기관, 국방부와 군, 제약회사, 민간이 모두 참여했다.

8개월간의 코로나19 백신 개발 프로젝트 총지휘는 미 육군 병참지휘부 구스타브 페르나 사령관이 맡았다. 군사령관이 총책임자가 됐다는 건 해당 프로젝트가 군사작전에 버금가는 중요도를 지녔음을 의미한다. 이것이 바로 미국 정부의 신속한 코로나19 백신 개발, 배포 및 접종 사업인 '워프 스피드 작전(Operation Warp Speed)'의 탄생이다.

워프 스피드 작전은 영화《스타트렉》속 우주의 시공간을 뚫어 엄청나게 빠른 속도로 차원을 이동하는 '워프 스피드'에서 비롯되었다. 그 이름의 유래처럼 워프 스피드 작전은 미 정부 관련 부처와 의회는 물론, 관련 기업 등이 의기투합하여 일사불란하게 집행됐다. 코로나19 백신 접종의 안전성과 효능을 확보하면서 최대한 조속히 개발, 제조, 분배될 수 있도록, 가장 먼저 관련 법률 제정과 예산확보가 이루어졌다.

2020년 3월 27일, 미국 의회 법률 제정에 따라 100억 달러(약 12조 원)의 예산이 워프 스피드 작전에 책정됐다. 그리고 이 예산은 즉시 존슨 앤드 존슨(얀센 제약), 아스트라제네카, 노바백스 등 다양한 글로벌 백신 개발 기업에 투입됐다. 이처럼 미 정부에게 개발비를 집중적으로 지원받은 백신 개발 핵심 지원 기업 중에는 미국의 벤처 제약기업인 '모더나'도 있었는데, 지원자금은 25억 달러(약 2조 7,300억 원)에 달했다.

새로운 백신 개발 방식의 탄생

의료계 전문가들 중에서도 워프 스피드 작전의 성공을 기대한 사람들은 많지 않았다. 통상 백신 개발은 5~10년 정도가 걸리기 때문에, 아무리 국가적 지원과 협력을 바탕으로 개발을 시도한다 해도 18개월 정도의 기간이 소요될 것이란 관측이 대다수였다. 그러나 결과적으로 작전은 성공했다.

워프 스피드 작전 개시 후 8개월 남짓 지난 2020년 12월 18일, 미국 식품의약국(FDA)은 모더나 사(社)가 개발한 코로나19 백신 'mRNA-1273'의 긴급사용을 세계 최초로 승인했다.

모더나 사는 사실 2020년 1월 21일 코로나19 바이러스 염기서열이 공개된 지 불과 두 달도 채 안 되는 사이 백신을 디자인한 상태였다. 결과적으로 모더나 사는 임상시험이 가능한 최초의 코로나19 백신이자 최초로 사람을 대상으로 한 코로나19 백신 1상 임상시험을 성공한 기업이 되었다.

최종 승인에 앞서 모더나 사는 코로나19 백신 임상3상 중간결과를 발표한 바 있었는데, 중간 보고서에 따르면 임상에 참여한 3만여 명 중 95명에게만 감염 사례가 발생했으며, 이들 중 실제 백신을 접종한 인원은 5명에 그쳤다고 한다. 이는 모더나 사의 백신이 코로나19에 94.5%의 방어 능력을 보였다는 것을 의미한다.

2020년 7월 미국 국립보건원(NIH)과 함께 백신 개발을 시작했던 모더나 사는 미국 정부와 2021년 1분기까지 백신 1억 도스를 공급하는 계약을 맺은 것은 물론, 12월에 추가로 1억 도스를 판매해 2021년 2분기에 공급하기로 했다.

미국의 코로나19 백신 개발과정에는 '국가들의 협력'과 함께 '다양한 조직의 공조 시스템'이 구축되어 창의적인 솔루션이 탄생했는데, 이러한 창의적 솔루션의 결정체인 백신의 탄생에는 빠른 개발 속도 외에도 기존에 없던 새로운 백신 기술 방식이 적용되었다.

일반적으로 백신은 바이러스나 박테리아 등 병원체가 우리 몸에 침입하면 항원(적군의 창)이 면역반응(내 몸의 양병)을 일으키면서 싸워 이길 수 있는 항체(적의 창에 대항하는 방패 군대)를 생성하도록 한다는 점을 이용한다. 따라서 아주 약하게 만든 항원이나 창날이 없는 비활성화된 항원을 사전에 인체에 주입해 항체를 생성시키는 것이다.

그런데 새롭게 탄생한 모더나 사의 코로나19 백신은 메신저 mRNA(메신저 리보핵산)란 기술을 최초로 적용해 완전히 다른 방식으로 만들어졌다. mRNA백신은 '특이한 스파이크 단백질'을 만드는 유전자를 RNA 형태로 만들어 인체에 투여하는 백신이다. 이 백신은 RNA와 같은 유전물질을 'm(메신저)'에 실어 체내에 주입해 항원을 만들고, 면역반응을 유도하는 항체를 만드는 지침을 제공한다. 그러면서도 mRNA는 인간 몸속 DNA에 대해 일절 관여하지 않고 그저 세포핵 밖의 명령을 전달할 뿐이다.

특히 mRNA백신은 특정 바이러스의 유전자 염기서열을 분석해 비교적 이른 시간에 백신을 만들 수 있다는 장점이 있었다. mRNA 백신은 항원, 병원체의 유전자의 형태만 파악하면 거기에 대응할 수 있는 유전 정보만 합성해 사용하면 된다.

우리 몸에서 자체적으로 항원을 생산하니 기존 백신 개발과정처럼 외부에서 항원, 또는 항체를 배양해가며 애써 모을 필요가 없다. 이런 이유로 모더나의 코로나19 백신의 생산 전 공정은 불과 이틀에 불과하다.

하버드대 연구소에서 시작한 모더나

사실 mRNA백신의 핵심기술은 10여 년 전에 이미 완성되어 있었다. 이 기술을 가지고 있었던 생명공학 기업이 바로 미국의 '모더나(Moderna)' 사였지만, 정작 코로나 백신 개발 이전의 모더나 사를 아는 사람은 드물었다. 미국 매사추세츠 주 케임브리지에 본사를 두고 있는 이 생명공학 회사는 다른 기업에 비해 역사가 오래된 것도, 그렇다고 거대한 글로벌 기업인 것도 아니었기 때문이다.

모더나 사는 지난 2010년 'ModeRNA'라는 이름으로 설립된 연구중심의 작은 벤처기업에 불과했다. 반면 mRNA백신 기술로 비슷한 시기에 개발된 백신인 화이자를 개발한 기업은 생긴 지 무려 170년도 넘은 동명의 거대 글로벌 기업으로, 사용된 기술은 독일 바이오엔테크에서 제공받았다.

모더나 사는 창업 후 희귀질환이나 바이러스에 대한 다양한 치료제 개발과 임상을 꾸준히 진행해 왔지만 정작 설립 이래 한 번도 제품을 출시한 적이 없었다. 그럼에도 모더나 사는 그들의 핵심기술이 지닌 가치를 알아 본 투자자들에게 꾸준히 주목받는 벤처기업이기도 했다.

실제로 지난 2018년 12월 기업공개(IPO) 당시 모더나 사는 나스닥에서 주당 23달러 2,700만 주인 6억 2,100만 달러(약 8,100억 원)를 조달했다. 이는 생명공학 IPO 중 최대 규모였으며 당시 모더나 사의 기업가치는 75억 달러까지 오르기도 했다.

이러한 모더나의 탄생은 하버드 대학교 연구소로 거슬러 올라간다. 하버드대 의과대학 줄기세포 학자인 데릭 로시 교수는 연구소 활동을 통해 'mRNA'라는 메신저 리보핵산을 주입하는 방식으로 유도만능줄기세포(iPS) 기술을 최초로 개발했고, 이 기술을 가지고 교수들이 의기투합해 창업한 게 바로 모더나의 시작이다. 당시 창업 멤버 중에는 벤처사업가인 누바 아페얀(Noubar Afeyan)도 있었는데, 그가 바로 현재 모더나 사의 공동창업자이자 최대 주주, 그리고 이사회 의장이다.

벤처투자자였던 누바 아페얀은 mRNA의 기술력에서 미래 생명공학 분야의 흐름을 바꾸어 놓을 게임 체인저(Game Changer)의 가능성을 봤다. 이러한 누바 이페얀의 안목은 어디에서 나왔을까?

그는 억만장자의 투자자이기도 하지만, 대학에서 화학 공학을 전공했고, 생화학 공학으로 박사학위를 수여했다. 결과적으로 그의 학문적 전문성과 mRNA의 비전을 결합한 예측이 맞아떨어진 것이다. 누바 아페얀의 투자예측은 모더나의 백신 개발로 실현되었고 그는 엄청난 부를 거머쥐게 되었다. 동시에 그는 백신 업계에 mRNA 백신이라는 완전히 새로운 카테고리를 창조해 수많은 생명을 구했다. 필요는 창조를 낳고 위기는 진보를 이끈다. 바이러스 팬데믹이라는 위기는 인류역사상 최초의 백신 개발 방식을 창출해 낸 것이다.

모더나 사는 주목받는 백신 기업을 넘어 세계적인 글로벌 기업으로 순식간에 도약했다. 모더나 사는 2021년 'Axios Harris Poll 100' 설문조사에서 미국에서 가장 존경받는 기업 10위권 내에 올랐는데, 그 중에서도 제약기업 중 가장 높은 순위인 3위를 차지했다. 이 설문조사는 품질과 혁신을 기반으로 하는 총 7가지 영역(신뢰, 비전, 성장, 제품 및 서비스, 문화, 윤리, 시민의식)에서 순위를 매긴다. 20년 역사를 지닌 Axios-Harris Poll 100 설문조사에서 바이오 제약사업이 톱 10에 랭킹된 것은 최초였다.

"우리는 의약품 판매로 단 1달러의 매출도 올린 적이 없는 회사였습니다. 우리가 빠르게 성장할 수 있었던 이유 중 하나는 많은 비즈니스 위험을 감수할 수 있게 한 정부 지원입니다."

연구중심의 벤처기업이었던 모더나는 세계 곳곳에 생산공장과 유통시스템을 갖춘 글로벌 제약사인 화이자에 비해 단가가 높았으며, 생산 관리능력이 부족해 여러 차례 백신 공급에 차질을 빚기도 했다. 그럼에도 모더나는 단번에 세계에서 가장 영향력 있는 백신 제조사가 됐다. 난세에 숨어있던 영웅이 등장하듯 비장의 핵심기술이 위기의 시대에 그 힘을 발휘했기 때문이다.

모더나 사는 2021년 1분기 매출액만 2조 원을 돌파했다. 누바 아페얀 회장은 "10년 동안 과학적으로 혁신하고 수십억 달러를 투자해 얻은 mRNA(메신저 리보핵산) 기술이 불가능해 보였던 코로나19 백신 개발을 현실로 만들 수 있었습니다."라고 소감을 전했다.

혁신은 참 어렵지만

"모두 다 바꿔~"

제아무리 위에서 외쳐도 현장에서의 혁신은 결코 쉽게 일어나지 않는다. 혁신이 어려운 이유는 무수히 쌓인 기존의 방식이 마치 꼬인 실타래처럼 촘촘하게 얽혀 작동하기 때문이다. 존재는 낱개가 아니라 라인들의 집합이다. 혁신을 위해서는 새로운 창조가 필요한데, 새로 창조하려면 기존에 세팅된 라인부터 잘라내야 한다. 당연히 새로 창조하는 것보다 작동하던 라인을 다듬는 게 더 어렵다. 기존의 질서는 언제든 강력하게 저항한다. 기득권이나 기존 중심세력이 스스로 혁신하는 것은 어렵다. 연결된 선들을 과감히 끊어낼 수 없기 때문이다.

그럼에도 불구하고 인류의 역사는 변화가 필요한 시기에 예외 없이 혁신의 방향을 향해 걸어갔다. 때로는 멈추고 때로는 한없이 더디지만, 어느 순간 1만 보씩 단번에 폭발적으로 나아가기도 한다.

이러한 폭발적인 혁신은 언제 일어날까? 바로 코로나19 팬데믹과 같이 예상치 못한 뜻밖의 환경이 갖추어졌을 때이다. 새로운 무대가 세팅되면 새로운 배우가 등장해야 한다. 그리고 새로운 무대와 새로운 배우는 변방에서 등장하는 법이다. 늘 하던 방식과 제도에 익숙한 중앙에서 혁신이 일어나는 경우는 드문 반면, 중앙과 멀리 떨어진 변방에선 변화가 비교적 쉽다. 그 대표적인 사례 중 하나가 바로 변방의 벤처기업 '모더나' 사인 셈이다.

미래 mRNA의 기술력이 어떻게 활용되고 또 어떤 평가를 받을지 현재를 사는 우리는 알 수 없다. 하지만 현재까지, 코로나19 팬데믹 극복에 이바지한 모더나 사와 핵심기술에 과감히 '투자'한 누바 아페얀(Noubar Afeyan) 이사회 회장의 행보는 우리에게 다음과 같이 몇 가지 창의와 혁신에 대한 메시지를 던져주고 있다.

 창의하고 혁신하려면?

❶ 변방으로 가라.
❷ 남이 가지 않는 길을 가라.
❸ 모두 갖춰진 곳 말고 처음부터 새로 시작해야 하는 곳으로 가라.
❹ 남이 만들어 놓은 무대에 오르지 말고 직접 무대를 세팅하라.
❺ 자신만의 핵심기술로 무장해라.
❻ 창조자의 마음으로 변화의 환경과 때를 기다려라.

02

불합리와 부조리에서 탈출해 새로움을 시도하라!
BTS를 탄생시킨 방시혁의 '분노'

"당신은 행복과 분노 중 어떤 감정이 창의성을 촉발한다고 생각하십니까?"

누군가 당신에게 이런 질문을 했다고 생각해 보자. 행복을 선택한 사람이라면 아마도 '긍정적'이고 '안정된' 정신상태에서 좋은 아이디어가 많이 나온다고 믿기 때문일 것이고, 분노를 선택한 사람이라면 '불편, 불만, 부당, 비합리, 비효율'이 창의성을 촉진할 것이라 믿기 때문일 것이다.

그렇다면 정답은? 전문가들은 대체로 '분노'를 창의성의 에너지로 꼽는 편이다. 켄트 대학의 컴퓨터 과학자 아나 조르다너스와 서섹스 대학의 언어학자 빌 켈러는 50년이 넘게 다양한 분야에서 이루어진 창의력에 관한 연구를 분석했다. 이들은 창의력을 키우는 14가지 요소를 연구했는데, 그중에 '행복'이란 요소는 없었다고 한다.

한편 네덜란드 암스테르담 대학의 조직심리학 교수 매티즈스 바스(Matthijs Baas)와 라이덴 대학교의 심리학 교수 카르스텐 드 드류(Carsten De Drue)는 『실험적 사회심리학 저널」에 감정과 창의성에 관련된 논문을 발표했는데, 여러 감정 중에서도 분노가 더 많은 아이디어를 내놓게 하고 창의성을 촉진한다는 내용이었다.

물론 개인의 특징에 따라 차이가 있을 수 있지만, 분노가 변화를 더 모색하게 한다는 연구는 타당성이 있어 보인다. 실제로 지금 머릿속에 행복한 상상을 해 보자. 현재가 만족스럽다면 당연히 변화보다는 안정을 선택할 것이다. 안정은 창의할 필요성을 느끼지 못하는 상태다. 생각해 보면 짜증이나 분노는 새로운 변화, 혁신, 기존과 다른 아이디어가 필요하다는 내면의 목소리이기도 하다.

분노가 창조적 아이디어의 원천?

세계적인 K-팝 그룹 방탄소년단(BTS)을 탄생시킨 방시혁 하이브(빅히트 엔터테인먼트의 새 이름) 의장은 2019년 모교인 서울대 졸업식 축사에서 자신의 성공철학을 소개한 바 있다. 특히 그는 지금의 자신을 만든 힘이 '분노'였다고 밝혔다. 방 의장의 삶 전체를 관통하는 것은 바로 분노였다. 그가 축사에서 설명한 '분노'에 대한 이야기를 질문과 답의 형식으로 풀어 쉽게 정리해 보았다.

Q 당신을 '어떤 사람'이라고 설명할 수 있나요?
A 저는 불만이 참 많은 사람입니다. 얼마 전에 이 표현을 찾아냈는데 이게 저를 가장 잘 설명하는 말 같습니다. 오늘의 저와 빅히트가 있기까지, 제가 걸어온 길을 되돌아보면 저는 분명히 '불만 많은 사람'이었습니다.

Q '무엇'이 당신을 그토록 불만 많은 사람으로 만들었습니까?
A 세상에는 타협이 너무 많습니다. 분명 더 잘할 방법이 있는데도 사람들은 튀기 싫어서, 일 만드는 게 껄끄러우니까, 주변 사람들에게 폐 끼치는 게 싫어서, 혹은 원래 그렇게 했으니까 갖가지 이유로 입을 다물고 현실에 안주합니다. 그러나 전 태생적으로 그걸 못 했습니다. 제 일은 물론, 직접적으로 제 일이 아니어도 최선이 아닌 상황에 대해 불만을 제기했고 그럼에도 개선이 이루어지지 않으면 불만이 분노로 변하게 됐습니다.

Q 실제로 《위대한 탄생》이라는 방송 프로그램의 멘토로 출연했을 때 참가자들에게 종종 분노를 폭발시키는 모습을 보여줬지요.

A 많이 비호감이었죠? 그러한 형태의 분노 표출이 결코 좋은 결과를 가져올 수 없다는 걸 깨닫게 된 후부터는 분노를 겉으로 폭발시키는 경우는 거의 없어졌지만 그때의 모습이 제가 '불만 많은 사람'이라는 걸 설명하기에는 좋은 예인 것 같습니다.

Q '불만 많은 사람'의 기질은 회사경영에서도 마찬가지로 발휘됐나요?

A 저의 성정은 제가 만든 작업물과 회사의 일에서도 똑같이 발휘됐습니다. 최고가 아닌 차선을 택하는 '무사안일'에 분노했고, 더 완벽한 콘텐츠를 만들 수 있음에도 여러 가지 상황을 핑계로 적당한 선에서 끝내려는 관습과 관행에 화를 냈습니다.

Q '무사안일', '적당주의의 관습과 관행' 등 불합리와 부조리를 목격하면 화가 난다는 말씀이군요? 당연히 음악 산업에서도 여러 모습을 봐오셨을 텐데요?

A 저를 가장 불행하게 한 것은 음악 산업이 처한 상황이었습니다. 이 산업은 전혀 상식적이지 않고, 불공정과 불합리가 팽배한 곳이었습니다. 음악을 직업으로 삼고, 이 세계를 알아가면서 저의 분노는 점점 더 커져갔습니다. 제가 세상에서 가장 사랑하는 음악이 세상으로부터 부당한 대우를 받고 이용당하고 있다는 느낌을 받았습니다.

Q 음악 산업의 현장에서 무엇을 보셨나요?

A 제가 작곡가로 시작해 음악 산업에 종사한 지 21년째인데, 음악이 좋아서 이 업에 뛰어든 동료와 후배들 상당수가 여전히 현실에 좌절하고 힘들어합니다. 음악 산업이 안고 있는 악습들, 불공정 거래 관행, 그리고 사회적 저평가로 인해 업계 종사자들은 어디 가서 음악 산업에 종사한다고 이야기하길 부끄러워합니다. 많은 젊은이들이 여전히 음악 회사에 대해 일은 많이 시키면서 보상은 적게 주는 곳으로 인식하고 있습니다.

Q 아티스트들의 현실에 대해선 어떤 느낌을 받았나요?

A 세계적인 명성을 누리며 전 세계 음악 팬들에게 위로와 감동을 주는 우리 아티스트들은 근거 없는 익명의 비난에 힘들어하고 상처받고 있습니다. 우리 피, 땀, 눈물의 결실인 콘텐츠 역시 부당하게 유통되거나 저평가되며 부도덕한 사람들의 주머니를 채우는 수단이 되는 경우가 여전히 너무나 많습니다.

Q 음악 산업의 소비자이자 든든한 지지자들인 팬의 가치나 위상에 대해서도 생각이 많으셨을 것 같습니다.

A 우리 고객들의 상황도 크게 다르지 않습니다. K-팝 콘텐츠를 사랑하고, 이를 세계화하는 데 일등 공신 역할을 한 팬들은 지금도 '빠순이'로 비하되는 경우가 비일비재합니다. 아이돌 음악을 좋아한다고 떳떳하게 말하지도 못합니다. 업계와 사회가 나서서 찬양하고 최고의 예우를 해도 모자랄 판인데 왜 이런 대우를 하는지 저는 전혀 이해할 수가 없고 화가 납니다.

작곡가 겸 음악 프로듀서의 길

방시혁은 대한민국의 대중음악 작곡가 겸 음악 프로듀서이며, 기업가로서 하이브(HYBE)의 설립자이자 현재 이사회 의장이다.

방 의장이 음악 프로듀서가 된 건 우연이었다. 그는 "그냥 흘러가다 보니 어느새 음악을 하고 있었다."고 표현했다. 방 의장의 공식 데뷔는 유재하 음악 경연대회 수상을 통해서였다. 이후 그는 음악 창작 활동을 이어오다 1997년부터 박진영 씨와 함께 JYP라는 회사를 창업하고 그곳에서 수석 프로듀서로 활동했다. 방 의장은 JYP 프로듀서로 활동하면서 박진영의 3집 수록곡 〈이별 탈출〉을 시작으로 god의 〈프라이데이 나이트〉와 〈하늘색 풍선〉, 박지윤의 〈난 사랑에 빠졌죠〉, 비의 〈나쁜 남자〉와 〈아이 두〉 등을 작곡했다.

이후 방 의장은 JYP에서 독립해 2005년 2월 빅히트 엔터테인먼트를 설립했고 임정희, 에이트, 2AM, 방탄소년단 등 많은 아티스트들을 탄생·성장시켰다. 백지영의 〈총 맞은 것처럼〉, 에이트의 〈심장이 없어〉, 2AM의 〈죽어도 못 보내〉, 현대자동차 i-30의 CM송 등도 방시혁 의장의 작품으로, 작곡가 겸 음악 PD로 수많은 히트곡을 제작했으며, 《스타 오디션 위대한 탄생》의 심사위원으로도 활동했다.

그중에서도 방시혁이란 이름과 현재 하이브(HYBE)의 전신인 빅히트를 세상에 알린 것은 2013년에 데뷔한 '방탄소년단(BTS)'의 공이 컸다. 방탄소년단에서 방탄은 문자 그대로 '총알을 막아낸다'는 뜻이다. 젊은 소년단이 사회적 편견과 억압의 총알을 막아내는 방탄복 역할을 하며 당당하게 자신들만의 음악을 해나가겠다는 의지가 들어있다고 한다. 이러한 방탄소년단의 이름에는 방시혁의 분노가 서로 연결되어 있다고 볼 수 있다.

방탄소년단은 2014년에 신인상을 받은 후 현재 세계적인 K-팝 리더 그룹으로 성장하여 신한류를 창조하고 대한민국 브랜드 이미지에 긍정적인 영향을 끼쳤다. 이는 방탄소년단이

2020년과 2021년에 이룬 성과만 보아도 금세 알 수 있으며, 2020년 빌보드 핫100 3회 1위를 차지하고 글로벌 히트송이 된 〈다이너마이트(Dynamite)〉에 약 2조억 원의 경제 및 고용 유발 효과(한국문화관광연구원 문화산업연구센터 조사)가 있다는 정부 발표도 있었다.

방탄소년단은 현재까지도 글로벌 뮤지션으로 수많은 스펙을 쌓아가고 있다. 빌보드에서 톱 소셜 아티스트상을 수상한 것은 물론 4만 석 규모의 뉴욕 시티필드 공연을 순식간에 매진시켰으며, 청년 세대를 대표하는 아이콘으로서 유엔 총회 부대행사에서 2021년 UN 연설과 공연을 진행해 세계적으로 화제를 모았다.

창조는 거대한 야망에서 나오지 않았다

방탄소년단의 성공과 함께 방시혁 의장은 국내를 넘어 세계적인 인물로 등극했다. 방탄소년단은 K-팝 그룹 최초로 '2017 빌보드 뮤직어워즈'에서 수상하며 세계적 그룹으로 이름을 새겼고 이에 방시혁 의장은 한류 확산에 기여한 공로를 인정받아 지난 2017년 12월 5일 대한민국 콘텐츠 대상에서 해외 진출 유공 문화교류 공헌 부문 대통령 표창을 받았다.

그리고 다음 해인 2018년 5월 21일에는 미국 빌보드가 발표한 세계 음악 시장을 움직이는 '인터내셔널 파워 플레이어스(International Power Players)' 73인 중 음악 제작(Recording) 부문 파워 플레이어에 선정됐다. 이외에도 방 의장은 빌보드가 뽑은 25인의 혁신가 리스트에 이름을 올렸고, 그의 회사 역시 엔터테인먼트 업계 혁신의 아이콘이자 유니콘 기업으로 선정되는 등 폭발적인 성장세를 이어가고 있다.

그렇다면 방시혁 의장이 이뤄낸 이런 놀라운 성과는 어떻게 창조되었을까? 남다른 꿈이나 거대한 비전을 세우고 실천해 왔던 것일까? 방시혁 의장은 'NO'라고 답한다.

"저는 사실 큰 그림을 그리는 야망가도 아니고, 원대한 꿈을 꾸는 사람도 아닙니다. 좀 더 정확히 말하면 구체적인 꿈 자체가 없습니다. 그러다 보니 매번 그때그때 하고 싶은 것에 따라 선택했던 것 같습니다."

그는 구체적인 꿈이나 커다란 꿈을 꾸었던 사람도, 그렇다고 혁명가도 아니었다. 자신이 세운 빅히트 엔터테인먼트가 어떤 기업이 될지, 방탄소년단의 미래가 어떤 모습일지, 심지어는 본인이 나중에 어떤 사람이 될지에 대한 '그림' 같은 것도 없었다고 말했다.

더 높은 세계를 향한 시선

변화와 진보에는 항상 강력한 에너지가 필요하다. 변화와 진보가 있다면 필연적으로 강력한 에너지가 있다는 게 법칙이다.

우리는 방시혁 의장의 안에 강력한 에너지가 있었고 그 에너지의 원천이 '분노'였다는 사실을 알고 있다. 그렇다면 과연 방 의장의 분노는 '어떤 분노'였을까? 그가 분노하는 대상은 다양했다. 사회의 어떤 모순이나 부조리를 포착하면 화를 냈다. 기득권에 안주하는 모습을 보면 사회를 향해 분노와 울분을 토해냈다. 그는 부당한 모든 것들을 외면하지 않았다. 안주하지 않았고 타협하지도 않았다. 스스로가 생각하는 상식이 구현되도록 맞서 싸웠다. 그는 '이런 문제들에 늘 분노하고 싸워 왔으며, 이것은 아직도 현재 진행형'이라고 이야기했다.

방시혁 의장은 "앞으로의 여정에는 무수한 부조리와 몰상식이 존재한다."며 "분노의 화신 방시혁처럼 여러분도 분노하고 맞서 싸우기를 당부한다. 그래야 문제가 해결되고, 이 사회가 변화한다."고 말했다. 부조리와 몰상식은 분노를 낳고 분노는 스스로를 싸우게 만들며, 싸우면 문제가 해결되고 문제가 해결되면 사회가 변하게 되니, 세상을 향한 거룩한 분노는 창조적 삶의 에너지가 되는 셈이다.

방시혁 의장이 창조한 세상은 꿈이 아니라 불만으로 건설됐다. 그는 자신의 이야기를 들려주며 젊은 세대들에게 다음과 같이 구체적으로 조언했다.

방시혁 의장의 조언

❶ 자신이 정의하지 않은, 남이 만들어 놓은 행복을 추구하려고 정진하지 마라.
❷ 소소한 일상의 한순간 한순간에 최선을 다하라.
❸ 선택의 순간이 왔을 때 남이 정해 준 여러 가지 기준들을 좇지 않고, 일관된 본인의 기준에 따라서 답을 찾을 수 있도록 미리 준비하라.
❹ 본인이 행복한 상황을 정의하고, 이를 방해하는 것들을 제거하고, 끊임없이 이를 추구하라.
❺ 바깥세상에 대해 끊임없는 관심을 유지하고, 자신과 주변에 대해 애정과 관용을 가져라.
❻ 삶에 제기되는 문제들, 여러분의 행복을 방해하는 요소들을 발견했을 때, 그것들을 해결하고 본인이 생각하는 상식을 구현하기 위해서 노력하라.

방 의장이 살아온 삶을 통해 세상에 던지는 메시지는 분명하다. 부조리한 세상, 뭔가 불편하고 문제가 있고 잘못됐다고 느끼는 것들에 관해 과감하게 분노를 쌓아 자신이 생각하는 상식을 구현하기 위해 포기하지 말고 최선을 다하라는 이야기다. 방시혁 의장은 자신의 묘비에 이렇게 적히면 좋겠다고 말했다.

"불만 많던 방시혁, 행복하게 살다 좋은 사람으로 축복받으며 눈 감음!"

03

감독의 관점으로 자기만의 길을 개척한 아웃사이더
딴지일보 김어준 총수의 '초인'

차라투스트라는 10년 만에 산에서 내려왔다. 세상으로 나와 거리에서, 시장에서 만난 사람들에게 절망했다. 그의 눈에 사람들은 하나같이 동물원의 짐승처럼 보였다. 인간이 원래부터 가지고 있었던 강렬한 생명력과 창조성을 찾아볼 수 없었다. 시장에는 기존 질서와 높은 권력에 맹목적으로 순종하고 지배당하는 사람들뿐이었다.

철학자 프리드리히 니체(1844~1900)의 『차라투스트라는 이렇게 말했다』에서 차라투스트라의 눈에 비친 인간군상은 절망적이었다. 니체는 차라투스트라의 입을 빌려 세상에는 두 종류의 사람들이 있다고 소개한다. 바로 '최후의 인간'과 '초인(超人)'이다.

'최후의 인간'이 동물원에서 사육당하듯 무기력한 우리네 인간상을 말하는 반면, 독일어 위버멘시를 표현한 '초인'은 현재에 만족하지 않고 기존 질서와 자신의 한계를 극복해 나가며 보다 창조적으로 자기 삶을 개척하는 초월적인 인간상을 의미한다. 니체는 '초인'을 다음과 같이 소개했다.

"나는 너희들에게 초인을 알려주겠노라. 사람은 극복되어야 할 그 무엇이다. 너희들은 너희 자신을 극복하기 위해 무엇을 했는가? 지금까지 존재해 온 모든 것은 자신을 뛰어넘어 그 이상의 것을 창조해 왔다. 그런데도 너희들은 이 거대한 밀물을 맞이하여 썰물이 되기를 원하며 자신을 극복하기보다는 오히려 동물원의 짐승으로 되돌아가려 하는가?"

인터넷 시대 등장한 촌철살인 미디어 '딴지일보'

시사주간지 『시사저널』에서 매년 진행하는 '누가 한국을 움직이는가' 조사에서 대한민국에서 가장 영향력 있는 언론인으로 2017년부터 4년 연속 2위에 오른 이가 있다. 바로 김어준 딴지일보 총수다. 니체가 말한 인간군상의 관점으로 볼 때 그는 '초인'과 오버랩한다.

– 동물원에서 절대로 사육당하지 않을 것 같은 캐릭터!
– 야생의 생명력과 창조성을 가진 캐릭터!
– 지금까지 존재해 온 기존 질서와 자신의 한계를 극복해 나가는 캐릭터!

필자는 PC통신과 인터넷 시대가 막 열리던 1997년, 언론인으로 한 시사 월간지에 '독자들에게 사랑받는 신문을 위한 10가지'라는 칼럼을 기고한 적이 있다. 이 글에서 필자는 이렇게 썼다.

"모든 미디어는 인터넷에 주목하라. 온라인 미디어는 이제 제2의 언론이다. 지금은 인터넷신문이나 웹진이 걸음마 단계이며 학생들의 반응도 높지 않다. 그러나 곧 신문과 인터넷 매체는 동전의 양면이 될 것이다."

그런데 필자의 예상은 보기 좋게 빗나갔다. 온라인 매체는 오프라인 매체와 동전의 양면처럼 함께 성장하는 데 그치지 않고 디지털 매체 자체로 하나의 영향력 있는 독립된 언론이 됐기 때문이다. 이렇듯 온라인 매체가 등장하기 시작하던 1998년 당시 미디어 시장에서 가장 눈길을 끌었던 디지털 미디어가 있었으니 김어준 총수가 서른 살에 나 홀로 창간한 '딴지일보'였다.

당시 딴지일보는 기존 신문이나 방송 매체들이 전혀 상상할 수 없는 틈새를 공략하여 그 나름의 영향력 있는 역할을 해내고 있었다. 실제로 시사저널조사에서 한 해 가장 영향을 미친 대한민국 전체 언론매체 순위에서 인터넷 미디어로는 최초로 딴지일보가 17위로 올랐다.

이후 김어준 총수는 시대와 미디어의 흐름을 정확하게 읽으며 팟캐스트, 공개방송 채널, 기성 방송 시사 프로그램의 진행자로 나서 날카로운 정치 분석과 세평을 통해 큰 인기를 끌었다. 그는 기성 언론들과 전혀 다른 독특한 포지션을 가진 언론인으로 인정을 받으며 2011년 제21회 민주언론상 본상, 2017년 제19회 민주시민 언론상 본상, 2018년 제30회 한국PD대상에서 라디오 진행자 부문 상을 받기도 했다.

도대체 딴지일보와 김어준 총수의 '영향력'에는 어떤 비밀이 숨어있을까? 대중은 왜 기성 언론과 다른 새로운 미디어에 관심을 가졌을까? 필자는 한 외국 소설에서 힌트를 얻게 되었다. 2000년 국내에 출간되기도 한 프랑스 청년 작가 기욤 게롬의 소설 『차에 치인 개(자인)』는 타락한 프랑스 언론의 부도덕성을 비판한다. 외국 언론의 부패한 모습을 적나라하게 보여주는 이 소설이 주목받은 이유 중 하나는 바로 작가 자신이 언론사 기자였기 때문이었다.

자신의 경험을 바탕으로 한 소설에서 작자는 신문 편집장과 시장, 시장 부인, 경찰서 사이에 돈과 이권으로 얽히고설킨 부패 고리를 파헤쳐 내며 타락한 언론과 속물화된 기자들의 세계를 재미있게 드러냈다. 작가는 이 소설을 통해 속물화된 언론 기자들에게 이렇게 외치고 있었다.

"제발 현장으로 가라! 눈을 떠라! 두 귀를 열어라! 그리고 말하라!"

'현장으로 가라'는 것은 발로 사실을 찾으라는 것이고 '눈을 떠라'는 것은 현상에 집착하지 말고 깊이 있는 성찰과 안목으로 분석해야 한다는 것, 그리고 '두 귀를 열라'는 것은 아무리 작은 사실이라도 열린 마음으로 들을 준비가 돼 있어야 한다는 의미일 것이다. 여기에 '말하라'는 의미는 이 시대에 '저마다 할 말은 하는 신문'이라며 정작 말하지 않는 언론, 그리고 쓰지 않는 언론인들을 꼬집는 말이다.

그런데 바로 딴지일보가 그 역할을 해내고 있지 않은가? 딴지일보는 다른 기성 언론보다도 더 치열하게 눈을 부릅뜨고 더 열심히 귀를 기울이며 무엇이든 주저 없이 말하고 있었다. 인터넷 시대라는 새로운 무대 위에 느닷없이 등장한 청년 김어준은 1인 미디어를 창간해 스스로 언론인에 '총수'라는 칭호를 달고 기성 언론이 가진 고정화된 질서를 파괴하며 풍자와 촌철살인을 날렸다. 또한, 가려운 데를 속 시원히 긁어주는 예리한 통찰을 보여주며 야생의 생명력과 창조성을 유감없이 발휘했다.

세상이 그를 주목했던 이유

김어준 총수. 딴지일보의 성공에 따라 그는 자연스레 유명 인사가 됐다. 굳이 딴지일보를 들먹거리지 않더라도 그는 당시 삶의 과정과 도전정신 자체만으로 젊은이에게 용기를 주는 스타였다. 수많은 매체와의 인터뷰, 방송과 좌담회 출현, 또는 대학 강연자로 이름을 날리기도 했다. 그에게는 행복한 파라다이스와는 어울리지 않는 야생마 같은 벤처 정신이 보였기 때문이었다.

김 총수는 90년대 초반에 대학을 다녔으며 1995년에 졸업 후 포항제철 해외 영업팀에서 근무하다 8개월 만에 퇴사했다. 신입 시절 서류 복사나 하는 일에 비해 너무 많은 돈을 받는 것 같다는 자괴감과 직장 내에서 겪은 끔찍한 경험 때문이었다.

퇴사 후 그는 창업을 선택했다. 그해 11월에 김 총수가 시작한 사업은 '플래닛(PlaNET)'이라는 인터넷 해외연수 프로그램 제공 비즈니스였는데, 1998년 6월 IMF 외환 경제 대란으로 인해 회사를 문 닫고, 7월 온라인 미디어 '딴지일보'와 미디어 기업 '딴지그룹'을 만들게 되었다. 언론사에 기자로 입사하겠다고 생각하는 보통의 사람들과 달리 아예 언론사 하나를 직접 세워 스스로 언론 그룹의 총수가 되겠다고 생각했으며 이를 진정 실천한 것이다.

지금이야 청년창업이 장려되는 유행이지만 1990년 당시는 청년창업은 물론 개인이 언론사를 만들어 언론 그룹 총수를 자처한다는 걸 상상하기 힘든 분위기였다.

그렇다면 김어준 총수는 당시에 과연 무슨 생각으로 딴지일보를 만들었을까? 그는 창간 동기를 다음과 같이 밝힌 적이 있다.

"현대사회의 개인은 대체로 자신이 무기력하다고 생각한다. '내가 아무리 해봐야 소용없어'하며 하고 싶은 말을 포기하고 술자리에서의 욕으로 그치는 경우가 대부분이다. 일종의 절망감이겠지. 한 사람의 생각도 존중되고 큰 변화를 끌어내는 힘으로 소화할 줄 아는 매체가 필요한데, 인터넷상에는 그런 '백인백색'의 매체가 가능하다."

백인백색. 인터넷 시대라면 온라인 무대에서 백 사람이 모두 하나의 매체가 될 수 있다는 게 그의 아이디어였다. 김어준 총수가 그런 생각을 하게 되는 과정에는 세계여행이 있었다.

20대 청년 김어준은 그리스 아테네로 홀로 배낭여행을 떠났다. 그리고 아테네의 아크로폴리스 광장에 서서 이렇게 생각했다. '2,500년 전 아카이아인(고대 그리스 민족)은 이곳에 우글우글 모여 서로의 생각, 주장, 의견을 나누고 의사결정을 했을 것이다.' 이곳에서 한 사람이 중요한 의견을 말하거나 판정을 내렸다면 전 도시인들에게 그대로 전달됐을 것이다. 지금으로 따지면 그 한 사람은 모두 '매체'인 셈이다. 이런 생각에 미친 김어준 총수는 딴지일보 창간 사설에 다음과 같이 썼다.

"다시 아테네가 오고 있다. 누구나 Media의 주체가 되어 동일 공간에서 동일 순간을 공유하며 그 속에서 정치, 경제, 사회, 문화가 교감하던 아테네가 이제 다시 오고 있다. 한쪽에서 일방적으로 메시지를 전달하던 2,500여 년이 마감되고, 완전한 대중적 Interactive의 시대가, 그 옛날 올림피아에서 아테네인들 앞에 펼쳐졌듯, 우리 앞에 다시 열리려 하고 있다. 마치 아테네의 아크로폴리스에 아카이아인들이 모여 Interactive하게 정보와 의견을 주고받아 그들만의 사회시스템을 만들어 가던 그 시절처럼, 인터넷이라는 사이버 공간에 전 세계인이 모여들고 스스로들 Media의 주체가 되어 저마다 목소리를 내고 상대방의 목소리를 듣고 있다. 이제 새로운 Digital Athen의 시대가 열리고 있는 것이다. 이것이 결국 어떤 곳으로 우리를 이끌어 갈지는 모르지만, 적어도 한 가지 사실만은 분명하다. 아테네에서 발언권 없이 침묵했던 것은 노예밖에 없었듯이 이 도래할 신시대의 시민이 되려거든 자신의 Digital 목소리를 내야 한다는 것이다."

당시에도 다른 사이버 신문이나 웹진들은 많았지만, 분명 딴지일보에는 자신만의 차별성과 독특한 콘셉트가 있었다. 그것은 바로 동물원에서 절대로 사육당하지 않을 것 같은 날 것 그대로의 야생성이 주는 매력이었다. 김어준 총수는 딴지일보가 다른 디지털 매체와의 다른 점을 날 것의 언어로 유쾌하게 설명하기도 했다.

"언론은 '폼'을 적당히 잡아줘야 하는 걸로 알고 있다. 그러나 딴지일보는 쓸데없는 폼을 잡지 않는다. 똥이 폼 잡는다고 잘 나오는가. 그리고 딴지는 현학을 거부하고 아는 척하지 않는다. 똥이 사기 치는 것 봤는가. 똥은 먹은 만큼 싸게 되어 있다."

이는 딴지일보의 특징을 드러내는 말임과 동시에, 언론에게 폼 잡지 말고 쓸데없는 현학도 집어치우고 모르는 것을 아는 척 하지 말라는 훈계이기도 했다.

해 보자. 쫄지 말자. 가능하다.

김어준 총수는 주류와 비주류 경계선에 있는 언론인으로 아슬아슬 외줄 타기를 하며 오랜 세월 영향력과 생명력을 유지하고 있다. 그 비결은 아마도 그의 차별적인 세계관 때문일 것이다. 그의 사고체계에는 두 가지 독특한 특징이 있다.

하나는 스스로 정상에서 세상을 바라보겠다는 '감독 관점'의 세계관이다. 딴지일보에는 기득권 세력이나 모든 권위와 근엄에 똥침을 날릴 수 있는 자신감과 용기, 도전정신이 담겨있다. 그의 대표적인 슬로건은 "해 보자. 쫄지 말자. 가능하다."이다. 그의 정신이 녹아있는 이 세 가지 카피는 어느새 김어준이라는 이름 그 자체를 나타내기에 이르렀다. 삶에 주도적이면서 스스로 창조해 나가겠다는 세계관은 그의 해외 배낭여행 에피소드에서도 쉽게 찾아볼 수 있다.

그의 저서 『건투를 빈다(푸른숲)』, 『아뿔싸 난 성공하고 말았다(학이시습, 공저)』, 『내가 걸은 만큼만 내 인생이다 : 여덟 번째 인터넷 특강(한겨레출판, 공저)』, 김어준 대담집 『닥치고 정치(푸른숲)』 등과 각종 강연에서 밝힌 바에 따르면, 그는 20대에 세계여행 자율화가 되자마자 전 세계 수십 개국으로 배낭여행을 떠났다.

각 나라 여행지에서 그는 호텔 호객꾼, 지하철에서 신문을 판매하거나, 배낭여행 설명회, 숙박업 매니저 등 다양한 아르바이트를 하며 경비를 마련했다고 한다. 무엇보다 세계여행을 통해 그는 다음과 같이 인생의 방향을 결정할 만한 중요한 통찰을 얻었다고 했다.

"예를 들어 북쪽엔 스웨덴·핀란드가 있고, 남쪽에 벨기에·프랑스, 동쪽엔 룩셈부르크·독일이 있는 네덜란드에서 태어난 아이를 생각해 보자고. 걔는 이미 중고생 시절부터 배낭지고 주변국들을 여행하며 자기의 상대적 위치를 입체적으로 인지하게 된다고. 실제로 내가 몇 년 배낭여행하며 만나본 그쪽 아이들은 하나같이 그렇더라고. 나는 혼자가 아니라, 세계와 분리된 게 아니라, 그 속에 있다는 의식, 그래서 나로부터 시작해 가족, 지역, 국가, 세계로의 인식 확장에 단절이 없는 거야. 로컬과 글로벌이 자연스럽게 연결되어 있어. 그래서 걔네들은 바이크 타고 북경까지 오는 상상을 할 수가 있는 거야. 땅이 연결되어 있잖아."

이처럼 김어준 총수는 세계여행을 통해 '대륙적 사고'가 필요하다는 걸 깨달았다. 대륙적 사고란 정상에서 바라보는 시선이며 스스로 감독 관점을 가지는 것이었다.

두 번째로 그에게는 당연한 것을 뒤집어 보는 능력, 깊이 숨어있는 이면을 드러내 분석하는 뛰어난 능력이 있다. 딴지일보의 한 독자는 이렇게 쓰고 있다.

"어떤 사람들은 딴지일보를 그저 패러디사이트, 풍자신문으로만 알고 있는 것 같다. 하지만 그 많은 패러디사이트, 풍자사이트 중에서 유독 딴지만 굳건히 자라날 수 있었던 이유는 딴지의 '엽기'와 '명랑'과 '졸라'의 밑바닥에 든든하게 자리 잡은 냉철한 분석력과 비판 정신 때문이다. 바로 이 점이 딴지를 다른 유사 사이트들과 금을 긋게 하는 것이다."

실제로 김어준 총수가 딴지일보 시절 쏟아내던 기득권에 대한 도전, 풍자, 이면의 통찰,

날카로운 비판들은 수많은 독자들을 공감시켰다. 어떻게 그게 가능할까? 그의 남다른 생각 스킬은 무엇이었을까? 이 질문의 답을 필자는 김어준 대담집 『닥치고 정치(푸른숲)』에서 찾을 수 있었다. 김어준 총수는 자신이 생각하는 방식에 대해 다음과 같이 소개하고 있다.

> **김어준 총수의 사고방식**
>
> - 자기는 객관적이라고 착각을 하지. 객관적인 게 아니라 지가 그렇게 생겨 먹었을 뿐인데. 정보는 그 자체로는 데이터에 불과하고 결국 어떻게 프로세스 하느냐가 중요한데, 그 처리 과정을 지배하는 게 바로 자신의 생겨 먹은 기질이란 걸 스스로 자각하지 못하는 거지.
> - 단순화시켜서 생각할 필요가 있어. 언론에선 디테일을 다루는데 오히려 본질 이해에 방해가 돼. 중요한 건 디테일이 아니라 흐름이거든. 흐름을 알면 전체 그림이 보이고 그래야 본질이 드러나니까. 결국, 중요한 것은 흐름이고, 그 흐름을 통해 드러나는 본질이니까.

다시 정리하면 김어준 총수의 창의력은 이거다. '다시 생각하라', '데이터가 아니라 관계의 흐름이 중요하고, 기승전결 흐름에 본질이 숨어있다'. 김어준 총수는 지금도 여전히 "부분에 집착해선 망한다. 전체를 봐야 한다."고 입버릇처럼 말한다.

당신이 직접 총수가 되면 되지!

산에는 아래와 정상이라는 두 포지션이 있다. 산 아래 계곡 포지션을 선택하면 그 안에 갇힌다. 단절이다. 반면 정상 포지션을 선택하면 다양한 계곡을 굽이 보고 하늘을 보고 다른 산들의 정상을 볼 수 있다. 연결된다. 창의는 포지션이 결정한다. 포지션이 당신의 생각을 결정하기 때문이다.

지금 당신의 포지션은 어디인가? 세상에 나와 고군분투 중인 2030세대에게 젊은 날의 김어준 총수는 이렇게 말한 적이 있다. 그리고 이 메시지는 오늘날 당신에게도 여전히 유효하다.

"인터넷에는 채워지지 않는 부분이 아직도 굉장히 많습니다. 신문사에 취직하려 애쓰지 말고 아예 신문사 총수가 되는 건 어떨까요? 「짱-딴지 일보」를 만들든지, 「허벅지일보」를 만들든지. 왜 신방과를 졸업하면 신문사에 취직해야 합니까? 신문사 총수가 되면 되지."

04

플랫폼은 죽어도 콘텐츠는 죽지 않는다!
개그콘서트와 웃찾사 종영 후 유튜버로 개그하는 '개튜버들'

옛날 왕국에 왕이 살고 있었다. 왕에겐 공주 한 명이 있었는데, 이웃 나라 왕자들은 이 공주와 결혼하고 싶어 했다. 어느 날 왕은 이웃 나라에 다음과 같이 공표했다.
"이 세상에서 가장 진귀한 선물을 가져오는 왕자를 공주의 신랑감으로 삼겠노라."
소식을 들은 이웃 나라 왕자들은 눈을 반짝였다. 왕자들은 모두들 다음과 같이 생각했다.
"경쟁률은 매우 치열할 거야. 그러나 반드시 내가 뽑히도록 해야지. 공주를 내 아내로 맞이할 수 있다니, 생각만 해도 신나는걸."

세 왕자의 선물에 숨어있는 비밀

저마다의 생각과 함께 이웃 나라 왕자들은 자신의 나라에서 찾아낸 귀한 물건을 하나씩 장만해 공주가 있는 왕궁으로 향했다. 그리고 이러한 무리의 틈에는 만면에 자신감이 가득한 세 왕자도 있었다. 물론 세 왕자의 자신감에는 합당한 이유가 있었다. 그들이 준비한 선물은 하나같이 기상천외한 것들이었기 때문이었다.

첫 번째 왕자는 어떤 병이나 상처에도 해가 지기 전에 먹으면 목숨을 구할 수 있는 '불사약'을 가지고 있었다. 두 번째 왕자는 단숨에 천릿길을 달려갈 수 있는 '천리마'를, 그리고 마지막 왕자는 가만히 앉아서 천 리 밖까지 볼 수 있다는 '천리경'을 가지고 있었다.

우연히 만난 그들 셋은 함께 공주가 사는 나라로 향했는데 여행 도중 예기치 않는 '사건'과 마주쳤다. 천리경을 가진 왕자가 거울을 통해 공주님이 독사에 물려 죽어간다는 사실을 알게된 것이다.

그들은 이심전심 함께 천리마에 올라타 순식간에 궁궐로 내달렸고 도착하자마자 온몸에 독이 퍼져 숨이 넘어갈 지경에 이른 공주에게 불사약을 먹였다. 다행히 공주는 죽기 직전에 살아날 수 있었고 온 나라는 잔치 분위기가 됐다. 물론 공주가 다시 건강을 회복하자 가장 기뻐한 이는 왕이었지만 기쁨은 잠시뿐, 이내 깊은 근심이 하나 생겼다.

"세 왕자가 지니고 있었던 보물은 모두 귀하고 또 모두 공주를 구하는 데 결정적인 역할을 했어. 그런데 한 명을 골라야 하잖아? 이 중 어떤 보물을 가진 왕자를 공주의 남편으로 선택해야 한단 말인가?"

왕은 쉽게 결정을 내지 못하고 하루하루 시간만 흘려보내고 있었다.

새로운 무대에 맞는 새로운 콘텐츠

자, 만약 당신이 왕이라면 어느 왕자를 선택할 것인가? 그리고 가장 귀하다고 생각하는 보물을 선택했다면 그렇게 선택한 이유는 무엇인가?

사실 세 왕자가 가져온 보물은 하나같이 최고의 가치를 가지고 있고, 그 가치는 어느 것과 비교의 대상이 될 수 없다. 그렇지만 각자의 보물은 '시대정신'이라는 평가 기준에 따라서는 가치가 조금씩 달라질 수 있다.

'불사약'은 먹는 것이다. 따라서 농경사회의 시대정신을 담고 있다.
'천리마'는 이동 수단이다. 따라서 산업사회의 시대정신을 의미한다.
'천리경'은 통신 수단이다. 따라서 인터넷과 연결이라는 시대정신을 담고 있다.

시대의 흐름으로 왕자들의 보물을 살펴보면 '농업시대'를 넘어 '문화 콘텐츠 시대'가 됐고 이제 '디지털네트워크 시대'가 됐다. 농경사회에서 '불사약'의 가치가 가장 크다면 산업사회에서는 '천리마'의 가치가 가장 크며, 지금과 같은 4차 산업 혁명 시대에서는 '천리경'의 가치가 가장 크다고 생각할 수 있다. 물론 사람에 따라 견해의 차이가 있을 수는 있겠지만 중요한 건 '시대는 끊임없이 변하며, 새로운 시대는 늘 새로운 가치를 매긴다'는 사실이다.

방송 대신 유튜브 앞에 선 코미디언들

플랫폼은 시대에 따라 끊임없이 변하고 새로운 시대는 그에 맞는 새로운 가치를 매긴다. 공중파 방송이나 라디오와 같은 기존의 플랫폼들은 그동안 개인의 아이디어나 콘텐츠를 지배해왔다. 그러나 새로운 시대에서는 이러한 기존의 플랫폼이 죽어도 콘텐츠나 독창적인 아이디어가 사라지지 않는다는 사실을 이제는 우리 모두가 알고 있다.

'유튜브', '틱톡', '아프리카TV' 등 1인 미디어 플랫폼과 '인스타그램', '네이버 커머스' 등 SNS의 등장으로 인해 기존의 플랫폼 외에서도 창의적인 콘텐츠가 있다면 얼마든지 성공할 수 있는 시대가 됐다. 그리고 이러한 시대의 흐름을 대표하는 이들 중 하나가 바로 공중파 방송 대신 유튜브에서 개그하는 코미디언, 일명 '개튜버들'이다.

지난 2020년 6월, KBS 《개그콘서트》가 첫 방을 시작한 지 21년 만에 폐지됐다. MBC 《개그야》는 2009년에 폐지되었고 SBS 《웃찾사》 역시 2010년에 종영된 이후 2013년 다시 시즌2로 돌아왔지만 4년만인 2017년에 폐지되었으니 사실상 메인 방송 3사의 개그 프로그램이 완전히 사라진 셈이다.

코미디 프로그램의 몰락은 자연스레 대한민국 코미디언들의 설 자리를 잃게 만드는 듯했다. 그러나 놀랍게도 대한민국의 코미디는 죽지 않았고 상당수의 코미디언들은 지금도 여전히 전성기를 누리고 있다. 비록 공중파 방송 플랫폼은 사라졌지만, 유튜브라는 새로운 플랫폼이 나타났기 때문이다.

유튜버로 개그하는 스타인 '개튜버들'은 오히려 기존의 방송 플랫폼에서보다 큰 인기를 누리고 있다. 인기 개튜버들의 경우 개그 프로그램에 출연했을 때보다 수입 또한 수십 배에서 수백 배 늘어나기도 했다.

KBS 28기 공채 개그맨 김병선 씨는 '코미꼬'라는 유튜브 채널을 운영 중이다. 구독자 수 40만 명에 이를 정도다. 그는 한 언론과 진행한 인터뷰에서 "모두 SNS로 모였다. 이곳은 능력만 있으면 살아남는 생태계"라고 설명했다. 플랫폼이 망해도 자신만의 창의적 콘텐츠가 있다면 살아남는다는 이야기다.

물론 스타 개튜버들이 지금의 자리에 오르기까지의 과정은 결코 순탄치 않았다. 노력에 비해 조회 수나 구독자 수가 좀처럼 늘지 않을 때는 절망하기도 했다고 한다. 그러나 여러 시행착오를 거치며 대중에게 어필할 수 있는 콘텐츠가 있다면 반드시 인기 채널이 될 수 있다는 것을 확신하게 되었다. 물론 인기 채널이 되는 순간, 방송사 코미디언으로서는 절대 바랄 수 없는 '부'도 뒤따랐다. 몇 스타 개튜버들은 "100만 클릭이 몇 번 나오고 나서 통장에 1,000만 원이 찍힌 적도 있다."고 소개한다. 인기가 더해갈수록 교훈도 얻었다. 반드시 자신만의 독창성을 가져야 오래 살아남을 수 있다는 사실이었다.

유튜브에서는 독창성만 있다면 공중파 방송 플랫폼에 비해 제작진의 간섭이 없고 제한도 상대적으로 적은 등 나름의 강점이 많다고 개튜버들은 입을 모아 말한다. 분량의 제약과 간섭이 존재하지 않는 개인 방송은 개튜버들의 아이디어를 유감없이 펼칠 수 있는 무대인 셈이었다.

이러한 흐름에 발맞춰 대중에게 잘 알려진 유명한 스타 코미디언들도 예외 없이 뉴 플랫폼으로 이동했다. 2021년 8월 기준 스타들이 개설한 유튜브 대표적인 개인 방송 채널로는 양세형의 '양세브라더스'(59만 명), 이수근의 '이수근 채널'(47만 명), 김준호의 '얼간 김준호'(41만 명), 이상준의 '주간 이상준'(51만 명), 홍윤화–김민기의 '꽁냥꽁냥'(48만 명), 이국주의 '이국주'(40만 명), 이상훈의 '이상훈TV'(34만 명) 등이 있다.

새로운 무대인 유튜브 플랫폼에서 인기 개튜버들의 구독자 수는 기존 방송 프로그램 플랫폼의 인기와 큰 차이를 보이기도 했다. 구독자는 채널 운영 기간에 비례하는 경향이 있기 때문이다. 실제로 SBS 《웃찾사》가 KBS 《개그콘서트》보다 먼저 폐지하게 되면서 상당수의 SBS 출신 코미디언들이 개그 유튜버로 변신했는데 그들 대부분이 현재(2021년 8월 기준) KBS 출신 코미디언들보다 상대적으로 많은 구독자 수를 확보하고 있었다.

SBS 출신 100만 개튜버들의 성공신화

그렇다면 최다 구독자 수를 기록한 개튜버 '베스트 3'는 누구일까? 먼저 1위는 2012년에 유튜브를 시작한 SBS 개그맨 13기 장다운과 한으뜸의 채널인 '흔한 남매'이다. 이 채널은 이름을 대면 대부분 알 만한 유명 코미디언들보다 4배 이상 많은 221만 명의 구독자를 보유하고 있으며 동영상 콘텐츠만 768개를 게시하고 있다. 개인 방송을 시작한 이후 수익 역시 공중파 방송 시절과는 비교할 수 없을 정도로 증가했다. '흔한 남매'는 구독자 200만 명을 돌파하면서 월수입이 약 4,000만 원에서 7,000만 원에 이르는 것으로 알려졌다.

물론 이런 성공이 쉽게 찾아온 것은 아니었다. 오랜 시간과 함께 꾸준한 노력도 필요했다. 이들은 구독자 100만 돌파를 기념해 '흔한 남매 성장 스토리'에 지금의 성공을 이루기까지 노력한 과정을 소개한 적이 있는데, 100만 구독자를 넘긴 시점이 유튜브 채널을 개설한 7년 후인 2019년이었음을 밝혔다.

한편, 같은 해 채널을 개설한 SBS 개그맨 15기 출신 손민수와 임라라의 '엔조이커플'은 218만 명의 구독자를 모으고 520여 개 콘텐츠를 게시하면서 2위를 차지했다. 3위는 SBS 공채 개그맨인 안진호, 최부기, 정재형이 몰래카메라 포맷으로 콘텐츠를 제작하는 '동네놈들' 채널이 기록했는데, 140만 명의 구독자를 보유했으며 273개의 콘텐츠를 선보였다. 2016년 유튜브를 개설한 SBS 출신 김승진, 유룡, 이재훈으로 구성된 3인조 개그 전문 채널 '배꼽빌라'는 4위로 91만 명의 구독자에 동영상 375개를 보유하고 있었다.

'강한 개인'의 시대를 준비하라!

세상은 끊임없이 움직인다. 계속 변한다. 변화는 예고도 없이 순식간에 쓰나미처럼 몰려온다. 따라서 변화의 무대 위에 선 사람은 누구나 두려움을 느낀다. 자신이 어디에 있는지, 어디로 가야 할지 모르기 때문이다. 그렇다면 망망대해에 있는 개인은 과연 어떻게 내일을 준비해야 하는 걸까?

불교의 화두 중 '이불변응만변(以不變應萬變), 변하지 않는 것으로 만 가지 변화에 대응한다.'는 말이 있다. 변하지 않는 단 한 가지로 수만 가지 변화에 대응하는 방법이야말로 예측할 수 없는 우리 시대에 가장 탁월한 생존전략일 수 있다.

당신에게는 변하지 않는 한 가지가 있는가? 자신만의 독창적인 콘텐츠를 가지고 있는가? 그렇다면 그것은 무엇인가?

아직 대답을 머뭇거린다면 다음 세 가지 메시지를 가슴에 깊이 새겼으면 좋겠다.

콘텐츠로 살아가려면

❶ 전통적인 플랫폼(기업)은 망해도 자신만의 독창적인 콘텐츠(아이디어)는 살아남는다.
❷ 만 가지 변화에도 대응할 당신의 변하지 않은 무기를 만들어 나가라.
❸ 창의적 사고와 창조적 콘텐츠 기획 능력으로 '강한 개인'이 되어라.

05

숱한 거절 끝에 탄생한 세계 최대 온라인 쇼핑몰
알리바바 창시자 겸 이사회 주석 마윈이 당한 '거절'

"당신은 거절당해 본 적이 있습니까?"
"당신은 몇 번이나 거절을 당해 보았습니까?"
"당신은 거절당하면 포기하는 성격입니까?"
"당신에게 '거절'이란 무엇입니까?"

이 질문에 답하기 전에 먼저 거절당한 사람들의 이야기를 들어보자. 어쩌면 지금 말하려고 하는 그 생각이 바뀔 수도 있을 테니까.

영화배우 실버스타 스탤론은 직접 쓴 《록키》 시나리오를 들고 숱한 제작사의 문을 두드렸지만, 번번이 퇴짜를 맞았다. 그러나 이 작품은 영화가 된 후 1977년 오스카상 3관왕을 차지했으며, 그중 하나는 작품상이었다.

세계적인 판타지 소설 『해리 포터』 시리즈를 쓴 조앤 롤링도 처음 이 원고를 들고 여러 차례 출판사에 제안했지만, 번번이 출간을 퇴짜 맞았다. 무려 12번이나 거절당했다. 그러다 포기하지 않고 13번째로 제안한 블룸즈버리(Bloomsbury Publishing)라는 중소 출판사와 계약하게 되어 『해리 포터』 시리즈를 세상에 선보일 수 있었다.

가수 겸 연기자이자 음원 퀸으로 최고의 스타가 된 아이유는 중학생 시절부터 JYP를 비롯하여, 각종 기획사 오디션에서 20번 정도 탈락한 경험이 있었다. 무수히 많은 도전 끝에 로엔엔터테인먼트(현 카카오M) 오디션에서 합격해 지금의 대스타가 됐다.

인간이 하늘을 나는 기계를 만들 수 있다는 라이트 형제의 주장을 과학자들은 수년이 지난 후에야 진지하게 고찰했다. 이탈리아의 화가 아메데오 모딜리아니는 살아생전 인정받지 못하고 비참한 삶을 살았고, 그의 그림은 그가 죽은 뒤 여러 해가 지나서야 수백만 달러에 팔리기 시작했다.

1962년 비틀즈는 데카(Decca) 음반사와 처음 오디션을 볼 때 데카의 딕 로우에게서 "기타 그룹은 한물갔다."며 거절당했다.

스티븐 스필버그 감독은 미국 USC의 연극영화과 입학 평가 테스트에서 떨어졌다. 대박 드라마에 한류열풍까지 일으킨 KBS 드라마 「태양의 후예」도 다른 방송국에서 한 차례 거절당한 대본이었다. 빈센트 반 고흐가 살아 있었을 때는 정작 그의 그림을 사는 이가 없었다. 그는 10년 동안 약 900점의 작품을 그렸는데 친구의 누이인 벨기에 여류 화가 안나 보쉬가 단 한 점을 산 것으로 알려졌다. 현대미술의 아버지로 불리는 세잔은 56세까지 조롱만 당한 화가였다. 그는 매년 나라에서 개최하는 파리 살롱전에 작품을 출품했지만 거절당했다.

크리스마스 캐롤로 현재까지도 가장 사랑을 받는 〈루돌프 사슴코〉도 사실 당대 최고의 가수 두 명에게 연달아 퇴짜를 맞았다가 겨우 미국의 싱어송라이터인 진 오트리에 의해 음반이 나올 수 있었다. 현대 장거리 무선통신의 기초를 이룩한 굴리엘모 마르코니는 19세기 말 이탈리아 우정부의 피에트로 라카바 장관에게 편지를 썼다. 발명 중인 무선전신기를 그린 그림을 첨부해 실험을 계속하기 위한 자금을 요청한 것이다. 그러나 장관이 답장 대신 보낸 메모에는 "Alla longara!(로마 룬가라 가에 위치한 정신병원에나 가보란 뜻)"라고 쓰여 있었다. 그래서 마르코니는 영국 이민행을 택했으며, 그곳에서 실험을 계속했다. 이후 그는 중요한 발명품을 개발한 공로를 인정받아 1909년 노벨물리학상을 받았다.

커크 더글라스는 켄 키지의 베스트셀러 『뻐꾸기 둥지 위로 날아간 새』의 영화화를 위해 제작사를 구하고자 했지만 숱한 거절을 당하다 보니 영화가 제작되는 데 10년이 넘게 걸리고 말았다.

위대한 성공도 그 속을 들여다 보면 숱한 거절이 있었음을 발견하게 된다. 우리는 누구나 거절당한다. 거절당하는 게 썩 기분 좋은 일은 아니지만, 그렇다고 자존감을 상실하거나 지나친 자괴감에 빠질 필요는 없다. 왜냐하면 내가, 내 아이디어가, 내 작품이 잘못되거나 부족해서가 아니라 상대방과 서로 잘 맞지 않았을 수도 있기 때문이다.

38차례 거절보다 1번의 선택이 강하다

'거절당한 인생'에 대해 말하자면 우리는 이 사람을 결코 빼놓을 수 없다. 바로 중국 최대 전자상거래 기업 알리바바의 창업자 '마윈'이다. 자수성가한 최고의 기업가인 그 역시 숱한 '거절'에 온 삶을 지배당했다.

그의 '거절' 이야기는 너무나 유명하다. 대학입시에 도전했지만 낙방했다. 삼수생 시절에도 수학 때문에 전문대에 턱걸이로 들어갈 실력이었지만, 마침 결원이 생긴 덕분에 운 좋게 항저우 사범대학에 들어갈 수 있었다. 마윈은 대학 졸업 후 영어 강사 겸 여러 사업을 하다가 마침내 1999년 1월 B2B 전자상거래 기업인 알리바바를 설립했지만 알리바바의 설립 과정 역시 온통 거절당한 역사로 가득하다.

알리바바는 45평짜리 마윈 자택에 모인 18명의 창업 멤버가 하루 17시간씩 일한 끝에 1999년 3월 홈페이지가 완성되면서 시작됐다. 하지만 비즈니스 현실은 냉엄했다. 4개월이 지난 1999년 7월에는 빚을 내서 직원들의 월급을 줘야 할 지경에 이르렀다. 마윈은 투자받기 위해 동분서주했다. 투자받는 일은 쉽지 않다. 무려 38차례나 거절당했다.

그러나 38번의 거절보다 단 1번의 선택이 더 강했다. 마침내 2000년 소프트뱅크의 손정의 회장의 투자를 받을 수 있었는데, 투자 결정이 이루어지는 데는 단 6분의 시간이 걸렸을 뿐이었다. 이후 마윈이 손정의 회장에게 투자받은 2천만 달러는 후에 알리바바가 상장되면서 578억 달러가 됐다. 3,000배로 불어난 것이다.

실패하고 거절당할 용기

알리바바가 창업 20년이 되던 지난 2019년, 마윈 회장은 중국 최고의 부자 반열에 올라섰다. 미국 경제 전문지 『포브스』가 집계한 그의 개인 자산은 370억 달러(약 44조1천억 원)에 이르는 것으로 알려졌다. 숱한 거절을 딛고 이룩해 낸 그의 칠전팔기(七顚八起) 이야기는 매일 거절당하는 우리에게 쉽게 좌절하지 말라는 용기를 불어넣는다.

당신에게 서두에 건넸던 질문을 다시 한 번 던진다.

"당신은 거절당해 본 적이 있습니까?"
"당신은 몇 번이나 거절을 당해 보았습니까?"
"당신은 거절당하면 포기하는 성격입니까?"
"당신에게 '거절'이란 무엇입니까?"

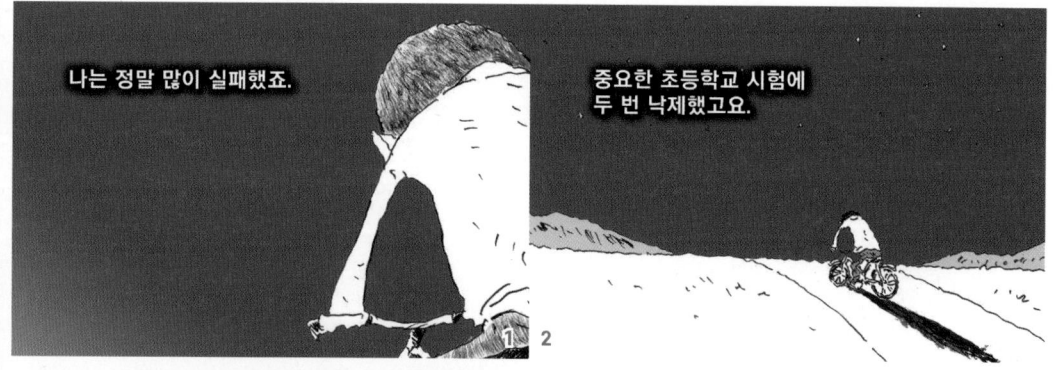

나는 정말 많이 실패했죠.

중요한 초등학교 시험에 두 번 낙제했고요.

중학교 시험에도 세 번 낙제했습니다.

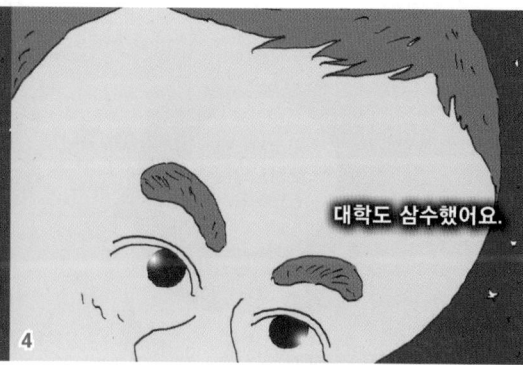

대학도 삼수했어요.

하버드대에 지원한 적도 있어요.
10번 모두 거절당했죠.

그리고 취업 준비를 했죠.
30번 떨어졌어요.
경찰에도 지원했어요.
5명 중 4명이 붙었지요.
나머지 1명이 바로 저예요.

KFC치킨점에도 지원했어요.
24명이 응시했죠.
23명이 붙었습니다.
1명이 떨어졌죠.
그게 또 저예요.

거절당하는 일에
익숙해져야 합니다.
우린 그렇게 잘 나지
않았거든요.

지금도 이 순간에도
수없이 많은 거절을
당하고 있습니다.

저도 정말 죽을 맛
이었지요.

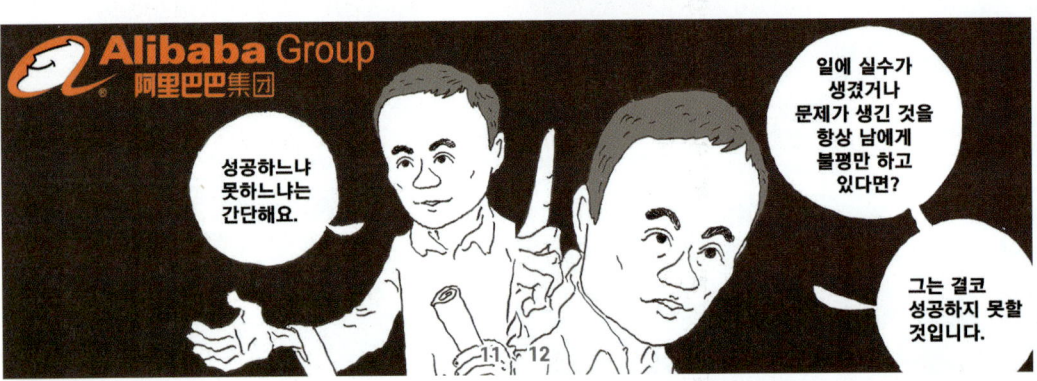

06

자신들의 연구 과제를 연결한 두 대학원생 이야기
구글 창조자 래리 페이지와 세르게이 브린의 '만남'

"어떻게 하면 성공할 수 있나요?"
"목표를 세우세요."
"목표만 잘 세우면 되는 건가요?"
"아니요, 목표를 정한 후 구체적으로 달성 계획을 세워야겠죠?"
"그럼, 목표를 정해 계획을 잘 세우면 되는 건가요?"
"아니요, 계획을 잘 실천해야 하겠죠?"
"아, 그럼 목표를 정해 구체적인 플랜을 짜고 하나씩 실천해 나가면 성공하는 건가요?"

사람들은 대부분 성공하기 위해 '목표 → 계획 → 실천'의 공식을 믿고 따른다. 왜냐하면 성공한 사람들이 대부분 그렇게 한 것처럼 '보이기' 때문이다. 그런데 이것이 정말 절대적인 성공의 공식일까? 막상 성공의 과정을 깊이 있게 들여다 보면 오히려 목표 이전에 보이지 않았던 공통의 요소들이 있음을 알게 된다. 성공한 이들은 새로운 무대를 읽었고 독창적인 연결을 통해 '창조적 결과'를 만들어 낸 경우가 많기 때문이다. 이에 대해 수많은 통찰자가 이미 다음과 같이 경고한 바 있다.

"사람은 누구나 모든 현실을 볼 수 있는 것은 아니다. 대부분 사람은 자기가 보고 싶은 현실밖에 보지 않는다." _ 율리우스 카이사르

"현상은 아주 끈질기기는 하지만 그저 하나의 환상일 뿐이다. 상식이란 열여덟 살 때까지 익힌 편견의 집합체이다." _ 알베르트 아인슈타인

"의심하는 것은 유쾌한 일이 아니다. 하지만 확신하는 일은 어리석은 일이다."
_ 계몽주의 작가 볼테르

"확신을 두고 시작하는 사람은 회의로 끝나고, 기꺼이 의심하면서 시작하는 사람은 확신을 두고 끝내게 된다." _ 프랜시스 베이컨

이는 창조적 결과를 만들기 위해 겉으로 드러나는 현실이나 현상을 쉽게 믿어선 안 된다는 이야기다. 우리는 눈에 보이는 것으로 판단하는 생각을 의심하고 다시 생각해야 한다.

새로운 무대와 연결의 힘

노스웨스턴대 브라이언 우지 교수는 1만 2,000종의 학술지에 게재된 약 1천 90만 편의 학술논문 알고리즘을 분석한 '창의성 연구' 결과를 발표했다. 어떻게 창의적인 학술논문이 창조되었는가를 분석한 그의 결과에 따르면 이들 논문들에는 '데이터를 새롭게 연결하고 조합했다.'는 공통점이 있었다고 한다.

데이터의 연결뿐만 아니라 사람과 사람의 연결 속에서 창의가 일어난다는 연구 결과도 많다. 역사학자인 윌리엄 맥닐은 미국 실리콘밸리에 있는 공학 기술 분야 기업 355개를 분석한 결과 44%가 이민자들 조직에 참여하고 있다며, "역사적으로 주요 사회 혁신은 생소한 기술을 가진 낯선 이들과의 접촉을 통해 가능했다."고 분석했다. 이뿐만이 아니다. 과학, 공학, 인문학 등 학문 252개 분야의 50여 년간 연구논문 2천만 건과 30여 년간의 특허 2백만 건을 조사한 결과 이들의 연구가 모두 개인이 아닌 팀 단위로 이루어져 있었으며, 특히 자주 인용될 정도로 영향력 있는 논문일수록 팀 규모가 비례하여 큰 것으로 알려졌다.

저널리스트 로버트 위더는 "누구나 부티크 매장에서 패션을 찾고 박물관에서 역사를 발견한다. 창조적인 사람은 철물점에서 역사를 발견하고, 공항에서 패션을 발견한다."고 말했다.

부티크 매장에서 패션을 연결하는 것은 평범하다. 박물관에서 역사를 찾는 건 당연하다. 그러나 역사 무대라는 관점에서 철물점과 고물을 연결하고, 패턴 무대라는 관점에서 공항과 세계 사람들의 유행하는 옷을 연결해 창의할 때 비로소 혁신적 아이디어를 찾을 수 있다는 이야기다.

서로 다른 것이 연결되기 위해서는 반드시 이전에 둘을 하나로 통합할 무대가 전제되어야 한다. 가령 파는 사람과 사는 사람이 연결되기 위해서는 시장이 열려있어야 하고, 비빔밥 재료를 섞기 위해서는 양푼이 먼저 준비돼 있어야 하며, 둥근 지구에서 평행선을 규정하기 위해서는 평평한 영역이라는 전제조건과 서로 만나지 않는 선을 상정해야 한다. 캠퍼스 커플의 탄생에는 같은 학교 재학생이라는 전제조건이 이미 깔려 있고, 선을 보는 남녀의 배경에는 중매쟁이의 입김이 녹아있다. 이순신 장군은 명량에서 13척의 배로 적함 133척(후방 본대까지 합쳐 333척)을 격파하기 위한 전제조건으로 '울돌목'이라는 좁은 수로를 무대로 마련했다.

따라서 창조 메커니즘으로 보면 무대, 즉 보이지 않는 시장, 양푼이, 전제조건, 대학 캠퍼스, 중매쟁이의 주선 자리, 울돌목이 가장 먼저 준비돼 있어야 한다. 그 출발점 위에 다른 것들이 서로 만나고 짝을 짓고 관계하고 모순을 부딪치고 상호작용하며 메타포가 작동한다.

그저 눈에 보이는 성공의 결과, 겉으로 드러나는 부분만을 인식한다면 창조적인 사람들이 처음 반드시 거쳤을 무대 발견과 연결에서 나오는 영감의 과정을 놓치기 십상이다. 따라서 창의성은 '목표 → 플랜 → 결과'로 이어지는 평면적 프로세스가 아니라 '무대 → 연결 → 목표 → 플랜 → 결과'라는 보다 입체적인 창조 프로세스라고 할 수 있다.

구글의 탄생 무대는 무엇이었을까?

이러한 사실을 증명해주는 사례들은 얼마든지 있지만 그중에서도 가장 유명한 것은 '구글 창조 프로세스'에 대한 이야기가 아닐까 싶다. 그렇다면 구글의 창업자들인 대학원생 세르게이 브린과 래리 페이지가 어떻게 처음 '구글'을 창의하게 되었을까?

세르게이 브린과 래리 페이지가 처음부터 구글 같은 위대한 기업을 만들겠다는 목표를 가지고 있던 것은 아니다. 그들은 오히려 자신들이 위대한 비즈니스 모델을 만든다는 생각도, 세계적인 기업을 만들고 있다는 사실조차 알지 못했다.

그들의 아이디어는 엄밀하게 따지면 디지털 시대라는 무대 위에서 시작한다. 세르게이 브린과 래리 페이지가 함께 대학원에 다니던 당시는 디지털 환경이 막 자리를 잡고, 포털사이트의 검색 시장이 성장하던 무렵이었다. 이러한 무대 위에서 평범한 대학원생 세르게이 브린과 래리 페이지는 운명적으로 만났다.

1990년대 중반, 둘은 스탠퍼드 대학교에 다니며 라지브 모트와니 교수의 지도 아래 박사과정을 밟고 있던 제자들이었다. 73년생 동갑내기인 그들은 컴퓨터를 좋아했고 컴퓨터를 바탕으로 그들에게 각자 다른 임무와 연구 프로젝트로 일했다.

세르게이 브린은 인터넷상거래에 필요한 데이터마이닝 알고리즘을 개발하고 있었다. 데이터마이닝이란 대규모로 저장된 데이터 안에서 체계적이고 자동으로 통계적 규칙이나 패턴을 분석하여 가치 있는 정보를 추출하는 과정을 의미한다.

한편 래리 페이지는 디지털도서관을 위한 각종 기술 프로젝트를 진행하느라 눈코 뜰 새 없이 바빴다. 그는 '디지털도서관화 프로젝트'를 연구하며 언젠가 대부분 책이나 논문집은 디지털 파일로 대체할 것이라고 믿게 됐다.

그들은 이처럼 각자 다른 프로젝트를 진행했지만, 같은 학교 같은 지도교수의 과정을 듣는 학생이기에 종종 만나 대화할 기회가 있었다. 이를 통해 그들은 서로 이야기가 잘 통한다는 사실을 알게 되면서 조금씩 친해졌다.

그러던 어느 날 둘은 각자 진행 중인 프로젝트 연구에 관한 이야기를 나누게 됐다. 이때 래리 페이지는 현재 포털 사이트가 사용하는 검색엔진에 문제점이 많다고 토로했다. 당시에는 넷스케이프가 내놓은 검색엔진인 '알타비스타'가 주류를 이루고 있었는데, 야후와 같은 포털 사이트에 적용한 이 검색엔진이 이용자가 원하는 걸 제대로 검색해주지 않는다는 점을 문제 삼은 것이다.

그들은 우연히 현재 불편하고 약점이 많은 '검색엔진 시장'의 무대에 관심을 가졌고, 그러다가 불현듯 서로의 프로젝트 연구 요소를 조합하면 지금보다 훨씬 뛰어난 '검색엔진'을 만들 수 있겠다는 생각에 이르게 됐다.

래리 페이지와 세르게이 브린의 연결

래리 페이지는 어느 날 알타비스타 검색엔진을 이용하게 됐는데, 이 엔진이 검색 결과 외에도 '링크'라는 모호한 정보들을 포함하고 있다는 점을 발견했고, 링크 정보를 역이용해 검색엔진의 기능을 강화할 수도 있겠다고 생각했다. 디지털도서관 데이터기술 프로젝트 과정에서 논문 인용의 횟수에 대한 논문의 중요도를 평가하는 평가방식이 검색기능의 중요한 기준이 될 수 있다고 믿은 것이다.

학술논문의 경우 인용 횟수에 따라 해당 논문을 작성한 학자들의 명성도 순위에 영향을 미친다. 좋은 논문일수록 많이 인용되기 때문에 그만큼 많이 인용된 논문에 좋은 정보가 담겨있을 확률이 높은 게 당연하다. 페이지는 이 사례를 검색엔진에 접목한 뒤 정보검색 시 링크되는 수(역링크)의 양을 분석한다면 반대로 웹 사이트가 제공하는 정보의 신뢰성과 순위를 매길 수 있겠다는 사실을 깨달았다.

즉, 인용 횟수가 많은 논문이 신뢰도가 높을 가능성이 높듯 역링크가 많을수록 신뢰도가 높은 웹사이트 정보가 될 것이고, 이러한 신뢰도 높은 논문 또는 웹사이트 정보를 검색결과 최상단에 노출하여 먼저 보여준다면 최고의 검색엔진이 만들어지게 된다는 것이다.

래리 페이지는 자신의 아이디어를 세르게이 브린에게 이야기했고, 페이지의 이야기를 들은 브린은 그 아이디어를 실현할 수 있는 구체적인 방안을 떠올렸다. 브린이 진행하고 있던 '데이터마이닝 알고리즘' 기술을 통해 역링크 검색엔진 아이디어를 실현할 수 있겠다고 확신한 것이다.

래리 페이지가 디지털도서관 프로젝트에서 얻은 '역링크 검색엔진 아이디어'와 세르게이 브린이 전자상거래 정보분석 프로젝트에서 얻은 '데이터마이닝 알고리즘' 기술이 즉각 연결됐다. 실현 가능성이 보이자 그들은 자신들이 생각한 검색엔진을 개발해 보기로 했다. 링크가 많이 된 웹페이지나 신뢰할 수 있는 웹페이지 중요도에 큰 값을 매기는 방식으로 밤낮없이 연구하고 보완해 나갔고, 끝내 자신들이 생각한 새롭고 독창적인 검색 알고리즘을 완성했다.

검색엔진 데모 버전이 나온 다음 해 둘은 '논문 인용식 중요도 순 검색'이라는 콘셉트를 실현한, 기존 검색엔진과 완전히 다른 혁신적인 검색엔진을 개발했고, 그렇게 '페이지랭크'라는 새로운 검색엔진이 세상에 모습을 드러냈다.

이 검색엔진을 작동해 보면서 그제야 그들은 가야 할 목표를 발견했다. 검색 비즈니스 시장을 완전히 바꿀 거대한 비전이 생겼다. 그들은 새로 생긴 비전을 실현하기 위해 비즈니스 모델로 '오버추어'를 벤치마킹했고, 구체적인 투자자 모집 계획도 세웠다. 그리고 다니던 대학을 박차고 나와 '구글'을 창업했다.

 대학원생 래리 페이지와 세르게이 브린의 구글 창조과정

❶ 무대 : 디지털 시대, 기존 검색엔진 약점, 링크 기능을 가진 알타비스타의 특징
❷ 연결 : 페이지의 '논문 인용에 따른 중요도 순위 평가' + 브린의 '데이터마이닝 알고리즘 기술'
❸ 목표 : 논문 인용식 아이디어 기반의 혁신적인 검색엔진 개발
❹ 계획 : 검색엔진 개발 연구 실행, '오버추어' 벤치마킹, 투자자 모집 등
❺ 결과 : '구글' 창업

프로세스 너머의 창조성으로 향하는 전제조건

창조과정의 진실을 추적하여 완전하게 파악하는 것은 결코 쉬운 일이 아니지만, 분명한 사실은 '목표 → 계획 → 결과'의 프로세스만으로는 창조가 일어나지 않는다는 것이다. 목표 이전에 자신이 서 있는 무대와 눈에 잘 드러나지 않는 연결이나 관계를 통찰하지 않는다면 잘못된 값을 입력한 공식과 같이 반드시 오류를 낳는다.

창조에 성공한 사람을 관찰하면 겉으로는 '목표 → 계획 → 결과'의 공식을 따르는 듯 보이지만, 그들의 노력 뒤에는 앞선 사례처럼 '무대'와 '연결'이라는 배경이 있음을 알 수 있다. 이들이 우리의 눈에 쉬이 보이지 않는 것은 '무대'와 '연결'이라는 요소가 '결과'가 창조된 시점에는 이미 시간의 흐름에 따라 사라져 버리기 때문이다.

그러니 꼭 기억해야 한다. 진정한 창조 프로세스에는 대학원생 래리 페이지와 세르게이 브린이 만나 창조한 구글의 탄생과정처럼 숨은 전제조건들이 있다는 사실을. 창의력을 발휘하기 위해서는 눈에 보이는 것으로 판단하려는 생각을 의심해야 한다.

 숨은 요소를 파악하는 법

❶ 함부로 목표를 설정하지 말라. 도전하지 말라. 노력하지 말라. 그 전에 먼저 '연결'하라.
❷ 눈에 잘 보이는 것에 현혹되지 말라. 보이지 않는 곳의 연결과 관계를 파악하라.
❸ 상호작용으로 새로운 혁신이 일어난다.
❹ 억지로 다른 걸 융합시키려 애쓰지 말고, 서로 다른 것이 저절로 융합될 수 있는 무대를 발견하라.
❺ 특별한 만남이 운명을 결정한다.

07

작은 성공을 복제하여 큰 성공을 이루다!
중고 거래 플랫폼 당근마켓 공동창업자 김용현 대표의 '경험'

첫 번째 이야기.

'만약 지구에 100명이 산다면.'

한때 지구 100명 이야기 시리즈가 유행한 적이 있었다. 이 시리즈의 토대가 되는 이야기는 '63억의 사람들이 살고 있는 세계를 100인이 사는 마을로 축소한다면 어떻게 될까?'라는 내용이었다.

100명 중 61명은 아시아인이고 13명은 남과 북아메리카인, 또 13명은 아프리카인, 12명은 유럽인, 나머지 1명은 남태평양인이다. 52명은 여자이고 48명은 남자며, 47명은 도시에서 살고 9명은 장애인이다. 30명은 미성년자이고 70명은 어른이다. 어른들 가운데 7명은 노인이며 100명 중 10명은 동성애자이다.

마을의 모든 부(富) 가운데 59%를 단 6명이 소유하고 있으며 나머지 39%는 74명이 차지하고 있고 겨우 2%를 20명이 나눠 갖고 있다. 만일 당신이 은행 예금 계좌를 갖고 있다면 당신은 가장 부유한 30명 안에 드는 셈이다. 반면에 18명은 1,000원도 안 되는 돈으로 하루하루를 버티기에 급급하다. 자가용을 소유한 자는 100명 중 7명이며 오직 12명만이 컴퓨터를 갖고 있다. 인터넷을 사용할 수 있는 사람은 단 3명이다.

인구가 8억 명 정도 증가한 뒤에는 또 다른 버전이 나오기도 했다. 「굿 미디어」의 가브리엘 릴리쉬가 미 중앙정보국(CIA)의 월드 팩트북 통계를 바탕으로 '전 세계 71억 2,500만 명의 인구를 100명으로 가정'한 내용인데, 이 버전에 따르면 60명은 아시아인이고 14명은 남과 북아메리카인, 또 14명은 아프리카인, 11명은 유럽인, 나머지 1명은 남태평양인이었다. 남녀는 각각 50명씩으로 정리했다. 세월이 흐르고 인구가 증가해도 인종이나 남녀 등 생태적인 비율은 크게 변하지 않았다.

두 번째 이야기.

역대 대통령선거 때마다 전국 득표율과 거의 일치하는 지역 득표율을 보이는 도시가 있으니 바로 '인천'이다. 인천의 지역 득표율은 대한민국 대선 민심의 축소판처럼 여겨질 정도이다. 19대 대선에서 민주통합당 문재인 후보 득표율 41.1%, 자유한국당 홍준표 후보는 24.0%, 국민의당 안철수 후보는 21.4%로 집계됐는데, 인천의 각 후보 득표율은 각각 41.2%, 20.9%, 23.7% 순으로 큰 차이를 보이지 않았다.

18대 대선 당시 새누리당 박근혜 후보와 민주통합당 문재인 후보는 전국적으로 각각 51.5%, 48.0%의 득표율을 기록했는데, 당시 인천에서는 박 후보 51.5%, 문 후보 48.0%의 득표율로 전국 득표율과 소수 첫째 자리까지 일치하기도 했다.

17대 대선은 어떨까? 한나라당 이명박 후보가 48.6%, 대통합민주신당 정동영 후보가 26.1%의 득표율을 보였는데, 인천의 득표율은 이 후보 49.2%, 정 후보 23.7%로 비슷한 결과를 보였다.

심지어 16대 대선 득표율과 인천의 득표율 현상도 비슷했다. 최종 대선 득표율은 한나라당 이회창 후보가 46.5%, 새천년민주당 노무현 후보가 48.9%였다. 이 당시 인천의 득표율은 이 후보 44.5%, 노 후보 49.8%로 전국 득표율과 큰 차이를 보이지 않았다.

이렇듯 인천에서 전국의 '표본집단' 결과를 보이는 건 지역 토박이의 비율이 낮고 전국 각지 출신이 골고루 분포되었기 때문이라는 것이 선관위의 분석이었다.

작은 성공에서 큰 성공 발견하기

전체를 알기 위해 샘플로 유추하는 것은 매우 과학적인 예측 방법이다. 이 때문에 다양한 분야에서 '표본 실험'을 많이 활용한다. 통계학에서 표본(Sample)은 실제 모집단(Population)의 부분집합이다. 표본은 여러 통계 자료를 포함하는 집단 속에서 그 일부를 뽑아내어 조사한 결과로써 본래 집단의 성질을 추측할 수 있는 중요한 통계 자료이다.

비즈니스 현장에서도 표본 집단이나 표본 사례를 참고삼아 소규모 작은 성공사례를 대규모 큰 성공으로 확장한 사례는 매우 많다. 다시 말하지만 표본 실험을 통해 전체의 성공 가능성을 샘플의 성패로 유추해 보거나 샘플의 성패를 보며 전체의 성공 가능성을 가늠해 볼 수 있다.

지역 기반 중고 거래 스마트폰 애플리케이션 서비스를 제공하는 '당근마켓'에는 기존의 작은 성공사례를 복제하여 전국 규모의 새로운 비즈니스를 성공시킨 스토리가 숨어있다. 당근마켓은 이전에 잘 나가던 중고 거래 서비스에 비해 인지도가 낮았지만, 직거래만 선호하는 이용자들에게 널리 입소문을 끌기 시작하면서 큰 인기를 끌기 시작했다. 동네 반경 4~6km 안에서 이웃을 만나 중고 물품을 거래하고, 나아가 동네 소식과 정보를 공유하는 플랫폼은 이윽고 남녀노소를 가리지 않고 애용하게 되었다.

당근마켓은 역사가 오래된 기업이 아니다. 그래서 단기간 내에 이룩한 성장과 성과가 더욱 놀랍다는 평을 받고 있다. 당근마켓은 2018년 10월 '와이즈앱' 기준 127만 명의 이용자 수가 2019년 10월에는 331만 명으로 증가하는 빠른 성장세를 보였으며 같은 해 11월에는 영국 서비스를 시작하기도 했다. 그리고 2020년에는 '11번가', 'G마켓'과 같은 커머스 앱을 제치고 전체 쇼핑 앱 카테고리에서 '쿠팡'에 이은 2위에 올라섰다.

이런 성장세에 힘입어 당근마켓은 2021년 '유니콘(기업가치 1조 원 이상 비상장 기업)' 대열에 합류하게 된다. DST글로벌(리드투자사) 등에서 1,789억 원 규모의 투자 유치로 약 3조 원의 기업가치를 인정받았기 때문이다. 2019년 2,000억~3,000억이던 몸값이 어느새 10배 이상으로 뛰어오른 것이다.

'사내 게시판'에서 성공을 예감하다

그렇다면 '당근마켓'은 어떻게 이 세상에 나오게 됐을까? 당근마켓이 탄생할 수 있었던 배경에는 창업자인 김용현 대표가 사내 게시판에서 중고 매매 코너를 마련해 운영한 경험이 있었다.

그는 삼성물산, 네이버, 카카오를 거쳐 2015년 7월 당근마켓을 창업했다. 그가 카카오에 재직 중이던 당시 사내 게시판에서는 직원 간 중고 거래가 활발하게 이루어지고 있었다. 처음에는 직원들만 사용할 수 있었다. 하지만 입소문을 타고 인기가 점점 좋아지더니 '우리도 쓰게 해 달라'는 지역 주민들의 문의가 많아졌고, 이후에는 직원 전용 이메일 인증을 없애고 휴대전화에 있는 GPS로 '동네 인증'시스템을 도입했다.

이렇게 사내 게시판의 한 카테고리인 '중고 직거래 매매 코너'가 인기를 누리는 과정을 보면서 김 대표는 그 이유를 고민하게 되었다. 기존의 중고 직거래 플랫폼들은 이용자들의 입장에서 불편한 점이 많았다. 우선 등급제가 있어 거래에 참여하는 일부터가 쉽지 않았고 거래하고자 하는 물건의 부피가 큰 경우 택배 이용이 매우 어려웠다.

반면 사내 게시판의 중고 거래는 서로를 잘 아는 직원들로 시작해 회사 인근의 지역 주민들이 참여하는 형태로 점차 발전하게 되었다. 이는 곧 '사기당할 위험'이 없고, '신뢰성'이 높다는 것을 의미했다. '택배 대신 대면 직거래'가 가능하다는 강점도 있었다.

"작은 성공을 좀 더 키우면 어떨까?"

김용현 대표는 사내 게시판 코너의 특징을 그대로 살려 2주 만에 독립된 앱을 만들었다. '판교장터'로 이름 지은 이 앱에 지역 주민들이 직접 참여할 수 있게 함으로써 고객군을 확장했다. 김 대표는 판교장터 앱 서비스에 같은 사람들이 하루에 열 번도 넘게 반복적으로 들어가는 걸 보며 발전 가능성을 보았다고 했다.

김 대표는 직원은 물론 지역 주민들의 이용이 늘어나자 아예 '콘셉트'인 '당신 근처'라는 말의 앞 글자를 따서 '당근마켓'으로 변경했다. 이후 접속자들의 지역 단위는 급속도로 확장돼 경기도를 넘어 전국에서 고객들이 참여했다.

다음과 카카오가 합병할 시기에 김 대표는 자신의 일을 해 보고 싶다는 생각으로 과감하게 사표를 던졌다. 사내 게시판에서 확인한 작은 성공 사례를 비즈니스 모델로 바꾸어 큰 성공 모델로 키울 수 있겠다는 자신이 들었기 때문이었다.

결국 김용현 대표는 카카오 재직 당시 만난 개발자인 당근마켓 공동창업자 김재현 대표와 지금의 '당근마켓'을 론칭한다. 사내 게시판의 인기 코너 성공에서 시작된 아이디어는 불과 몇 년 만에 대한민국 최대 중고 거래 사이트로 성장한 것이다.

프랙털 기하학의 '자기 유사성'

자연에 작은 것이 큰 것으로 그대로 복제되는 현상이 있다. 바로 '프랙털(Fractal)' 기하학이다. 프랙털은 수학자인 만델브로가 처음 쓴 단어로, 일부의 작은 조각이 전체와 비슷한 기하학적 형태를 반복하는 것을 이른다. 이런 특징을 '자기 유사성(Self-similarity)'이라고 하는데, 쉽게 말해 자연계에서는 작은 자기의 구성 패턴이 전체 패턴으로 반복된다는 의미이다.

프랙털 기하학은 프랙털 성질을 연구하는 수학 분야 중 하나지만 구름, 산, 번개, 강줄기, 뇌, 난류, 해안선, 나뭇가지, 뿌리, 혈관, 신경계 등 다양한 곳에서 나타난다.

이러한 프랙털 원리를 이용하면 불규칙하며 혼란스러워 보이는 현상이라도 배후에서 지배하는 규칙을 쉽게 찾아낼 수 있다.

 당근마켓에 적용된 프랙털 기하학

❶ 크기를 변화시켜도 같은 형태를 띠며 반복한다.
❷ 작은 구조가 전체 구조와 유사한 형태로 끝없이 복제하며 되풀이된다.
❸ 부분과 전체가 똑같은 모양을 가지는 패턴 반복의 속성을 반영한다.
❹ 복잡한 모습에도 간단한 질서가 나타나고 불규칙하고 무작위적인 것들도 일정한 규칙과 패턴이 있다.
❺ 작은 성공 사례를 만들어 자기복제를 통해 큰 성공 사례로 키워라.

우선은 작은 성공에 주목해 보자. 사소하고 작은 성공 사례라도 얼마든지 커다란 아이디어로 재탄생할 수 있다는 점을 잊지 말자.

08

조직부적응자에서 '수출 스타 경진대회' 대상까지
청년창업가 에이치앤에스인터내셔널 유재상 대표의 '무대'

일본 두부 업체 최초로 도쿄증시에 주식을 상장해 벤처 신화를 이룩한 다루미 시게루는 자신의 자서전 『두부 한 모 경영(전나무숲)』에 재미있는 일화 한 토막을 소개하고 있다.

"예전에 '모양과 크기'가 들쑥날쑥한 유부 제품을 판 적이 있다. 모양과 크기가 반듯하게 만들어진 유부에 비하면 질이 떨어지는 B급 제품이다. 대부분의 유부 제조업체에서는 이런 유부의 결점을 감추려고만 한다. 그래서 모양과 크기가 들쑥날쑥하다는 단점을 감추기 위해 때로는 유부를 잘게 썰어 팔기도 한다. 하지만 유부를 썰어 팔 경우 한 번 더 손이 가기 때문에 그만큼 가격이 올라간다. 가격이 오르면 더욱더 안 팔리는 악순환이 이어진다."

다루미 시게루는 과연 어떤 아이디어를 생각해냈을까?

"보통 1팩에 유부 2장이 들어가는데, 나는 B급 제품의 유부를 한 팩에 3장 넣고 '못난이 유부'라는 새로운 이름을 붙여 판매했다. B급 제품을 처음부터 B급 제품이라고 밝히면 소비자들은 절대로 사지 않는다. 그래서 일부러 '못난이'라는 이름을 붙이고, 그 옆에 '된장국 전용'이라고 덧붙였다. 어떤 식품 제조업체의 앙케트 조사에 따르면 소비자들의 95%가 두부와 유부를 된장국에 넣어 먹는다고 했기 때문이다. 유부를 된장국에 썰어 넣을 거라면 모양이 들쑥날쑥해도 맛에는 전혀 지장이 없으므로 별문제가 안 된다. 거기에 '사람의 손으로 직접 튀겼기에 이렇게 모양과 크기가 들쑥날쑥합니다.'라고 덧붙였다.

놀랍게도 이 '못난이 유부'는 날개 돋친 듯 팔려나가 나중에는 공급이 부족할 정도였다. 이 일화는 모양과 크기가 들쑥날쑥한 유부 제품도 다르게 접근하면 얼마든지 숨어있는 가치를 발견할 수 있다는 메시지를 던져준다.

정철상 씨는 2030시절 5년간 직업군인으로 일한 뒤 제대하여 10여 년간의 직장생활을 했는데 그사이 파트타임 일부터 기업의 대표이사에 이르기까지 무려 20여 가지 이상의 직업을 거쳤다. 그러니까 평균적으로 1년에 2번은 직장에서 뛰쳐나와 작업을 바꾼 셈이다.

그랬던 그도 지금은 어엿한 직업을 가지고 있다. '인재개발연구소'를 창업하여 진로, 취업, 직업, 인재 개발 등 분야의 전문 컨설턴트로 연간 200여 회 대학 및 기업과 공공기관 강연을 진행하는 연봉 1억이 넘는 인기 커리어코치가 된 것이다. 그의 핵심 콘텐츠는 아이러니하게도 직장을 숱하게 바꾼 '이력 그 자체'였다.

"5년간의 직업군인 생활을 제외하고도 사실 스스로가 평범하고 재능이 부족하다는 것을 누구보다 잘 알고 있었기에 수많은 시행착오를 거칠 수밖에 없었지요. 하지만 그러한 직업적 갈등과 고뇌가 오히려 인재 개발 전문가로 활동하는 데 많은 도움이 된 것 같아요."

한 직업에 적응하지 못하고 수많은 직업을 전전하며 돌아다녀야 했던 '조직부적응' 경험을 거꾸로 다양한 분야 직업 분야와 특성을 분석해 생동감 있는 직업 및 경력개발 전문가로서의 자산으로 재창조해 낸 것이다.

세상은 넓고 다양한 기질의 사람들이 있다

인간의 기질은 다르다. 수직적인 회사생활에 잘 적응하는 사람들이 있는 반면 독립적이며 자신의 의지대로 일을 추진하는 사람들도 있다. 당연히 조직에 잘 적응하지 못하는 타입의 사람들도 많다.

청년 기업인 유재상 씨도 그런 타입의 사람이었다. 그는 졸업 후에 회사에 취직했지만 조직 생활이 자신과 잘 맞지 않는다고 생각했다. 대학 졸업 후 2년 동안에만 회사를 4곳 옮겨 다녔다. 다들 취직~ 취직~ 노래를 부르니 우선 취직이 되는 곳에 들어갔지만 모두 3~6개월을 채우지 못하고 제 발로 나온 것이다. 주변에서는 그가 다니는 회사마다 오래 못 버티고 그만두니 적응력이 부족한 것 아니냐고 우려 아닌 우려를 했다.

그도 이런 말을 들을 때 자존감이 무너졌다고 한다. 그래서 우선 자신을 돌아보는 시간을 가졌고 충분히 성찰하고 난 뒤, 취직에 매달리는 것과는 다른 선택을 하게 된다. 남들처럼 계속 회사에 들어가려고 애쓰기보다는 차라리 내 사업을 시작하자고 마음먹은 것이다. 물론 그에게는 변변한 자본도 없었고 경력도 부족했다. 현실적으로 창업은 그리 만만한 일이 아니었다. 그렇다고 도전할 수 있는 사업이 아예 없는 것만은 아니었다. 그는 큰 자본금이 없더라도 누구나 '이베이' 쇼핑몰을 이용할 수 있다는 걸 알게 됐다.

이베이는 다국적 전자상거래 기업으로 소비자 대 소비자, 그리고 비즈니스 대 소비자 판매를 중개하는 쇼핑몰 기업으로, 전 세계에서 다양한 종류의 물건과 서비스를 일반 개인과 사업체가 사고파는 사이트인 '이베이 닷컴(eBay.com)'을 운영하고 있다. 구매자는 무료로 이용할 수 있으나 판매자는 제한된 수의 무료 리스팅 이후 초과 리스팅들에 대하여, 그리고 물건이 판매된 이후 최종 가격의 일정 비율에 대하여 수수료를 부담해야 한다.

무료로 쇼핑몰을 이용해 자신이 팔고 싶은 물건을 홍보하여 판 뒤 수익의 일부를 이베이에 수수료로 지급하는 방식이니, 컴퓨터 1대만 있으면 사무실 없이도 집에서 창업할 수 있었다. 창업자금도 거의 필요 없으면서 창업 실패로 인한 리스크(Risk)도 적다는 점 역시 매력적이었다.

1인 기업 창업, 3,400명 중 가장 많은 수출액

2019년 6월 유재상 씨는 그동안 회사를 다니며 모은 2,000만 원을 종잣돈으로 '에이치앤에스인터내셔널'이란 회사를 직접 차렸고, 그 해 8월부터 본격적으로 이베이 양성 교육을 받은 뒤 이베이 해외 판매를 시작했다. 1인 기업으로서 부족한 점이 많았지만 우선은 열심히 노력하는 수밖에 없었다.

그는 한국 화장품과 완구를 판매하는 이베이 쇼핑몰 사업을 시작했다. 회사생활에서 두세 달도 채 적응하지 못했던 사람이 쇼핑몰 개인사업자가 되자 물 만난 물고기처럼 활개를 쳤다. 우선은 국내 화장품 브랜드의 '한정판'을 조달해 이베이 · 아마존 등을 통해 전 세계에 팔았다. 화장품 판매자가 워낙 많기에 차별화를 시도한 것이다. 주로 국내 화장품 회사들이 직접 진출하지 않은 미국 · 영국 · 호주 등 서구권 고객들이 그의 화장품을 주문했다.

그는 훗날 유튜브에서 자신의 판매 전략을 이렇게 소개한 적이 있다.

"화장품이 주력 판매 제품이라 여성 고객을 고려한 디테일에 신경을 많이 썼고, 상품별 포장방법과 배송 기간 등을 세분화해 매뉴얼화 하는 데 많은 공을 들였는데 이런 포인트를 고객이 알아줄 때 뿌듯함을 느꼈다."

그의 사업은 시작된 지 6개월 만에 매출 4억 원을 돌파했다. 대회 참여 판매자 3,400명 중 가장 많은 수출액을 기록한 성과였다. 2019년 12월 9일. 20대 청년 사업가 유재상 씨는 사업을 시작한 지 반년 만에 '제9회 이베이코리아 수출 스타 경진대회'에서 대상을 받았다.

이베이코리아는 유 씨를 대상 수상자로 선정한 배경에 대해 "국내에서만 한정판으로 출시되는 로드숍 브랜드 화장품 라인업과 완구 등을 할인가에 빠르게 공급한 기민함과 즉각적인 고객 만족(CS) 응대가 매출 증대 요인으로 평가됐다."고 소개했다.

당신의 무대를 바꿔라!

놀이시설을 충분히 만들어 놓은 사육장에서 생활하는 쥐들의 경우 평범한 사육장에 사는 쥐들보다 두뇌를 결정하는 시냅스(Synapse)가 2주 만에 최대 16%까지 더 증가했다는 흥미로운 실험이 있었다. 자신의 무대가 어디인지에 따라 판단 능력이 달라진다는 것을 증명하는 실험 결과라고 할 수 있다.

인간 세상도 작은 쥐 사육장과 다를 바 없다. 심리학자인 브루스 알렉산더는 베트남 전쟁에 투입되어 마약중독에 빠졌던 군인들을 조사한 적이 있었는데, 통념과 달리 베트남에서 미국에 복귀한 군인 중 마약을 완전히 끊은 비율이 96%나 된다는 것을 알게 되었다. 우리가 선 무대가 생각보다 많은 것을 지배하며 통제하고 있다는 의미이다.

단순히 앞에 있는 목표를 향해 맹렬하게 도전하고 노력하는 것만이 성공의 공식은 아니다. 노력 이전에 내가 발 딛고 있는 무대와 그 무대 위에 서 있는 나와의 관계를 따져보는 게 먼저다. 중요한 전제조건은 언제나 눈에는 잘 보이지 않는 법이다. 지금 내 성공과 실패가 오로지 내 능력 때문일까? 아닐 수도 있다. 눈에 보이지 않고 인지하지 못하는 내 발밑의 무대와 환경이 지금의 나를 만들고 있을지도 모를 일이다.

우리는 누구나 열심히 자신의 자리에서 노력하고 있다. 동시에 우리는 필연적으로 자신의 무대 위에 올라 서 있다. 그러니 부디 지금 실패하고 자존감이 바닥으로 곤두박질쳐 고독하고 괴롭다 하더라도 성급히 자신에게 절망하고 좌절하지 말기를 바란다. 당신의 좌절이 무대 때문일 수도 있으니 말이다.

무대를 바꾸면 당신도 얼마든지 달라질 수 있음을 기억했으면 좋겠다.

 좌절에서 벗어나는 무대 법칙

❶ 남들이 몰려가는 곳으로 가지 말라. 아무도 가지 않는 낯선 곳으로 가라.
❷ 모든 것이 갖추어져 있는 곳을 버리고, 모든 것을 처음부터 새롭게 시작하는 곳으로 가라.
❸ 어디에서 와서 어디를 거쳐 어디로 가게 될지 예민하게 반응하라.
❹ 당신이 서 있는 무대를 늘 관찰하라.
❺ 자신을 성장시켜줄, 자신과 어울리는 무대를 선택하라.

09

모두에게 유토피아가 될 수 없는 오멜라스
대학 연구실을 떠나는 교수님들의 '탈출'

여기 '오멜라스'라는 낙원 도시가 있다. 이곳은 모든 인간이 한 번쯤 꿈꾸는 유토피아다. 산과 바다가 도시를 감싸고 산봉우리엔 녹지 않은 눈이 햇빛에 반짝이는 풍경. 도시엔 항상 축제와 음악 소리가 끊이지 않는다.

오멜라스엔 왕도 없고 노예도 없다. 어떤 범죄도 죄인도 없다. 전략이 필요한 주식시장이나 선전해야 할 광고, 범죄를 예방하거나 범인을 잡아낼 비밀경찰, 사람을 위험에 빠뜨릴 폭탄 같은 것도 당연히 없다. 그저 모두가 행복하고 풍요로운 삶을 누리고 있다. 오멜라스의 거리는 좋은 향기로 가득하다. 중독성이 없는 마약 '드루즈'의 향기가 은은하게 퍼져 있다. 완전한 '천국'을 상상하면 바로 이런 모습이 아닐까?

하지만 이 도시에는 사람들이 애써 외면하는 비밀이 하나 있다. 오멜라스 사람들이 특정 나이가 되면 알아야 하는 진실이 있는데, 그것은 바로 이 낙원의 아래에는 어둡고 괴로운 고통 속에서 지내는 아이가 한 명 있다는 사실이다.

아름다운 공공건물 중 한 군데의 지하실에는 방이 있는데, 창문 하나 없는 작은 이 방에는 어린아이 한 명이 앉아있다. 가끔 사람들이 옥수수가루 같은 밥과 물을 그릇에 채워줄 뿐이다. 아이는 자기 배설물 위에 계속 앉아있었기에 엉덩이와 허벅지는 짓무르고 헐어서 상처투성이다. 짐승만도 못하게 살아가는 아이는 종종 내보내 달라고 울부짖기도 하고 밤마다 고통의 신음을 낸다. 그러나 사람들은 이 아이의 존재를 철저히 무시하며 살아간다.

오멜라스의 사람들은 그 아이가 왜 그곳에 있어야 하는지 잘 알고 있다. 누군가 그 아이에게 따뜻한 말 한마디라도 건네는 순간, 당장 오멜라스에서 누렸던 모든 행복과 아름다움과 즐거움은 물거품처럼 사라지고 말 것이다. 물론 아이를 본 사람들의 마음이 아무렇지도 않다는 건 아니다. 눈물이 흐르고 화가 나기도 한다. 그렇다. 그 아이의 존재가 오멜라스라는 도시가 유지되는 비밀이었다.

때때로 오멜라스의 비밀을 깨닫고 이 도시를 떠나는 이들도 있었다. 그들은 오멜라스라는 천국의 입구를 홀로 걸어 나간다. 소년도 있었고, 소녀도 있었고, 나이 든 남자도 있었고, 나이 든 여자도 있었다. 그 후 그들은 다시 돌아오지 않는다.

이 이야기는 어슐러 K. 르 귄이 1973년 쓴 판타지 단편소설집 『바람의 열두 방향』 중 「오멜라스를 떠나는 사람들」의 줄거리다. 당신이라면 어떤 선택을 할까? 유토피아인 오멜라스에 계속 살까? 아니면 그 입구를 빠져나와 새로운 모험의 세계로 걸어 나올까?

'논문의 세계'에서 탈출하여 '이야기의 세계'로

겉으로 화려해 보이는 도시라도 뒷골목에 들어서면 빈민촌이 나타나고, 평균소득 3만 불의 선진국이지만 집세 내기도 빠듯한 가난한 노동자들이 즐비한 세상. 폼 나는 대기업 명함 너머에서 일어나는 치열한 생존경쟁과 밤낮없이 일하는 지친 회사원. 세상에는 언제나 양면성이 존재하고 한발 물러서서 바라보면 '오멜라스'가 아닌 곳이 없다.

자원은 한정돼 있고 기회도 많지 않다. 누군가 자원과 기회를 차지했다는 건 어느 누군가가 그 자원과 기회를 쓰지 못한다는 의미이고, 누군가 성공하고 특별한 지위를 유지한다는 건 다른 누군가는 실패하고 지위를 얻지 못했다는 의미이다.

화려해 보이는, 행복해 보이는 오멜라스 지하엔 언제나 상처받는 아이가 있다. 그리고 그 상처받는 아이를 보면서 견디지 못하는 이들이 있다. 인생의 정답을 얻기란 쉽지 않은 일이지만, 분명한 한 가지는 화려하고 행복해 보이는 오멜라스를 뒤로 하고 자신의 꿈을 찾아 나서는 이들이 늘 존재한다는 점이다.
　철학 강연으로 대중의 많은 사랑을 받은 최진석 서강대 철학과 교수는 2017년 평생 배우고 가르친 대학에 사표를 냈다. 아직 7년 이상 보장된 '안정된' 또는 '행복해 보이는' 대학교수 자리를 박차고 떠난 것이다. 그는 스스로 대학을 떠나 홀로서기를 하게 된 이유를 언론(신동아, 2018.2)과의 인터뷰에서 이렇게 설명했다.

　"대학이 요구하는 학문체계가 있다. 엄밀하라. 빈틈없이 너의 논리를 세워라. 그러나 난 인문학 분야의 경우 빈틈없음이 최고의 가치가 아니라고 생각하는 사람이다. 자기를 확장하는 일은 빈틈 하나 없는 논문이 아니라 구멍이 듬성듬성 나 있는 이야기로 가능하다고 믿는다."

　대학을 떠나게 된 가장 중요한 동기는 대학이 요구하는 학문 가치와 자신이 생각하는 학문 가치가 달랐기 때문이라는 이야기다. 그는 학생들에게 늘 '자기 생각을 논증하기보다는 이야기로 풀어낼 수 있는 자', '모호함을 명료함으로 바꾸기보다는 모호함 그 자체를 품어버리는 자', '편안한 데 머물지 말고 경계에 서서 불안을 감당하는 자'가 되라고 가르쳤다. 그러나 정작 자신은 기존 대학 체계 안에서 그런 가치를 실현하기 어려웠다.

> **서강대를 떠난 철학자 최진석의 메시지**
> - 호랑이가 우리 안에서 죽을 수는 없지요.
> - 욕망대로 살지 않는 건 천형을 받는 것과 같은 일입니다.
> - 인류 역사는 위험한 곳으로 건너간 이들의 흔적입니다.
> - 변방에서 중앙을 전복하리라는 생각을 가져야 합니다.

　최 교수는 대학이 아니더라도 얼마든지 자신의 가치를 자유롭게 펼칠 수 있으리라는 가능성을 발견했다. 2015년 두양문화재단이 창의적 인재 양성을 목표로 설립한 인문·과학·예술 학교 '건명원(建明苑)'의 원장을 맡아 대학 밖에서 교육비를 무료로 학생들을 가르치면서다. 대학 밖 교육에서 '우리 밖의 호랑이', '욕망', '위험', '변방'을 느낀 것이다.
　최 교수가 대학이란 오멜라스를 떠난 이유는 그의 말을 통해 명쾌하게 정리할 수 있다. "내가 지향하는 것이 '이야기의 세계'라면 '논문의 세계'(대학 체계)는 떠나야 한다고 봤다. 그것이 나에게 진실한 행동 아니겠나."

대학에 사표를 던진 후 최 교수는 고향인 전남 함평에 '호접몽가'라는 이름의 강의장을 지었고, 그곳에서 '새말새몸짓 기본학교'를 열어 시민교육에 나섰다. 이제 그는 (사)새말새몸짓 기본학교 이사장으로서 제2의 인생을 열어가고 있다.

한 언론인이 최 이사장에게 물었다.

"지금이 교수의 삶보다 더 신납니까?"

그는 답했다.

"훨씬. 5만 배 더 신이 나죠."

대학교수에서 비즈니스 CEO로 가는 길

겉으로 보이는 명예보다 자기 안에 꿈틀거리는 꿈을 좇아 새로운 모험의 세계로 걸어 나오는 이들이 생각 외로 많다. 대한민국 석박사급 채용 정보 커뮤니티 네트워크인 '하이브레인넷'에는 전직 교수 출신인 한 사업가의 글이 올라와 있다.

"그간 몸담았던 대학에 염증을 느꼈고 수익도 (기대보다) 적은지라 부교수까지만 하고 학교를 떠나 비즈니스를 시작한 지 1년이 돼갑니다. 돈과 명예라는 두 가지 중 하나만이라도 충족이 되면 그래도 계속했을 것을, 그렇게 안 되었는지 훌훌 털고 떠나 사업을 했습니다. 사실 떠나기 전부터 사업 진행은 미리 했었으니, 떠날 준비를 한 거죠. 대학에 있을 땐 그것만이 전부일 거로 생각했습니다. 평생직이라 생각했었지만 교수 자리를 내려놓고 나니 지금은 오히려 더 행복하고 홀가분합니다. 사업을 시작하면서 수익은 비교도 안 되게 들어왔습니다. 덕분에 교수 때는 생각도 못 했던 일들을 다 할 수 있었습니다. 취미생활까지요."

요즘 새로운 도전을 위해 대학을 떠나는 교수들은 대부분 한 분야의 '전문가'들이다. 시력 보호 제품을 만드는 기업 '픽셀로'의 박기수 전무는 삼성전자에 입사해 22년간 빛의 특성을 연구한 광학 연구개발 전문가다. 퇴직 후엔 한국기술교육대학교 산학교수로 임용돼 학생들을 가르쳤다.

그러던 어느 날 삼성전자 광통신사업부에서 함께 일했던 후배에게 연락이 왔다. 픽셀로 강석명 대표였다. 픽셀로는 노안 교정 필름을 만드는 삼성전자 사내벤처 프로그램 C-Lab으로 시작해 이제 막 스핀오프(분사)한 상태였다. 강 대표는 박 전무에게 픽셀로에 합류해 기술 개발을 함께할 것을 부탁했다.

"삼성에 있을 때부터 세상에 없는 기술을 개발하는 게 워낙 재밌었어요. 학교에서 여생을 보내나 싶었는데 강 대표 제안을 듣고 가슴이 뛰더군요. 합류하기로 했죠."

'메디포스트' 양윤선 대표이사는 삼성서울병원과 성균관대 의대 교수 출신이다. 의대 교수 자리를 떠나 그가 도전한 것은 벤처기업을 창업하는 일이었다. 양 대표는 교수 시절 병원에서 백혈병이나 소아암을 앓고 있는 환자들이 골수 기증자를 찾지 못해 이식을 받지 못하는 일을 안타까워했다. 골수 기증자가 없어서 백혈병 환자가 죽어가는 모습도 많이 봤다. 이러한 경험을 토대로 양 대표는 줄기세포가 풍부한 아기 탯줄 혈액인 '제대혈'과 줄기세포 분야에서 비전이 있다고 생각했다. 그러나 병원 내에서 의약품을 개발하는 데는 한계가 있었다.

그렇게 탄생한 메디포스트는 2000년 제대혈은행 설립을 시작으로, 2019년에는 458억 원 대의 매출을 기록했으며, 2020년에는 LG화학과 기술이전 계약을 맺는 것을 시작으로 다양한 제약바이오 업체와 기술이전을 추진하고 있다. 한편 양윤선 대표이사는 2020년 포브스가 선정한 '가장 영향력 있는 아시아 여성기업인 25인'에 선정되기도 했다.

국가에 기여할 수 있다면?

비즈니스 무대로 향하는 교수만 있는 건 아니었다. 사단법인 한국정보통신보안윤리학회 손연기 회장은 많은 이들이 부러워하는 사립대 교수직을 박차고 나와 공공기관인 한국정보문화진흥원 원장, 한국지역정보개발원 원장, 청소년보호위원회 위원장 등을 맡은 이력이 있다.

젊은 시절부터 대한민국 정보문화 분야에서 일했던 손 회장이 '교수 사직'이라는 결단을 내리고 각 기관의 장을 자처한 데에는 사연이 있었다. 사회에 나와 첫발을 디딘 한국정보문화센터(한국정보문화진흥원의 전신)에 있을 때 정보문화의 기틀을 다진 장본인으로 늘 품어온 부채 의식 때문이었다. 1998년 IMF 금융위기 사태 여파로 구조조정이 시행되면서 자의 반 타의 반으로 떠나는 후배들을 보며 그는 늘 죄책감을 느꼈다.

숭실대 교수로 재직 중 다시 원으로 돌아와 조직을 맡아달라는 정부의 부름을 받은 그는 오래 망설이지 않았다. 아내가 말렸지만, 대학에 휴직계가 아닌 사직서를 냈다. 대학교수 자리보다 못다 이룬 일을 완수해야겠다는 책임감과 사명감이 컸기 때문이었다.

서울대, '교수창업' 되살린다

세상은 빠르게 변하고 있다. 최근에는 도리어 대학에서 먼저 교수에게 창업의 길을 적극적으로 지원해주는 분위기다. 이제 교수들은 대학 연구실 내에서 창업을 시도할 수 있는 것은 물론 대학에서 지원을 받을 수도 있다.

미생물학 분야 권위자로 꼽히는 고광표 서울대 보건대학원 교수는 7년 전 바이오 벤처기업 '고바이오랩'을 창업했다. 고바이오랩은 인체 속 미생물과 유전 정보인 '마이크로바이옴'을 활용해 아토피 등 난치병 치료제를 개발하는 기업으로 성과를 인정받아 지난 2020년 11월 코스닥에 상장했다. 고 교수는 최근 서울대에 '호원 장학기금'으로 10억 원 상당의 자사 주식을 기부해 화제가 되기도 했다.

서울대는 이러한 성공사례를 바탕으로 교원의 실험실 창업을 지원하기 위해 '창업 컨트롤타워'인 산학협력단 지위를 격상하고 자체적인 창업 가이드라인을 마련했다. 또한, 수익 사업을 위한 지주회사 'SNU홀딩스'와 함께 손자회사인 'SNU벤처스'를 설립해 교원 창업 시 기업 지분 5%를 관리하고 액셀러레이터와 파트너십 계약을 맺어 창업기업에 투자 재원 조달 등을 지원한다. 교수창업을 지원해 역으로 학교 재정에 도움을 받겠다는 전략이다.

어느 날 문득 내 안의 '갇힌 아이'를 발견한다면?

미래의 어느 날, 우리가 그토록 꿈꾸었던 '오멜라스'에 도달했다고 가정해 보자. 그런데 화려함으로 가득한 오멜라스 어딘가, 혹은 내 맘속 깊숙한 지하실에 상처받은 아이를 발견했다고 하자. 그때 우리는 과연 오멜라스 입구로 뚜벅뚜벅 걸어 나갈 수 있을까?

 오멜라스에서 벗어나는 법

❶ 사람들이 모두 인정하는 상식과 진리를 의심하고 또 의심하라.
❷ 긍정하지 말라. 그래야 진정한 진리에 접근할 수 있다.
❸ 행복해 보이는 오멜라스가 행복을 보장해 주지는 않는다.
❹ 내 목표를 위해 고독과 허무를 채우며 궁핍하게 살지 말고, 내 삶의 무대를 넓혀 열정과 사랑을 채우며 풍성하게 살아라.

PART 2
발상의 전환이 만들어 낸 홍해의 기적

01

음식 사업이 아니라 부동산 사업이라니까요?
맥도날드 체인점 시대를 연 레이 크록의 '발상의 전환'

"아빠 들어올 때 맥도날드 햄버거 사 와."
"세트로? 단품으로?"
"단품으로~"

한 달에 한두 번은 아들이 전화를 걸어와 맥도날드 햄버거 가게에 방문한다. 점심 한 끼 6,000~8,000원 하는 시대지만 이곳에서는 여전히 할인가로 1,900원이면 불고기 햄버거를 즐길 수 있다. 서울올림픽이 열린 해인 1988년 3월 29일, 서울시 강남구 압구정동에 100평 규모의 맥도날드 1호점이 문을 열린 이후 한국인의 맥도날드 사랑은 지금까지 변하지 않았다. 미국 맥도날드 햄버거를 전 세계인이 맛보고 즐길 수 있게 된 것은 맥도날드 체인점 창업자인 레이 크록 덕분이다.

맥도날드 형제가 처음 햄버거 패스트푸드 시스템을 만든 회사의 주인이라면, 레이 크록은 세계적인 기업을 만든 맥도날드라는 프랜차이즈의 창업자라고 할 수 있다. 영화 《파운더》는 레이 크록이 맥도날드를 세계적인 프랜차이즈 기업으로 만들기까지의 성공 스토리를 다루고 있다.

53세 영업사원이 프랜차이즈 사업을 시작하다

1954년 미국, 밀크셰이크 믹서기를 파는 한 영업사원이 있었으니, 바로 중년의 고개를 넘은 53세의 레이 크록이었다. 그는 전국을 돌아다니며 영업을 했지만 많아야 2개를 넘지 않는 등, 주문은 띄엄띄엄 들어올 뿐이었다. 그러던 어느 날 믹서기 6개를 한꺼번에 사겠다는 주문이 들어왔다. 바로 캘리포니아에 있던 맥도날드 형제가 운영하는 햄버거 가게에서였다. 그는 내심 기쁘면서도 혹시 잘못 주문한 게 아닌가 싶어 곧바로 가게를 찾아갔다.

"믹서기 6개를 주문하셨는데, 혹시 잘못 주문하신 게 아닙니까?"

"아, 정말 주문을 잘못했군요. 6개가 아니라 8개가 필요합니다."

맥도날드 형제의 가게는 눈코 뜰 새 없이 바빠 보였다. 햄버거가 많이 팔리는 만큼, 같이 판매하는 밀크셰이크 또한 계속해서 만들어지고 있었다. 레이 크록은 호기심이 일어 가게를 유심히 관찰했다.

그가 보기에 이 가게에는 다른 가게에 비해 놀라운 점이 정말 많았다. 햄버거를 사기 위해 많은 사람들이 줄을 섰지만 순식간에 자신의 차례가 돌아왔다. 주문을 하면 거의 50초 만에 햄버거가 만들어져 나왔으며, 가게에선 햄버거를 포함해 무려 9가지나 되는 메뉴를 저렴한 가격에 제공하고 있었다. 음식의 맛과 양 또한 가격 대비 수준급이었다. 게다가 셀프서비스 시스템을 도입해 인건비를 낮추었으며 매장에서 사용하는 모든 물품이 플라스틱이나 종이와 같은 일회용품인 것도 인상적이었다. 이 특별한 가게에 금세 매료된 레이 크록은 어떤 확신을 갖게 되었고, 며칠 뒤 맥도날드 형제를 다시 찾아갔다.

"사장님, 저는 이곳에서 가능성을 보았습니다. 이 식당을 전국의 각 도로변에 세우면 반드시 성공할 수 있습니다. 맥도날드 체인점을 열고 싶습니다."

레이 크록은 맥도날드 형제에게 프랜차이즈 사업을 제안했다. 오랜 설득 끝에 드디어 셋은 매장 이름, 메뉴, 매장 구조, 운영 방식, 금빛이 도는 노란색 아치의 마크까지 모든 것을 맥도날드 형제의 가게에서 쓰는 것과 동일하게 한다는 조건으로 맥도날드 프랜차이즈 계약서에 도장을 찍었다.

그로부터 1년이 지난 1955년, 시카고의 디플레인스에 맥도날드 1호점이 문을 열었다. 레이 크록은 1호점에 맥도날드 프랜차이즈의 시스템을 하나하나 구축해 나갔다. '품질, 서비스, 청결, 가치 QSC&V(Quality, Service, Cleanliness & Value)'라는 슬로건을 만들었고, 매장과 음식 관리 매뉴얼을 구축해 나갔다. 이후 각 지역마다 매장이 속속 오픈되면서 1959년까지 불과 4년 만에 100여 개의 맥도날드 매장이 문을 열었다.

프랜차이즈 사업은 빠르고 안정적이었다. 적어도 겉으로 보기에는 성공적으로 운영되는 듯 보였다. 그러나 실상은 전혀 그렇지 않았다. 프랜차이즈 사업은 성장하면 할수록 오히려 레이 크록이 상상한 장밋빛 미래와 멀어졌다. 계약조건이 서로의 발목을 붙잡고 있었기 때문이다.

"지점의 프랜차이즈 로열티가 너무 싸다는 게 큰 문제군. 지점들 모두 장사가 잘되는데 아무리 장사가 잘돼도 본점의 영업이익이 늘지 않고 있어."

레이 크록은 맥도날드 형제와 계약을 맺은 뒤 프랜차이즈를 성공적으로 확대해 나갔지만, 불리한 계약조건과 비용 문제로 시간이 흐를수록 내부가 곪아 터져 파산할 지경에 이르렀다.

특히 맥도날드 형제와 레이 크록은 사업적 마인드나 기질이 달랐다. 맥도날드 형제가 안전 지향에 디테일한 '원칙주의자'였다면 레이 크록은 사업가처럼 과감하고 공격적인 '비즈니스주의자'였다. 당연히 서로가 지향하는 사업 방향이 달랐지만 매장 운영의 기본 방향은 맥도날드 형제가 추구하는 안정적인 원칙주의에 따를 수밖에 없었다.

이러다 보니 레이 크록은 매장 운영에 대해서는 맥도날드 형제와 당초에 맺은 계약조건에 따를 뿐, 매장 운영에 관한 어떤 권한도 갖을 수 없었다. 각 지점의 점주들 역시 맥도날드 형제의 음식 조리에 관한 통제만 받아들였을 뿐이다. 사실상 레이 크록은 맥도날드 매장을 '늘려주는 것' 외에 할 수 있는 게 아무것도 없었다.

금융전문가가 던진 조언

레이 크록은 이제 자신이 맥도날드 프랜차이즈 창업자이자 대표가 아니라 맥도날드 형제에게 고용된 맥도날드 프랜차이즈 영업사원처럼 느껴졌다. 지점에서 나오는 수익 대부분은 맥도날드 형제에게 갔고, 점주들은 맥도날드 형제의 조리 매뉴얼만 받아들이는 상황이었다. 레이 크록은 처음 사업계획을 가족과 친구들에게 밝힌 뒤 들었던 말들을 떠올렸다.

"나이가 53세이면 낼모레 세일즈맨으로선 은퇴를 생각할 나이야. 새롭게 사업을 시작하는 나이가 결코 아니라고."

하지만 문이 닫히면 다른 문이 열린다는 말이 있듯이 위기에 몰린 레이 크록은 은행에 갔다가 한 금융전문가를 만나게 되면서 발상의 전환을 하는 계기를 마련하게 된다. 그 전문가는 레이 크록의 이야기를 집중해서 듣고 난 후 이렇게 말했다.

"레이 크록, 당신이 지금 할 수 있는 게 아무것도 없다고요? 당신이 할 수 있는 일을 찾으면 됩니다. 생각을 바꾸면 방법은 얼마든지 있습니다. 당신은 맥도날드 프랜차이즈를 무슨 사업이라고 생각하십니까?"

레이 크록은 선뜻 대답하지 못했다. 자신이 창업한 맥도날드 프랜차이즈는 사실 '음식 사업'이라기에는 부족했고 '식재료 유통사업'이라고 보기도 어려웠다. 그렇다고 완전한 자신만의 체인점 사업이라 말할 수도 없는 상황이었다. 그러자 금융전문가는 그에게 다음과 같이 조언했다.

"프랜차이즈라면 부동산 임대사업이 될 수도 있잖아요."

레이 크록은 '부동산 사업'이라는 말에 새로운 희망을 발견했다. 비즈니스의 무대 자체를 바꾸는 발상의 전환을 통해 그의 발목을 잡던 수익 문제를 단숨에 해결하면서 각 지점을 통제할 수 있는 장치를 마련할 방법을 떠올렸기 때문이다.

 레이 크록이 생각한 발상의 전환

❶ 맥도날드 프랜차이즈 사업은 '음식 사업', '식재료 유통사업', '자신만의 체인점 사업'이 아니다. (수익 문제, 지점 통제 불가 문제 등)
❷ 따라서 맥도날드 프랜차이즈 사업은 부동산 임대사업이다.
❸ 본사가 좋은 위치에 부동산을 매입한다.
❹ 맥도날드 매장을 오픈하려는 점주에게 그 부동산을 임대한다.
❺ 맥도날드 프랜차이즈 사업권과 부동산을 통해 매장 운영에 관여할 수 있다.
❻ 부동산 사업으로 본사의 자산 증대와 임대 수입은 물론 동시에 매장 관리의 전문성을 강화하여 수익을 높일 수 있다.

이러한 발상의 전환을 통해 레이 크록의 운명이 바뀌게 되었다. 그가 찾아낸 새로운 목표와 전략은 즉각 효과를 드러냈다. 부동산 소유주가 된 레이 크록과 그의 맥도날드 프랜차이즈 사업은 매장 운영에 대한 직접적인 '컨트롤 키(Control Key)'를 얻게 되었고 부동산업과 프랜차이즈 사업을 결합한 새로운 비전을 만들어냈다. 게다가 맥도날드 매장의 성공과 함께 레이 크록의 거점 중심 부동산 가치는 상승곡선을 그렸다.

부동산은 모든 자본주의 권력의 밑바탕이다. 그 밑바탕에서 자본이 창출됨에 따라 맥도날드 프랜차이즈의 통제권을 확보할 수 있었다. 실제로 한국 맥도날드 홈페이지에 들어가 보면 주요 카테고리 중 하나로 부동산 임대 및 매매 안내 코너가 나온다. 맥도날드는 임대 및 매매 조건을 다음과 같이 제시하고 있다.

- 유동 인구가 풍부한 지역(역세권, 사무실 및 아파트 밀집 지역 등)
- 서울·경기도 지역, 6대 광역시
- 안정적이고 지속적인 주거 인구증가 지역
- 차량의 진·출입 및 접근성이 좋은 위치
- 도로변에 위치하여 가시성이 좋은 입지
- 교통 통행량이 많은 지역

레이 크록이 새로운 비즈니스 무대로 생각을 옮긴 후 맥도날드 프랜차이즈 사업은 모든 매장을 직접 통제하고 관리하는 권한을 강화해 나갔다. 그리고 이를 통해 모든 매장에 맛과 품질의 세계 표준화, 신속한 생산 및 공급 시스템을 점차 완벽하게 구축해 나갈 수 있었다.

이와 같은 발상의 전환은 맥도날드가 전 세계를 향해 무한 성장하는 출발점이 됐고, 오늘날 전 세계 3만 7천여 개에 달하는 전 세계 2위의 프랜차이즈 매장 수를 보유한 브랜드로 자리 잡게 했다.

눈에 보이지 않는 무대

1983년 미국의 잡지 『에스콰이어』는 '20세기 미국인의 생활 방식에 기여한 50명' 중 하나로 레이 크록을 선정했다. 『에스콰이어』는 선정 이유를 이렇게 정리했다.

"콜럼버스가 미국을 발견했고 제퍼슨이 미국을 건국했다면, 레이 크록은 미국을 '맥도날드화(化)'한 인물이다. 미국의 이미지를 만든 것은 컴퓨터도, 핵무기도, 예술도, 과학도 아니다. 바로 햄버거다. 레이 크록은 미국인의 입맛을 맥도날드 햄버거로 표준화했지만, 그의 진정한 공로는 이른바 '맥도날드 시스템'이라는 프랜차이즈를 창조해낸 것이다."

맥도날드는 이제 미국의 상징이자, 음식을 넘어선 하나의 문화가 되었다. 전 세계에 맥도날드 문화가 창조될 수 있던 배경에는 '맥도날드는 부동산업'이라는 발상의 전환이 있었다. 겉으로 보기에는 평범한 패스트푸드 음식점이지만, 눈에 보이지 않는 무대에서 부동산업이라는 가치를 발견한 것이다.

53세라는 늦은 나이에 시작한 사업, 불리한 계약서에서 비롯된 숱한 문제들. 그러나 포기하지 않고 답을 찾아내려 했던 레이 크록. 그의 사무실에 걸려 있는 액자에는 레이 크록의 경영철학이 잘 표현된 캘빈 쿨리지의 글이 쓰여 있다.

"인내 없이 이룰 수 있는 일은 이 세상에 아무것도 없다. 재능만으로는 안 된다. 위대한 재능을 가지고도 성공하지 못한 사람은 많다. 천재성으로도 안 된다. 성공하지 못한 천재는 웃음거리만 될 뿐이다. 교육으로도 안 된다. 세상은 교육받은 낙오자로 넘치고 있다. 오직 인내와 결단력 그리고 끈기만이 무엇이든 이룰 수 있다."

02

"지금 젊은 애들이 산에서 자전거를 타고 있어요!"
산악자전거의 핵심 부품을 만든 시마노 요시조의 '관찰'

"집에서 전기 콘센트에 플러그를 뽑을 때 너무 뻑뻑하게 끼어 잘 안 빠지잖아요."

어느 유니버설 디자인 공모전에서 입상한 작품 중 하나는 지렛대를 설치하여 쉽게 플러그를 쏙 뽑아낼 수 있도록 한 아이디어 제품디자인이다. 이 아이디어는 전기 콘센트에서 플러그를 빼는 것이 힘들고 이 때문에 불편을 느끼는 사람들이 많다는 문제의식에서 나왔다. 하지만 플러그를 쉽게 뽑을 수 있는 콘센트의 디자인을 보고, 그저 '기발한데!'라고 칭찬하기만 한다면 그것으로 끝이다. 그 순간 우리가 새로운 생각을 할 수 있는 능력은 물론 창의성을 발휘할 기회까지 사라지게 된다.

만약 이 디자인을 호기심 있게 감상하면서 창조 프로세스를 탐구한다면 창의적인 아이디어는 우리 머릿속에도 다양한 순간에 찾아올 수 있다. 앞선 수상작의 작품기획 보드를 상세히 살펴보면 창안자가 디자인을 생각하는 프로세스가 소개되어 있음을 알 수 있다. 이 프로세스에서 핵심 요소가 된 것이 바로 '압정 뽑는 지렛대'이다.

한번 이 작품의 창조 프로세스를 요약해 보자. 디자인상품의 아이디어 개발자는 전기 콘센트에서 플러그를 분리하는 것이 불편하다는 문제를 인식한 상태에서 어느 순간 '압정 통에 들어있는 지렛대 기구'를 보게 되었다. 기존 콘센트에 대한 문제 인식에, '압정 통에 들어있는 압정 제거용 지렛대 기구'를 조합함으로써 기존에 없던 새로운 창조를 탄생시켰고, 이런 프로세스가 디자인공모 수상 아이디어가 된 것이다.

창의적인 아이디어나 위대한 기업의 탄생 과정은 어떨까? 대부분 앞선 아이디어 개발자의 창조 프로세스와 유사한 패턴이 숨어있음을 알 수 있다.

 개발자들의 창조 프로세스

❶ 자신의 관심 영역이 있다.
❷ 다른 영역의 성공적인 사례나 도구를 우연히 본다.
❸ 그 사례나 도구를 자신의 관심 영역에 연결하여 적용해 본다.
❹ 기존에 없는 자기 영역에 새로운 아이디어가 탄생한다.

다른 영역의 연결과 창조패턴

한마디로 창조 프로세스의 핵심 원리는 '전혀 다른 영역과의 새로운 조합'이라고 정리할 수 있다. 자신의 관심 영역에 다른 영역의 사례가 우연히 만나서 반응하고 새로운 조합이 이루어지면 기존과 다른 새로운 것이 창조되고 진보가 일어난다. 인류에게 대단한 영감을 준 산업 분야와 예술 분야의 사례를 하나씩 살펴보자.

사례1. 포드시스템의 탄생

헨리 포드는 자동차 생산과정의 조립 표준화 모델을 만든 주인공이다. 과거에는 공장에서 기술자가 일일이 자리를 옮겨가면서 자동차 부품을 조립해야 했다. 이러한 상황에서 부품이 자동으로 이동하고 기술자는 제자리에서 한 부품을 집중적으로 작업하는 효율적인 방식을 탄생시킨 '포드주의'는 자동차 분야를 넘어 산업 전반으로 확산해 20세기 산업자본주의를 여는 상징적인 단어가 됐다.

포드시스템으로 불리는 이런 혁신적인 아이디어는 놀랍게도 어느 '도축장 시스템'에서 탄생했다. 어느 날 도축장을 방문한 포드는 흥미로운 광경을 보게 됐다. 자기 자리에 가만히 서

있던 도축사들이 갈고리에 걸어놓은 소가 자기 앞으로 이동해 오자 각자 담당하는 부위를 집중적으로 해체한 것이다. 도축사는 자기 자리에서 자신의 전문 부위만 가장 빠르고 능숙하게 도축한 후 나머지는 옆 동료에게 밀어주면 되었다. 이 도축 시스템을 보고 헨리는 머릿속에 번뜩이는 아이디어를 떠올렸다.

"이 도축 시스템을 우리 자동차공장 시스템에 똑같이 적용해 보면 어떨까?"

➡ 자동차에 관한 관심 영역을 지닌 포드가 우연히 도살장 구경을 하게 되면서 도살장의 부위 해체 처리방식을 기존 자동차조립 방식에 적용해 새로운 자동차 조립시스템인 '포드시스템'을 만들어냈다.

사례2. 피카소의 그림 기법 탄생

1901년에 현실적인 사진기법의 자화상을 그렸던 파블로 피카소는 1907년에 자신만의 독창적인 그림체로 그린 자화상을 선보였다. 그러니까 두 점의 자화상 사이의 기간에 '왜곡된 형태와 비현실적인 색채'가 깃든 피카소 스타일을 창조한 것이다.

그 사이 피카소에게 대체 어떤 일이 있었던 것일까? 1905년에 피카소는 현대적인 그림체를 선보이며 주목받고 있던 「인생의 행복」이라는 작품을 보게 된다. 이윽고 피카소는 이 작품의 화가인 앙리 마티스와 만나게 되고, 마티스의 그림이 지닌 왜곡된 형태, 비현실적인 색채, 명암법이나 원근법을 무시한 평면적이고 밋밋한 특징에 영향을 받게 된다.

또한 어느 날 마티스와 그의 딸과 함께 저녁 식사를 하게 된 피카소는, 마티스 부녀가 가져온 아프리카 조각상을 본 즉시 그 조각상에 매료되고 만다. 거칠고 각진 형태의 독특한 디자인을 본 피카소는 이 날 '피카소 스타일'을 떠올린다.

➡ 20세기의 가장 위대한 화가 피카소의 그림체는 왜곡된 형태, 비현실적인 색채, 명암법이나 원근법을 무시한 평면적이고 밋밋한 특징을 가진 화가 앙리 마티스에게 영향을 받았으며, 여기에 아프리카 조각상이 가지고 있는 거칠고 각진 형태의 디자인 요소를 결합한 것이다. 하지만 피카소는 이 두 요소의 결합을 통해 이전에는 없던 완전히 독창적인 스타일을 창조하게 된다.

산악자전거의 창조 프로세스

세계 최대 자전거 부품업체인 일본의 기업 '시마노(SHIMANO)'는 변속기, 체인, 브레이크, 크랭크, 페달 등 자전거에 들어가는 모든 부품을 생산한다. 자전거 핵심 부품을 생산하는 데다 세계 완성 자전거 업체에 미치는 영향력이 막대하기에 '자전거 업계의 인텔'이라고도 불린다. 세계적인 자전거 부품회사로 일본의 시마노(SHIMANO), 미국의 스램(SRAM), 이탈리아 캄파놀로(CAMPAGNOLO) 등이 손꼽히지만, 로드바이크와 산악자전거 같은 스포츠용 자전거 부품은 시마노가 세계 시장의 약 85%를 차지하고 있을 정도로 압도적인 시장 점유율을 자랑하고 있다.

그러한 시마노에서 산악자전거의 핵심 부품들을 만들게 된 이야기도 지금까지 소개한 창조 프로세스 패턴과 크게 다르지 않다.

1981년 시마노 기업 창업주의 막내아들이자 해외 영업을 총괄하고 있던 시마노 요시조는 마침 미국 서해안에서 우연히 재미있는 광경을 목격한다. 바닷가 한 야산에서 젊은 애들이 자전거를 타며 왁자지껄 놀고 있었는데, 그 자전거들에 자꾸 눈길이 갔다. 자전거와 관련된 일을 하고 있었기 때문이기도 했지만, 그 생김새가 일반 자전거와 무척 달라서였다. 자세히 관찰해 보니 평지에서 타는 일반 자전거가 여러 군데 개조돼 있었다.

'재미있는 녀석들이군. 자전거를 개조해 야산에서 타고 다니다니….'

이렇게 생각하던 시마노 요시조의 뇌리에 기발한 아이디어 하나가 떠올랐다. 그는 즉시 일본 본사에 전화를 걸어 자신이 생각한 아이디어를 설명했다.

"여기 샌프란시스코 북쪽에 있는 야산에서 젊은 녀석들이 자전거를 개조해 타고 내려가며 놀고 있던데, 혹시 우리가 이런 자전거에 들어갈 강력한 부품들을 만들 수 없을까?"

"아니 누가 산에서 자전거를 탄다고요?"

산에서 타는 자전거? 일부 마니아들이 산에서 자전거를 타는 일은 종종 있었지만, 대중적으로 널리 알려진 방식은 아니었다. 하지만 회사로 복귀한 시마노 요시조는 본격적으로 산에서 탈 수 있는 완전히 새로운 자전거의 미래를 논의했다. 물론 반대의 목소리도 만만치 않았지만 회의를 거친 뒤 겨우 '그래, 한번 해 보자'는 쪽으로 의견이 모였다. 그렇게 시마노는 산악자전거인 'MTB(Mountain Terrain Bike)'의 전문 부품을 개발하기 시작했다.

일반 로드바이크가 포장된 도로를 주 무대로 삼는다면, MTB는 산악의 바위, 나무뿌리, 자갈, 계단, 턱 등이 즐비한 산길을 무대로 하는 자전거 장르이다. 때문에 MTB는 자전거의 설계 이념부터 일반 자전거와는 달랐다. MTB는 평지에서 통하는 최고 속도나 항속 유지능력보다는 거친 산악지형을 주파하는 튼튼한 구조와 저속대역을 발달시킨 기어 등을 갖춰야

했다. 하지만 시마노 요시조의 선구안 덕에 시마노는 이후 전문성 높은 'MTB'의 핵심 부품을 생산하는 세계적인 기업이자 최고의 기업이 될 수 있었다.

　자전거 부품기업이라는 자신의 관심 영역에 머물러 있던 시마노 요시조는 우연히 '산에서 자전거를 개조해 타고 노는 청년들'을 보면서 일반 자전거 영역에 갇혀있던 자신의 고정관념을 깰 수 있었다. 산에서 자전거를 개조해 타는 청년들의 사례와 부품회사의 새로운 조합이 일어나는 순간, '산악자전거'라는 새로운 영역을 창조한 것이다. 이후 시마노 요시조는 1995년 시마노 기업의 4번째 회장으로 취임했다.

오목 물체와 볼록 물체가 만나면?

　수많은 아이디어나 혁신적인 비즈니스들을 관찰하다 보면 그 속에서 창조자 본인의 관심 영역 위에 들어온 다른 영역의 아이디어가 우연히 만남을 거친 경우가 많음을 알게 된다. 무언가를 보고 듣고 느끼는 과정에서 자신의 영역에 퍼즐 조각이 새로 맞춰지는 순간 '번쩍'하고 영감이 떠오른 것이다.

　필자가 사이트 개선 아이디어를 떠올렸던 상황을 예시로 들어보겠다. 필자는 직접 운영하는 홈페이지 메인에 표출되는 이미지가 깨져 보이는 문제를 해결하고 싶었다. 등록된 사진과 표출되는 사진 사이에 가로세로 비율이 영 맞아 보이지 않았기 때문이었다.

　좋은 수를 고민했지만 필자는 사이트 개발자도 아니고 별다른 기술적 지식이 없었던지라 그저 이 문제를 언젠가 해결해야겠다고만 생각하고 있었다. 그렇게 줄곧 앓는 이와 같은 고민을 하던 어느날 갑자기 '썸네일 사진'이라는 아이디어를 떠올랐다. '썸네일(Thumbnail)'은 홈페이지 등에서 외부에 표출용으로만 사용되는 전용 규격 사진을 말한다.

　이 아이디어를 떠올린 과정을 처음부터 추적해 보면 다음과 같다. 며칠 전 필자는 친구가 운영하는 사이트에 칼럼 한 편을 직접 올리다가 '표출용 이미지' 기능이 있다는 걸 알게 되었다. 물론 그때는 그 기능이 왜 있는지도 몰랐고 당시의 필자에겐 아무런 의미가 없었기에 기억에서도 지워버렸다.

　그렇게 며칠이 지난 뒤, 우연히 사이트 표출 이미지가 유난히 깨져 보여 시각적으로 거슬려 아이디어를 찾던 어느 순간 '표출용 이미지' 기능이 있었다는 생각이 번뜩였고, 문제를 해결할 방법을 생각해냈다. 필자는 즉시 이 기능을 추가해 사이트 이미지 문제를 개선할 수 있었다.

대장암을 조기에 발견할 수 있는 아이디어를 제시한 한 15세 소년의 이야기도 있다. 외신 보도에 따르면 미국 동부 메릴랜드(Maryland) 주(州) 크라운스빌(Crownsville)에 사는 고등학교 2학년인 잭 안드라카(Jack Andraka)는, 자신의 힘으로 췌장암이 있는지 없는지 확인할 수 있는 표지자인 바이오마커(Biomarker) 메소텔린(Mesothelin)의 검출 방법을 발명했다. 그는 이 아이디어를 통해 세계 최대의 과학경진대회에서 상금 75,000달러(한화 약 8천 2백만 원)와 함께 최고상인 고든무어상(Gordon E. Moore Award)을 수상했다.

　　다소 전문적이긴 사례이긴 하지만 그가 수상한 아이디어의 핵심 내용을 간단히 살펴보자. 이 방법은 췌장암 여부를 알려주는 메소텔린에 대한 항체(Antibodies)와 탄소 나노튜브(Carbon Nanotube)를 혼합하여 여과지(Filter Paper)를 코팅하고, 표지자인 메소텔린이 항체에 반응할 때 일어나는 전기 전도도(Electric Conductivity)의 변화를 측정해 기존 의학계 수준보다 췌장암 진단의 정확도를 획기적으로 높일 수 있다.

　　새 검사 방법은 과거 800달러(한화로 약 87만 원)에 시행되던 검사보다 400배 이상 높은 민감도(Sensitivity)를 보여 15% 정도에 불과한 췌장암의 조기 발견 확률을 크게 높일 수 있을 것이라며 심사위원들의 큰 기대를 모았다.

　　게다가 이 방법은 검사 비용면에서도 기존의 검사보다 월등히 탁월한데, 이 소년이 개발한 검사지(Paper Sensor)의 가격은 고작 3센트(한화로 약 35원)에 불과하다. 이는 기존 검사 방법과 비교해 26,000배 이상 저렴하며, 검사에 걸리는 시간도 5분으로 기존보다 168배 빠르다. 이 검사법이 도입되면 수많은 생명을 구할 수 있고 인류에 큰 기여할 수 있을 것이다.

　　이쯤에서 한 가지 의문점이 생길 것이다. 도대체 전문가나 의료연구진, 의사들도 발견하지 못했던 것을 고등학생 소년이 해낼 수 있었던 것일까? 그의 아이디어 발상 과정을 쫓아가 보자.

　　췌장암은 물론, 별다른 의학지식도 전혀 없었던 이 평범한 소년은 삼촌처럼 따르며 친하게 지냈던 아버지의 친구가 췌장암으로 세상을 떠난 사실을 슬퍼하며 췌장암에 대하여 관심을 갖게 되었다. 평소 발명이나 아이디어에 관심이 많았던 그는 췌장암과 관련된 다양한 정보들을 수집했다. 췌장암의 표지자인 '메소텔린'이란 단백질 등에 대한 자료도 모았다. 이 과정에서 그는 특히 구글 검색을 통해 췌장암의 조기 발견율이 15%에 불과하며, 60년이 넘은 고가의 검사방법으로는 30%가 넘는 췌장암 환자들이 정상으로 판별되기도 한다는 사실을 발견했다.

　　췌장암 관련 정보가 쌓일수록 점점 더 소년은 좀 더 좋은 췌장암 판별법을 만들어낼 수는 없을지에 대한 문제의식을 가지게 되었다. 이렇게 췌장암에 대한 다양한 정보들을 모으던 어느 날, 그에게 우연히 '섬광' 같은 통찰이 찾아왔다.

고등학교 생물 수업 시간이었다. 그는 수업 시간에 '탄소 나노튜브'에 대한 논문을 몰래 읽고 있었는데, 마침 선생님이 '항체'에 대하여 설명을 하고 있었다. 이렇게 눈으로 보는 논문 내용과 귀로 듣던 선생님의 설명이 만나는 순간 갑자기 잭 안드라카의 머릿속에서 아이디어가 떠올랐고, 그렇게 얻은 아이디어를 토대로 7개월 만에 새로운 검사 방법을 창조해냈다.

세상의 모든 창조와 탄생, 아이디어, 작품, 비즈니스, 제도, 시스템 등 창조의 근원을 추적해 들어가다 보면 비슷한 패턴과 만난다. 그 패턴을 이해하는 순간, 우리 역시 그 창조 프로세스를 적용해 기존과 다른 새로운 것, 기존과 다른 영역, 기존과 다른 사례를 조합해 창조할 수 있다.

오목 물체와 볼록 물체가 따로 있을 때는 그저 각각 낱개의 물체로 존재하지만, 오목과 볼록이 관계를 맺어 짝이 맞춰지면 기존에 없던 새로운 장난감이 창조된다. 무수히 다양한 조각들의 퍼즐이 서로 연결될 때 창의적인 솔루션이 나오는 것이다.

03

양초를 만들지만 팔지는 않아요
세계 1호 캔들 스토리텔러 노희정 작가의 '스토리'

"안녕하세요. 손삭희 앵커입니다.
긴급 뉴스 속보를 알려 드립니다.
최근 일주일 사이에 연쇄 실종 사건이 일어났습니다.
일주일 신고 건수가 100건이 넘었습니다.
국민청원도 20만 명이 넘었습니다.

앵커 : 이 분야의 전문가이신 로라 박사님을 연결해 보겠습니다.
로라 박사 : 화장대 단속, 핸드백 단속을 필히 부탁드립니다.

이상, 립스틱 연쇄 실종 사건 긴급 속보를 마칩니다.
립스틱을 보신 분들의 제보를 받습니다."

양초로 만든 인형 캐릭터인 손삭희 앵커와 로라 박사가 뉴스에 등장해 코믹한 스토리를 이어간다. 유튜브 채널 '빨간고무신의 캔들 동화' 중 한 편이다. 유튜브 채널 '빨간고무신의 캔들 동화'를 운영하는 노희정 작가가 직접 만든 캔들(양초) 캐릭터들이 등장하는 판타지 캔들 동화는 유튜브에 동영상으로 속속 업로드 되고 있다. 캔들의 따뜻한 감성과 일상의 이야기들을 전하는 그의 콘텐츠는 시청자들에게 유머와 여유, 위로를 주며 입소문을 타고 요즘 큰 인기를 얻고 있다.

양초를 팔지 않는다고?

노희정 작가는 캐릭터 양초를 직접 손으로 만든다. 하지만 그 캐릭터 양초를 팔지는 않는다. 그럼 이 양초로 뭘 하지? 바로 재미난 이야기를 만든다. 노 작가는 양초 캐릭터들에게 연기를 시켜 재미있는 이야기를 만들고, 이를 영상으로 제작하여 유튜브에 올린다. 양초를 만들어 파는 대신 양초 캐릭터들에 스토리텔링을 결합한 문화 콘텐츠를 창조하여 파는 셈이다.

노 작가의 양초가 '스토리'가 되는 과정은 이렇다.

 노희정 작가의 스토리텔링 프로세스

❶ 재미있는 양초 캐릭터 아이디어를 떠올리고 제작과정을 설계한다.
❷ 만든 양초 캐릭터의 구체적인 이력을 정리한다.
❸ 코믹한 스토리를 기획한다.
❹ 대본에 따라 양초 캐릭터들을 연기시킨다.
❺ 캐릭터들의 연기를 촬영하여 영상으로 만들어 유튜브에 상영한다.
❻ 영상 작품들을 토대로 '캔들 동화책'을 출간한다.

예) 노희정 작가의 양초 캐릭터 소개

역할	찰스 역	로라 역
본명	철수	라라
생일	2018년 10월생	2018년 9월생
키	13cm	11cm
몸무게	81g	실례이십니다!
출생지	빨간고무신 작업실	빨간고무신 작업실
종교	빨간고무 신	빨간고무 신
대표작	빨간고무신tv의 '오늘은 디데이예요'	빨간고무신tv의 '오늘은 디데이예요'
희망 역할	뭐든 좋으니 입 다물고 싶어요	뭐든 좋으니 눈 뜨고 싶어요

그렇다고 유튜브 콘텐츠만을 위해 양초 캐릭터를 제작하는 것은 아니다. 캐릭터 양초 제작과 유튜브 영상 제작 사이에는 수많은 비즈니스 모델이 있다. 노희정 작가는 유튜브 콘텐츠 제작과 동시에 캐릭터 양초 제작과정을 강의하는 다양한 강좌를 운영 중이며 '캐릭터 양조 제작 꾸러미'도 판매해 누구나 직접 양초 캐릭터를 집에서 제작해 볼 수 있도록 했다.

양초 캐릭터들은 모두 배우다. 어떠한 스토리나 브랜드를 결합하느냐에 따라 마케팅, 브랜드홍보, 정책 캠페인 등도 가능하다. 가령 '손삭희 앵커'와 '로라 박사'가 뉴스에 등장해 '백신 예방접종 참여 캠페인'을 진행할 수도 있고 여기에 '찰스'가 출연해 새로 출시된 스마트폰의 특징을 홍보할 수도 있다. 다시 말해 유튜브에서 다양한 양초 캐릭터들이 뜨면 뜰수록 '뽀로로'나 '펭수'와 같은 '스타캔들'이 탄생하는 셈이다.

아이스크림과 사랑에 빠져 변장을 하며 매일 아이스크림을 먹는 트럼프 대통령, 결벽 공주의 로맨스, 립스틱 연쇄 실종 사건, 햇반이 뒤집히는 순간 펼쳐진 신세계 등 다양한 캔들 동화는 보는 이로 하여금 저절로 미소를 짓게 한다. 몇몇 이들은 영상을 본 후 캔들 제작 키트를 구매하여 직접 인형을 만들기도 하고, 이렇게 고객들이 직접 만든 캔들로 스토리를 결합해 다시 영상을 만들 수도 있다. 양초는 캐릭터가 되고 캐릭터는 이야기가 되며 이야기는 영상이 되고 영상은 고객들이 직접 초 캐릭터를 만들게 하는 원동력이 된다.

노희정 작가가 창조해 낸 양초 캐릭터가 훌륭한 비즈니스가 된다는 사실은 각종 창업공모전 성과에서 증명되었다. 캔들 스토리텔링이라는 독특한 기획력을 통해 인정받은 노 작가는

2019 인천콘텐츠코리아랩 상상콘랩 워크숍 최우수상, 2019 인천콘텐츠코리아랩 팝콘어워즈 우수상을 받았다. 또 2018 세종창조경제혁신센터 창업오디션에서는 장려상을 받아 상금 2,000만 원에 송도 실리콘밸리 투어로우시티 무상 입주 기회까지 얻었으며 킨텍스 및 양재 A&T센터 전시회에 초청되기도 했다. 특히 영상 동화를 기반으로 펴낸 '캔들 동화책'은 크라우드펀딩으로 진행되었는데 목표액 600%를 초과 달성하기도 했다. 이러한 스토리텔링의 힘을 믿게 된 노희정 작가는 '빨간고무신'을 창업하여 어엿한 회사의 대표가 됐다.

세계 제1호 캔들 스토리텔러

"나는 캔들을 만들지만, 캔들을 판매하지 않아요. 캔들과 스토리를 접목한 캔들 일러스트와 캔들 영상을 만들어요. 나의 캔들로 더 많은 사람이 행복했으면 좋겠어요. 나는 캔들로 다양한 스토리를 표현하는 1호 캔들 스토리텔러예요."

그는 어쩌다 세계 제1호 캔들 스토리텔러가 되었을까? 스타마케팅, 브랜드 마케팅, 상품기획(MD)을 하던 노희정 작가는 어느 날 새로운 꿈을 꾸기 시작했다. 그것은 자신의 브랜딩이 들어간 핸드메이드 제품을 직접 만드는 것이었다.
"그래, 내가 해 보고 싶은 걸 하자."
노 작가는 일본 유학을 거치며 '캔들'에 관심을 갖게 됐고, 자신만의 캔들을 만들기로 마음먹었다. 이후 캔들 공부를 시작했고 하나하나 제작과정을 배워나갔다. 모든 것을 독학했다. 3D프린팅 자격증을 취득하고 3D프린터를 구매한 뒤 수십 개 디자인을 모델링하여 출력하고, 마음에 드는 디자인은 캔들 몰드(거푸집) 작업에 접목했다.
이를 통해 다양한 디자인작업을 가능케 했는데, 캔들 제작과 3D프린팅과의 접목을 통해 보다 독창적인 캔들을 직접 만들 수 있는 핵심 뼈대를 확보할 수 있어서였다. 이렇게 몰드에 캔들 왁스를 부어 1차 캔들을 만들고, 다시 조각하듯 하나하나 깎아내고 다듬으며 2~3차 캔들을 만들어 내는 과정을 개발하게 되었다.
하나둘씩 캔들을 제작해 SNS에 올리다 보니 대중의 반응이 점차 뜨거워졌다. 기업 쪽에서도 연락이 오기 시작했다. 그러나 똑같은 캔들 제품을 만들어 파는 것은 싫었다. 캔들 제품은 태워져 사라지기 때문이었다.

"나의 첫 캔들은 케이크 모양이었어요. 케이크 모양 위에 주문에 따라 다양한 그림을 그렸어요. 캔들을 받으신 분들은 아까워서 태우지 못하겠다고 하셨어요. 태우지 않고 보다 많은 사람에게 행복을 줄 방법은 무엇일까 고민했어요."

노 작가는 이러한 고민에 대한 해답을 스토리텔링에서 찾았다. 다양한 디자인의 캔들을 개별적으로 이미지화하여 다양한 스토리의 캔들 일러스트와 캔들 동화로 작업했다. 이로써 태워 없애지 않아도 되는 양초가 탄생한 것이다. 아이디어는 여기에 그치지 않았다.

"겉모양만 살아있는 캔들이 아닌 이야기가 들어가 생명력이 있는 캔들을 만들면 어떨까?"
이번에는 캔들 일러스트와 캔들 스토리텔링에서 나아가 캔들을 영상과 연결했다. 영상교육을 거쳐 유튜브 영상 동화를 제작하기로 한 것이다. 모바일 동영상 편집 앱 '키네마스터' 교육 과정을 들었던 게 큰 도움이 됐다고 한다. 영상편집에 대해 잘 알지 못한 상태에서 16시간 정도 교육을 마치고 난 뒤 바로 작업을 시작했다. 바로 이것이 온라인 캔들 콘텐츠의 탄생 과정이다.

이러한 과정을 거쳐 노희정 작가는 캔들 스토리텔링을 접목한 신장르를 구축한 세상에 단 한 명뿐인 캔들 스토리텔러가 됐다. 노 작가는 현재 각종 기업이나 기관과 아트콜라보, 클래스 활동 중이며 다수의 캔들 관련 저작권, 상표권, 자격증, 수료증을 보유 중이다.

어엿한 콘텐츠 회사가 된 '빨간고무신'이 창조해 내는 캔들 동화를 통해 자신만의 브랜드 구축이라는 꿈을 향해 걸어가는 노희정 작가. 그의 창의성 비밀은 끊임없는 연결이며, 그 연결의 핵심에는 '스토리텔링'이 있다. 스토리는 어떤 일에서든, 그리고 누구나 접목될 수 있다. 물론 우리들도 저마다 하는 일에 스토리를 접목할 수 있다.
그러니 기억해 두자, 스토리텔링 특징 10가지!

1. 스토리텔링은 기승전결(논리적 인과 구성)로 되어 있다.
2. 스토리텔링에는 생활 속 공감 에피소드, 생생한 경험담이 들어있다.
3. 스토리텔링에는 어려움, 갈등, 위기, 극복과정이 들어있다.
4. 스토리텔링은 남에게 호기심을 불러일으키는 특별한 세계를 보여준다.
5. 스토리텔링은 디테일한 묘사를 통해 신뢰를 준다.
6. 스토리텔링은 신기하고 빠져들며 재미있다.
7. 스토리텔링에는 예측과 반전이 있다.
8. 스토리텔링은 주제나 메시지에 대한 이해와 공감이 필요하다.
9. 스토리텔링에는 아름다운 상상력이 들어있다.
10. 스토리텔링에는 적당한 과장과 조미료가 필요하다.

어린 시절 동심을 실현해 봐!

노희정 작가의 어릴 적 로망은 크림빵, 케이크, 종이 인형, 인형의 집, 바비인형이었다. 그리고 어른이 되면서 잠재되어 있던 이 로망들이 캔들 작업 중에 조금씩 나오기 시작했다. 종이 인형에 새 옷을 입히며 행복해하던 8살의 아이는 이제 캔들에 새 이야기를 입히며 행복해 하는 어른이 되었다.

"300원 크림빵을 행복하게 먹던 아이.
종이 인형의 옷을 갈아입히며 행복해 했던 아이.
드라마 속 소인국 세상이 정말 존재한다고 믿었던 아이.
내성적이었지만, 머릿속은 늘상 상상 파티 중이었던 아이.
자유롭게 둥둥 떠다니는 구름 같다고 불리던 아이.
그 아이는 훌쩍 커서 1호 캔들 스토리텔러가 되었어요.
멈춰있던 소인국 세상, 종이 인형, 상상 파티가 다시 시작되었어요."

많은 사람에게 행복을 전달하고 있는 노희정 작가의 창의적 아이디어는 상상력과 동심과 스토리의 만남에서 나왔다. 뒤집어 말하면 누군가의 상상력과 동심과 스토리의 만남은 세상에서 가장 창의적인 아이디어가 될 수 있다는 의미이기도 하다.

04

'가장 멋진 길'로 선정된 디즈니랜드 오솔길
건축가 발터 그로피우스의 '역발상'

필자는 길고양이들에게 먹이를 주는 문제로 싸우는 사람들의 이야기를 주제로 칼럼을 쓴 적이 있다. 글은 이렇게 시작한다.

"나는 고양이입니다. 집과 주인이 없는 길고양이죠. 나의 일과는 단순합니다. 틈틈이 두 발에 침을 발라 얼굴을 깨끗이 하죠. 우리는 깔끔한 걸 좋아하니까요. 혼자 다닐 때도 있고 가족이나 친구들과 무리 지어 골목을 다닐 때도 있습니다. 볕이 좋은 양지바른 곳을 찾아 일광욕을 즐길 때 우리는 가장 행복하죠.

먹는 걸 어떻게 해결하느냐고요? 사실 그건 우리도 어찌해야 할지 잘 모릅니다. 마음씨 좋은 사람을 만나 꼬박꼬박 밥을 얻어먹기도 하고 운 좋으면 쥐나 새를 잡아먹을 수도 있지요. 다행히 우리는 아무거나 가리지 않고 잘 먹는 편입니다.

고양이들끼리는 사이가 꽤 좋은 편입니다. 먹을 게 생기면 서로에게 양보도 잘합니다. 다른 녀석이 충분히 배를 채울 때까지 기다려 주지요.

이렇게 우리끼리는 오순도순 큰 걱정 없이 잘 사는 편이지만 한 가지 큰 고민거리가 있습니다. 그건 바로 사람들인데요. 우리로 인해 사람들이 자주 싸우는 걸 보면서 정말 안타깝습니다. 세상 이치가 그렇듯 우리를 좋아하는 사람이 있는가 하면 반면, 아주 싫어하는 사람도 있잖아요? 좋아하고 싫어하는 사람 사이의 갈등은 해소가 잘 안 됩니다."

사람이 고양이를 바라보는 시선 대신, 고양이 시선으로 바라보는 사람들을 표현해 보고 싶어 쓴 글이다. 이처럼 때때로 관점을 바꾸어 상대의 시선과 우리의 시선을 거꾸로 뒤집어 바라보면 재미있는 상상력이 펼쳐진다.

거꾸로 뒤집어 보기

- 사람들은 스마트폰을 이용해 수시로 톡과 문자를 확인하고 있다. 그런데 사실은 스마트폰이 인간에게 문자를 확인하라고 지시를 내리고 있는 것이다.
- 사람들은 지구에서 태양이나 달, 금성을 바라보고는 한다. 그렇다면 거꾸로 화성이나 금성에서 바라본 지구는 어떤 모습일까?

재미난 발상의 전환

필자는 언젠가 한 잡지 사이트를 둘러보다가 재미난 발상의 전환을 본 적이 있다. 전문가의 기고문에 중요한 오자가 있어서 문제가 된 모양이었다. 이때 대부분 언론매체라면 사이트의 팝업 창에 '오자에 대한 필자와 독자에게 사과문'을 게재했을 것이다. 그러나 이 잡지는 발상의 전환을 통해 오히려 이 위기를 유쾌한 '오자 찾기 이벤트'를 여는 기회로 삼았다.

팝업 창의 내용은 다음과 같았다.

"기고문 중 오자가 발생해 바로잡습니다. 그 외에 잡지에서 발견한 오자를 찾아 보내주신 분들에게 푸짐한 경품을 드립니다."

오자 찾기 이벤트를 통해 독자들에게 한가득 상품을 주는 즐거운 축제의 장으로 만든 것이다.

위기를 기회로 삼은 사례는 더 있다. 1976년 2월 시장에 처음 나온 써니텐의 광고 문구가 "흔들어 주세요"가 된 데는 뜻밖의 이유가 숨어있다. 70년대 당시만 해도 음료 생산기술이 낙후되어 있어 용기 바닥에 가라앉은 과즙을 고루 퍼지게 하기 위해서는 음료를 흔들 필요가 있었는데, 이러한 약점을 멋진 카피로써 강점으로 만든 것이다.

그런가 하면 제2차 세계대전 후 승전국이 된 미국은 패전국을 약탈하는 대신, 오히려 국무장관 조지 마셜의 주도하에 경제원조계획인 마셜플랜을 진행하는 역발상을 통해 미국의 영향력을 더욱 극대화하는 계기를 만들었다.

'특별한' 오솔길의 탄생

고정관념을 깬 창의적 사고 프로세스에는 재미와 함께 묘한 매력이 녹아있다. 건축가 발터 그로피우스가 만든 '특별한' 오솔길의 탄생 에피소드 역시 그렇다.

발터 그로피우스는 근대건축의 4대 거장으로 꼽히는 독일의 건축가이다. 1919년부터 1933년까지 독일에서 설립·운영된 학교인 '바우하우스'의 창립자로, 1919년부터 1928년까지 초대 교장을 맡았다. 발터 그로피우스는 나치 정권에 반대하여 1934년에 독일을 떠나 영국으로 망명한 뒤 1937년에는 미국 하버드 대학에서 교수로 초빙 받았고, 매사추세츠주 케임브리지의 하버드 대학에서 건축학과 학장을 역임하며 학생들에게 건축학을 가르치기 시작했다. 발터 그로피우스는 미국에서 활동하던 시절, 1954년 7월 18일 시작된 디즈니랜드 건설에 참여하기도 했다. 그는 디즈니랜드를 설계하는 데 독일 퓌센의 '노이 슈 반슈타인 성'의 건축디자인을 모티브로 삼았는데, 바이에른의 왕 루트비히 2세가 지은 이 성은 세계에서 가장 아름다운 성으로도 불린다.

주요 건물 공사가 마무리되어 갈 무렵 그로피우스에게 한 가지 고민이 생겼다. 사람들이 건물 사이를 편하고 빠르게 오가는 길을 만들고자 하는데 어떻게 동선을 만들어야 할지 좋은 아이디어가 떠오르지 않았던 것이다.

처음에는 성과 성 구조를 고려해 성들의 사이마다 가장 빠른 길을 내면 된다고 단순하게 생각했다. 하지만 정말 사람들이 그런 길로 쾌적하게 다닐 수 있을지 확신이 들지 않았다. 좋은 생각이 떠오르지 않았던 그는 머리를 식힐 겸 프랑스로 출장을 가게 됐다.

포도 농장에서 영감을 얻다

남부 교외를 달리던 그는 수많은 차가 정차된 한 포도 농장을 발견했다. 그 포도 농장은 길가에 포도를 내놓고 파는 대신 길가에 놓인 함에다가 프랑만 넣으면 포도밭에 들어가서 포도를 따갈 수 있는 곳으로, 따로 포도밭을 지키는 사람도 없었다. 자세한 이야기를 들어보니 이 포도원의 주인은 노부부인데 몸이 불편해 포도를 직접 따기 힘들어지자 이런 아이디어를 냈다고 했다.

그로피우스는 이러한 노부부의 창의적인 생각에 큰 영감을 받았다. 디즈니랜드 작업현장으로 돌아온 그는 재미있는 길 만들기 작업을 다음과 같이 지시했다.

발터 그로피우스의 역발상 프로세스

❶ 디즈니랜드 성과 성 사이로 모든 곳에 잔디 씨를 뿌린다.
❷ 그곳을 사람들에게 미리 개방하여 자유롭게 다니도록 한다. 당연히 지키는 사람이나 출입 금지 표지판 따위는 없다.
❸ 사람들이 많이 지나다니는 동선에는 자연스럽게 잔디가 자라지 않을 것이다.
❹ 시간이 지남에 따라 씨를 뿌린 곳곳에 파릇파릇 잔디가 돋아났고, 사람들이 자주 왕래한 곳에 작은 오솔길이 만들어졌다.
❺ 이렇게 만들어진 오솔길을 따라 다시 길을 만든다.

그로피우스가 계획한 길은 계획자나 시공팀에서 기존 관행처럼 천편일률적으로 만든 게 아니라 사람들이 자연스럽게 걸어다니며 직접 낸 길을 따라 만든 것이다. 따라서 바둑판처럼 곧은 길도 아니요, 일정한 모양이나 규칙이 있는 길도 아니지만 넓은 길과 좁은 길이 조화를 이루면서 그 어떤 길보다 자연스러웠다. 훗날 이 길은 런던에서 열린 '국제 조경 건축 심포지엄'에서 가장 훌륭한 도로 설계라는 평가를 받았다.

발터 그로피우스는 건축가이자 교육자로서 많은 명언을 남겼는데, 그중에 이런 메시지가 있다.

"모든 물건의 겉모습은 그 쓰임새에 알맞도록 만들어져야 한다. 건축가나 디자이너는 지금이라도 속임수와 꾸밈을 버려라."

그로피우스의 작품에는 화려한 겉모습이 아니라 사용 목적에 맞게 디자인되어야 한다는 그만의 건축 철학이 담겨있다. 그리고 이것은 사람들이 직접 길을 만들도록 유도한 디즈니랜드 오솔길 창조 프로세스와 연결되어 있다.

때로는 자신이 원하고 생각한 대로 설계하는 것만이 아니라 발상의 전환을 통해 존재 그 자체가 원하는 자연스러운 결을 따르는 것이 창의적인 솔루션으로 이어질 수 있다.

대학 캠퍼스 잔디밭을 걸을 때

필자는 대학에서 강의를 하는 일이 많아 전국에 있는 100여 곳 이상의 캠퍼스를 걸어보았다. 넓은 캠퍼스에는 수많은 잔디밭이 펼쳐져 있는 곳이 많다. 또 푸른 바다나 축구장처럼 잘 가꾸어진 넓은 잔디밭도 있고, 출입금지 푯말이 있는 곳도 있으며, 학생들이 많이 쏘다녀 뺀질뺀질하게 길이 난 지름길도 있다.

때로는 건물과 건물 사이에 난 이런 잔디밭을 가로질러 걸을 일이 있는데, 그럴 때마다 그로피우스의 기발한 오솔길 창조과정을 떠올린다.

'만약 이곳에 학생들이 직접 내어 만든 아름다운 오솔길을 조성한다면 어떨까?'

분명 자신들이 직접 만든 오솔길을 걸을 때 느끼는 감정은 정형화된 길을 걸을 때의 무료함이나 잔디가 죽어 빤질해진 지름길을 이용하는 죄책감과는 완전히 다를 것이다. 누군가를 창조자로 만들어주는 것만큼 더 위대한 교육은 없다. 내가 만약 이 대학 캠퍼스 총장이나 캠퍼스 시설관리 책임자라면 학생들이 직접 낸 잔디밭 사이의 오솔길을 만들 수 있지 않을까 상상하곤 한다.

필자는 젊은이들이 지나다닌 발걸음들을 따라 난 작은 오솔길 옆에 다음과 같은 안내 문구를 세워두고 싶다.

"당신이 낸 오솔길. 당신의 내일에도 길을 내세요!"

05

"기업 기밀정보를 전 세계에 오픈해 봐!"
망해가던 금광기업을 살린 롭 맥이웬 사장의 '공개 모집'

공모대회란 공개적으로 다수의 아이디어(작품)를 모으는 '오픈 챌린지 프로그램'을 말한다. 기업이나 정부 혹은 단체가 상금을 걸고 대중의 아이디어를 모아 우수작을 시상하고 이를 활용하는 일종의 챌린지 방식이다.

과거에는 순수문학이나 미술, 사진 등 예술 공모전이 인기였다면, 최근에는 창업, 제안, 마케팅, 디자인, 광고, 논문, 기획아이디어, 홍보영상 등 실용적인 분야의 공모전이 다채롭게 시행되고 있다.

상금의 액수 또한 상당하다. 1등 시상금만 평균 500만 원에서, 많게는 5,000만 원~1억 원에 이르기도 한다. 여기에 특전이나 인턴, 해외연수, 창업 시설 입주 기회 등 각종 혜택까지 덤으로 온다.

이러한 공모대회는 '집단지성'과 밀접한 관련이 있다. 여러 사람의 생각을 모으는 집단지성의 가치는 내부의 엘리트 중심사고에서 벗어나 공유와 개방을 통해 대중의 아이디어를 널리 모으고, 이러한 집단지성이 창조해 낸 아이디어를 통해 새로운 창조를 이루어낸다는 데 있다.

공모대회의 가치

우리 시대 개인과 조직, 기업 누구나 자유롭게 활용할 수 있는 공모대회의 장점을 정리해 보자.

첫째, 많은 기업이 창의적이고 도전적인 젊은이들을 발굴 및 지원하는 장학프로그램으로 공모대회를 시행하고 있다.

둘째, 실제 기업의 문제를 해결해 내는 과정에 참여시킴으로써 우수 인재를 선발하는 최적의 인재 개발 프로그램이 되고 있다.

셋째, '참여, 공유, 개방'이라는 시대정신을 현장에서 가장 효과적으로 활용할 수 있다.

넷째, 공모전 정보 포털 '씽굿'에 따르면 대학생들의 약 80%가 "공모대회를 개최하는 기업의 이미지가 좋아지고 신뢰도에 높아졌다."고 생각하는 것으로 조사됐다. 이처럼 공모대회를 시행하는 것만으로도 기업의 이미지를 긍정적으로 만들 수 있다.

다섯째, 적은 기회비용으로 가장 단시간에 최고의 창조적인 아이디어를 얻을 수 있다.

여섯째, 잠재고객 혹은 미래 예비 고객과 한발 앞서 소통할 수 있다.

일곱째, 대중의 참여기회, 관심을 이끌며, 동기부여를 제공하는 효과적인 수단으로 활용될 수 있다.

여덟째, 기업의 브랜드나 신제품, 정부나 단체의 정책을 홍보하고 알리는 최적의 수단이 될 수 있다.

아홉째, 도전자 입장에서 공모대회에 참가하려 주최기관에 대한 정보를 탐색해야 하니, 주최사를 알리는 계기가 된다.

열째, 공모대회를 통해 창조된 무수히 새로운 지식과 아이디어, 콘텐츠들은 고스란히 우리 사회의 지식 총량을 늘리고 더 가치 있는 지식을 만드는 밑거름이 될 수 있다.

2021년 기준으로 대한민국 100대 기업의 62% 이상이 각종 공모대회를 활발하게 진행 중이며 국가행정부나 지자체에서 역시 다양한 공모대회가 개최되고 있다. 이외에도 우리나라에서 한 해 약 1만 개 이상의 공모전이 열리고 있으며, 새로 생겨나는 공모대회만 해도 연간 수백 개에 이른다.

삼성경제연구소는 「기업의 인터넷 커뮤니케이션 전략」이란 보고서를 통해 대중과의 친밀감을 높이고 부정적 이슈에 적절히 대응하기 위한 공모대회 전략을 이렇게 소개했다.

"R&D, 생산, 마케팅 등 다양한 부문에 걸쳐 대중의 의견을 수렴할 수 있는 창구를 마련하라. 마이크로소프트가 윈도우 비스타 출시에 앞서 베타버전을 전 세계 2백만 명에게 배포하고 문제점을 확인한 사례, 미국의 식품업체 프리토레이가 UCC영상 공모전 응모자 중 5개를 선정해 슈퍼볼 경기 중 광고로 방송한 사례 등이 대표적이다. 대중의 아이디어를 공모, 선정, 활용하는 과정에서 교감을 형성하는 것이다."

'골드코프 챌린지'로 성공한 오픈 이노베이션

이처럼 공모나 챌린지와 같이 혁신의 원동력을 외부에서 찾는 '오픈 이노베이션'은 개인이나 기업 모두에게 탁월한 성장 전략으로 자리 잡고 있다. 실제로 오픈 이노베이션을 통해 기업혁신을 이룬 흥미로운 사례가 있으니, 바로 '골드코프 챌린지'이다.

'골드코프'는 캐나다 토론토에 있는 금광회사로, 2003년 기업이 보유하고 있던 금광이 '고갈됐다'는 판정을 받게 된다. 금광회사의 금광이 고갈됐다는 것은 한 마디로 더 이상 회사의 미래가 없다는 말과 같았다. 회사의 실적은 1억 달러에 불과할 정도로 저조했고, 기업경영은 최대위기에 직면해 있었다. 금을 캐기 위해서는 더 다양한 곳을 파내려가야 했지만, 금맥이 과연 어디에 있을지 회사 내 어떠한 임직원들도 장담하지 못하는 상황이었다.

이러한 진퇴양난의 상황에서 롭 맥이웬 사장은 놀라운 결단을 내린다. 지질학자들이 탐사한 정보는 물론 지난 50년 동안의 금광 채굴 기록 등 지금까지 자사가 보유하고 있던 총 6,700만 평에 달하는 광산 정보 전부를 웹 사이트에 오픈하기로 한 것이다. 그리고 새 금맥의 위치를 정확하게 찾아내는 사람에게 상금 57만 5,000달러를 주겠다고 발표했다. 그는 회사의 사활이 걸린 아이디어 대회를 '골드코프 챌린지'라고 이름 붙였다.

결과적으로 롭 맥이웬 사장의 판단은 옳았다. 대회가 시작되자 전문 지질학자는 물론 컨설턴트, 수학자, 군대 장교까지 전 세계 50개국에서 1,400여 명이 광산 정보를 분석하기 시작했다. 수많은 사람의 분석 자료가 모여들었고 회사는 이중 110곳의 유력 후보지를 선정했다. 이어서 정교한 심사를 거쳐 타당성이 높은 전략 포인트 지점부터 차례대로 금광개발 작업에 착수했다.

놀랍게도 110개 탐사 지점 중 약 80%에서 상당량의 금이 쏟아져 나왔다. 1억 달러의 저조한 실적을 내던 골드코프 사는 순식간에 매출 90억 달러의 대형 기업으로 탈바꿈했다.

리눅스 소프트웨어 무료 공개 방식에서 얻은 힌트

이런 기막힌 아이디어를 떠올린 롭 맥이웬 사장의 머릿속에서는 과연 어떤 일이 일어났던 것일까? 맥이웬 사장이 의자에 깊숙이 몸을 묻고 회사의 위기에 대해 깊은 고민에 빠져 있던 시기로 시간을 돌려 보자.

회사의 실적은 낮았고 경영위기감은 높아갔으며, 돌파구가 될 새로운 금광 발굴 후보지를 임직원들은 제시하고 못하고 있었다. 그러다 우연히 얼마 전에 들었던 '리눅스'의 강연이 떠올랐다. 그는 젊은 경영자들을 위한 MIT 강연회에 참석했었는데, 이 자리에서 리눅스의 사례를 처음 듣게 됐다. 리누스 토발즈와 수많은 소프트웨어 개발자들이 세계적 수준의 컴퓨터 운영체제를 개발하여 인터넷에 무료로 공개해 퍼뜨린 이야기였다.

리눅스의 가장 큰 특징은 '공개 운영체제'로, 그에 따른 개방성을 장점으로 삼고 있다. 수많은 우수 인력이 확보되어 있기 때문에 우수한 소프트웨어 개발이 가능하고, 다양한 배포판 개발 업체들이 있어 사용자에게 선택권이 주어진다. 게다가 리눅스는 누구나 사용할 수 있는 무료 운영체제이다.

리눅스 이야기가 떠올랐을 때 맥이웬 사장의 머릿속에서 '방대한 내부 광산 정보'와 '리눅스 소프트웨어 무료 공개 방식'이 서로 연결되었고 그 순간 아이디어 하나가 번쩍하고 떠올랐다.

"골드코프 직원들이 광산에서 금이 있는 곳을 찾을 수 없더라도 누군가는 우리의 광산 정보를 분석해 금을 찾아낼 수 있지 않을까?"

이것이 골드코프를 1억 달러 회사에서 90억 달러 기업으로 환골탈태시킨 아이디어의 탄생의 비밀이었다. 롭 맥이웬 사장의 영감이 탄생한 과정을 정리하면 다음과 같다.

 롭 맥이웬의 기업 회생 프로젝트

① 기업이 보유하고 있던 금광이 '고갈됐다'. 기업경영의 위기에 직면했다.
② 자사에는 총 6,700만 평에 달하는 광산 정보가 있지만 어디에 금광이 있을지 알 수가 없다.
③ MIT 강연회에서 '리눅스 소프트웨어 무료 공개 방식'을 알게 됐다.
④ '방대한 내부 광산 정보'와 '리눅스 소프트웨어 무료 공개 방식' 사례가 서로 연결되었다.
⑤ 내부 광산 정보를 모두 웹사이트에 공개하는 '오픈 이노베이션' 전략을 실행한다.
⑥ 새 금맥의 위치를 정확하게 찾아내는 사람에게 상금 57만 5,000달러를 수여하는 '골드코프 챌린지'를 개최한다.

"외부에서 준비된 해결책을 찾는 것도 중요한 경영전략입니다."

맥이웬 사장의 말이다. 골드코프 챌린지를 개최한 그의 결정은 이전의 전통적인 사고방식으로 보자면 완전히 미친 짓이었다. 회사가 보유한 1급 기밀문서라 할 수 있는 금광 정보 데이터를 세상에 무료로 모두 공개해버렸으니 말이다. 그러나 이러한 발상의 전환은 죽어가는 기업을 순식간에 회생시켰다. 과연 맥이웬 사장이 골드코프 챌린지를 성공시킨 후 "전 세계 전문가들이 모두 골드코프의 연구자들이었잖아!"라고 생각했을 법하다.

혁신과 창조를 만드는 히든카드

오픈 이노베이션이라는 맥이웬 사장의 영감을 실현할 수 있게 한 것이 바로 공모대회였다. 공모대회는 이제 창조아이디어 시대를 살아가는 개인과 기관, 비즈니스 리더들에게 엄청난 혁신을 불러일으키는 프로그램으로 발전했다.

- ◆ 기업 CEO : 공모대회는 기업의 경영 비전과 전략을 제시할 것이다.
- ◆ 신상품 개발자 : 공모대회는 지금 당장 소비자에게 가장 필요한 신상품을 알려줄 것이다.
- ◆ 홍보 담당자 : 공모대회는 브랜드의 가장 적합한 홍보 방법을 알려줄 것이다.
- ◆ 마케팅 담당자 : 공모대회는 가장 빠르고 쉬운 최적의 마케팅 전략을 제시해 줄 것이다.
- ◆ 인사 담당자 : 공모대회는 창조경영에 적합하고 아이디어 뛰어난 창의인재를 찾아줄 것이다.
- ◆ 정부 기관 · 지자체 : 공모대회는 국가정책과 국민을 소통시키고 이해와 정책 제안, 참여도를 높여주어 선진정치를 만들어 줄 것이다.
- ◆ 교육기관 : 공모대회는 우리 시대에 필요한 검증된 인재를 길러낼 것이다.
- ◆ 단체 : 공모대회는 우리가 해결해야 할 시민사회 문제의 해답을 알려줄 것이다.

"어디 좋은 아이디어 없나요?"
이런 질문을 하는 사람들을 만나면 필자는 늘 이렇게 대답한다.
"물론 있지요. 공모대회를 한 번 열어보세요."
외부에 있는 다양한 사람의 창의적인 아이디어를 얻는 오픈 이노베이션 전략이야말로 창의적 아이디어 시대에 누구나 활용해 볼 수 있는 창조와 혁신의 히든카드다.

06

주유소에서 치킨을 판 사나이
KFC 창업자 커널 샌더스의 '끈기'

만약 당신이 청춘을 바쳐 열심히 살았지만, 어느덧 세월이 흘러 60대 환갑이 지나도록 여전히 별다른 성취를 이루어 내지 못하고 있다면 어떤 심정일까?

지나온 삶 대부분이 실패의 연속인데다 노년의 나이에 운영하던 가게가 파산하고 소액의 사회 보장비만 남은 암담한 상황과 마주한다면? 아마 대부분의 사람들은 절망하여 무언가를 다시 새롭게 도전해 볼 엄두도 내지 못할 것이다.

지금까지든, 아니면 훗날 이러한 상황을 마주하고 절망에 빠져 새로 도전할 용기가 나지 않을 것 같을 때는 KFC 매장 앞으로 한번 달려가 보자. KFC 매장 입구에서 인자하게 미소 짓고 있는 백발의 할아버지와 만날 수 있을 것이다. 하얀 양복을 입고 흰 머리카락에 흰 수염, 그리고 뿔테 안경을 쓴 남자. 이분이 바로 KFC의 창업자 커널 샌더스이다.

전 세계적인 유명 브랜드의 창업자치곤 커널 샌더스라는 인물에 대해 아는 이들은 의외로 많지 않다. 샌더스에게는 그다지 내세울 만한 경력이 없기 때문이다. '켄터키 프라이드치킨'이란 회사를 세울 당시 그의 나이는 이미 예순다섯으로, 그나마 이 늦은 나이에 창업하게 된 것도 우연에 가까웠다.

커널 샌더스는 60대 중반의 나이에 백후추로 양념하고 고온의 압력솥에서 기름으로 치킨을 삶는다는 자신만의 독특한 조리방식을 개발해 KFC를 창업하고 이후 굴지의 프랜차이즈로 키워냈다. 1952년 최초의 KFC 매장이 미국 유타주에서 시작된 이래 지금까지 KFC 치킨은 수많은 고객에게 사랑받고 있으며, 전 세계 KFC 매장은 1만 개를 넘는 것으로 알려졌다.

커널 샌더스가 개발한 KFC 대표 메뉴인 오리지널 치킨은 고소하고 담백하며, '11가지 비밀양념'이라 불리는 양념 재료를 첨가한 것이 특징이다. 이 재료들은 샌더스가 독자적으로 개발한 양념들로, 조리 재료나 과정 등의 비밀은 철저히 지켜지고 있다.

창업 이전까지 그의 삶은 평범하기 그지없었다. 아니 오히려 지나온 삶의 대부분이 실패의 연속이었다고 표현하는 편이 더 어울릴 수도 있다. 그러나 인생이란 예측할 수 없는 롤러코스터 같기에 묘미가 있는 법이기도 하다.

"끝날 때까지는 끝난 게 아니다(It ain't over till it's over)."

이 말이야말로 커널 샌더스의 인생을 소개하는 슬로건처럼 느껴질 정도다.

사업이 모두 망하고

본명은 할랜드 데이비드 샌더스(Harland David Sanders)로, 1890년 미국 인디애나 주에서 농부의 아들로 태어났다. 여섯 살일 때 그의 아버지가 돌아가신 뒤 어린 시절부터 살림에 보태기 위해 일거리를 찾아야 했다. 열 살이 되자 나무 베는 인부 옆에서 심부름하는 일을 시작했지만 일을 잘 못 했던 어린 샌더스는 한 달 만에 해고되었다.

소년 샌더스는 학교에 다녔지만 공부에 그다지 흥미를 못 느꼈고 결국 13살 때 학교를 그만두게 되었다. 어머니가 재혼한 뒤에는 새로운 가족과의 갈등으로 14살이란 어린 나이에 집을 나와야 했다. 집을 나와 혼자 살아가야 했던 그는 그야말로 안 해 본 일이 없었다. 보일러 점검원, 보험 판매원 등 할 수 있는 모든 일을 했다.

16살에는 철도 회사에 들어가 철도를 놓는 노동자가 됐지만 직장 동료가 철도 사고로 다쳤는데도 보상해 주지 않는 회사에 항의하다가 쫓겨나고 말았다. 아직 어린 나이라 먹고 사는 일이 녹록치 않았는지라 출생 서류를 조작해 16살이란 나이로 군대에 자원입대했다. 하지만 군 생활도 적성이 맞지 않았기에 이내 제대를 택하고 사회로 나와 이곳저곳 일거리를 찾아 전전한다.

이후 청년이 된 샌더스는 뒤늦게 법률 공부를 시작해서 변호사 사무실에서 일하기도 했지만 22살 때, 재판에서 변호하던 사람과 다투다 의자를 들어 상대에게 던지려 한 사건이 문제가 돼

변호사의 꿈도 접고야 만다. 청년이 된 그는 결혼해 1명의 아들과 2명의 딸을 낳았다.

26살이 된 샌더스는 세일즈맨이 되어 물건 파는 일을 시작했다. 세일즈에서 재능을 발견한 그는 램프를 파는 사업을 시작했지만, 새로운 램프가 발명되어 사업이 망하고 말았다.

31살이 된 그는 돈을 다 끌어 모아 제법 큰 사업에 도전했다. 오하이오 강을 오가는 정기 연락선을 운항하는 것이었다. 사업자금이 모자랐던 그는 창업자이면서도 투자자들에게 고용된 직원의 형태로 일을 해야만 했는데, 사업을 한 지 오래되지 않아 오하이오 강에 다리가 건설되면서 사업은 또다시 실패로 끝났다. 그는 정말 무일푼이 되었다.

"자동차가 속속 보급되고 있으니 주유소에서 일해 보지 않겠나?"

37살의 샌더스는 한 주유소를 담당하는 점장이 됐다. 그는 진심 어린 서비스를 제공하려 노력했기에 매출은 쑥쑥 올랐고 사업은 순조롭게 성장했다. 하지만 1929년 전 세계 경제에 찾아온 대공황이 찾아왔다. 기름값이 폭등하고 자동차는 멈췄다. 손님의 발길이 뚝 끊기자 주유소 사업마저 실패로 돌아가고 말았다. 먹고 살기 위해 다시 세일즈맨이 됐지만 자동차 사고를 당해 크게 다치고 반년 넘게 일을 못 하게 됐다.

주유소와 식당을 결합한 발상의 전환

그는 실패를 위해 태어난 사람처럼 보였다. 그렇다고 실패에 굴해 주저앉을 수만은 없었다. 경기가 살아나자 그는 켄터키주에서 다시 주유소 사업에 도전했다. 이 주유소는 큰 길가에 있었던 덕분에 손님이 끊이지 않았다. 손님들도 샌더스의 서비스에 무척이나 만족했다. 하지만 손님들의 불만이 딱 하나 있었으니, 바로 주유소 주변에 맛있는 식당이 없다는 점이었다. 이때 샌더스의 머리에 아이디어 하나가 떠올랐다.

"맞아, 주유소에 자동차 기름만 팔아야 한다는 법은 없어. 사람에게 음식도 팔 수 있지."

샌더스는 새로운 사업 아이디어 구상을 다음과 같이 정리했다.

커널 샌더스의 사업 아이디어

❶ 국도변에 있는 주유소에서 사람들이 자동차에 기름을 넣는다.
❷ 주유소 주변에 마땅한 식당이 없어 고객들이 불만을 갖고 있다.
❸ 주유소에서 기름을 넣고 간단한 식사도 할 수 있도록 음식을 판다.
❹ 손님들에게 주유와 함께 식사를 제공하는 주유소 카페를 시작한다.

커널 샌더스는 주유소와 식당을 결합한 새로운 개념의 '주유소 휴게식당'을 창안했다. 샌더스의 구상은 말하자면 오늘날의 고속도로 휴게소 콘셉트와 같았다. 그는 곧바로 주유소 한 편을 개조해 손님들이 식사할 수 있는 카페를 만들었고 자신이 직접 만든 요리를 내놓기 시작했다.

그런데 샌더스 본인도 예상치 못한 일이 일어났으니, 샌더스의 요리가 엄청난 인기를 끌기 시작한 것이다. 특히 프라이드치킨의 인기가 대단했다. 오죽하면 치킨 맛에 이끌린 사람들이 일부러 주유소를 찾아올 정도였다. 다른 주유소와는 완전히 다른 커널 샌더스의 주유소 카페는 금세 유명세를 탔다. 카페 운영에 대한 자신감이 붙은 샌더스는 국도변에 아예 '샌더스 카페'라는 레스토랑을 열었고 그의 레스토랑은 지방의 맛집으로 유명해졌다.

이 레스토랑에서 큰돈을 벌어들인 샌더스는 근처에 부지를 매입하여 여행객들을 위한 모텔을 지었다. 하지만 그의 성공에 다시 불운이 찾아왔으니, 1939년 샌더스 레스토랑에 큰불이 나 전부 타 버리고 만 것이다. 또다시 시련이 왔지만 샌더스는 포기하지 않고 모텔에서 번 돈을 모아 2년 후인 1941년 다시 레스토랑을 오픈한다. 그러자 이번에는 위기의 바람이 모텔 사업에 불어닥친다. 미국 정부가 제2차 세계대전을 대비해 민간에 연료 공급을 중단했다. 자동차를 이용하지 못하자 관광객들이 급속하게 줄어들었다. 그의 모텔 사업은 어쩔 수 없이 문을 닫아야 했다.

이후 샌더스는 남아있는 레스토랑을 운영하며 오직 요리연구에 열정을 쏟았다. 레스토랑의 주요 메뉴는 '미국 남부식 닭고기 튀김'이었다. 하지만 그가 만드는 요리에도 단점은 있었다. 닭을 튀기는 데 오랜 시간이 걸리는 데다 시간이 지나면 눅눅해져 맛이 급격히 떨어졌다. 이러한 단점을 해결하기 위해 그는 연구를 거듭하였고, 마침내 닭고기를 매우 빠른 시간 내에 튀겨내 겉은 고소하고 속살은 촉촉하게 만드는 조리법을 알아냈다. 이렇게 개발된 치킨은 훗날 KFC의 대표 메뉴로 자리매김하게 된다.

이처럼 독창적인 치킨 조리법을 개발했지만 샌더스에게 장밋빛 미래는 쉽게 찾아오지 않았다. 이번에는 레스토랑이 있는 지방 국도 옆에 새로운 고속도로가 생기면서 샌더스 카페에 찾아오는 손님이 급격히 줄어들었기 때문이었다. 다니는 사람이 사라진 유령 도로 옆 레스토랑은 조금씩 망해갔다. 급기야 가족까지 살길을 찾아 샌더스 곁을 떠나버리고 정말 혼자가 되었다. 어느덧 샌더스는 60살이 넘었고, 그는 홀로 쓸쓸히 '샌더스 카페'의 문을 닫아야 했다.

이때 그에게 남은 것은 정부에서 주는 얼마 되지 않는 연금, 낡은 포드 자동차, 몇 벌의 양복뿐이었다. 주변 사람들은 물론 그 자신도 이젠 정말 재기할 수 없을 거라 믿었다. 하지만 그에게는 아직 한 가지 강력한 무기가 남아 있었다. 바로 레스토랑에서 연구하고 개발했던 새로운 치킨 조리법이었다.

'나에겐 아직 이 치킨 조리법이 있어. 이 조리법으로 다른 가게에서 이 프라이드치킨을 팔게 하고 팔린 만큼 돈을 받는 거야.'

샌더스는 자신의 비밀 레시피를 다른 가게에 알려주고 로열티를 받으면 그나마 먹고사는 일은 충분히 해결되리라 믿었다.

600번 넘게 거절당한 레시피

이후 그는 미국 전역을 떠돌며 자신의 조리법을 팔러 다녔다. 프라이드치킨을 만드는 데 필요한 도구를 자동차에 싣고서 드넓은 미국 땅을 횡단하며 돌아다녔다. 돈이 없어서 밤에는 차 안에서 잠을 자야 했다. 샌더스에 따르면 무려 600번 이상의 거절을 당했다고 한다.

그럼에도 그는 포기하지 않고 자신의 조리법을 알아봐 줄 사람을 찾고 또 찾았다. 그러다 마침내 1952년 미국 유타주 솔트레이크시티에서 피트 하먼이라는 사업가를 만났다. 피트 하먼은 자신의 동네에서 보기 힘든 닭고기 튀김에 많은 관심을 보였고, 마침내 샌더스의 조리법을 구매하기로 했다.

피트 하먼은 샌더스가 개발한 닭고기 튀김을 단순히 남부식 닭고기 튀김이라 부르는 대신 소비자들의 기억에 남는 특별한 이름으로 부르고 싶어 했다. 그렇게 만들어진 새로운 이름이 바로 '켄터키 프라이드치킨(KFC)'이었다.

피트 하먼의 KFC 매장 1호는 문을 연 지 얼마 지나지 않아 큰 인기를 끌었다. 샌더스가 프라이드치킨 레시피를 팔러 다닌 지 2년, 샌더스의 전화기가 쉴 새 없이 울리게 되었다.

"우리 가게에서도 켄터키 프라이드치킨을 팔고 싶습니다!"

커넬 샌더스에게 조리법을 구매하려는 사람들이 폭발적으로 증가했다. 1959년 샌더스가 설립한 KFC 프랜차이즈 회사는 이후 KFC는 전 세계로 뻗어나가 대규모 프랜차이즈 브랜드로 성장하게 되었다.

KFC 매장 앞에는 흰 양복을 입은 샌더스 할아버지가 서 있다. 이 모습은 1950년 그가 KFC 치킨의 조리법을 팔러 다니며 입었던 복장에서 유래된 것이다. 당시 가난했던 샌더스는 여러 벌의 양복을 구매할 여력이 없었고, 이 때문에 거래처를 다닐 때는 언제나 여름용 하얀 양복만을 입고 다녀야 했다. 그런데 도리어 이 하얀 양복과 패션이 생각보다 거래자들에게 긍정적인 인상을 주었고, 이는 곧 커넬 샌더스의 트레이드 마크가 되었다.

커넬 샌더스는 KFC 기업을 판매하고 CEO에서 물러나면서 투자자들에게 한 가지 중요한 약속을 받았다.

"누가 최고경영자가 되든, 조직이 어떻게 변하든 나는 관심 없습니다. 하지만 딱 하나, 치킨의 맛이 떨어지는 것은 결코 참을 수 없습니다."

치킨의 맛이 그의 인생 역전을 일으킨 마지막 무기이자, 커널 샌더스와 KFC를 기억하게 하는 유일한 의미라는 걸 알고 있었기 때문이다.

샌더스의 인생이 던지는 메시지

커널 샌더스의 인생은 진정 평탄하지 않았다. 하지만 그의 인생을 따라가다 보면 몇 가지의 귀중한 교훈을 배울 수 있다.

 커널 샌더스의 메시지

❶ 수많은 실패도 굴하지 않고 끊임없이 시도한다.
❷ '오리지널 치킨'의 조리법처럼 자신만의 무기가 있다면 언제라도 기회는 온다.
❸ 65살이라는 늦은 나이에도 창업에 도전했기에 세계 제일의 프랜차이즈 사업을 일궈냈다.
❹ 도전할 수 있는 건 무기가 있기 때문이고, 이러한 자신만의 무기는 평생 찾고 만들어 갈고 닦아야 한다.

커널 샌더스 인생에는 반전의 묘미가 있다. 젊은 우리의 삶 역시 위기와 실패의 연속이겠지만 얼마든지 반전을 일구어낼 수 있다는 자신감을 샌더스가 보여줬다.

"우리의 나이는 중요하지 않아. 언제부터라도 다시 시작할 수 있다. 위기가 오고 좌절하고 실패해도 우리는 몇 번이고 다시 일어설 수 있지."

07

영상에서 언어와 문자를 없앤 이유?
누적 조회 수 국내 1위 토이푸딩 김세진 대표의 '제거'

    30년도 더 지난 오래전, 필자는 한 일간지 신문 하단에 실린 인상적인 광고를 본 적이 있다. "우리들이 누구나 가지고 있는 성공을 위한 상식이 얼마나 잘못됐는지 보여 주겠다."는 이색적인 제목의 글이었다. 광고에서는 먼저 우리가 아는 성공의 상식을 이렇게 정의해 놓았다.

> 1. 기획의 성패는 치밀함에 있다.
> 2. 영업 기술은 상대방을 설득하는 능력에 있다.
> 3. 성공하기 위해 해당 분야의 최고 지식과 기술을 갖춰야 한다.

    광고 글은 나열한 주장들에 대해 조목조목 반박하며 한마디로 보고 들을 가치조차 없다고까지 주장하고 있었다. 필자는 너무도 인상적인 이 글귀를 수첩에 메모해 두었다. 내용을 요약하면 다음과 같다.

> 1. 기획의 성패는 치밀함? …… 치밀한 기획이 필요한 사람은 월급쟁이 기획자일 뿐이다. 정말 중요한 역할을 하는 사업가는 어디에 보물이 묻혀 있는지 찾는 것이다. 성공을 위해 사업가에게 필요한 것은 치밀한 기획자의 자질이 아니라 즉각 보물을 찾아내는 후각이다.
> 2. 영업 기술은 설득의 기술? …… 최고의 영업 전략은 사람을 설득하는 기술에 있지 않다. 설득이란 상대에게 피해를 주거나 시간을 빼앗기 십상으로 하수 비즈니스맨이나 하는 방법이다.
> 3. 경영자는 최고의 전문가? …… 해당 분야에서 최고의 기술을 가진 전문가만이 성공할 수 있다고? 그렇지 않다. '노하우'(Know-how)를 가진 전문가보다 어디에 성공할 수 있는 일이 있는지(Where)를 발견할 줄 아는 전문가가 훨씬 성공 가능성이 큰 사람이다. 성공한 많은 벤처인, 기업인들을 보라. 그들은 해당 분야의 최고 기술자가 아니다. 하나같이 트렌드를 정확히 읽고 사람들이 무엇을 좋아하는지, 성공하려면 어떤 요소와 핵심이 필요한지 그 본질을 통찰하고 기회가 왔을 때 그 기회를 놓치지 않은 이들이 대부분이다.

쉽게 풀이하면 이런 말이다.

"최고의 영업은 고객에게 피해가 아니라 이익을 준다. 이익을 주기 위해선 어떻게 해야 할까? 바로 물건을 절실히 필요로 하는 사람, 즉 물건을 팔 수 있는 사람을 발견하는 요령을 터득해야 한다. 그러므로 설득의 기술을 배우지 말고 발견의 기술을 배워라. 상품이 필요한 사람들이 지나다니는 길목에서 상품을 팔 수 있는 능력이 있어야 최고의 비즈니스맨이다."

곰곰이 생각하면 충분히 설득력 있는 새로운 관점을 제시하고 있다. 필자는 광고의 글을 읽으면서 겉으로 보이는 세상 이면에 작동하는 숨은 메커니즘을 생각하게 됐다. 모두 '예스'라고 생각하는 것에 다시 생각하기, 누구나 의심 없이 믿는 것에 대한 상식을 깨려는 노력, 겉으로 드러나는 사물이나 인식을 깨고 발상의 전환을 통해 이면을 보려고 시도했다.

허름한 창고에 탄생한 세계적인 유튜브 채널

키즈 유튜브 채널 '토이푸딩'의 성공 스토리를 접했을 때 필자는 다시 한 번 과거에 보았던 신문 광고의 내용을 떠올리게 되었다. 성공 스토리의 이면에서 신문에서 이야기하던 발상의 전환을 통한 통찰력이 느껴졌기 때문이다. 먼저 토이푸딩의 성공 기록을 살펴보자.

2021년 9월 기준 구독자 2천 6백만 명. 누적 조회 수 153억 회. 국내 유튜브 채널 중 구독자 수 2천만 명을 최초로 달성한 채널. 채널 내 7억 뷰 영상 보유. 2019년 집계 기준 전체 유튜브 채널 중 55위 기록. 미국 유튜브 채널 포함 22위. 2017년 SM엔터테인먼트와 가수 '싸이'에 이어 세 번째로 1,000만 구독자의 상징인 다이아 버튼 수상. 구독자 수 2,000만 명 최초 돌파. 소셜블레이드 기준 세계에서 9번째로 누적 조회 수가 높은 채널 기록. 오픈 4년 만에 100억대 수익 달성 등

토이푸딩의 창업자는 김세진 대표다. 그는 30대 중반인 2014년 5월, 허름한 창고에서 토이푸딩 채널을 오픈했다. 토이푸딩TV는 유아나 어린이를 위한 키즈 채널로 장난감 인형으로 인형 놀이를 하는 역할극을 주로 선보이고 있다. 영상에서는 오직 장난감과 장난감을 움직이는 손만 나올 뿐이며, 크게 자극적인 장면도 없이 카메라는 인형들이 노는 장면을 가만히 비춰 줄 뿐이다. 책상과 벽에 흰색 시트지를 붙인 게 스튜디오 인테리어의 전부였고, 조명은 물론 제대로 된 촬영 장비도 없이 오직 스마트폰 하나로만 영상을 찍었다.

유튜브의 미풍이 조금씩 불어오던 시절, 그는 장난감 놀이를 보여주는 콘셉트로 유튜브에 도전했다. 성공하고 싶은 마음은 물론 간절했지만 솔직히 그다지 확신은 없었다. 콘텐츠를 만들면서도 가슴 한편에는 의구심이 자리 잡고 있었다. 기존에 하던 사업이 실패했던 때라 무언가를 다시 시도하기엔 적지 않은 나이라고 스스로도 생각했다. 그저 불안한 나날이었다.

그가 할 수 있는 것은 하루 4, 5시간만 자면서 매일 3개씩 영상을 올리는 일뿐이었다. 최소 세 개의 콘텐츠를 매일매일 업로드하기 전까지는 잠도 자지 않았다. 기획, 촬영, 편집 등 모든 과정을 혼자서 해결하다 보니 몸은 피곤했고 머리는 항상 복잡했다.

다행히 이러한 김 대표의 도전은 시간이 지나면서 성과가 나타났다. 채널을 개설한 지 반년도 안 되어 분야에서 가장 영향력 있는 크리에이터가 되었고 국내 유튜브 분야 최고의 자리에 당당히 이름을 올렸다. 국내에서 세 번째, 순수한 개인 채널로는 첫 번째로 '다이아 버튼'을 받았다. 구독자 10만 명을 넘겨 실버 버튼을 받을 때까지만 해도 '1,000만 구독자'의 상징인 다이아 버튼을 받을 거라고는 상상하지 못했다고 한다.

'구독자 확보'라는 유튜브의 본질

그가 국내를 넘어 세계적인 인기 유튜브 채널을 일궈낼 수 있었던 비결은 무엇이었을까? 김세진 대표는 자신의 책 『나의 첫 유튜브 프로젝트 : 대한민국 1등 유튜버가 공개하는 수익 창출의 비밀(다산북스)』을 통해 그의 전략 몇 가지를 소개했다.

첫째, 가능성 있는 '영상' 중심 시장을 특화해서 공략했다. 어느 날 인터넷에서 해외에서 활동하는 어느 키즈 유튜브 크리에이터의 성공담을 보았다. 물론 기사를 보기 전에도 유튜브에 대한 막연한 관심은 있었지만, 이를 통해 돈을 벌 거라는 생각은 전혀 하지 못했다. 동영상 콘텐츠나 관련 제작 기술에도 문외한이었다. 유튜브를 시작하게 된 계기는 순전히 우연이었다. 하지만 우연은 점점 운명으로 바뀌었다. 키즈 채널의 영상 중심 채널로 가면 도전해 볼 수 있겠다는 희망이 보였기 때문이다.

둘째, 키즈 채널과 자신의 취미, 그리고 기술을 충분히 결합할 수 있다고 믿었다. 그는 해외에서 학창 시절을 보냈던 터라 유튜브에 익숙했다. 또한 사진이나 그림이 취미였고, 한때 PD를 꿈꿨을 만큼 영상에도 흥미가 많았다. 게다가 그는 취미가 '희귀 장난감 수집'이기도 했다. 이를 조합함으로써 '키즈 장난감 영상 채널'이라는 비전이 만들어졌다.

셋째, 유튜브 채널이 어느 정도 성장한 뒤 전략의 중요성을 직감했다는 점이다. 채널의 제2 도약을 준비할 당시, 그는 잠시 목표에서 한발 물러나 발상의 전환을 시도한다. 먼저 국내 시장 대신 '글로벌 시장'으로 무대 자체를 바꾸기로 했다. 그리고 이를 위해 찾아낸 것은 '여자아이'와 '글로벌'이라는 요소를 통한 성장 전략이었다.

남자아이 장난감은 유행 주기가 짧은 데다, 해외 전체를 따져보니 여아 장난감 시장이 더 컸다. '글로벌 여아 키즈 채널 시장'이 미래 답이라고 생각했다. 여기에 가장 중요한 핵심 전략으로 '언어'를 제거했다. 언어를 잘 반영하기 위해 노력하는 대신 아예 언어 자체를 없애 국가를 넘어서기로 한 것이다.

대신 영상의 전달력을 높이는 데 초점을 맞췄다. 영상 제작 시 아이들의 시선과 인지 속도에 맞춰 움직임을 느리게 연출했다. 장난감 각도와 손동작까지 세심히 살폈다. 정서에 좋은 배경음악을 깔고 효과음을 극대화해 오감 만족에 공을 들였다. 알록달록한 파스텔톤 화면을 적극적으로 보여주었다. 특정 국가의 언어가 없는 시각 중심의 영상으로 '글로벌 채널'이 가능하도록 했다.

이 세 가지 요소가 결합된 '토이푸딩TV'는 장난감만을 가지고 비언어적으로, 상황극이나 소개를 하는 시각 중심 글로벌 채널로 새로운 성공을 이루어냈다. 어린이들이 출연하여 이야기를 펼치는 다른 키즈 크리에이터 채널과 달리 오직 장난감들만 출연하여 시각적으로 구성한 채널이 된 것이다.

장난감 주인공으로 로보카 폴리, 타요, 또봇과 미니특공대와 콩순이 등등 다양한 캐릭터들이 등장하며 연기를 펼친다. 당연히 언어 대사도 자막도 필요 없다. 언어 장벽이 완전히 사라졌기에 글로벌 무대로 확장해 해외 시청자와 구독자를 확보할 수 있었다. 구독자 2천 6백만 명. 채널의 영상 중 가장 높은 조회 수가 7억 뷰 이상을 거둘 수 있었던 배경에는 이런 비언어 시각 중심의 영상이라는 창의적 아이디어가 숨어 있었던 것이다.

유튜브 넘어 다채널로 새로운 도약

유튜브 정책이나 사업 환경은 시시각각 변하고 있다. 자연스레 키즈 채널 정책도 달라지게 되었다. 다른 채널의 장점을 벤치마킹하면서 한 발 더 앞서 나가야 하고 끊임없이 새로운 콘텐츠를 만들어내지 않으면 금세 도태되는 곳이 바로 유튜브다. 이 때문에 토이푸딩TV는 뉴미디어 콘텐츠 기업으로 전환해 유튜브를 벗어나 채널 다양화를 시도는 것은 물론, 중국 시장에도 진출했다.

토이푸딩은 중국 온오프라인 시장의 비중과 중요성이 갈수록 커지고 있는 상황에 발맞춰 중국 4대 미디어 플랫폼인 '아이치이(lqiyi)', '요우쿠(Youku)', '텐센트 미디어(Tencent Media)', '바이트 댄스(Byte Dance)'와 계약을 체결하고 채널을 운영 중이다.

성공한 유튜브 채널을 만들고 싶다면?

지금은 누구나 유튜버가 될 수 있는 시대다. 그러나 모두가 유튜브 채널로 수익을 내는 것은 아니다.

"구독자를 빠르게 늘리는 노하우가 있나요?"

물론 이 질문에 한두 가지 노하우로 답을 제시할 수는 없다. 영상을 꾸준히 제작하여 올릴 수 있는 끈기와 성실, 간절함은 필수이다. 여기에 크리에이터의 기술과 재능이 채널의 주제와 잘 맞아야 하고 시장의 숨의 이면을 읽는 통찰력과 거기에서 찾아낸 장기적인 전략이 필요하다. 인기 유튜버가 되고 싶다면 가장 먼저 무엇을 해야 할까? 토이푸딩 김세진 대표는 다음과 같은 질문을 스스로에게 던져 볼 것을 조언하고 있다.

 김세진 토이푸딩 대표의 질문

① 지금 가장 잘 통하는 콘텐츠는 무엇일까?
② 어떻게 해야 내 콘텐츠가 잘 추천될 수 있을까?
③ 통계 데이터를 어떻게 효과적으로 활용할까?
④ 남들보다 빠르게 채널을 성장시킬 방법은 무엇일까?
⑤ 구독자 수와 조회 수는 어떻게 늘릴까?

08

공무원 조직에 혁신을 불러온 공익근무요원
대구노동청 안동지청 반병현 씨의 'ICT 기술'

　세상은 짝을 짓고, 모순 관계를 극복하고, 서로 다른 것이 연결되어 구성돼 있다. 우주는 입자나 낱개로 존재하는 것이 아니라 관계의 프로세스로 창조되었다. 이는 분명한 사실이다. 137억 전 우주에 빅뱅이 일어난 후 수소 원자가 생성됐다. 수소는 우주 공간의 75%까지 가득 찼다.
　우주에 가득한 수소(H)는 짝을 짓고 관계를 맺어 연결되었다. 수소(H)와 수소(H)가 결합해 헬륨(He)이라는 새로운 원자가 창조되었다. 우주에는 수소(H)와 헬륨(He)이 가득 찼다. 수소(H)와 헬륨(He)이 만나 삼라만상을 창조하기 시작했다. 인간의 몸을 구성하는 핵심 원자인 수소, 탄소, 질소, 산소 원자의 연결이며 우리가 마시는 공기와 물 역시 모두 원자들의 공유결합으로 창조가 일어났다.
　자연의 창조는 물론 사회나 비즈니스의 혁신 역시 언제나 새로운 연결에서 시작된다. 생활 속에서 발견한 문제, 불편, 불만, 기대 차이, 비효율을 극복하는 방법은 짝을 짓고 관계를 맺어 연결하는 것이다.

4차 산업혁명 시대에서 우리는 'ICT(정보통신 기술)'를 접목하여 문제를 효율적으로 해결하고 있다. 이러한 기술은 코로나19를 극복하기 위한 방역 기술에도 적용되었다. 특히 우리나라는 고도화된 정보통신 기술(ICT)을 활용해 감염자의 동선과 접촉자를 신속하게 찾아내는 등 여타 국가들과 차별화된 성과의 'K방역'을 선보였다. 또 한편으로는 다중이용시설 출입 시 예방접종 증명을 즉시 확인할 수 있도록 네이버·카카오·통신 3사 인증(PASS) 및 토스 앱 등으로 QR코드 인증 기능을 실생활에서 사용하고 있다. 이렇듯 우리 시대의 혁신은 대부분 'ICT(정보통신 기술)'을 접목하는 데서 나온다고 해도 과언이 아니다.

'6개월 치 잡무' 하루 만에 뚝딱

2018년 9월. 대구지방고용노동청 안동지청의 사회복무요원으로 근무하던 20대 중반 반병현 씨는 노동청 상사에게서 다음과 같은 업무를 지시받았다.

"최근 1년간 지청에서 보낸 등기우편별 명세 내용을 모두 찾아 인쇄하세요."

안동지청에서 보낸 등기우편은 3,900개가 넘었다. 우체국 홈페이지에 들어가 등기우편의 13자리 등기번호를 일일이 입력한 뒤 나오는 페이지를 출력해야 했다. 단순한 반복 작업이었지만 명세 내용을 3,900개나 입력하여 인쇄한다면 꼬박 6개월이 걸릴 업무였다. 하긴 사회복무요원의 입장에서는 업무 도우미로서 주어진 임무를 성실하게 수행하기만 하면 될 일이었다.

그러나 반 씨는 6개월 치 단순 반복 업무를 단숨에 처리할 수도 있다고 생각했다. 공학도 출신에다 인공지능과 사물인터넷(IoT)을 적용한 '스마트팜' 개발에 참여한 적이 있었던 그는 정보통신 기술을 접목해 이 일을 효율적으로 수행해 보기로 마음먹었다. 즉시 자동화 소프트웨어를 개발했다. 사람이 하나하나 입력하고 출력하지 않아도 소프트웨어 프로그램이 스스로 이 과정을 수행하도록 했다. 6개월 업무가 단 하루 만에 모두 완료됐다.

그에게는 'ICT(정보통신 기술)' 분야의 전문성이 있었다. 그의 솔루션은 매뉴얼에 따라 움직이는 행정업무와 이십 대 청년의 IT 기술이 연결되어 창조된 셈이다.

반 씨가 사회복무요원으로 근무하여 행정에 IT 자동화 시스템을 접목하여 혁신적 아이디어를 제시한 것은 이뿐만이 아니었다.

"이번에 해야 할 업무는 같은 양식의 다른 부서 엑셀 파일을 하나로 합치는 일입니다."

반 씨는 타 부서의 엑셀 파일을 일일이 수작업으로 파일을 합치는 대신, 자동으로 파일을 합하는 프로그램을 개발해 적용했다. 행정과 IT 기술을 접목하여 자동화에 성공한 사례들이 알려지자 고용노동부는 반 씨를 초청해 정부세종청사에서 자문을 듣는 시간을 가졌다. 이 자리에서 그는 종이 문서 스캔을 워드 파일로 자동 변환해주는 프로그램이나 프린터 관리 효율성 증대를 위한 토너 잔량 분석 프로그램 개발 등 행정업무를 하면서 떠올린 다양한 아이디어들을 쏟아냈다.

ITC 기술로 관습에서 벗어나기

우리는 언제라도 'ICT'를 접목하여 일상에서 사람들에게 편리함을 가져다주는 수많은 공공정보서비스 앱을 손쉽게 이용할 수 있다. 대표적인 스마트 정보 앱 몇 가지를 살펴 보자.

- ◆ 화장품 정보 제공 앱 : 화장품 원료 및 성분 정보(식품의약품안전처) 데이터를 활용하고 가공하여 소비자가 화장품 성분을 쉽게 이해하고 적합한 화장품을 합리적으로 구매할 수 있도록 돕는 앱
- ◆ 문화 여행 큐레이션 서비스 : 관광 정보 서비스(한국관광공사)를 기반으로 지역 기반의 문화 여행 정보를 한곳에 모아 보여줌은 물론 추천을 제공해주는 앱
- ◆ 미세먼지 정보 앱 : 대기 정보 데이터(한국환경공단, 기상청 등)와 GPS 기술을 융합하여 실시간으로 지역별 미세먼지 농도 정보를 업데이트하여 호흡기 질환을 예방할 수 있도록 정보를 제공해주는 앱
- ◆ 대중교통 도착시간 알림 서비스 : 지하철 정보 서비스, 실시간 도착 정보(국토교통부, 서울특별시), 버스노선 도착 정보 조회 서비스(경기도) 등을 활용하여 대중교통 이용자에게 필요한 정보를 제공해주는 앱
- ◆ 병원 약국 정보 서비스 : 병원 정보 서비스(건강보험심사평가원)를 통해 주변 병원의 위치와 진료 정보 등을 제공해주는 앱
- ◆ 주차장 정보 앱 : 자치구별 주차장 현황(국토교통부 서울특별시)을 활용하여 주변의 주차장 위치와 요금 등을 한곳에 모아서 제공해주는 앱
- ◆ 공적 마스크 재고 현황 알림 서비스 : 공적 마스크 판매처 판매현황(건강보험심사평가원), 공적 마스크 판매처 정보 제공서비스(한국정보화진흥원)를 활용해 약국별 코로나19 방역 공적 마스크 재고 현황을 제공해주는 앱

이 같은 생활편의 앱은 각기 다른 정보를 제공하지만 대중이 느끼는 불편이나 비효율적 문제에 'ICT(정보통신 기술)'을 연결하여 새로운 앱 서비스가 창조됐다는 점에서 그 뿌리는 같다고 볼 수 있다.

변화는 기존에 하던 대로 따르는 관습을 거부하는 것에서 출발한다. 이후 특정한 환경 속에서 스스로 개선점을 발견하고 그 문제를 해결할 다양한 데이터들과 짝을 지어보면서 새로운 연결고리를 찾아내고, 기존 방식과 다른 새로운 아이디어를 찾아내 새로운 시스템을 구축하는 것이다.

반병현 씨가 시도했던 각종 행정 자동화 시스템 구축 아이디어 제안이 우리에게 주는 교훈은 다음과 같다.

 관습을 타파하는 아이디어 제안

❶ '지금까지 모두 그렇게 해왔으니까'라고 생각하는 것들 너머에 엄청난 보물이 숨겨져 있다.
❷ 반복적이고 비효율적인 일의 개선 방법을 찾아라.
❸ ICT(정보통신 기술)를 접목한다면 보다 효율적인 개선책을 모색할 수 있다.

우리의 삶, 생활, 직무, 업무 환경 속에서 사람들의 비효율적인 요소에 관심을 기울이고 그 문제에 ICT(정보통신 기술)를 연결한다면 우리 역시 현장에 혁신을 만들어내는 창의적인 솔루션을 찾아낼 수 있을 것이다.

연결의 재료 '데이터 댐'을 건설하기

"독창성은 새로운 조합을 만드는 것이지 무(無)에서 유(有)를 만드는 것이 아니다."

경제학자이자 작가인 리처드 클레멘스의 말이다. 우리는 매 순간 기술과 경험을 연결할 준비를 하고 있어야 한다.

독창성을 개발하기 위해서는 이를 위해서는 자신만의 '데이터 댐'을 구축하고 있어야 한다. 데이터 댐이란 자신의 관심 분야, 미래 비전 영역, 직무와 관련된 다양한 지식, 정보, 데이터, 경험, 사례, 아이디어, 독서 메모, 연결 키워드 등을 체계적으로 분류해 축적하고 관리하는 정보창고이다. 다시 말해 물을 저장한 뒤 필요할 때 쓰는 댐처럼, 무수히 많은 분야의 데이터를 모아두고 필요할 때마다 사용할 수 있도록 한 것이라고 할 수 있다.

> **데이터 댐 카테고리 구성 예시**
>
> - 직무정보 방 : 자신의 직무에 관한 지식, 정보, 경험, 사례 등 다양한 정보를 모아 나간다.
> - 아이디어 방 : 현재 또는 미래 관심 분야에 도움이 되는 창의적인 아이디어나 아이디어 개발에 도움에 되는 자료를 모아 축적해 나간다.
> - 뉴스 방 : 호기심을 자극하거나 관심이 가는 뉴스를 링크하여 관리한다.
> - 관심도서 방 : 관심있는 책 정보나 도서 핵심 내용 요약본을 모아 관리한다.
> - 양식 매뉴얼 방 : 자신의 분야와 관련된 다양한 양식, 매뉴얼, 일에 적용해 볼 만한 사고의 모형 등을 발견하며 관리한다.
> - 칼럼 방 : 생각을 메모하고 글이나 칼럼으로 작성하여 올린다. 나중에 칼럼집이나 책으로 펴낸다.
> - 빅데이터 방 : 통계 자료나 설문조사, 시대의 흐름을 제시하는 도표 등의 자료를 모아 축적한다.
> - 프로젝트 방 : 직접 수행한 각종 프로젝트의 결과물, 과정, 핵심 자료들을 업데이트한다.
> - 성공사례 방 : 관련 분야 혹은 다른 분야지만 영감을 주는 성공사례를 모은다.
> - Q&A 방 : 다른 사람들의 질문, 궁금증, 문제제기 등이 있을 때마다 기록하고 그것에 답변, 해결안, 대응 과정 등을 모아 관리한다.
> - 트렌드 방 : 메타버스, 블록체인 등과 같이 사회의 신풍속도나 새로운 이슈들, 흥미로운 사회변화 정보를 꾸준히 모은다.

미래 전문가나 창의혁신 리더가 되고 싶다면 지금부터 자신의 관심 분야에 따라 정보 데이터를 카테고리별로 나누어 업데이트 해 보자. 어느 순간, 이 데이터 댐의 정보들이 서로 공유·결합하고 현장의 다양한 문제들과 연결돼 무수한 창의적 솔루션을 제공해 줄 것이다.

PART 3
그 남자가 화성에 가는 법

01

꿈을 이루기 위해 근본부터 다시 생각하라!
우주여행 설계자 일론 머스크의 '제1원칙 사고법'

2021년 9월 15일 미국 플로리다주 케네디 우주센터.

일론 머스크가 주도하는 미국의 우주 탐사 기업 '스페이스X'는 민간인 4명을 태운 우주 관광 유인 우주선 '크루 드래건'을 발사했다. 전문 우주 비행사가 아니라 순수 민간인들이 탑승한 인류 최초의 우주여행이었다.

팰컨9 로켓에 몸을 실은 우주선은 국제우주정거장(ISS)보다 160km 더 높은 575km 궤도에 도달한 뒤 사흘간 지구 궤도를 돌았다. 우주선은 음속 22배인 시속 2만 7,359km 속도로 비행했다. 지구를 한 바퀴 도는 데 걸리는 시간은 1시간 30분. 민간인 탑승자로 우주여행에 성공한 주인공들은 미국 신용카드 결제 처리업체 '시프트4 페이먼트' 창업주인 재러드 아이잭먼, 세인트 주드 아동 연구 병원의 전문 간호사 헤일리 아르세노, 애리조나 전문대학 과학 강사 시안 프록터, '록히드 마틴' 사의 데이터 기술자 크리스 셈브로스키였다.

이들을 태운 우주선은 사흘간의 궤도 비행을 마친 뒤 플로리다주 인근 대서양에 착수(着水)하는 방식으로 무사히 지구로 귀환했다.

이상을 현실로, 멈추지 않는 도전

미국 '테슬라'의 최고경영자(CEO) 일론 머스크는 혁신적인 기업가로 유명하다. 항상 생각 너머, 현재 너머, 시대 너머를 지향한 그는 이상과 불가능할 것 같은 꿈을 현실로 만들어 왔다. 페이팔의 전신이 된 온라인 결제 서비스 회사 'X.com', 로켓 제조회사 겸 민간 우주 기업 '스페이스X', 뇌-컴퓨터 인터페이스 회사 '뉴럴링크', GPT-3을 개발한 인공지능 회사 'OpenAI', 초고속 진공 열차 '하이퍼루프 프로젝트'에 지하 운송 시스템 '더 보링 컴퍼니'와 전기자동차 회사 '테슬라'까지. 그의 업적은 혁신의 아이콘이라는 명성과 함께 막대한 부를 선사해주었다. 미국 경제 전문지 블룸버그에 따르면 머스크는 2020년 한 해에만 약 66억 5,880만 달러(약 7조 6,310억 원)를 벌어들이며 미국 내 CEO 연봉 순위 1위에 올랐다.

그의 도전은 여전히 멈추지 않고 있다. 2021년 캘리포니아 팔로알토에서 열린 '테슬라 AI 데이'에서 테슬라는 인간보다 뛰어난 운전 실력을 갖춘 자율주행기술을 개발하겠다는 목표 아래 주요 영역에서의 기술 개발 및 혁신과정을 소개했다. 이 자리에서는 AI 트레이닝 슈퍼컴퓨터 '도조(Dojo)'와 휴머노이드 로봇인 '테슬라 봇(Tesla Bot)'의 비전이 공개됐는데, 신경망을 기반으로 한 자율주행 기술을 통해 미래 자동차를 살아있는 동물과 같은 존재로 만들고, 동시에 앞으로 인간이 하던 단순 노동을 로봇에게 맡길 것이라는 테슬라의 메시지가 담겨 있었다.

한편 2021년, 머스크가 이끄는 민간 우주기업 '스페이스X'에서는 지금까지 우주 탐사 역사상 가장 큰 로켓을 조립하는 데 성공했으며 이를 기반으로 달과 화성에 보낼 유인 탐사용 스타쉽 시스템을 개발 중이다. 머스크는 스타쉽 시스템 개발의 의미에 대해 다음과 같이 설명했다.

"스타쉽은 달과 화성에 인류를 데려갈 수 있는 것 이상의 미션을 해낼 것입니다. 사람들을 전 세계로 빠르게 이동시킬 수 있는 동시에 위성을 궤도에 효율적으로 올려놓을 수도 있을 것입니다."

일론 머스크의 사고법

혁신의 아이콘 일론 머스크의 머릿속에는 도대체 어떤 사고법이 들어있을까? 그가 수업한 프로젝트와 기업의 창조 과정을 한번 들여다 보자.

사람들은 일론 머스크에게 말했다.

"이봐, 머스크! 바보 같은 생각을 하지 마. 전기 자동차 사업은 절대 절대 절대 성공할 수 없어. 배터리 가격이 너무 비싸잖아. 배터리팩 가격에 맞춰 자동차 제조 예산을 짜다 보면 자동차 가격이 엄청 비싸질 거야. 어떤 사람들이 그토록 비싼 전기 자동차를 사겠냐고?"

맞는 말이었다. 사람들의 주장은 매우 합당하고 논리적이었다. 그러나 머스크는 그들의 말에 동의하지 않았다. 처음으로 돌아가 다시 생각했다.

"아니야. 불가능하지 않아. 값싼 배터리팩을 장착하면 되잖아! 어떻게? 내가 배터리 제작 재료들을 싸게 구매하여 만들면 되잖아. 배터리는 뭐로 만들어질까? 탄소강, 니켈, 알루미늄, 폴리머, 강철이다. 이것들의 각각 가격은 얼마일까? 각각 나눠서 알아보자. 단위당 가격이 80달러나 한다. 어떻게 할까? 같은 기능을 할 수 있으면서 더 저렴한 금속을 찾아 나서면 된다."

일론 머스크는 이러한 생각에서 출발해 세계 최고의 전기자동차 기업 '테슬라'를 창조했다.

또 사람들은 일론 머스크에게 이렇게 말했다.

"이봐, 머스크! 바보 같은 생각을 하지 마. 개인 기업이 우주선을 개발하는 일은 절대 절대 절대 성공할 수 없어. 미국의 NASA나 다른 우주선 발사업체가 지금까지 우주선을 쏘아 올리기 위해 얼마나 높은 비용을 투자했는지 알아? 설령 그들이 지난 수십 년 동안 쌓아온 기존 우주선 발사방식을 그대로 따라 한다 해도 도저히 비용을 감당할 수 없을 거야."

이 또한 맞는 말이었다. 그들의 주장은 매우 논리적이었다. 그러나 머스크는 그들의 말에 절대로 동의하지 않았다. 그리고 다시 생각했다.

"아니야. 불가능하지 않아. 우주선을 쏘아 올릴 로켓에 정말로 꼭 필요한 부품은 뭐지? 그 부품에 맞는 재료는? 그 재료를 직접 만들거나 재료의 단가를 획기적으로 줄이면 되잖아. 아예 로켓을 재활용해 반복 사용한다면 비용을 획기적으로 줄일 수도 있어."

일론 머스크는 이런 생각에서 출발해 세계 최초의 민간 우주선 기업 '스페이스X'를 창조했다.

머스크는 한 인터뷰에서 자신이 생각하는 방식에 관해 다음과 같이 소개했다.

"저는 물리학의 틀에서 접근하는 경향이 있습니다. 저는 기존 통념이나 경험에 의한 유추를 버리고, 일단 문제를 세부적으로 분해한 뒤 근본적인 문제를 공략해야 한다고 믿고 있습니다. 그곳에 더 나은 해결책이 있기 때문입니다. 그것이 저에게 '제1원칙'이며 내 성공은 항상 제1원칙의 사고를 따른 것(Reasoning From First Principles)이었습니다."

당신 역시 일론 머스크의 제1원칙으로 사고할 수 있다. 창조적 도전을 하고 싶다면, 그리고 이상을 현실로 만들고 싶다면 다음과 같이 생각하면 된다.

 이상을 현실로 만들려면

① 이미 알고 있는 것을 따르지 마라.
② 이미 누군가 한 것, 혹은 지금 하는 것을 좇지 마라.
③ 세계를 바라보는 관점을 바꾸어라.
④ 가장 근본적인 진리까지 파고 들어가, 거기서부터 모든 걸 시작하라.
⑤ 그 생각 과정이 쉽지 않겠지만, 그리고 엄청난 정신적 에너지가 투입되겠지만, 시도하라.

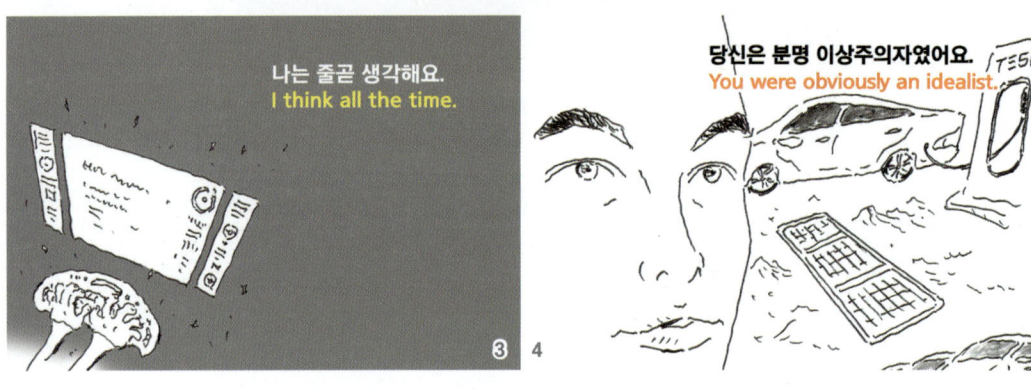

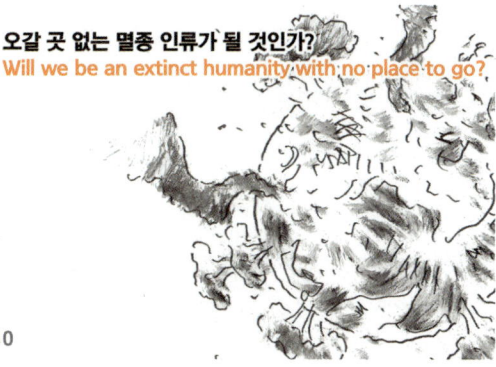

02

PX 판매병에서 대기업 CEO까지
세계적인 기업 P&G 회장 래플리의 '데이터 수집'

평범한 직장인으로 시작해 세계 최고 회사의 CEO가 된 사람이 더러 있다. 세계적인 기업 P&G의 앨런 조지 래플리 회장도 그중 한 명이다.

래플리가 '판매'와 인연을 처음 맺은 곳은 바로 군대였다. 24살에 해군 장교로 군 복무를 하던 래플리는 우연히 군 기지 매점(PX)에 배치됐다. 문제는 그가 이전까지 단 한 번도 물건을 팔아보거나 가게를 경영해 본 적이 없었다는 사실이었다. 설상가상, 매점에 배속된 지 얼마 되지도 않아 갑자기 그곳 책임자가 심장발작을 일으킨 데다 부책임자마저 다른 곳으로 발령이 나버리고 만다. 졸지에 수천 명의 군인이 이용하는 매점을 오직 자기 판단으로 관리해야 하고 필요한 물품을 구해와 판매하는 책임자가 된 것이다.

'어려운 문제들은 차례로 오지 않고 한꺼번에 몰려온다는 말이 진짜군!'

래플리는 망망대해에서 한 번도 잡아 보지 못한 키를 잡아야 하는 상황에 처했다. 그는 과연 어떻게 이 낯선 과제들을 어떻게 해결해 나갔을까? 결론부터 말하자면 래플리는 주어진 임무를 완벽하게 수행했고, 얼마 지나지 않아 이전 책임자들보다 훨씬 더 좋은 성과를 내기 시작했다.

래플리의 성공 노하우

래플리는 군대 매점의 관리자가 되면서 이용자들의 요구에 부응하는 더 좋은 서비스들을 제공했고 매출은 이전보다 훨씬 늘어났다. 과연 그의 성공 노하우는 무엇이었을까? 래플리가 매점을 관리하며 시작한 행동을 프로세스로 정리해 보면 다음과 같다.

 래플리의 매점 관리 프로세스

❶ 군 기지 매점을 찾는 고객들을 분석해서 데이터를 정리했다.
❷ 그들이 무얼 주로 사고 또 어떤 것을 필요로 하는지 체크했다.
❸ 고객층과 구매 물품의 리스트와 매출 관계를 데이터로 만들었다.
❹ 데이터가 쌓이면서 자료 속에 숨어있는 의미, 예를 들어 특정 물품이 많이 팔리는 시기 등을 분석해 판매계획을 새롭게 세웠다.
❺ 특정 물품의 가격을 조절하거나 특정 시점에 판매율이 높은 물건을 해당 기간에 집중적으로 비치해 두며 어떤 물품의 소비가 증가하는지 사전에 예측해 구비함으로써 이익을 극대화했다.
❻ 주변 네트워크를 통해 인기 상품을 파악한 뒤 들여와 홍보를 진행하며 판매했다.

데이터 분석을 활용한 래플리의 판매방식은 매우 효과적이었다. 그는 자신에게 주어진 문제에 주눅 들거나 도망치려 하지 않았다. 그 대신 하루하루 매점에서 물건을 판매할 뿐인 반복적인 작업에서 벗어나 데이터를 축적하기 시작했고 그 자료들 속에 숨은 창의적인 아이디어를 찾아 나섰다.

먼저 군 기지 매점에 오는 손님들이 과연 누구이며 그들이 무엇을 사고 무엇을 원하는지 알기 위해 그들을 분석해 보기로 했다. 이를 위해 그는 찾아오는 모든 손님의 특성과 그들의 구매 특성, 습관들을 정리해 나갔다.

'어떤 군인들이 어떤 물품을 언제 주로 구입하며, 또 이들이 필요로 하지만 구매하지 못한 물건들은 무엇일까?'

'부대원들의 구매 스타일과 품목은 주로 무엇이며 부대 밖에서 오는 손님의 구매 스타일과 물품은 주로 무엇인가?'

이와 같은 궁금증을 해결하기 위한 정보수집과 데이터 기록은 래플리가 무엇을 하고 어떻게 매점을 운영해야 하는지에 관한 단초가 되었다.

자기 성장 자료수집 관리 전략

필자는 30년 경력의 언론 기자이자 기업 및 정부 기관의 공모전략 컨설턴트, 심사위원, 창의성 강사이면서 동시에 19권의 책을 낸 저자이다. 특히 창의성에 대한 오랜 연구로 심플한 통찰 공식인 '창의방정식'을 창안해 기업과 공무원, 대학 등에서 강의하고 있다.

필자가 직업인 기자 외에 소설가, 웹툰스토리 작가, 기획자, 공모전코칭 전문가, 공모전 심사위원, 창의컨설턴트, 강사, 저자 등 다양한 분야에서 활동을 동시에 할 수 있었던 건 수많은 자료를 수집, 관리, 통합하고 분석하는 노하우가 있었기 때문이다.

필자는 대학 1학년 때부터 신문기자로 활동했다. 평생 취재와 자료수집을 통해 정보를 모으고 책과 다양한 미디어를 통해 드러난 정보를 조합하여 그 안에 의미 있는 맥락을 찾아내고 창의적인 솔루션을 찾아냈다.

필자가 가지고 있는 자료 분석 능력 중 가장 중요한 도구는 '아이디어 블로그'라는 데이터 관리 창고로, 대학 졸업 후 27살에 본격적으로 주간지 기자를 시작하면서 관심 있는 분야의 정보를 수집하고 데이터를 체계적으로 관리하는 포털사이트 블로그를 운영하기 시작한 것이다.

필자는 자료 관리방을 개설한 후 먼저 관심 카테고리를 '뉴스정보', '아이디어 창고', '작성 기사방', '집필할 책의 자료', '창의적 이미지방', '소설 습작방', '칼럼방', '매뉴얼 자료방', '창의적 인물 연구방' 등 체계적으로 세분화하여 분류했다. 동시에 아이디어 블로그를 운영하면서 언제 어디서든 관심 정보와 머리에 떠오르는 수많은 아이디어를 즉시 스크랩하고 메모해 두었다.

필자가 20대부터 쓰기 시작한 기사와 책 원고, 칼럼은 물론, 수많은 질문과 답변 등은 30년 넘는 세월 동안 데이터베이스화되어 지금까지 체계적으로 관리되고 있다. 언제든 새로운 아이디어가 떠오르면 해당 카테고리에 편하게 메모해 두었으며, 기사를 쓸 때마다 빠짐없이 복사해 기사 코너에 넣어두었고, 대학 강연이나 이메일 상담을 통해 받는 다양한 질문과 답변 내용은 그대로 옮겨 모아 두었다.

이러한 아이디어 블로그는 비공개 방으로 운영하였기 때문에 남들에게 공개하지 않으니 특별히 외양이나 타인의 신경을 쓸 필요가 없었다. 좋은 자료라고 생각하면 즉시 해당 분야 카테고리에 스크랩해 저장해 두면 그만이었다.

수많은 분야의 정보를 쌓은 지 대략 5년이 지난 순간부터, 필자가 모아둔 데이터베이스들은 저절로 생명력을 발휘하기 시작했다. 30대 중반을 넘어서부터는 데이터 정보와 기사, 칼럼, 아이디어, 질문과 답변들이 서로 연결되기 시작하면서 필자만의 새로운 아이디어와 정보를 창조하기 시작했다. 새로운 기사나 칼럼들이 이를 기반으로 뚝딱 창조되었다.

컨설팅 관련 자료가 필요할 때는 해당 카테고리의 자료 분석을 통해 코칭 솔루션을 즉각 제시할 수 있었고, 강연 요청이 오면 해당 주제 자료가 있는 카테고리에 들어가 데이터 분석을 시작했다. 분석을 통해 순식간에 강연 설계도를 그려냈고 PPT 강연 슬라이드를 만들 수 있었다. 이러한 강연 정보가 하나둘 업데이트가 되다 보니 어느 순간부터는 1년에 한두 권의 책 한 권을 쓸 수 있게 됐다. 그렇게 지금까지 19권의 책을 저술한 것이다.

아이디어 블로그는 마치 요술램프의 '지니' 같다. 특정한 관심 무대를 설정한 후 그 안에 다양한 데이터를 모으고 분류하고 통합하면 어느 순간 새로운 데이터와 조합되면서 특별한 콘셉트가 떠오른다. 필자는 강연에서 청중들에게 늘 잊지 않고 조언한다.

"제발 습득한 지식과 정보를 홀로 놔두지 마세요. 휘발성이기에 다 날아가 버립니다. 그러니 될 수 있는 대로 젊은 나이에 최대한 빨리, 가능하면 지금 즉시 여러분이 관심 있는 분야의 지식과 정보를 보관할 창고를 만들어보세요. 블로그를 활용하면 손쉽게 무료로 지을 수 있습니다. 그리고 꾸준히 데이터를 축적해가세요. 그러면 5년 뒤 당신은 100% 그 분야의 전문가가 돼 있을 것입니다."

초보자인 당신이 먼저 할 일

처음은 누구나 초보자다. 나이불문 성별불문 모두가 예외 없이 '초보자의 시간'을 거쳐야 한다. 그러나 계속 초보자로 남지 않고 빠르게 창의인재로 변하는 길은 분명히 있다. 스스로 문제를 해결해야 할 때 가장 먼저 할 일은 다양하고 많은 데이터를 모아 현재 상황을 체계적으로 분석하는 것이다. 그리고 정보와 정보, 데이터와 데이터 사이에 숨어있는 의미를 찾아내야 한다. 데이터와 데이터가 연결되면 그사이에 숨은 통찰이 모습을 드러내고, 이러한 통찰은 반드시 우리에게 새롭게 창의적인 솔루션을 준다.

래플리는 이런 창의적 사고 메커니즘을 가지고 있었기에 오랜 경험을 가진 선임자보다 짧은 기간 내에 더 좋은 고객 서비스를 제공하고 더 높은 매출을 올릴 수 있었다. 이때의 경험으로 래플리는 훗날 세계적인 기업 P&G가 경영 위기를 맞이했을 때 새로운 구원투수로서 회장의 자리에 임명된다. 그는 평사원으로 P&G에 입사해 훗날 회장 자리에 오른 특별한 인물이었다.

외부에서 그리 주목받지 못했던 래플리가 P&G의 CEO 자리에 오르자 회사 주가가 떨어지고 안팎에선 그를 흔들어댔다. 하지만 이러한 위기 속에서도 래플리의 대응은 단순했다.

래플리 회장은 즉각 회사와 사람들이 무엇을 원하는지 파악하기 위해 데이터를 수집했다.

 래플리의 기업 관리 프로세스

① 임직원들의 이야기를 있는 그대로 경청하고 폭넓은 정보를 모았다.
② 회사 구내식당, 강당, 어디에서든 직원들과 터놓고 얘기를 나누었고 많은 시간을 할애해 직원들과 진솔하게 이야기하고 토론했다.
③ 대화할 때는 전체 시간의 3분의 2는 임직원들의 말에 경청하고 3분의 1만 자신의 생각을 말했다. 이 래플리식 대화방식이 경영계에서 유명한 '3분의 2 대화법'이다.
④ 이를 통해 반대자들의 목소리를 가라앉히고, 많은 사람을 자신의 지지자로 돌려세우는 데 성공했다.

군 PX의 관리자로 첫발을 내디뎠을 때의 래플리. 그리고 대기업인 P&G의 CEO로 첫발을 내디딜 때 래플리. 두 래플리는 맡은 일도, 해결해야 할 과제도, 경험이나 연륜도 모두 달랐다. 하지만 청년 래플리와 장년의 래플리 사이에도 공통점은 있다. 그것은 주어진 현장에서 정보(사람들의 요구나 현황 데이터)를 최대한 모으고, 상대방에게 최대한 귀 기울여 들은 뒤 그 정보에서 모아 분석한 후 가장 창의적인 의사결정을 실천해 나갔다는 점이다.

'공통 관심 무대 → 상호작용(질문과 호응) → 경청 → 분석 → 아이디어'로 세팅된 과정 속에는 필연적으로 같은 편, 집단지성, 창의, 창조의 메커니즘이 작동한다는 사실을 잊지 말자.

03

그냥 한 번 써 본 건데, 최고의 추리작가라니!
코난 도일의 '세렌디피티'

"운이 성공을 좌우한다."

운도 성공의 중요 요소라는 사실을 부정할 수 없다. 시대와 장소, 때, 상황과 평가의 우연적 '만남'이 성공을 만들어 내기 때문이다.

창의성에서는 우연성을 '세렌디피티'로 표현하고 있다. 세렌디피티(Serendipity)란 완전한 우연으로부터 중대한 발견이나 발명이 이루어지는 것으로, 특히 과학연구의 분야에서 실험 도중에 실패해서 얻은 결과에서 중대한 발견 또는 발명하는 것을 말하기도 한다.

우리가 가정에서 쓰는 '전자레인지'의 탄생과정 또한 세렌디피티의 한 예라고 할 수 있다. 1945년 미국의 방위산업체인 '레이시온'에서 일하던 '퍼시 스펜서'(Percy LeBaron Spencer)는 2차 세계대전에서 활용했던 레이더 핵심기술인 마그네트론를 연구하고 있었다. 그러던 어느 날 한창 실험을 계속하던 그는 주머니에 넣어둔 초콜릿 바가 전부 녹아있다는 것을 알게 됐다. 초콜릿 바가 녹을 정도로 더운 환경이 전혀 아니었는데도 말이다.

'초콜릿 바가 왜 전부 녹아버린 것일까? 혹시 마그네트론에서 나오는 전자파 때문인가?'

흥미가 생긴 그는 몇 가지 식재료들을 가져와서 실험해보기로 했다. 팝콘용 옥수수를 놓고 출력을 올려봤더니 그 자리에서 팝콘으로 변했다. 이후에는 전자파로 계란을 익히는 것은 물론이고 물도 끓일 수 있다는 사실을 알게 됐다.

퍼시 스펜서는 이러한 실험결과를 토대로 마그네트론을 통하여 음식물을 데우는 기술에 관한 특허를 출원하였다. 이후 퍼스 스펜서가 근무하던 레이시온은 이 특허를 사들였고 1947년 전자레인지를 출시했다.

이런 우연성의 작동원리는 매우 간단하다. 창조가 가능한 무대 주변으로 무수한 우연의 퍼즐 조각들이 지나가고, 그 창조의 범위 안으로 우연히 들어온 수많은 퍼즐 조각 중 일부가 조합이 되는 순간 창조의 필연으로 이어지는 것이다.

거미가 넓게 펼쳐놓은 커다란 거미줄에 곤충이 걸리게 되는 건 우연이지만, 그 곤충이 거미의 밥이 되는 것은 필연이다. 우연성이 필연성을 만들고 필연성은 우연성에 기댄다.

말을 제주도라는 무대로 위로 보내야 잘 달릴 가능성이 높아지고, 영화를 좋아하는 이가 충무로라는 무대 위로 향해야 더 많은 기회를 잡을 수 있는 것과 같은 원리다. 창의의 무대를 발견한 뒤 그 주변을 어슬렁거리며 자주 만나려 할수록 창조의 확률은 높아진다. 이처럼 우리가 창의하기 위해서는 어느 정도 우연성에 기댈 수밖에 없다는 것을 받아들여야 한다.

셜록 홈즈의 탄생도 '세렌디피티'

『셜록 홈즈 시리즈』는 세계적으로 유명한 추리소설이다. 소설이 출판된 지 120년이 훨씬 지난 오늘날까지도 단 한 번도 절판된 적 없으며 연극, 영화, 애니메이션 등으로 이어진 그야말로 불후의 명작이다.

그렇다면, 이런 셜록 홈즈를 창조해낸 사람은 누구일까? 셜록 홈즈라는 이름만큼이나 유명한 영국 스코틀랜드 출신의 작가인 아서 코난 도일이다. 1859년에 태어난 코난 도일은 20대부터 추리소설을 썼다. 다만 그는 추리소설 외에도 『잃어버린 세계』, 『마라코트 심해』 등 SF 모험물을 비롯한 다양한 장르문학을 집필하였으며 괴기 소설, 호러 소설, 역사 소설, 심지어는 밀리터리 소설 등에 이르기까지 다양한 장르의 작품을 남겼다. 이러한 코난 도일의 소설은 만화, 애니메이션, 영화 및 드라마로 끊임없이 재생산되며 지금도 우리 곁에서 여전히 살아 숨 쉬고 있다.

그렇다면 코난 도일은 원래부터 전문적으로 작품 집필에만 매진하던 소설가였을까? 그렇지는 않다. 코난 도일의 원래 직업은 의사였다. 의사인 그가 추리소설의 장르를 탄생시키고 『셜록 홈즈 시리즈』를 창작해 낸 것은 순전히 우연에 가까운 일이었다. 말하자면 '정말 그냥 한 번 써 본 건데, 대박이 터진' 셈이다.

코난 도일을 직접 만나 셜록 홈즈 소설을 쓰게 된 과정을 직접 물어 볼 수 있다면 얼마나 흥미로울까? 물론 현실적으로 불가능한 일이지만 상상력을 조금만 발휘하여 그에게 상상 인터뷰를 청해보자.

Q 아서 코난 도일 선생님, 당신은 원래 의사잖아요. 어쩌다 작가가 되셨나요?

A 저는 의과대학으로 진학해 의학 공부를 했어요. 물론 소설 쓰는 걸 좋아해서 틈틈이 짧은 역사 단편을 써서 잡지에 기고했지요. 사실 역사 소설 작가가 되고 싶었거든요. 하지만 의대 졸업 후 가정형편이 어려워 급하게 화물선의 의사로 잠시 근무하기도 했어요. 보어 전쟁 때는 군의관으로 참여하기도 했고요. 1882년 안과병원을 개업했는데 병원을 찾은 환자가 너무 적어 본업인 의사 일이 잘 안되었어요. 시간이 많이 남아서 취미로 어쩌다 가볍게 추리소설을 쓰기 시작한 거죠.

Q 병원이 잘 되었다면 『셜록 홈즈 시리즈』는 세상에 나오지 못했겠네요?

A 하하, 맞아요. 『셜록 홈즈 시리즈』를 쓰게 된 것은 본업인 의사로서 진료하는 환자가 없어서였으니까요.

Q 그래도 본업인 의사와 당신이 창조해 낸 탐정이란 직업이 서로 연관성이 있을 것 같은데요?

A 물론이죠. 의사와 탐정은 공통점이 많아요. 먼저 두 직업은 가장 사소해 보이는 단서까지 놓치지 않아야 합니다. 또한 철저한 관찰을 통하여 문제를 정확하게 파악해야 한다는 점이 같습니다. 에딘버러 의과대학 시절 제 은사인 죠셉 벨 교수님은 환자를 보자마자 순간적인 관찰만으로 완벽한 진단을 내리던 의사였어요. 종종 낯선 사람을 지목하여 외모나 흔적 등을 면밀하게 관찰한 후에 직업과 최근의 활동 등을 알아맞히는 걸 우리에게 보여주었죠.

Q 관찰력이 뛰어난 은사님의 특별한 기질이 탐정 소설을 쓰게 된 동기부여가 됐겠군요?
A 맞습니다. 사실 저는 추리소설을 쓰려는 생각을 한 번도 해 본 적이 없었죠. 그런데 어느 날 한가한 병원 의자에 앉아 이런저런 생각을 하던 중 뛰어난 관찰력과 추리력, 독특한 개성을 가진 벨 교수님에게서 우연히 셜록 홈즈라는 탐정 캐릭터를 구상하게 된 거죠.

실제로 소설 속 주인공 탐정 셜록 홈즈는 실제로 놀라운 관찰력, 과학적 검사, 논리적 추론을 적용하는 매력적인 캐릭터이다. 소설 속에서 홈즈는 흙먼지, 발자국, 지문 등을 통한 증거로 사건을 풀어냈는데, 오늘날 과학수사 기법을 소설 속에서 먼저 선보였던 셈이다.
1892년 8월, 아서 코난 도일은 벨 교수에게 다음과 같은 편지를 보내기도 했다.
"선생님, 저는 의심할 여지없이 선생님께 셜록 홈즈를 빚지고 있습니다. 선생님께서 되풀이하여 가르쳐 깨우쳐주신 추리와 추론과 관찰을 중심으로 주인공을 창조하려고 노력했습니다."

Q 오호! 정말 우연히 셜록 홈즈를 주인공으로 하는 추리소설이 탄생한 거군요?
A 그렇죠. 음, 그러니까 1887년이었죠? 정말 취미 삼아 가볍게 썼어요. 3주 만에 완성했을 정도로 한 번에 쓱 써 내려간 거예요. 그렇게 시리즈의 첫 작품이자 셜록 홈즈의 모습이 최초로 나타나는 『주홍색 연구』를 완성해서 『비튼의 크리스마스 연감(Beeton's Christmas Annual)』이라는 잡지에 발표했어요.

Q 추리소설에 독자들의 반응이 처음부터 엄청났겠는걸요?
A 훗훗, 전혀 아니에요. 오히려 그 반대였어요. 제가 직업이 의사였고 유명한 작가도 아니었던 데다 추리소설이란 장르도 낯설었는지 인기가 별로 없었어요. 당연히 작품에 따른 수입은 거의 없었죠.

Q 그랬나요? 의외였네요!
A 머릿속에 시리즈 구상은 돼 있었는데, 첫 작품의 독자 반응이 별로라니 사실 소설을 계속 써야 할지 고민을 많이 했어요.

Q 당연히 계속 썼겠죠?
A 물론 시간 날 때마다 가볍게 계속 썼죠. 그렇게라도 쓸 수 있었던 건 돈벌이보다는 취미였기 때문일 수도 있고요. 두 번째 작품은 첫 작품을 낸 3년 뒤인 1890년에 발표한 『네 개의 서명』이었어요.

Q 그때부터 본격적인 작품 활동을 하신 거죠? 특별한 계기가 있었나요?

A 두 번째 작품은 큰 인기를 끌었어요. 독자들이 드디어 추리소설의 매력을 알기 시작한 거예요. 두 번째 작품이 성공을 거두자 영국의 월간지인 『스트랜드 매거진(The Strand Magazine)』과 정식으로 시리즈 연재 계약을 하게 되었어요. 상당한 원고료를 정기적으로 약속받을 수 있었기 때문에 이후 본업이던 안과 의사로서의 활동을 중단하고 전업 작가로 창작에만 몰두할 수 있게 됐죠.

이후 코난 도일은 세계 추리소설 역사를 바꿔버릴 작품 『셜록 홈즈의 모험』, 『셜록 홈즈의 회상』을 연달아 출간해 부와 명성을 얻었다. 하지만 이후, 자신이 창조해낸 캐릭터 홈즈에 지친 코난은 1894년 작품 『마지막 사건』에서 폭포에서 홈즈를 떨어뜨려 독자들과 작별을 고했다. 코난에게 홈즈 시리즈는 큰 의미가 있는 작품이 아니었기에 적당한 때 마무리 짓기로 결심하고 기회를 틈타 종결시켰던 것이다.

그럼에도 불구하고 독자들은 코난에게 홈즈를 살려내라고 끝없이 요청했다. 수천 통의 항의 편지가 빗발쳤고, 홈즈 시리즈를 연재하던 『스트랜드 매거진』의 구독을 중단하겠다는 독자가 2만여 명을 넘게 됐다.

독자들의 성화를 못 이긴 코난 도일은 결국 8년 뒤 『바스커빌 가의 개』를 통해 셜록 홈즈 이야기를 다시 집필하였고, 이후 매거진에서 단편 「빈집의 모험」을 게재하여 시리즈를 부활시켰다.

특히 1899년에는 「얼룩 띠의 비밀」을 기반으로 한 연극이 미국에서 먼저 상영된 뒤 1902년에 영국에서도 상영됨으로써 시리즈 절필 이전보다 도리어 코난 도일의 부와 명성이 더욱 높아지게 된다. 세상은 여전히 코난 도일의 셜록 홈즈를 사랑했다.

이후 코난 도일은 작품 활동을 이어가며 단편작품을 묶은 『셜록 홈즈의 귀환』을 발표했으며, 추리소설 외에도 『용감한 제랄의 모험담』, 『마라코트 심해』, 『잃어버린 세계』 등 SF 모험물이나 과학소설, 언론을 통한 칼럼 및 비평 등 활발한 집필 활동을 했다. 그리고 1927년 『셜록 홈즈의 사건집』을 끝으로 시리즈를 마무리한 코난 도일은 말년에 강령술 및 심령학과 관련 활동에 심취하다 1930년 71세의 나이로 세상을 떠났다.

우연성을 만들어내는 열린 마음

앞서 말했듯이 창의 요소에는 '우연한 무대'와 '우연한 만남'이 있다. 물론 창의성을 기르기 위해 무작정 우연성에 기대야 한다는 이야기는 아니다. 코난 도일은 우연히 추리소설 집필을 시작했지만, 이 이전에도 눈여겨볼 요소들이 있었다.

 셜록을 탄생시킨 코난 도일의 경험

❶ 그는 대학에 다닐 때부터 역사 단편소설을 써 왔다.
❷ 그는 의사였고, 관찰과 추리의 힘을 몸소 보여준 조셉 벨 교수님을 은사로 두었다.
❸ 그는 젊은 시절 바다 한가운데 화물선이나 보어 전쟁터와 같이 '닫힌 공간'의 무대를 몸소 이해하고 있었다.

이와 같은 요소들이 절묘하게 조합하여 코난 도일 특유의 추리소설 장르가 탄생한 셈이다. 앞서 소개한 거미줄을 다시 한 번 떠올려 보자. 하필이면 그 시간과 그 공간에 그 잠자리가 그 거미줄에 걸린 건 순전히 우연이다. 하지만 거미가 쳐놓은 거미줄과 먹잇감의 연결은 필연이다. 따라서 우리는 왜 하필이면 그 곤충인가?라는 우연성에 주목할 것이 아니라 사전에 새로운 관계가 착상된다는 사건의 필연성에 관심을 가져야 한다.

세상의 많은 일은 우연이지만 그 이면에는 창조 작업이 이루어질 수 있는 무대가 세팅되어 있다. 거미의 무대 세팅이 거미줄이라면 인간의 무대 세팅은 가능성에 대한 열린 마음이다. 거미줄을 넓게 치는 것과 열린 마음을 갖는 것은 같은 물리적 메커니즘이다. 새로운 만남과 새로운 관계는 언제라도 열린 무대, 열린 마음에서 일어나기 때문이다.

04

심해에 가라앉은 타이타닉을 탐사하고 싶어!
영화감독 제임스 카메론의 '심해(深海)'

《타이타닉》은 비극적인 러브스토리로 유명하다. 우연한 기회로 티켓을 구해 타이타닉호에 올라탄 화가 잭(레오나르도 디카프리오)은 막강한 재력의 약혼자와 함께 승선한 로즈(케이트 윈슬렛)을 보고 한눈에 반하고, 계약 결혼이 아닌 진실한 사랑을 꿈꾸던 로즈 역시 잭을 만나 운명 같은 사랑에 빠진다.

그러던 어느 날 타이타닉호는 빙산에 부딪혀 배가 침몰하기 시작했다. 배 끝의 난간에 매달렸지만 끝내 잭과 로즈는 바다로 떨어진다. 차가운 밤바다 위에 뜬 사람들은 사투를 벌이고 잭은 나뭇조각을 찾아내서 로즈를 그 위에 올려준다. 잭 자신은 올라갈 공간이 없어 상체만 매달려 있다. 그 상황에서도 잭은 여유를 잃지 않는다. 잭은 농담으로 로즈의 긴장을 풀어주려 애쓰면서 '삶을 포기하지 말라'고 당부한다. 그리고 잭은 로즈에게 마지막 말을 전한다.

"이 배의 탑승권을 따낸 건 내 인생 최고의 행운이었어. 당신을 만났으니까. 제발 내 부탁을 들어줘. 꼭 살아남겠다고 약속해. 절대 포기하지 않을 거라고."

어느새 잭의 모습은 보이지 않는다. 로즈는 끝없이 잭을 불러보지만 대답은 없었다. 저 멀리서 사람 구하는 배 한 척이 다가왔다. 잭과의 약속을 지키기 위해 로즈는 모든 노력을 다해 호루라기를 불며 손을 흔들었다.

구조된 로즈 앞에 경찰이 이름을 물었다. 그녀는 대답했다.

"로즈 도슨!"

세월이 흐른 후 바닷속 깊숙한 곳에 침몰한 타이타닉호를 찾기 위해 바다를 달리는 탐사선. 함께 탑승한, 이제 할머니가 된 로즈가 조용히 옛이야기를 끝낸다.

"이제 여러분들은 잭을 알게 됐어요. 날 구하고 내 영혼의 자유까지 구한 사람을요. 그 사람은 세상에 사진 한 장도 없으니 오직 나에게만 존재하는 거죠."

로즈는 지니고 있던 블루다이아를 바다에 던져버리고 깊은 잠에 빠져든다. 그리고 꿈속에서 잭과 재회한다.

바닷속 모험과 영화를 사랑한 유년 시절

1985년 9월 1일, 미국의 유명 해양학자인 로버트 발라드 박사가 이끄는 미국-프랑스 합동 원정대는 '아르고'라는 무인 잠수정을 사용하여 해수면 아래에서 두 동강이 난 채 잠들어 있던 타이타닉호를 발견했다. 그리고 이 소식은 제임스 카메론 감독에 의해 당시 꿈의 배라고 불리던 '타이타닉호'의 이면에 감춰져 있던 비극적인 스토리를 그린 영화 《타이타닉》으로 재탄생했다.

카메론 감독의 대표적인 작품으로는 《터미네이터(1984)》, 《에이리언2(1986)》, 《어비스(1989)》, 《터미네이터 2: 심판의 날(1991)》, 《트루 라이즈(1994)》, 《타이타닉(1997)》, 《아바타(2009)》 등이 있다. 장르를 넘나들며 작품성과 대중성 모두 높은 평가를 받은 카메론 감독은 세계 최고의 영화감독이자 영화로 가장 성공한 감독으로 손꼽힌다. 2019년 1월 기준 역대 월드와이드 영화 흥행 순위 1위에 《아바타》가 올랐고, 2위 역시 그의 영화 《타이타닉》이 차지했다. 그의 영화가 관객들의 사랑을 받는 이유는 영상 곳곳에 모험심이 가득 담겨 있기 때문이다. 특히 영화 《타이타닉》 제작은 제임스 카메론 감독의 모험정신에서 시작됐다는 점에서 각별하다.

젊은 시절 카메론은 대학에서 물리학과 영문학을 공부했다. 하지만 뛰어난 천재와 괴짜들이 그러하듯 대학에서 자퇴했고, 사회에 나와서는 트럭 운전사와 기계 조작, 고등학교 청소나 만화가의 조수 등 여러 직업을 두루 거쳤다. 글을 쓰거나 그림을 그리고 캐릭터를 구상하기도 했다.

언젠가는 로켓 엔진을 온종일 연구하기도 했는데, 로켓 엔진의 설계도를 그리며 작동원리를 독학으로 공부했다. 커서 무엇이 될 것인지는 스스로도 잘 알지 못했다. 그는 비교적 젊은 나이인 23살에 결혼했고 24살쯤에는 인생의 모든 걸 겪을 만큼 겪었으니 좀 더 흥미 있는 일을 해봐야겠다고 마음 먹었다. 당시 카메론의 관심사는 SF였다. 본격적으로 영화를 찍어보겠다고 생각한 것은 《스타워즈》를 보고 나서였다. 이후 그는 영화감독으로 데뷔하여 명성을 얻기 시작했다.

'영화감독'인 제임스 카메론에게는 흥미로운 이력이 하나 있는데, 바로 '심해탐사' 분야에서 세계 최초로 수심 11km까지 홀로 잠수한 기록을 보유하고 있다는 점이었다. 실제로 2012년 3월 26일 《내셔널지오그래픽》의 전속 해양 탐험가가 되어 홀로 지구에서 가장 깊은 바다인 북태평양의 마리아나 해구의 챌린저 해연에 도달하기도 했다. 해구(海溝)란 대륙사면과 심해저의 경계를 따라 형성된 수심이 6,000~11,000m인 V자형의 깊은 골짜기로 해양에서 가장 깊은 곳을 말하며, 그러한 해구에서 가장 깊은 곳을 해연(海淵)이라고 부른다.

카메론 감독이 심해탐사로 세운 이 기록은 그리 만만하지 않다. 지난 1960년 스위스의 해양학자 자크 피카르와 미 해군 돈 월시 중위 이후로 유인잠수정이 챌린저 해연에 진입한 사례는 한 번도 없었다. 그런데 무려 50여 년 만에 카메론 감독이 챌린저 해연 탐구에 도전해 성공한 것이다.

탐사 당시 카메론 감독이 탑승한 잠수정의 이름은 '딥씨 챌린저(Deepsea Challenger)'로, 이 1인 잠수정은 길이 7.3m에 내부 지름 1.1m로 1,125기압을 견딜 수 있는 64mm의 강철 두께로 제작됐다. 제작비로만 약 3천만 달러가 투입됐고 7여 년에 걸쳐 제작되었는데, 잠수정의 제작 설계 과정에 카메론 감독이 직접 참여했다. 이 잠수정에는 심해의 생태를 3차원 영상으로 담을 수 있는 3D카메라가 부착됐으며, 이를 통해 촬영한 심해 영상은 이후 다큐멘터리 영화로 제작됐다. 그는 영화감독으로서는 최초로 내셔널지오그래픽 전속 탐험가로 선정되었으며 2011년에는 내셔널지오그래픽 '올해의 탐험가 상'을 수상하기까지 했다.

제임스 카메론 감독이 유독 바닷속 심해(深海)와 인연이 깊은 것은 결코 우연이 아니다. 사실 그의 유년 시절 꿈은 바닷속 생물을 연구하는 '해양 생물학자'였다. 영화감독이 된 그에게 바다는 숙명처럼 쫓아다니는 주제와 같았다.

고등학교 시절 친구들과 함께 소형 잠수함 미니어처를 만들며 놀았을 정도로 바닷속에 관심이 많았던 카메론 감독은 학창 시절 심해와 관련된 시나리오를 구상하기도 했다. 그가 구상한 시나리오의 다음과 같다.

1994년 1월, 오하이오급 원자력 잠수함 USS 몬태나호의 수중음향탐지기에 수중에서 무려 130노트(=시속 240km)나 되는 놀라운 속도로 이동하는 정체불명의 괴물체가 탐지된다. 괴물체가 스쳐 지나간 그 직후 갑자기 전원이 꺼져버리는 바람에 몬태나호는 절벽에 부딪혀 2,000피트 해저로 추락하고, 바닥에 부딪히면서 뱃머리가 손상되어 함내에 물이 들어차는 바람에 침몰하고 만다. 이후 이 침몰선에 구조팀이 파견되고 바닷속에서 외계생명체를 만나는 등 신비로운 모험 이야기가 펼쳐진다.

바로 1990년대에 개봉한 영화 《어비스》이다.

어비스(Abyss)는 '심연'이라는 뜻의 단어이다. 영화 촬영 당시 스태프 중 누군가가 촬영 보드의 제목을 Abyss(심연)에서 Abuse(학대)로 바꿔 쓰는 해프닝이 있었는데, 그만큼 바닷속을 무대로 한 영화의 제작 및 촬영이 학대에 가까울 정도로 힘들었다고 한다. 하지만 정작 감독인 카메론 본인이 배우들보다 한술 더 떠 말 그대로 밥 먹고 잠자는 시간을 제외하고는 매일 물속에서 살다시피 하며 촬영을 강행했던 터라 스태프들도 대놓고 반발하지 못했다는 후문이 전해진다.

가라앉은 타이타닉호를 찍기 위해 만든 영화

이렇듯 타이타닉호과 제임스 카메론 감독이 심해라는 무대 안에서 만난다는 것은 운명에 가까울 정도였다. 《타이타닉》이 바닷속에 침몰한 배를 얽힌 스토리를 다룬다는 사실은 영화를 본 누구나 알고 있지만 정작 제임스 카메론 감독이 실제로 타이타닉호가 침몰한 지역인 북대서양 3,810m 바다 밑바닥까지 내려갔다는 것을 아는 사람은 드물다.

지난 2018년, 영화 《타이타닉》이 개봉된 지 20주년이 되는 해를 기념해 내셔널지오그래픽에서는 내셔널지오그래픽에서 상주 탐험가로 활동한 제임스 카메론 감독과 그의 영화 《타이타닉》에 숨겨진 진실과 함께, 천문학자 닐 타이슨이 진행하는 과학 토크쇼 《닐 타이슨의 스타 토크》에서 카메론 감독을 초대해 직접 영화 《타이타닉》을 기획하게 된 배경을 공개한 적이 있다. 여기에서 소개된 몇 가지 흥미로운 점을 요약하면 다음과 같다.

카메론 감독이 직접 밝힌 영화 《타이타닉》 제작 뒷이야기 하나.
"어린 시절 전 괴짜였죠. 탐험하는 과학자나 우주 비행사를 선망했어요. 고등학교의 과학 클럽도 제가 처음 만들었지요. 해저 실험실 계획도 좋아했고요. 하늘과 바다를 탐험하는 것을 좋아했어요. 특히 바다에 사는 모든 생물의 종류를 연구한 연구가인 프랑스 탐험가 자크

쿠스토를 매우 좋아했습니다. 쿠스토는 존재조차 몰랐던 경이로운 풍경을 안방에 영상으로 펼쳐줬죠. 저는 그를 통해 바다를 보았어요. 비록 바다와 800km나 떨어진 내륙에서 살았지만, 바다에 푹 빠지고 말았습니다. 그래서 전 아버지를 졸라서 스쿠버 수업을 듣기도 했어요."

카메론 감독이 직접 밝힌 영화 《타이타닉》 제작 뒷이야기 둘.
"영화 《타이타닉》을 제작할 수 있었던 이유는 저의 바다에 대한 사랑 때문이었어요. 바다를 좋아해 직접 스쿠버 다이빙도 하고 있었죠. 로버트 발라드가 심해의 타이타닉호를 실제로 발견했을 때 '무선조종 잠수정(ROV)'가 화제가 됐어요. 그때부터 카메라가 장착된 무선조종 잠수정에 관심을 가지게 됐고, 1989년 영화 《어비스》를 통해 실제로 무선조종 잠수정을 써보게 됐었지요. 무선조종 잠수정을 사용하면서 심해(深海) 탐험의 세계를 처음으로 접하게 됐어요. 심해(深海) 탐험은 저에게 아주 좋은 아이디어 하나를 던져주었습니다. 바로 '타이타닉호'에 대한 탐험이 가능할 수도 있겠다는 생각이었어요. 그러니까 타이타닉호 잔해가 있는 곳에 무선조종 잠수정 몇 대를 보내 촬영한 뒤 그 영상을 중심으로 편집하여 영화 한 편에 집어넣고 비용은 제작사가 지원하게 하자는 것이었죠. 그런 생각에서 《타이타닉》이 제작된 거예요. 그러니 《타이타닉》을 제작한 것은 침몰한 타이타닉호를 실제로 촬영해 보기 위한 하나의 수단이었을 뿐이었죠."

당신은 무엇에 '꽂혀' 있는가?

제임스 카메론은 어릴 적부터 바다의 심해(深海)에 꽂혀 있었다. 그리고 그에 대한 관심을 평생 붙잡고 놓지 않았다. 영화 《타이타닉》은 바닷속 탐험을 하고 싶었던 카메론의 끝없는 모험정신과 관심으로 탄생했다. 카메론 감독은 《타이타닉》 제작 이후에도 아직 밝혀지지 않은 실제 타이타닉호 침몰에 대한 비밀을 찾기 위해 지난 20년간 심해탐사와 해양 연구를 꾸준히 해오고 있다고 한다.
카메론 감독은 스스로 자신이 '괴짜'였다고 밝힌다. 하지만 그는 그저 엉뚱하고 막연한 삶을 사는 대신 자신이 관심사를 끈질기게 물고 늘어지며 열매를 일궈냈다. 이처럼 제임스 카메론 감독은 창의적 사람이 되고 싶은 우리에게 다음과 같은 질문을 던지고 있다.

제임스 카메론의 질문

❶ 당신은 괴짜인가?
❷ 당신의 가슴을 평생 뛰게 할 단어는 무엇인가?
❸ 당신은 자신의 관심사에 대해 끈질기게 물고 늘어질 수 있는가?
❹ 당신 마음에 꽂힌 것이 있다면 그것을 위해 지금 무엇을 할 수 있는가?

05

도움이 된다면 내가 만들지, 뭐?
거창한 비전 없이 새로운 걸 창조한 사람들의 '필요'

청바지를 처음 만든 리바이 스트라우스. 그는 텐트를 만드는 데 사용할 천을 제작해달라는 의뢰를 받고 직원들과 함께 상당한 물량의 천을 만들었다. 그런데 한 직원의 실수로 인해 의뢰인이 요구하지도 않은 파란색 염료로 천을 염색해 버리고 만다.

당연히 의뢰인은 구매를 거절했고 파란색 천은 고스란히 재고로 남게 됐다. 이 천을 어떻게 해야 할지 고민하던 그는 광부들이 입는 바지가 잘 찢어진다는 걸 떠올리고 기발한 아이디어를 떠올렸다.

"튼튼하고 질긴 텐트용 천이니 이걸로 광부들이 입는 바지를 만들어 보면 어떨까?"

이렇게 탄생한 청바지는 저렴하고 튼튼해서 광부들뿐만 아니라 많은 사람에게 인기를 얻었고, 청바지의 인기에 힘입어 '리바이스'라는 청바지 사업을 본격적으로 시작하게 됐다. 스트라우스에게 거창한 비전 따윈 없었다. 사람들이 필요하다고 생각할 것 같아 만들었는데 대박이 터졌을 뿐이다.

세계 최초로 시험관 아기를 성공시킨 사람은 영국 케임브리지대학의 로버트 에드워즈 박사와 부인과 전문의 패트릭 스텝토 박사다. 그들은 1960년대부터 10년 넘게 관련 연구를 진행했는데 특히 에드워즈 박사는 인간 난자의 체외 성숙 과정과 수정, 난자를 체외에서 키우는 배양액 연구에 몰두했다.

부인과 전문의인 패트릭 스텝토 박사는 우연히 영국의 오드햄 제너럴 병원에서 골반강을 관찰하고 수술하기 위해 '복강경'을 사용하게 된다. 복강경 수술은 복부나 흉부를 절개하는 대신 0.5~1.5cm 크기의 작은 구멍을 뚫고 특수 카메라가 장착된 내시경(복강경)을 집어넣어 복강 내를 보면서 수술하는 방식이었다.

수술 도중 그는 문득 이런 생각을 떠올렸다.

"이 '복강경'으로 난소에서 성숙 중인 난자를 채취할 수 있지 않을까?"

스텝토 박사의 제안에 에드워즈 박사는 복강경을 활용한 체외수정이 가능하다는 희망을 갖고 연구를 계속했다. 결국 1969년 에드워즈 박사는 실제 난자의 체외수정에 성공했고, 스텝토 박사와 함께 이를 불임 환자 치료에 적용하기 시작했다. 수많은 시행착오가 있었지만 1977년 최초로 출산까지 성공하며 불임 해방의 길을 열게 되었다. 이후 에드워즈 박사는 공로를 인정받아 2010년 노벨 생리의학상을 수상하기도 했다.

장난삼아 휘젓다가 발견한 나일론

나일론은 석탄과 공기, 물로 만든 섬유로서 '거미줄보다 가늘고 강철보다 강한 기적의 실'이라고도 불린다. 나일론은 오늘날 반도체 기술을 응용한 전자장비에서부터 환자의 인공혈관 제작에 이르기까지 다양한 분야에서 재료의 혁명을 몰고 왔으며, 이 때문에 20세기 최고의 발명품으로도 꼽힌다.

이처럼 갑옷만큼 질기고 바람처럼 가벼운 나일론을 발명한 사람은 과학자 월리스 흄 캐러더스이다. 그는 일리노이 대학에서 유기 화합물에 관한 연구로 박사학위를 받은 후 하버드 대학에서 기초 유기화학을 가르치는 강사로 일하고 있던 중, 종합화학회사인 '듀폰 사'로부터 유기화학의 기초 연구를 이끌어달라는 제의를 받고 중앙연구소 기초과학 연구부장으로 입사하게 되었다. 상업적인 이익을 목적으로 하는 연구보다는 순수 연구를 하길 원했던 그에게 듀폰 사가 최첨단 설비 및 충분한 연구 인력을 보장하는 매력적인 제안을 해왔기 때문이다.

당시만 해도 중합체의 복잡한 구조를 연구하는 과학자들은 거의 없었다. 비누나 설탕, 알코올처럼 분자량이 비교적 적은 일상적인 유기 화합물은 개발됐지만, 나일론처럼 분자량이 매우 거대하고 복잡한 '중합체'를 분리하거나 합성하는 방법은 아무도 몰랐다. 듀폰 사의 대대적인 연구 지원에 힘입어 캐러더스가 이끄는 연구팀은 입사 후 2년 만에 최초의 고품질 합성고무인 '네오프렌'을 발명했다. 그가 중합체를 연구하는 과정에서 탄생시킨 네오프렌은 대공황기에 천연고무보다 몇 배나 비싼 가격에 팔릴 만큼 성공을 거두었다.

그런데 네오프렌을 발명한 지 2주일도 지나지 않아 캐러더스 연구팀은 또 하나 놀라운 발견을 해낸다. 연구원 중 한 명이 우연히 실패한 중합체의 찌꺼기를 제거하다가 가는 실이 생긴 것을 발견하게 되었고, 그는 캐러더스에게 이러한 현상을 자세하게 보고했다.

"제가 중합체의 찌꺼기를 제거하다가 장난삼아 유리막대로 휘저어 보았는데, 우연히 한 가닥의 미세한 가는 실이 생긴 것을 발견했습니다."

우연히 생긴 것을 발견한 실이 바로 최초의 합성섬유인 '폴리에스테르'였다. 우연히 생긴 실을 연구 및 발전시킴으로써 훗날 최초의 완전 합성섬유인 '나일론'을 개발하게 됐다.

디지털카메라가 망하는 바람에 탄생한 '스마트폰'

이처럼 세상 모든 혁신이 거창한 비전으로 일어난 건 아니다. 도리어 엉뚱한 발상과 계획하지 않은 우연한 계기로 인해 세상에 큰 반향을 일으킨 아이디어들이 상당히 많다. 창의성의 아이콘으로 불리는 스티브 잡스가 스마트폰을 만들게 된 계기 역시 별반 다르지 않다. 그 역시 "앞으로 인류의 문명을 선도할 작은 휴대 전화식 컴퓨터를 만들어 보겠다."는 명확한 비전 따윈 없었다. 어쩌다 보니 스마트폰이 만들어졌다는 표현이 오히려 더 정확하다.

월터 아이작슨이 쓴 스티브 잡스의 전기 『Steve Jobs』를 통해 실제로 잡스가 스마트폰을 최초로 만들게 된 직접적인 계기는 '디지털카메라'가 망해가는 시장을 보고 나서였음을 알 수 있다.

스티브 잡스는 유수의 디지털카메라 회사들이 전혀 다른 업종이라 할 수 있는 휴대전화 회사 때문에 고전하는 모습을 목격했다. 카메라 기능을 탑재한 휴대폰의 등장이 디지털카메라의 생존을 위협하고 있었기 때문이다.

2005년 당시만 해도 애플의 주력상품은 MP3 플레이어인 '아이팟'이었다. 아이팟은 한 해 판매량만 무려 2,000만 대였으며, 이는 전년도 판매량의 4배에 해당하는 수준으로 어마어마한 성장세를 지속하고 있었다. 이러다 보니 아이팟은 애플의 매출에서 점차 더 큰 비중을 차지하며 전체 수입의 45%를 차지할 정도였다. 그러나 잡스는 당시 전 세계적인 돌풍을 일으키고 있던 아이팟의 미래를 다시 생각해 보았다.

'아이팟이 디지털카메라를 탑재한 휴대전화 앞에서 과연 살아남을 수 있을까?'

디지털카메라 시장의 몰락은 곧 아이팟의 어두운 미래를 먼저 보여주는 것만 같았다. 이에 스티브 잡스는 휴대전화 시장과 시대 트렌드의 변화 속에 아이팟의 존재 역시 풍전등화라는 사실을 냉정하게 받아들이기로 했다.

"우리의 밥그릇을 빼앗을 수 있는 기기는 바로 휴대전화예요. 휴대전화는 누구나 갖고 다니는 거니까 아이팟이 쓸모없는 기기가 돼 버릴 수도 있다고요."

잡스에게 주어진 선택은 두 가지였다. 만약 잡스가 보통의 리더였다면 다른 휴대전화 기업들이 감히 넘볼 수 없는 뛰어난 최고의 '아이팟'을 만들기 위해 열심히 노력했을 것이다. 그러다 MP3 기기 시장의 몰락과 함께 경영 위기를 겪었을 지도 모른다. 그러나 잡스는 그런 첫 번째 생각을 거부했다. 그리하여 '아이팟이 장착된 휴대전화'를 만들기로 마음먹었다.

2000년대 초반은 애플 데스크톱과 노트북 판매가 늘어나던 시기였다. 2001년 출시한 아이팟(iPod)도 인기를 한 몸에 받으며 2005년까지 어마어마한 기세로 판매되었다. 그러나 애플이 모든 IT 기기 시장에서 앞서간 것은 아니었다. 그 당시만 해도 애플은 휴대전화 시장과 거리가 멀었다. 이에 애플은 가장 적합한 파트너를 물색하기 시작했고, 핸드폰 제조회사인 '모토로라'를 눈여겨보게 되었다.

당시 모토로라는 2004년 '레이저 V3(RAZR V3)'를 출시하면서 휴대전화 시장에 돌풍을 일으키고 있었다. 애플과 모토로라는 서로에게 매력적인 파트너였다. 잡스는 모토로라의 에드워드 젠더 CEO에게 모토로라 인기 제품인 레이저와 애플 아이팟을 결합한 휴대전화를 만들자고 제안했다. 그렇게 애플과 모토로라가 합작하여 아이팟 기능이 탑재된 휴대전화인 '모토로라 로커 E1(Motorola ROKR E1)'가 탄생했다. 스티브 잡스는 이 휴대전화를 '아이튠즈폰(iTunes Phone)'이라고 불렀다.

하지만 로커는 철저하게 실패했다. 로커는 아이팟의 매력적인 미니멀리즘도, 레이저의 편리한 날씬함도 갖추지 못했다. 볼품없는 외관에 음악을 담기도 힘들었고 용량도 100곡으로 제한한 로커는 소위 '임시로 구성한 위원회가 타협에 타협을 거쳐 탄생시킨 제품'의 특성을 전부 갖추고 있었다. 물론 이는 잡스가 선호하는 방식에 완전히 반하는 것이었다.

잡스는 하드웨어와 소프트웨어, 콘텐츠를 한 회사가 전부 통제하지 않았을 때 이도 저도 아닌 괴물 제품이 탄생한다는 사실을 통렬하게 느꼈다. 결국 스티브 잡스는 직접 '아이팟 기능을 탑재한 휴대전화'를 만들기로 결심했다. 그리고 애플이 보유하고 있던 화면 터치 기술과 노트북 관련 주요 기술, 인터넷, 음악 기능 앱 등, 휴대전화 등의 여러 가지 요소를 핸드폰 속에 조합시켜 세계 최초로 '스마트폰'을 탄생시켰다. 그리고 디지털카메라가 핸드폰 때문에 망해가는 시장을 교훈으로 우연히 만들어진 이 스마트폰은 전 세계에 완전히 새로운 시장을 열었다.

2조 2,000억 원에 매각된 유튜브

그렇다면 유튜브의 탄생과정은 어떨까? 전 세계 최대 규모의 동영상 공유 및 호스팅 사이트로 이용자가 영상을 시청·업로드·공유할 수 있는 유튜브는 지난 2005년 11월 동영상 공유사이트로 개설된 이후 단 1년 만에 1천만 명이 넘는 회원을 확보하면서 하루 1억 개 이상의 비디오 클립을 게시, 미국 내에서 동영상 공유라는 새로운 문화적 현상을 만들어냈다.

더욱이 놀라운 것은 2006년 10월 구글이 동영상 공유사이트인 유튜브(YouTube.com)를 약 2조2,000억 원에 인수했다는 점이다. 이러한 구글의 유튜브 인수 가격은 이제까지 구글이 진행한 기업 인수 합병 시 지불한 금액 중에서도 가장 많은 액수로 기록되어 있다.

구글의 인수 결정으로 인해 실리콘밸리의 차고에서 시작된 유튜브는 창업 1년여 만에 2조 2,000억 원이라는 기록적인 금액으로 매각되면서 또 하나의 실리콘밸리 성공 신화로 기록됐다.

유튜브 탄생의 진짜 비밀

무려 2조 2,000억 원이라는 어마어마한 금액을 단 1년 만에 벌며 화제가 됐던 유튜브의 창업자 스티브 첸. 그는 어떻게 유튜브를 만들게 되었을까?

첸이 유튜브를 만든 건 27살 때였다. 대만에서 태어나 8세 때 가족들과 시카고로 이주한 그는 일리노이 대학 컴퓨터공학과를 졸업한 후 1999년 초기의 '페이팔'에 입사했다. 2005년 2월 유튜브를 탄생시키기 전까지, 그는 줄곧 페이팔에서 근무했다.

첸은 페이팔에서 일하며 만난 회사 동료 채드 헐리 및 자베드 카림과 함께 2005년 유튜브를 설립하고, 최고 기술 경영자(CTO)로 일했다. 유튜브를 매각한 후 첸은 유튜브를 만들게 된 진짜 동기에 대해 재미있는 사실을 '고백'한 적이 있다.

"지금까지 유튜브를 만들게 된 사연에 대해 이렇게 말해 왔죠. '어느 날 집에서 친구들과 파티를 즐기며 촬영한 사진과 동영상을 동료에게 전송하려는데 사진은 쉽게 보낼 수 있지만, 동영상 파일은 그렇지 않다는 사실을 깨달았고, 동영상을 공유하는 플랫폼을 만들어 보자는 목표가 생겼다.'고요. 하지만 이 유튜브 창업 스토리는 사실 홍보 차원에서 그냥 만들어 낸 이야기에 불과합니다."

그러면서 사실은 우연히 한 연예인 영상을 검색했던 것이 유튜브를 만들게 된 계기가 됐을 뿐이라고 털어놓았다.

"슈퍼볼 공연에서 재닛 잭슨의 노출 사고가 화제가 된 적이 있었어요. 그 영상이 궁금해 검색해보려 했는데 찾기가 너무 어려웠어요. 계속 검색이 안 되다보니 짜증이 날 정도였죠. '다른 사람들도 영상을 많이 검색할 텐데 찾을 수 없으면 얼마나 짜증이 날까? 만약 이걸 우리가 대신 찾아주면 사람들이 얼마나 좋아하고 고마워할까?' 이런 생각이 들었어요. 그것이 유튜브를 만들게 된 시작점이었죠. 사실 유튜브를 만들려고 시작할 때 동영상에 대해 아는 것이 거의 없었어요. 그냥 작은 아이디어에서 시작했을 뿐이었죠."

2조 원짜리 유튜브 창업자가 밝힌 진실은 대부분 사람이 알고 있는, 혹은 듣고 싶어 하는 거창한 비전이나 체계적인 계획을 실천한 성공담이 아니었다. 한마디로 유튜브의 아이디어는 사소한 해프닝에서 우연히 툭 하고 튀어나온 것이었고, 그나마 그 아이디어조차 자신의 전문 분야를 토대로 나온 것이 아니었다. 하지만 첸은 이 아이디어가 사람들에게 꼭 도움이 될 것이라고 생각했기에 그냥 직접 공부하면서 만들어 냈다.

첸은 유튜브 창업 이전 몸담았던 온라인 결제 시스템 회사인 '페이팔'에서 새로운 걸 만들 때도 역시 마찬가지 과정을 거쳤음을 밝혔다.

"당시 우리는 다들 온라인 결제가 뭔지도 잘 몰랐지만, 그것이 사람들에게 꼭 필요한 아이디어였다고 생각했습니다. 그래서 덤볐고, 그래서 해냈던 겁니다."

필요한 아이디어라면 덤벼라!

스티브 첸에게 특별한 천재성이 있었다고 보긴 어렵다. 하지만 그에게는 창업 1년 만에 벤처 신화를 만들어 낼 수 있었던 특별한 요소가 분명 있었다.

스티브 첸의 성공 요소

❶ 일상생활 속에 우연히 떠오른 사소한 아이디어를 붙잡았다.
❷ 사람들에게 꼭 필요한 아이디어인가를 생각했다.
❸ 세상에 꼭 필요한 아이디어라고 생각되면 지금 당장 그 분야에 대해 아는 것이 없더라도 과감하게 도전했다.
❹ 배우고 익혀가면서 아이디어를 실현했다.

헨리 포드는 "만약 우리가 대중에게 무엇을 원하느냐고 아마 더 빨리 달리는 말을 원한다고 답했을 것"이라고 말을 한 적이 있다. 사람들은 그들이 필요한 것이나 원하는 걸 언제나 말해 주지 않는다. 사람들은 그저 자신도 모르는 걸 필요로 하고 원하고 있을 뿐이다.

이때 창의성의 천재들은 "이걸 우리가 대신해주면 사람들이 얼마나 좋아하고 고마워할까?"라고 생각한다. 이 작은 생각에서 출발해 위대한 아이디어가 싹튼다. 그리고 그 작은 아이디어를 끝내 실현시켜 세상을 바꾼다.

06

통째로 들어 옮기면 됩니다
건축가 호르헤 매튜트 레무스의 '통째로'

퀴즈 1 초보운전자들은 주차를 어려워한다. 특히 이미 주변에 주차된 차량들이 있는 상태에서 주차선 박스 안에 차를 넣기 위해 후진해야 한다는 점과 후진하면서 90도가량 각도를 전환해야 한다는 점을 힘들어한다. 어떻게 하면 초보운전자들도 아주 쉽고 편리하게 주차할 수 있을까?

답 주차선 자체를 아예 차도와 45도 방향으로 그려놓으면 된다. 대부분의 주차선은 차도와 90도 각도로 그려져 있다. 이 전제조건 때문에 주변에 주차가 된 상태에서 주차선 박스 안에 차를 넣으려면 후진해야 하고, 또 후진하면서 차량을 90도로 전환해야 한다. 외국의 주차장은 주차선이 45도 각도로 그려져 있는 경우가 많은데, 이처럼 45도 각도의 주차선에는 초보운전자들도 아주 쉽게 전진 주차가 가능하다.

퀴즈 2 다음은 김포공항의 사례이다. 김포공항은 국제공항이 분리돼 영종도 신공항으로 이전하면서 이용객 감소에 따른 공동화 위기에 처했다. 만약 당신이 김포공항의 사장이라면 어떻게 이 위기를 극복할 것인가?

답 김포공항을 '공항'이라는 개념에 가두지 말고 공항 자체의 무대를 바꾸면 된다. 국제노선이 신공항으로 이전한 후 국내 중심 항공노선 위주가 된 김포공항에 이용객 감소가 생기는 건 너무나 자연스러운 현상이다. 그렇다면 '국내선 중심 공항' 자체를 '쇼핑 건강 테마파크 공항'으로 바꾸면 어떨까?

실제로 이 문제를 안고 있었던 김포공항은 무대 콘셉트를 확대하면서 편리한 교통편과 넓은 주차장을 활용한 대형 쇼핑몰과 이마트를 유치했고, 지역과 연결할 수 있는 편리하고 빠른 항공편을 활용한 대형 척추 전문 병원을 유치하여 공항 주요시설에 입주시켰다. 김포공항은 대형 쇼핑몰과 대형 병원을 유치해 임대 수입을 늘리면서 많은 사람이 이용하는 공간으로 재탄생했다.

퀴즈 3 1990년대 초반까지만 해도 대천해수욕장은 진흙 때문에 바닷물이 지저분한 곳으로 인식됐다. 심지어 '한 달을 벌어 일 년을 산다.'는 말이 있을 정도로 주변 상가의 바가지요금이 심해 관광객으로부터 외면 받던 위기의 해수욕장으로 불리기도 했다. 그러던 대천해수욕장이 이제는 지역경제 가치로 500억 원 효과를 창출시키는 관광명소로 탈바꿈했다. 비결은 무엇이었을까?

답 진흙 탓에 바닷물이 지저분하다고 인식되어오던 대천해수욕장의 이미지를 개선하기 위해 노력하는 대신, 아예 개펄 자체를 피부 건강에 좋은 '머드 축제장'으로 바꾸어 이미지 변신에 성공했다.

퀴즈 4 후지필름은 망했다. 필름카메라와 달리 디지털카메라와 스마트폰에는 필름이 필요 없기 때문이다. 과연 혁신의 방법은 없을까?

답 필름을 제작할 때 사용되는 핵심 원료는 고품질의 '콜라겐'이다. 후지필름이 오랜 세월 연구해 온 콜라겐의 특장점을 다시 정의하여 이전과는 전혀 다른 기능성 화장품 제조 업계에 진출함으로써 기업 회생에 큰 힘이 되었다.

Think outside of the box

해결하기 쉽지 않은 문제가 있다. 이에 대처하는 상황이나 사람에 따라 여러 가지 방식의 해결법이 존재할 수 있겠지만, 가장 강력한 문제해결 방식에서 자주 나타나는 한 가지 공통점이 있다. 그것은 바로 기존에 세팅된 무대 자체를 바꾸어 문제를 해결한다는 점이다.

'고정관념을 깬다'는 의미의 'Think outside of the box'라는 문장이 있다. 박스 안에 존재하는 관점만을 가지고 있다면 우리는 우물 안 개구리다. 우물 안이라는 공간에, 그 시간에, 그리고 전제조건에 갇히고 만다. 주어진 걸 숙명으로만 받아들이는 삶은 박스 안에서 살아가는 것과 같다.

그러나 과감하게 박스 밖으로 나온다면? 무대 밖의 관점으로, 공간의 밖으로, 시간의 밖으로, 전제조건의 밖으로 빠져나와 어떤 문제를 바라본다면 분명 기존과 완전히 다른 솔루션을 찾아낼 수 있다.

사람들이 일하는 건물을 옮기는 방법

'Think outside of the box'라는 말을 되새기며 다음의 퀴즈를 풀어보자. '과달라하라'는 멕시코의 수도인 '멕시코시티'에 이은 멕시코 제2의 대도시로, 스페인 식민지 시절의 모습이 그대로 남아 있는 관광 명소로 유명하다.

이 도시는 현대화를 추진하기 위해 1950년부터 재정비 사업을 시작했다. 과달라하라 시 의회는 도시 현대화 사업의 일환으로 중심지에 있던 파레스 거리를 확장할 것을 결의했다. 도로를 확장하기 위해서는 거리에 놓인 건물들을 치워낼 필요가 있었기 때문에 도로를 따라 죽 늘어서 있던 상점들을 포함하여 노후된 건물들이 하나둘씩 철거되었다.

헌데 당시 과달라하라의 최고 번화가인 중심지 근처, 상점이 즐비한 도나게라 중앙거리와 파레스 대로가 교차하는 일각 자리 잡은 멕시코 최대 통신 업체인 '텔 맥스'의 오래된 건물 때문에 예상치 못한 큰 문제가 발생했다. 파레스 거리에 자리 잡은 텔 맥스 통신 건물을 철거하거나 이사하는 데에 막대한 예산이 소요된다는 것을 뒤늦게 알게 되었기 때문이다.

더 큰 문제는 따로 있었다. 만일 철거 공사에 의해 빌딩의 기능이 정지해 버린다면 과달라하라 전체의 전화 서비스가 1주일 이상 중단되어 버리게 된다는 사실이었다. 건물 내 모든 통신 인프라가 단절된다면 전화 서비스와 관련된 대혼란이 초래되기 되기 때문에 모든 건물이 철거된 상태에서도 텔 맥스 통신 건물만 이러지도 저러지도 못한 채 확장된 도로 한가운데서 홀로 버티고 서 있게 되었다.

이런 진퇴양난의 상황에서 당신이 도시설계자거나 시의회 의원이라면 이 문제를 어떻게 해결하겠는가?

한 건축가의 기발한 아이디어

과달라하라 대학에 근무하는 건축학자로 도로 확장 공사에도 참여했던 건축가 호르헤 마츄토 레무스(Jorge Matute Remus)가 기발한 아이디어로 이 문제를 단숨에 해결했다. 그가 생각해 낸 방법은 '건물을 무너뜨리지 않고 아예 건물 자체를 들어 올린 뒤 이동시키는 것'이었다. 이러한 방법이 실제로 가능한 것인지에 대한 논란이 있었지만, 레무스는 자신의 아이디어 발상과 실행 절차를 사람들에게 설득함으로써 곧바로 아이디어를 실행시켰다. 그의 전략을 실행 프로세스로 나누면 다음과 같다.

건축가 호르메의 건물 옮기기 프로세스

❶ 건물 내 운영자들이 안전하게 통신 서비스 업무를 평소처럼 수행할 수 있어야 한다.
❷ 1,700t이나 되는 건물을 '통째로' 들어 올려 이동시켜야 한다.
❸ 건물 이동에는 '레일'을 이용한다.
❹ 통신 빌딩은 하단부 철골 기둥부터 잭(Jack)으로 들어 올리고 건물 이동 예정지까지 약 12m의 다섯 쌍 레일을 설치한다.
❺ 레일 위에 올려 태운 건물을 통째로 조금씩 밀며 하루 2m가량 총 5일 동안 건물 11m를 이동시킨다.
❻ 확장된 도로 한가운데까지 삐져나왔던 건물을 완전히 도로 밖으로 밀어 이동시킨 뒤 자리 잡게 했다.

결과적으로 호르헤 마츄토 레무스의 기발한 건물 전체 이동작업은 전화 서비스에 지장을 초래하지 않았다. 건물은 아주 천천히 이동되었기에 안에서 일하는 사람들은 건물이 움직이는지 전혀 느끼지 못했다고 밝혔을 정도였다.

비용도 획기적으로 줄였다. 전화 서비스를 포기하고 건물을 뜯어내 다시 지었을 때 비해 10분의 2 정도의 예산만이 사용됐다. 지금도 이 오래된 건물의 입구 옆에는 벽을 열심히 밀고 있는 레무스 씨의 동상이 설치되어 있다. 과달라하라시에서 호르헤 레무스의 기발한 아이디어로 해결한 업적을 기리기 위해 이 동상을 만든 것이다.

한발 물러서면 보이는 것들

어느 일요일, 아침부터 아내가 방 안에 있던 무거운 책장을 거실 건너편으로 이동시키고 싶다고 성화였다. 하지만 두꺼운 원목으로 만들어진 책장의 무게가 만만치 않았던지라 아내와 함께 들기는 어려웠다. 괜한 무리로 평소에 좋지 않았던 허리까지 다칠지도 모른다는 걱정도 들었다.

좋은 방법이 없을지 고민하던 필자는 책장을 어떻게 하면 잘 들어 올릴 것인가라는 생각에서 벗어나 무언가 번뜩이는 아이디어를 떠올려 보기로 했다. 그러던 중 어린 시절 동네 뒷산에서 눈이 온 겨울이면 비료 포대로 미끄럼을 타던 기억을 떠올렸고, 무거운 가구 옮기기와 하얀 눈이 내린 뒷산 묘지에서 비료 포대를 타고 놀던 기억을 서로 오버랩 시켰다. 즉시 베개 두 개를 가지고 와서 책상 양쪽 바닥에 집어넣어 밀기 시작했고, 베개 위에 올라선 육중한 무게의 원목 책장은 마치 비료 포대를 탄 아이처럼 가볍게 미끄러져 움직였다. 단 몇 초 만에 힘 하나 안 들이고 무거운 원목 책장을 원하는 위치로 이동시킨 우리는 환호성을 질렀다.

이처럼 우리는 살면서 어떤 문제를 한발 물러서서 바라봤을 때 해결의 실마리를 찾는 경우가 많다. 90도 주차선이라는 박스 안에서 벗어나 45도 주차선을 떠올릴 수 있고 공항이라는 박스 안에서 벗어나 '쇼핑 헬스 테마 공항'을 생각해 낼 수도 있다.

진흙 때문에 바닷물이 지저분한 해수욕장이라는 박스 안에서 벗어나 '머드 축제장 해수욕장'을 창조해 낼 수도 있고 건물 철거라는 박스 안에서 벗어날 때 '건물 전체를 들어 올려 이동시킨다'는 아이디어를 얻을 수도 있다.

지금 쉽게 풀 수 없는 문제에 직면하고 있다면 이처럼 건물이라는 무대를 '통째로' 들어 옮겼던 호르베 레무스의 담대함을 한번 떠올려 보는 것은 어떨까?

07

정말 센 태권도 아세요?
실전 태권도 창안한 김동희 사범의 '프로세스'

흔히 창의성이라고 하면 '다르게 생각하기', '뒤집어 보기', '고정관념에서 벗어나기', '상상력', '열정', '몰입', '통찰력' 등의 개념을 떠올리기 마련이다.

그러나 이런 개념만으로는 새로운 집을 지을 수 없다. 집을 짓기 위해서는 집이 창조되는 처음과 과정, 그리고 끝의 전체 프로세스를 알고 있어야 한다.

집을 짓기 위해서는 가장 먼저 대지를 준비하고 땅을 다져야 한다. 주변 환경이나 도로와의 조화를 고려하는 것은 필수이다. 이렇게 무대를 세팅하고 나면 그 위에 지을 집의 설계도를 그려야 한다. 이어서 설계에 맞는 재료와 인부를 조합하여 집의 구조물을 세운 뒤, 제반 시설을 갖추고 최종 실내장식을 거침으로써 집을 완성할 수 있다. 집을 짓는 전체 프로세스를 이해하지 못하면 아무리 좋은 재료와 인부들이 있더라도 쉽게 창조할 수 없다.

따라서 일을 통찰하고 싶다면 '보이는 집'에 대한 관점을 버리고, 이전에 없던 집이 창조되는 절차, 즉 '집을 짓는 프로세스'를 통찰하는 관점을 가져야 한다. 집을 집으로만 바라보는 생각을 버리고 '집을 짓는 창조 프로세스' 관점으로 세상을 바라보는 순간, 우리는 이전보다 훨씬 더 창조적인 사고를 할 수 있다. 이처럼 통찰이란 '보이지 않는 전체 프로세스를 발견하는 힘'이다.

'만물은 어떠한 과정을 거쳐 탄생하는가?'

탄생의 신비 또한 명확한 '프로세스'에 따른다. '무대 → 요소 1 + 요소 2 → 착상 → 분류, 설계, 절차 → 결과'라는 연결 과정을 거쳤다. 창조란 그럴듯한 하나의 키워드로 끝나는 개념이 아니라 창조가 이루어지는 시공간 속의 절차, 순서, 방향이 있는 '창조 프로세스'다. 통찰의 시선으로 보면 세상의 모든 창조 프로세스는 거의 일치한다.

- ◆ 바람이 분다.
  대기의 공간 온도 차 세팅 → 고기압 + 저기압 연결 → 균형점 → 공기의 이동 → 바람 창조

- ◆ 선풍기 바람이 분다.
  전기연결 세팅 → 전기에너지 + 자석 연결 → 모터 회전축 → 날개 회전운동 → 바람 창조

- ◆ 부채바람이 분다.
  팔 힘 세팅 → 부채 + 손 연결 → 손잡이 착상 → 상하(上下) 운동 → 바람 창조

자연의 바람도, 선풍기도, 부채질도 저마다 동력은 다르지만 그 패턴은 같다. 바람이 이는 과정 역시 뚜렷한 공통점이 있다.

1. 모든 종류의 바람은 어떤 낱개의 요소가 아니라 창조 프로세스로 창조된다.
2. 이 안에서 연결되는 핵심 요소 중 어느 한 가지 요소라도 빠져 있다면 바람은 일지 않는다.
3. 세상 무엇이든 있어야 할 핵심 요소들이 세트로 갖춰져야 창조된다는 게 독일의 화학자 폰 리비히의 '최소량의 법칙(Law of Minimum)'이다. 창조에는 이 법칙이 작동한다.

이것이 창조 프로세스의 핵심 원리이자 통찰의 비밀이다. 이를 세 가지 통찰로 세상을 다시 바라보자.

- ◆ 쇠가 자석에 붙는다.
  자기장 세팅 → 쇠를 미는 힘 + 쇠를 당기는 힘 연결 → 작용 → 당긴다 → 자석에 붙는 쇠

- ◆ 바닷물 높이가 변한다.
  인력 무대 세팅 → 달과 지구 관계 → 착상 → 밀물과 썰물 → 바닷물 높이

- 어린이가 놀이터에서 트램펄린을 탄다.

  트램펄린의 복원력 세팅 → 질량 + 탄력 정도 연결 → 파워 착상 → 도약운동 → 최대 높이 점프 창조

- 로켓이 발사된다.

  땅을 미는 분출력 세팅 → 연료 + 점화 연결 → 힘 착상 → 발사 운동 → 로켓 발사 창조

- 투수가 강속구를 던진다.

  땅을 미는 힘 세팅 → 다리 들기 + 팔을 뒤로 뻗어 와인드업 연결 → 상체 힘 최대 착상 → 팔 운동 → 공의 속도 창조

엔트로피 증가법칙의 비밀

모든 창조과정이 같은 패턴으로 작동한다는 사실을 깨닫는 순간 우리는 또 하나의 통찰을 얻을 수 있다. 열역학 제2법칙인 '엔트로피 증가법칙'과 '창조 프로세스'가 유사하게 작동된다는 사실이다. 엔트로피란 어떤 하나의 창조 무대 안에서 에너지가 사용되는 절차이며, 항상 '무질서도'가 증가하는 '한 방향(→)'으로만 진행한다.

다시 말해 앞서 있는 프로세스 우선 절차가 나중에 오는 프로세스 후순위 절차를 지배한다는 뜻이며, 이는 앞선 창조의 요소를 컨트롤하면 뒤에 오는 모든 요소를 장악할 수 있게 된다는 것을 의미한다. 이런 창조패턴을 통해 우리는 훨씬 쉽게 세상을 이해할 수 있다. 예를 들어보자. 어떤 사람이 다음과 같은 질문을 했다.

"왜 목욕탕 음료수는 유달리 비싸게 파는데, 그럼에도 사람들은 왜 목욕탕 음료수를 불만 없이 사 먹을까?"

창조 프로세스로 보면 그 답을 찾을 수 있다. '목욕탕'이라는 세팅된 무대 안에서는 '한 방향(→)'으로만 엔트로피가 작동한다. 목욕탕은 외부와 차단된 공간이다. 차단된 무대 자체가 제1권력자가 되고, 그 권력을 쥔 판매자와 구매자의 권력 서열 관계를 지배함으로써 음료수 가격이 결정되는 것이다.

- 외부와 차단된 목욕탕 무대 세팅 → 판매자의 권력 + 이용자의 갈증 욕구 상승 및 외부 접근성 하락의 연결 → 독점가격 착상 → 고가 판매 → 비싸게 판매되는 목욕탕 음료수

이번에는 물건을 구매할 때를 떠올려 보자. 물건 사는 행위 이전에 사실 우리는 '시장'을 먼저 떠올려야 한다. 우리는 오랜 경험을 통해 매매의 창조 프로세스를 통찰하고 있다.

- 시장 형태 세팅 → 판매자 + 구매자 연결 → 적정가격 결정 → 물건과 화폐의 교환 → 매매 창조

가령 시장 세팅이 '벼룩시장'이라면 그 시장 안에 이어지는 후순위 요소는 이미 대부분 결정되어 있다. '판매자 + 구매자 → 적정가격 결정 → 물건과 화폐의 교환 → 매매 창조'의 모든 특징이 벼룩시장이라는 전제조건에 맞게 결정되기 때문이다. 판매자는 가정에서 사용하지 않는 중고품이나 옷가지를 가져가고 구매자는 1만 원으로 부담 없이 쇼핑을 즐길 수 있다.

반대로 백화점 시장이라는 무대 세팅이라면? 1만 원 지폐만을 한 장 들고 갈 수는 없는 법이다. 최소 신용카드나 수십만 원 단위의 현찰을 준비해야 한다. 백화점에 고급 브랜드 옷과 명품 가방이 있다는 걸 알기 때문이다. 시장이 '당근마켓'일 경우에는? 중고품을 당신 근처에 사는 사람과 매매하는 절차와 핵심 요소들이 이미 사전에 대부분 결정돼 있다.

이처럼 우리는 창조 프로세스가 작동하는 공통적인 패턴을 통찰함에 따라 바람이 부는 원리에서 새로운 요리법을 창조할 수도 있고 요리창조 패턴에서 건축 혁신법을 발견하거나, 건축 창조패턴에서 각종 비즈니스 혁신전략을 재설계할 수 있다. 자석이 쇠를 서로 당기는 원리를 통찰하여 사회문제 및 인간관계 문제를 해결할 수도 있다.

'강한 태권도'의 탄생 원리

세상 모든 일이 모두 이 창조 프로세스 패턴으로 작동한다는 사실을 깨닫는 게 바로 '통찰'의 비밀이다. 창의는 창조 프로세스의 통찰에서 일어난다. 세상에 '실전 태권도'가 등장하는 과정 역시 이러한 통찰의 과정을 겪었다.

실전 태권도를 창안한 이는 태권도 사범 이동희 씨다. 그는 '이동희태권도' 관장으로 코리아오픈 세계 태권도대회 품새 단체 1위, 2006년 품새 통합 랭킹 1위를 수상했으며, 시스테마 인스트럭터, 크라브마가 인스트럭터, 무에타이 지도자 자격 등 다양한 무술의 자격증을 소지하고 있다. 이 사범은 그동안 다양한 품새 풀이와 태권도 동작을 해석했고, 1군, 3군 사령부에서 전투 태권도 세미나를 진행하기도 했다.

우선은 이동희 사범이 말하는 실전 태권도의 의미부터 알아보자. '실전 태권도'는 기존 태권도가 '약한 무술'이라는 대중의 인식을 바꾸고 싶어 이 사범이 지은 이름이다. 실전 태권도는 기존의 발기술에, 손기술과 관절 기술 및 유술 등 그 어떤 무술과 비교해도 뒤떨어지지 않는 태권도의 모든 실전적 기술들을 더했다.

그렇다고 해서 이동희 사범이 기존의 태권도와 완전히 다른 무술을 만든 것은 아니다. 실전 태권도는 기존 태권도의 교본과 품새에 있는 기술, 개념들을 모두 끌어 모은 뒤 실전에서 발생할 수 있는 상황에 맞게끔 활용했다는 점에서 의의가 있다. 즉, 태권도의 기본 기술에 실용성을 추가하여 실전 무술에서 활용할 수 있는 새로운 체계를 정립한 것이다. 이동희 사범은 실전 태권도를 창안하게 된 배경에 대해 다음과 같이 설명했다.

"태권도를 대중들이 지금보다 더 자랑스러워하고, 타 무술과 비교해도 절대 약하지 않다는 점을 알리고 싶었다."

필자가 이 사범의 실전 태권도에서 주목한 포인트는 기존의 태권도에서 '파괴력'을 첨가한 실전 태권도를 발전시킨 원리였다. 이동희 사범이 설명하는 실전 태권도의 핵심은 아래과 같다.

"우리 태권도에도 파워를 내는 특별한 방법이 있으면 좋겠다고 생각했습니다."
"모든 무술은 힘을 내려면 지면을 이용해야 합니다."
"땅을 밟아야 땅을 미는 힘인 '지면 반발력(Ground Reaction Force)'이 나옵니다."
"지면 반발력과 태권도를 결합하여, 태권도에서 지면 반발력을 이용한다는 의미로 '태력'이라는 새로운 단어를 직접 만들었습니다."
"지면을 미는 힘이 강할수록 주먹 지르기가 빨리 나가고 파괴력이 세집니다."
"지면에서 힘을 끌어와서 손동작(기술)을 하는 것입니다."
"그냥 점프한 상태에서 발차기를 하는 것이 아니라 지면을 밀어 점프하는 힘을 그대로 뒷발에 실어 발차기를 할 때 강력해집니다."
"몸의 힘을 지면 → 골반 → 몸통 → 어깨 → 목 → 팔 등으로 풀어내는 수련 체계가 있습니다."

이동희 사범의 설명을 듣다 보면 앞서 설명했던 창조 프로세스의 흐름이 머릿속에 그려질 것이다. 이동희 사범의 '실전 태권도'의 핵심 원리를 창조 프로세스 패턴으로 정리하면 다음과 같다.

- 발 딛고 있는 지면을 미는 힘 세팅 → 골반의 회전력 + 몸통의 무게 결합 → 파워의 집중 → 발차기나 주먹 지르기 → 실전 태권도 탄생

경제학자 아담 스미스는 『국부론』에서 보이지 않는 손인 시장 무대가 판매자와 구매자의 특성과 가격, 매매의 성격을 모두 결정한다는 통찰을 제시했다. 태권도 이동희 사범 역시 눈에는 보이지 않는, 지면을 미는 힘을 적극적으로 활용해 골반, 다리, 팔로 전달하여 태권도 기술의 힘과 파괴력을 높일 수 있다는 통찰을 실현했다. 이 둘은 전혀 다른 분야지만 창조적 사고법의 프로세스에 있어서만큼은 전혀 다를 바가 없다.

창조 프로세스를 통찰한다면?

세상 모든 일이 창조 프로세스 패턴을 거쳐 작동한다고 생각하는 순간, 우리는 지금 하는 일에서 보다 쉽게 창의적인 생각을 만들어 낼 수 있다. 보이지 않는 무대의 전제조건을 간과할 수 있고 일의 우선순위를 즉시 파악할 수 있으며, 지금 어떤 단계에서 어떤 단계로 넘어가고 있는지를 생각해 볼 수 있다. 지금 하는 당신의 일을 잠시 멈추고 다음과 같은 창조 프로세스로 다시 한 번 생각해 보자.

창조 프로세스 A to Z

❶ 모든 일은 시작과 끝 사이에 '프로세스(→)'로 작동된다.
❷ 모든 일은 한 방향으로만 진행하며 이미 진행된 변화를 되돌릴 수 없다.
❸ 모든 일은 전제조건이 진행 현상을 통제한다.
❹ 모든 일은 '보이지 않는 사전 무대 세팅 → 연결과 상호작용 → 의사결정 → 절차 진행 → 창조 결과'라는 창조 프로세스로 일어난다.
❺ 이를 통해 보이지 않는 무대와 연결과 상호작용 영역을 통찰하여 간파하고 빠진 요소를 채울 수 있고 우선순위를 재조정하거나 다음 사건을 예측하여 대비하는 등 다양한 창의가 가능하다.

08

122년 동안 불가능했던 일을 실현해 낸 창조자
'두오모' 성당 돔을 만든 건축가 브루넬레스키의 '달걀 세우기'

여기 한 건축가가 있다. 당신은 이 사람의 이름을 들어본 적이 없을 수도 있다. 그는 모차르트나 베토벤 같은 음악가도 아니고 피카소나 미켈란젤로, 뭉크나 빈센트 반 고흐 같은 화가도 아니다. 하지만 이 건축가를 수식하는 이야기는 유명한 음악가나 많이 알려진 화가의 명성에 결코 뒤지지 않는다.

"그의 건축은 20세기 인간의 달 착륙에 맞먹는 15세기의 혁신적인 기술 발전을 이루어 냈다."
"미켈란젤로는 '죽기 전 영혼은 하늘로 가겠지만 지상에 남을 육체는 그의 돔을 볼 수 있게 피렌체 성당 근처 교회당에 묻히고 싶다.'고 말했다."
"그의 프로젝트 성공 후 500년간 유럽과 미국의 건축가들은 그의 발자취를 따랐다."
"그의 천재성은 너무도 탁월했다. 그는 이 땅의 건축술 부흥을 위해 하늘에서 보낸 사람임에 틀림없다."

'그'의 이름은 필리포 브루넬레스키(Filippo Brunelleschi)로 15세기 이탈리아 르네상스의 건축 분야에서 선구자로 기억되고 있다. 브루넬레스키를 좀 더 알아보기 위해 이탈리아 피렌체의 상징이자 두오모 광장에 있는 산타 마리아 델 피오레 성당으로 가 보자. '꽃의 성모 마리아'라는 뜻의 이 성당은 지역명을 따 피렌체 대성당이라고도 불린다. 이 성당의 중앙에는 그 당시 아무도 시도해 보지 못했던 대형 돔이 건축돼 있는데, 바로 이 돔을 직접 설계하여 세운 이가 무명의 건축가였던 브루넬레스키였다.

중앙이 뻥 뚫린 채 완공된 성당

1292년 피렌체 시의회는 건축가 아놀로 디 캄비오에게 낡아버린 산타 레파라타 성당(basilica of Santa Reparata)을 허물고 새로운 성당인 산타 마리아 델 피오레를 설계해 줄 것을 의뢰했다. 아르놀포 디 캄비오는 산타 크로체 성당과 베키오 궁전의 건축가로 명성이 높았다.

이후 4년 뒤인 1296년부터 본격적인 성당 공사가 시작됐지만 갑작스런 캄비오의 사망으로 30년간 성당의 건축 작업이 중단되고 만다. 비록 다른 몇몇 건축가들이 이어받아 작업을 진행했지만 건축은 지지부진했고 결국 공사를 시작한 지 122년이 지난 1418년이 되어서야 건물 중앙을 제외한 성당 전체 건물이 완성될 수 있었다.

하지만 본래 산타 마리아 델 피오레 성당의 중앙에 설치될 예정이었던 돔이 완성되지 않은 채로 마냥 시간이 흐르고만 있었다. 이는 건축가들이 일부러 돔을 만들지 않아서가 아니라 아무도 설계도에 맞춰 돔을 건축할 수 없었기 때문이었다. 사실 이는 신축 성당을 설계할 당시부터 꾸준히 논쟁이 있어온 문제였다.

"공사가 순조롭게 완료된다고 해도 나중에 중앙에는 아무런 내부 지지대도 없는 상태가 될 텐데, 도대체 어떻게 거대한 돔을 세울 수 있단 말입니까?"

이러한 지적에 아무런 답을 내놓지 못한 상태에서도 중앙에 돔을 세우는 설계에 맞춰 건축을 진행한 이유는 초기에 설계를 맡았던 아놀로 디 캄비오의 말 때문이었다.

"산타 마리아 델 피오레 성당의 중앙은 당연히 거대한 돔으로 지어야 합니다. 우아하고 거대한 구조물이 도시 한복판에 우뚝 솟게 하면 도시의 상징이 될 것입니다. 지금은 우리에게 이 돔을 설치할 기술이 없습니다. 그러나 먼 훗날 언젠가는 중앙에 돔을 세울 수 있는 기술자가 반드시 나타날 것입니다. 중앙 돔은 미래에 나타날 건축가에게 맡기는 걸로 합시다."

마지막 퍼즐 조각을 미래 건축가에게 맡기겠다는 생각이었다. 건물이 완성되었고, 미래의 돔 건설 문제가 현실로 다가왔다. 건축물이 완성되었음에도 아무도 중앙 돔을 건설할 수 있다고 자신하는 건축가가 나오지 않았다.

중앙 돔 건축 공모전이 열리다

성당의 중앙이 뻥 뚫린 채 시간만 속절없이 흘러가고 있었다. 급기야 건축위원회는 성당의 중앙 돔을 세울 아이디어를 모집하는 건축 공모전을 열었다. 13세기부터 17세기까지 피렌체에서 강력한 영향력이 있었던 메디치 가문이 이 공모를 후원하며 엄청난 상금까지 내걸었다.

수많은 건축가가 자신만의 아이디어를 내세우며 공모전에 도전했지만 대부분의 설계 아이디어는 현실적인 건축방안으로 내부에 지지대를 세우는 방식을 제안했다. 그러나 이런 건축법은 아무런 내부 지지대 없이 돔을 중앙에 배치한 최고의 건축물을 만들겠다는 본래의 설계 취지와 맞지 않았다.

그러던 중 무명의 브루넬레스키가 나타나 '지지대가 필요 없는 돔'의 제작이 가능하다고 제안한다. 하지만 당시 심사위원들은 유수의 건축가들도 해결하지 못한 문제를 해결할 수 있다는 브루넬레스키의 제안을 의심할 수밖에 없었다. 심사위원들과 브루넬레스키 등 제안자들이 마주 앉은 면접장은 정말 브루넬레스키의 제안이 실현 가능한지에 관해 주장과 설득과 의심으로 후끈 달아올랐다.

브루넬레스키 : 저는 정말 완벽한 돔을 만들 수 있습니다.
심 사 위 원 : 내부 지지대 없이 중앙 돔 설치가 정말 가능하다고요?
브루넬레스키 : 물론입니다.
심 사 위 원 : 정말 방법이 있다면 구체적으로 아이디어를 설명해 주시겠어요?
브루넬레스키 : 그건 안 됩니다. 왜냐하면 제 아이디어를 미리 공개할 수는 없으니까요. 다른 사람들이 훔쳐 갈 수도 있잖아요.
심 사 위 원 : 허풍은 아니겠죠?
브루넬레스키 : 저는 완공될 돔의 모양을 눈으로 그려볼 수 있어요. 정 저를 못 믿으시겠다면 여기 공모전에 제안한 사람 중에 계란을 세울 수 있는 사람에게 돔 공사를 맡기세요. 사람들에게 한 번 물어봐 주세요.
심 사 위 원 : 여기에 계란을 세울 수 있는 사람이 있나요?

브루넬레스키 : 아무도 없지요? 그러나 저는 세울 수 있습니다. 여기 계란을 가지고 왔습니다. 계란의 끝을 조금 깨서 세우면 간단합니다. 모두 계란을 아무도 똑바로 세울 수 없다고 생각하셨지만 저는 계란을 세웠습니다.

심 사 위 원 : 그렇게 자신이 있다고 주장하니 한번 믿고 맡겨보겠습니다. 단, 우리 건축위원회가 추천하는 다른 건축가들과 함께 공동 책임자로 진행해야 한다는 조건을 받아들이셔야 합니다.

이처럼 '콜럼버스의 달걀' 이전에 '브루넬레스키의 달걀'이 먼저 세상에 모습을 드러냈다. 이후에도 여러 우여곡절을 겪은 끝에 브루넬레스키는 결국 최종 돔 공사 사업권을 따냈다. 1420년 8월 7일 드디어 기공식이 열렸고, 공사가 시작된 지 16년하고도 23일 만인 1436년 3월 26일, 약 400만 장의 벽돌로 쌓은 지름 45m의 돔이 완성됐다.

브루넬레스키의 달걀

과연 브루넬레스키의 달걀 세우기 아이디어는 무엇이었을까? 그는 진정 두오모 성당의 돔을 완성할 방법을 알고 있었다. 그가 힌트를 얻은 것은 지지대 없이 돔으로 세워진 로마의 고대 건축물인 '판테온'이었다. 브루넬레스키는 판테온이 그 옛날에도 지지대 없이 큰 규모의 돔을 만드는 기술력이 존재했다는 것을 보여주는 증거라고 생각했다.

판테온 신전은 로마에 존재하는 가장 오래된 돔 구조의 건축물이다. 바닥에서 원형 구멍까지의 높이와 돔 내부 원의 지름은 43.3m로 같다. 이 신전은 6.2m 두께의 벽과 43.2m 높이의 건축물로 기둥이 없는 것이 특징이며, 직경 9m로 세계에서 가장 큰 콘크리트 돔 구멍인 '오쿨루스(Oculus)'는 하늘의 빛을 이어주는 채광창 역할을 한다.

비록 판테온의 돔을 만들었던 기술이 전해지진 않았지만, 브루넬레스키는 다시 판테온의 돔 건설 기술을 되살릴 수 있다고 믿었다. 그리고 판테온의 성공사례를 연구하면서 해답을 찾아냈다.

브루넬레스키는 돔 구조가 갖는 가장 큰 문제점이 위에서 아래로 미는 힘과 측면으로 당기는 힘이며, 이 힘을 최대한 분산시키는 것이 핵심이라는 사실을 알게 되었다. 따라서 그는 이 문제를 해결하기 위해서는 돔이 커지면 커질수록 산봉우리처럼 위로 길쭉하게 설계하였으며, 옆면을 둥근 팔각형으로 퍼즐화시켰고 돔의 내부와 외부를 분리하여 두 겹으로 만들어 하중과 측면의 힘을 분산시켰다.

불가능한 것을 가능하게 만든 사람

오랜 기다림 끝에 산타 마리아 델 피오레 성당의 돔이 그 위용을 드러냈다. 이 돔은 이탈리아에서 이전에 한 번도 시도되지 않았던 천재적인 발상의 구조물로 평가받았다. 건물 외부에서 보면 돔은 위로 길쭉하게 생겨 마치 '이순신 장군의 투구'처럼 안정감 있게 보인다.

이 거대한 구조물의 무게는 37,000t에 달하고 4백만 개 이상의 벽돌이 사용되었다. 그럼에도 여기에 이중벽 구조의 8각으로 디자인된 독특한 형태의 돔 디자인으로 내외부에 지지해주는 버팀벽 하나 없이 세워졌다. 덕분에 산타 마리아 델 피오레 성당은 콘크리트와 철근과 같은 20세기의 건축 재료가 일반화되기 전까지 세계에서 가장 큰 돔이라는 영광을 누릴 수 있었다.

브루넬레스키는 돔 건축 과정에서 생겨난 사람들의 온갖 반대와 불신에 굴하지 않았다. 그리고 끝내 성공했다. 그렇게 건축된 돔을 통해 그는 지금도 우리에게 다음과 같은 메시지를 들려주고 있다.

 브루넬레스키의 메시지

❶ 모두 불가능하다고 생각할 때 '가능성'을 포기하지 않는다.
❷ 세상 어딘가에는 반드시 문제를 해결해 줄 힌트가 숨어있다.
❸ 완성된 모습을 언제나 생생하게 그려라.

PART 4
시작은 초라하지만
끝은 창대하리라

01

'줌(Zoom)'으로 실리콘밸리 신화를 이룩하다
영어 한마디 못 하던 청년 에릭 유안의 '비자'

사람들을 직접 만나기 어려운 비대면 시대에도 필자는 다양한 강의와 각종 워크숍을 진행하고 있다. 먼저 대학이 대학생들과 강사가 모인 단톡방을 개설한다. 필자가 이곳에서 강의 일정과 '줌(Zoom)'강의실 접속 주소를 공지한 뒤, 교육 날이 되면 공지된 워크숍 시간 5분 전에 줌 강의실로 학생들이 일제히 입장한다.

"안녕하세요. 저는 창의성을 연구하고 강의하고 있습니다. 오늘부터 이틀간 이 줌 공간에서 '창의적 사고와 프로젝트 실전'이란 주제로 창의인재 역량개발 워크숍을 진행합니다. 총 30명의 대학생이 이번 워크숍에 참가하게 되었는데 4~5명씩 한 조를 이루어 총 7개 팀이 팀별 프로젝트 과제를 선택하고 수행하게 됩니다. 모든 팀은 토론을 통해 혁신적인 아이디어를 개발하여 아이디어 맵을 그린 후 이를 파워포인트 기획서를 제작하게 됩니다. 기획서가 완성된 후에는 팀별 경쟁 프레젠테이션을 수행하게 되는데, 이 모든 활동은 줌 공간 안에서 이루어집니다."

오리엔테이션과 창의적 사고를 맵핑하는 노하우 강의를 마치면 줌에 있는 소모임 기능을 활용해 각 조별로 아이디어 회의 시간을 갖게 한다. 이때부터 본격적인 팀 활동이 시작된다. 팀원들은 서로 인사와 역할을 나누고 팀 프로젝트를 진행한다.

이때 필자는 조별 활동을 하는 소모임 공간에 들어가 팀별 아이디어 발상 과정과 아이디어 맵핑 작업, 기획서 제작과정 등 모든 활동을 실시간 멘토링한다. 마지막으로 모든 팀이 프로젝트 과제를 완성하면 최종 프레젠테이션 대회를 열고, 팀들은 차례로 자신들이 이틀간 줌 공간 안에서 만든 기획서를 줌 화면에 공유하여 발표를 진행한다.

이처럼 사람들이 직접 만날 수 없는 원거리나 바이러스 팬데믹 같이 모두가 모이기 어려운 환경 속에서도 필자가 다양한 대학과 기관에 강의와 각종 워크숍을 진행할 수 있었던 것은 바로 '줌(Zoom)'이라는 화상회의 플랫폼이 있었기 때문이다.

코로나 시대에 빛난 '화상회의' 플랫폼

'줌(Zoom)'은 미국의 기업으로, 주로 화상회의, 온라인 회의, 채팅, 모바일 협업을 하나로 합친 '원격 회의 서비스'를 제공한다. 전 세계가 신종 코로나바이러스감염증 확산을 막기 위해 오프라인 대신 '온라인'을 활용한 비대면 근무와 수업이 일상으로 자리 잡았을 때 '비대면 미팅'을 가능하게 해준 최고의 솔루션으로 각광받았다.

전국의 학생들은 줌을 이용해 가정에서 수업을 들을 수 있었다. 재택근무를 도입한 기업들은 줌을 통해 고객과의 미팅은 물론 업무보고나 화상회의를 진행했다. 그 유용성이 입증되면서 새로운 인력을 채용하는 일에도 줌이 도입됐다. 채용 상담 및 면접에서 줌이 이용하는 일이 늘어난 것은 물론 일반인들도 줌을 통한 생일파티나 각종 모임 행사를 진행했다. 결혼식이나 백일잔치 등을 줌으로 생중계하는 등 일상적으로 줌을 활용하는 세대를 가리키는 '줌머(Zoomer)'라는 신조어가 생겨날 정도로 줌은 어느새 일상적인 파트너가 됐다.

2020년 4월 기준 2억 명 수준이었던 줌의 글로벌 가입자는 코로나19의 확산으로 한 달 만에 3억 명까지 급증했으며 기업가치는 460억 달러(약 56조 원)까지 치솟았다. 2020년 매출은 2019년 대비 326% 급증했으며 나스닥에 상장된 줌의 주가는 2020년 한 해 395.8%나 뛰었다. 그해 9월에는 시가총액이 IBM을 웃돌 정도였다.

줌이 '자고 일어났더니 유명인이 돼 있더라'는 말처럼 하루아침에 거대한 성공을 이룬 것은 물론 코로나 시대의 영향이 가장 크다. 때문에 '포스트 코로나' 시대가 찾아오고 다시 대면 세상이 열리면 줌의 역할이 지금보다 줄어들 것임은 자명하다. 하지만 그렇다고 그것이 곧 줌의 존재가치가 사라진다는 의미로 연결되지는 않는다. 코로나 시대를 겪으며 수많은 사람들이 이미 줌의 강점과 매력을 충분히 알게 되었기 때문이다.

비자 발급을 8번 거부당한 20대 청년

지난 2011년 미국의 실리콘밸리에서 탄생한 줌은 대부분의 기업이 그러했듯 처음에는 이름 없는 작은 벤처기업에 불과했다. 줌이 세상에 태어났을 때는 이미 마이크로소프트의 스카이프, 구글 행아웃, 시스코의 웹엑스 등 화상회의 분야에서 내로라하는 경쟁기업들의 프로그램들이 즐비한 상태였다. 그럼에도 줌은 수많은 기업들을 제치고 가장 성공한 화상회의 서비스가 됐다.

줌의 창립자이자 최고경영자(CEO)인 에릭 유안(Eric Yuan)은 중국계 미국인으로 중국 산둥성 출신이다. 그는 시골 마을에서 광산 기술자의 아들로 태어났으며 청소년기를 거쳐 산둥과학기술대에서 수학·컴퓨터공학을 전공했다.

대학 졸업 후 베이징에서 일했던 그는 우연히 빌 게이츠 마이크로소프트 창업자의 강의를 듣게 됐다. 강의 주제는 '인터넷과 디지털이 미래를 바꾼다'는 내용이었다. 강의를 들은 후부터 그는 미국에서 벤처 신화를 꿈꾸기 시작했다. 유안은 미국에서 인터넷과 디지털로 자신의 꿈을 실현해 보고 싶다는 생각을 굳혔고, 자연스레 실리콘밸리행을 결심했다.

그가 미국 실리콘밸리로 건너간 것은 1997년으로 만 27살 때의 일이었다. 하지만 20대 청년의 미국 입성은 쉽지 않았다. 심지어 당시의 그는 영어 한마디도 제대로 하지 못했고, 이 때문에 무려 8번이나 비자 발급을 거절당했다. 하지만 그는 9번의 도전 끝에 비자 승인을 받아 겨우 미국에 입성할 수 있었다.

미국에 온 그는 곧바로 화상통화 스타트업인 '웹엑스(WebEx)'의 초기 멤버로 입사했다. 하지만 그의 시작은 그리 순탄하지도, 화려하지도 않았다. 영어를 잘 못 한다는 이유로 대화가 거의 필요 없는 소프트웨어 부서에서 화상회의 시스템을 구축하는 엔지니어로 일해야 했다.

웹엑스에서 유안은 고품질 온라인 회의 서비스를 개발하는 데 모든 열정을 쏟았다. 그 덕분인지 웹엑스는 나름 성공한 회사가 되었고, 입사 10년이 지난 2007년 글로벌 기업 '시스코'에게 32억 달러에 매각되었다. 당시 유안은 웹엑스를 개발하는 800여 명의 엔지니어를 이끄는 부사장이 되어 있었다. 부사장이 된 에릭 유안은 시스코라는 새로운 회사에서 자신이 생각한 비즈니스 모델을 제안했다.

"앞으로는 스마트폰을 기반으로 모든 서비스가 이루어져야 합니다. 그렇기에 기존의 화상통화 플랫폼 서비스 역시 스마트폰 기반으로 구현해야 합니다. 이렇게 시대를 리드할 비즈니스만이 스마트폰 시대에 경쟁력을 유지할 것입니다."

이 아이디어는 유안 자신의 체험에서 비롯된 것이었다. 대학 시절 장거리 연애를 했던 그는 기차로 10시간 거리에 떨어져 있는 여자친구를 만나러 가면서 좀 더 편리한 화상 대화가 가능한 서비스가 있다면 좋겠다고 절실하게 생각했다.

어느덧 세월이 흘러 부사장이 된 그는 과거에 떠올렸던 아이디어에 언제 어디서나 간단하게 활용할 수 있는 스마트폰을 결합한 새롭고 혁신적인 화상대화 플랫폼이 필요하다고 판단했다. 그러나 회사 측은 에릭 유안이 제안한 비즈니스 기획안이 수익성이 낮아 보인다는 이유로 거절했다.

비록 회사가 유안의 제안을 수용하지 않았지만, 그에게는 아이디어에 대한 확신이 있었다. 그래서 회사에 자신의 견해를 알렸다.

"제가 꼭 도전해 보고 싶은 이 아이디어가 받아들여지지 않는다면 제가 여기 있을 이유가 없겠네요."

에릭 유안은 곧바로 회사에 사표를 던졌고, 웹엑스 출신 엔지니어 40여 명도 그를 따랐다. 그리고 그는 2011년 창업했다. 화상회의 플랫폼인 '줌(Zoom)'은 이렇게 탄생했다.

줌의 특징 중 하나는 사용법을 익히기 매우 쉽다는 점이다. 때문에 컴퓨터 사용이나 조작을 어려워하는 이들은 물론 어린아이들도 어렵지 않게 활용법을 익힐 수 있다. 게다가 기업 회원에게는 이용료를 받지만 개인 회원인 경우, 40분씩 1:1 미팅은 물론 그룹미팅까지 무료로 사용할 수 있다. 무엇보다 줌은 스마트폰 사용에 최적화돼 있기 때문에 PC나 노트북은 물론 아이폰이나 안드로이드 기반 스마트폰에서도 잘 작동하며 페이스북과 유튜브 등의 공유 기능도 활용할 수 있다.

또한 줌은 화상 녹화는 물론 회의 내용까지 자동으로 기록해주는 기능을 제공했다. 화면 공유를 통해 스마트폰이나 PC 화면을 공유할 수 있고, 회의 중 보드 기능으로 텍스트 화면으로 대체할 수도 있다. 소모임 및 소회의실 기능으로 전체 회의 도중에 조별 회의도 가능하며 화면에 인스타그램과 같은 필터를 넣을 수도 있고, 배경을 편집할 수도 있다. 이처럼 줌의 기능과 서비스는 하루가 다르게 발전하고 있다.

2019년 4월 줌은 나스닥에 상장했고 이날 에릭 유안은 실리콘 밸리에서 억만장자가 됐다.

후발주자의 성공 신화

에릭 유안은 미국에서 낯선 이방인에 불과했다. 출발부터가 초라했다. 영어를 못해서 비자를 발급받기조차 쉽지 않았다. 작은 벤처기업 초기 멤버로 합류해 10년간 프로그램 기술자로 열심히 일했다. 회사가 큰 기업에 매각돼 부사장 자리에 오르긴 했지만 그의 새로운 비즈니스 아이디어는 회사에 받아들여지지 않았다.

대기업 부사장 자리를 버리고 나와 만든 줌은 시장에서 후발주자였다. 시장에는 이미 대기업들이 내놓은 플랫폼들이 즐비했다. 때문에 줌은 달라야 했고 더 혁신적이어야 했다. 그리고 이를 시장에 증명해 보여야 했다.

따라서 에릭 유안은 기존에 있던 일상적인 대면 회의에 보조적인 수단으로 활용되었던 화상회의 기능에서 몇 걸음이나 앞선 '완전한 화상회의 플랫폼 시장'을 새롭게 창조했다. 줌의 차별적인 서비스는 현재진행형으로 구현되고 있다. 가령 줌에는 다음과 같은 기능들이 선을 보였다.

- ◆ 현실처럼 강연과 수업을 할 수 있다.
- ◆ 개인 또는 다자회의가 가능하다.
- ◆ 토론과 피드백을 할 수 있다.
- ◆ 공동연구와 발표가 가능하다.
- ◆ 소모임별 토론과 전체 회의가 가능하다.
- ◆ 지역과 공간을 가리지 않는다.
- ◆ 개인이 휴대하고 있는 휴대전화나 노트북, 컴퓨터 기종도 따지지 않는다.
- ◆ 회의를 모바일에서 데스크톱으로, 데스크톱에서 모바일로 필요에 따라 전환하며 어떠한 환경에서도 원활하게 소통할 수 있는 디바이스 간 회의 전송(Transfer meetings between devices) 기능이 장착됐다.
- ◆ 호스트가 포커스 모드를 활성화하면 참가자는 본인과 호스트·공동 호스트의 화상, 호스트가 공유하는 화면만 볼 수 있게 된다. 또 호스트가 발표자 등 특정 참가자의 화상을 모든 참가자가 볼 수 있도록 지정할 수도 있다.

줌은 차별적인 화상회의 기능을 제공하는 것 이외에도 일하기 좋은 조직문화를 가진 회사로도 유명하다. '일하기 좋은 직장' 조사에서 최상위 그룹에 랭크돼 있으며 특히 에릭 유안은 '존경받는 CEO' 또는 '최고의 CEO'로 꾸준히 꼽히고 있다. 줌 창업 당시 40여 명의 동료 엔지니어들이 그를 따라나선 것은 결코 우연이 아니었다.

심지어 줌에는 '해피니스 크루'라는 부서가 별도로 존재하는 것으로 알려져 있다. 해피니스 크루는 직원들이 즐겁게 직장을 다닐 수 있도록 돕는 부서로, 회사의 모든 복지와 환경을 담당하는 '대 직원 서비스 기획집행부'라고 한다.

어쩌면 줌은 후발주자였고, 또 창업자 에릭 유안 자신의 실리콘밸리 출발이 초라했기 때문에 좀 더 다르고, 좀 더 혁신적으로 좀 더 나은 조직문화를 향해 나아갈 수 있었을지도 모른다. 이와 같은 줌과 에릭 유안의 성공과정에 참 어울리는 문구가 하나 떠오른다.

"네 시작은 미약하였으나 네 나중은 심히 창대하리라."

02

"밀라노 군주 루도비코 스포르차 님, 저를 뽑아주세요."
생각 천재 레오나르도 다빈치의 '자기소개서'

'사생아', '난독증', '철자법 미숙', 그리고 '정규교육을 받지 못한 사람'

바로 레오나르도 다빈치에 대한 수식어다. 사생아로 태어난 그는 어린 시절 보이지 않는 숱한 차별 속에서 평탄치 않은 삶을 살아야 했다. 당대 귀족이나 식자층의 자녀들처럼 당연히 배워야 할 라틴어와 그리스어 등을 비롯한 여러 학문에 대한 제대로 된 정규교육을 받을 수 없었고, 당연히 대학에 진학하거나 의사, 약사, 법률가, 행정 공무원 같은 특정 직업을 가질 수도 없었다.

그러나 그는 이탈리아 르네상스를 대표하는 화가로 성장했고 의학, 치과학, 해부학, 생물학, 지질학, 물리학 등 다양한 분야에서 혁신을 일궈냈다. 「최후의 만찬」이나 「모나리자」와 같은 걸작을 비롯하여 오늘날 사용하는 인체 해부도의 형식을 개척하고, 혈액계의 중심이 간이 아니라 심장임을 400년이나 앞서 발견해내기도 했다.

우리는 흔히 인류역사상 가장 뛰어난 천재를 이야기할 때 아인슈타인과 아이작 뉴턴을 꼽는다. 그러나 미국의 전기 작가인 월터 아이작슨은 가장 창의적인 사람으로 정규교육 없이 독학으로 학문적 성과를 이뤄낸 레오나르도 다빈치를 먼저 꼽았다. 2007년 11월 『네이처』지가 선정한 '인류 역사를 바꾼 10명의 천재' 중에 가장 창의적인 인물 1위 역시 레오나르도 다빈치가 차지했다.

밀라노의 군주 루도비코 스포르차에게 보낸 자기소개서

이처럼 인류역사상 가장 창의적인 인물로 꼽히는 레오나르도 다빈치의 자기소개서는 얼마나 창의적일까?

다빈치는 태어나 초기 작품 활동을 시작했던 피렌체에서 밀라노로 떠나 자신의 예술 활동을 펼치고 싶었다. 이를 위해 1482년 자신을 후원해 줄 수 있는 밀라노 군주 루도비코 스포르차에게 편지를 보냈다. 다음은 실제로 다빈치가 보낸 자기소개서의 내용이다.

> 이루 말할 나위 없이 빛나는 존재이신 각하, 자칭 거장이요 전쟁 무기의 발명가라고 일컫는 자들의 제반 보고서를 자세히 검토해 본 결과, 그들의 발명품과 소위 기구라는 것들이 흔히 쓰이는 물건들과 모든 면에서 크게 다를 바 없음을 알게 되었으므로, 다른 사람에 대한 편견 없이 용기를 내어 저만의 비밀을 각하께 알려 드리려고 합니다.
> 각하의 편하신 시간 언제라도 다음에 기록한 일부 사항들을 직접 보여드릴 수 있기를 간곡히 부탁드립니다.
>
> I. 저는 물건을 쉽게 운반할 수 있는 매우 가볍고 튼튼한 기구의 제작 계획안을 갖고 있습니다.
> II. 어떤 지역을 포위했을 때, 물을 차단할 방법과 성곽 공격용 사다리를 비롯한 헤아릴 수 없을 만큼 많은 여러 가지 도구를 만드는 방법을 알고 있습니다.
> III. 높고 튼튼한 성벽으로 포격을 가해도 요새를 무너뜨릴 수 없는 경우, 반석 위에 세운 성곽이나 요새라 할지라도 무너뜨릴 방책을 갖고 있습니다.
> IV. 대단히 편리하고 운반하기 쉬우며, 작은 돌멩이들을 우박처럼 쏟아낼 포를 만들 계획안을 갖고 있습니다.
> V. 해전이 벌어질 경우, 공격과 방어 양쪽 모두에 적당한 여러 가지 배의 엔진을 만들 계획안이 있으며, 위력이 대단한 대포와 탄약과 연기에 견딜 수 있는 전함을 만들 계획안도 갖고 있습니다.
> VI. 또한 적에게 들키지 않고 땅 밑이나 강 밑으로 굴이나 비밀 통로를 만들어 통과하는 방법을 알고 있습니다.

Ⅶ. 또 쉽게 공격받지 않는 안전한 차량을 만들 수 있습니다. 대포를 갖춘 적이 밀집한 곳이라도 이 차량으로 밀고 들어가면 적은 흩어지지 않을 수 없을 겁니다. 그리고 차량 뒤를 따라서 보병 연대가 어떤 피해도 없이 적의 반격을 물리치고 진군할 수 있습니다.

Ⅷ. 또 필요하다면 대포와 박격포, 가벼운 포까지 만들 계획안을 가지고 있습니다. 이것들은 흔히 쓰이는 일반적인 대포들과 전혀 다르게 멋있고 세련된 모양을 갖추게 될 것입니다.

Ⅸ. 대포를 사용할 수 없는 곳이라면 사출기와 덫을 비롯해, 놀라운 효과를 발휘하는 특별한 엔진을 만들어 사용할 수 있습니다. 간단히 말해 다양하고 무한히 많은 종류의 공격과 방어용 엔진을 공급할 수 있습니다.

Ⅹ. 평화 시에는 공공건물이나 개인용 건물을 건축하는 데 그 누구보다도 각하께 만족을 드릴 수 있다고 믿는 바입니다. 그리고 어느 장소이든 다른 곳으로 물길을 낼 수도 있습니다.

Ⅺ. 또한 대리석이나 청동, 진흙으로 조각상을 만들 수 있으며, 그림 또한 그릴 수 있습니다. 제 작품은 어느 미술가의 작품과 비교해도 뚜렷한 차이를 드러낼 것입니다.

Ⅻ. 더욱이 저는 청동 기마상을 만들고 싶습니다. 이 기마상은 각하의 아버님이신 황태자님과 명예롭고 훌륭한 스포르차 가문을 영원토록 추억하게 할 기념물이 될 것입니다.

위에서 말씀드린 사항 중에서 의심이 가거나 실용적이지 않다고 생각하는 내용이 있다면, 각하의 공원이나 각하가 원하시는 어느 장소에서든 제가 직접 시험해 보여드릴 수 있습니다. 이루 말할 수 없는 겸허한 마음으로 각하께 저 자신을 추천하는 바입니다.

다빈치 자기소개서에서 나타나는 의문점

다빈치의 자기소개서를 읽고 난 대부분의 사람들은 기대와 달리 내용이 매우 평범하다는 느낌을 받는다고 한다. 그러면서도 의문스러운 점을 하나 발견한다.

당시 다빈치는 이미 피렌체에서 꽤 명성 있는 화가로 이름을 날리기 시작하고 있었다. 당시에 제작한 작품만 해도 「석죽의 성모」, 성모 마리아가 천사 가브리엘에게 예수를 잉태할 것임을 들은 이야기인 「수태 고지」, 「베노바 가의 성모」 등이 있었다. 이 시기에 그려진 인물화와 풍경화에는 이미 레오나르도의 독창적인 구도와 분위기 표현 기술이 녹아들어 있었다.

그럼에도 왜 다빈치는 이 자기소개서에서 자신이 마치 전쟁기획자이자 무기 제조기술자인 것처럼 소개했던 것일까? 그가 자소서에서 사용한 단어들을 다시 보자. '포위', '성곽 공격용 사다리', '요새', '성벽', '대포', '탄약', '연기', '전함', '포', '비밀 통로', '적', '공격', '보병 연대', '박격포', '해전', '평화' 등 '전쟁'과 관련된 단어들이 수두룩하다. 오히려 자신의 전문분야라 할 수 있는 미술에 관해서는 화가라는 사실만 곁가지로 슬쩍 갖다 붙이는 정도에 그칠 정도다.

다빈치의 자기소개서를 분석한 연구자들은 이러한 서술 방식에 대해 대부분 '아직은 화가로서 큰 명성을 지니지 못했던 다빈치가 우선 권력을 지키는 데 없어서는 안 되는 무기 제조 기술자로서의 재능을 부각하기 위해서였다'고 분석한다.

물론 이런 분석이 틀렸다고 볼 수는 없다. 하지만 필자는 이런 분석이 절대적으로 올바른 해석이라고 보지는 않는다. 왜냐하면 이러한 시각은 다분히 다빈치라는 '인물'에 초점을 맞추어 해석하고 있기 때문이다.

다빈치가 정말 창의적인 인물이라면 '자기중심적 사고'로 글을 썼을 리가 없지 않은가? 다빈치가 진정 창의성의 천재라는 전제 아래 이 자기소개서가 가지고 있는 의미를 정확하게 이해하기 위해서는, 반드시 이 자기소개서를 둘러싸고 있는 전체의 상황을 먼저 이해하는 것이 필요하다.

다빈치가 피렌체를 떠나 밀라노에 '취업'하려는 당시, 화가로서 조금씩 이름을 날리기 시작하였다고는 하나 아직 젊고 무명에 가까운 신인이었던 것 또한 사실이다. 당시 이탈리아의 예술가들은 도시의 통치자들에게 채용돼 이들에게 후원받으며 활동하고 있었는데, 스포르차 가문은 피렌체의 메디치 가문, 페라라의 에스테 가문, 만토바의 곤차가 가문 등 다른 위대한 귀족 가문과 더불어 이탈리아 르네상스의 탄생과 발전을 이끄는 역할을 했다.

전체 상황과 핵심 요소의 관계 파악

밀라노에 도착한 레오나르도 다빈치는 그곳을 다스리는 루도비코 스포르차 공작에게 편지 형식의 자기소개서를 보내게 된다. 그렇기 때문에 다빈치의 자기소개서에는 바로 다빈치의 '화가로서의 재능'뿐만이 아니라 자신의 예술 활동을 후원해 줄 밀라노 통치자 '스포르차의 가문'의 특성이 철저하게 고려되어 있음을 추측할 수 있다. 그렇다면 이 스포르차의 가문의 특성은 무엇이었을까?

스포르차 가문은 15세기부터 16세기까지 밀라노를 거점으로 지배한 르네상스 시대 이탈리아의 일족이다. 가문의 조상이 용병 출신이었기 때문인지 대대로 무인 기질이 강했으며, 당시 밀라노의 지배자였던 루도비코 스포르차 공작 역시 기개가 넘치는 인물이었다. 호전적인 그는 전쟁을 통해 패권을 이루고자 하는 야망이 있었고 자연스레 당연히 주변 도시국가들과 자주 분쟁을 일으키곤 했다. 당시의 밀라노는 이미 나폴리 연합군과 전쟁을 벌이고 있는 상황이기도 했다.

사실 지원자의 입장에서 '자기소개서'를 읽게 될 사람이 어떤 인물이고, 어떤 인재를 좋아하며, 현재 어떤 상황인지, 그리고 상대에게 어떤 인재가 필요한지 미리 따져보는 것은 지극히 당연한 일이다. 그러니 레오나르도 다빈치는 자기소개서를 쓰기 전에 '스포르차의 가문'의 특성을 두루 고려했을 것이다.

다빈치는 자기소개서의 핵심 콘셉트를 '탁월한 무기 제조기술자 등 다재다능한 실무적 발명가 형 예술가'로 정해야 한다는 사실을 잘 파악하고 있었고 이를 토대로 글을 작성했다.

 레오나르도 다빈치의 자기소개서 법칙

❶ 밀라노를 다스리던 스포르차 가문의 특징과 루도비코 스포르차의 기질, 내외 환경에 따른 인재상의 요소를 통찰했다.
❷ 자기소개서와 관련된 모든 요소(다빈치의 다양한 재능, 상대방의 다양한 재능의 니즈, 자칭 거장이라 불리는 경쟁자)를 올려놓고 역학관계를 이해했다.
❸ 핵심 콘셉트를 '탁월한 무기 제조기술자 등 다재다능한 실무적 발명가 형 예술가'로 정한 뒤, 이 콘셉트 맞추어 자기소개서를 충실히 작성했다.
❹ 자기소개서에 실무능력, 신뢰성, 상대 존중, 자신감, 열정, 겸손, 비전 제시(청동 기마상 제작)를 적절하게 전달하며 자신을 뽐음으로써 기대할 수 있는 구체적인 실용성을 적극적으로 어필했다.
❺ 자기소개서 형식을 철저하게 읽는 이의 입장에서 읽기 편하고 이해하기 쉽게 하고자 첫째, 둘째, 셋째…와 같이 구조화하였다. 이는 당시로부터 500년이 지난 오늘날의 프레젠테이션 기법에서도 비슷하게 사용되는 형식이다.

결국 자신은 물론 지원하는 상대방과 다양한 경쟁자까지 고려한 권력관계가 들려주는 답을 찾아 작성한 글이 바로 '다빈치의 자기소개서'인 셈이다. 이러한 다빈치의 자소서 작성법은 비단 자소서뿐만이 아니라 오늘날 제안서, 설득, 토론, 공감, 회담, 인간관계, 소통 등에서도 얼마든지 적용할 수 있다.

위대한 예술작품들의 탄생

레오나르도 다빈치는 이 자기소개서를 통해 루도비코 스포르차의 선택을 받았다. 이후 스포르차에게 오랜 세월 많은 예술작업의 후원을 받은 다빈치는 우리가 알고 있는 위대한 예술작품들을 세상에 남길 수 있었다.

그가 스포르차 가문에서 예술 활동을 펼치며 남긴 작품들 중 세계 미술사에서 가장 뛰어난 그림 가운데 하나로 손꼽히는 「암굴의 성모(1483년, 루브르 박물관)」와 「최후의 만찬(1495~1498년, 밀라노)」이 있는데, 「암굴의 성모」에는 레오나르도 특유의 화법인 스푸마토(Sfumato)가 잘 나타나 있다. 스푸마토는 원거리에서 물체를 둘러싼 공기(대기)까지 그림으로써 완전한 삼차원의 세계를 그리는 기법으로 대기 원근법(Aerial Perspective)이라고도 불린다. 그리고 이 화법을 기반으로 그려진 것이 바로 그 유명한 「모나리자(1500~1503년, 루브르 박물관)」이다.

레오나르도 다빈치는 당시 로마 가톨릭의 통제에 따라 제작되던 교회 미술계의 풍토를 깨고, 예수의 인성을 강조하는 등 자신의 소신에 따른 작품 활동을 했다. 1489년에는 인체와 말의 해부학적 연구에 몰두하거나, 인체의 해부와 조류의 비상에 관한 논문, 광학에 관한 연구에도 매진했다.

사생아로 태어나 제대로 된 교육조차 받지 못했던 어린 시절, 오직 자신의 재능 하나로 길을 찾아 나서야 했던 레오나르도 다빈치. 그는 자신의 예술 활동과 재능을 후원해 줄 수 있는 루도비코 스포르차에게 어떤 심정으로 자기소개서를 썼을까?

한 가지 중요한 사실은 이 '자기소개서' 때문에 한 천재가 「최후의 만찬」, 「모나리자」 같은 작품을 창조할 수 있었고 오늘날 우리가 이 작품들을 감상할 수 있게 됐다는 점이다.

03

빛을 사랑하여 조명박물관을 세우다
조명기업 필룩스 노시청 전 회장의 '빛'

경기도 양주에는 '조명'을 주제로 설립된 박물관이 있다. 바로 조명기업 '필룩스'의 노시청 전 회장이 지난 2004년에 세운 조명박물관이다.

이곳은 전통 조명, 인더스트리얼 조명, 바우하우스 조명, 근현대 조명, 엔틱 조명, 라이트 아트 등 다양한 조명 유물과 작품들을 소장하고 있으며, 정기적으로 빛, 색, 조명과 관련된 교육, 체험, 공연, 축제를 개최하며 관람객과 소통하고 있다.

조명은 인류의 생활양식이 담긴 고유한 역사 문화적 산물이자 미래 첨단 산업의 중요한 분야이며 현대 예술가들의 창작에 영감을 주는 요소다. 조명박물관에서는 빛과 조명이 갖는 다양한 문화적 함의를 유추하고 과거로부터 현재까지의 조명 문화를 돌아보고 미래의 조명을 생각해 보는 시간을 가져볼 수 있다.

'감성(Feel)'과 '빛(Lux)'의 창의적 결합

노시청 회장이 사업을 이끌던 시절, 필룩스는 조명 시장을 선점하고 있는 업체였다. 2015년 당시 국내 200여 명, 해외 5,000여 명의 직원을 거느리고 있으며, 40여 년간 연속 흑자를 기록한 초우량 중소기업이었다.

필룩스의 요모조모를 들여다 보면 창의적인 감각을 곳곳에서 발견할 수 있다. 전혀 다른 영역의 초연결이 꼬리에 꼬리를 물고 이어지기 때문이다.

우선 필룩스라는 기업명부터가 매우 융합적이다. 필룩스 단어는 인간의 '감성(Feel)'과 자연의 '빛(Lux)'을 합성한 단어다. 즉, 빛이라는 인공조명에 '감성'을 결합하겠다는 기업 철학이 포함돼 있다.

조명박물관 역시 빛+기업+문화가 초연결된 창조 값이다. 조명박물관은 필룩스라는 기업명에 들어있는 기술과 문화를 접목해 노시청의 창의적인 생각이 그대로 배어있다. 조명기업에서 교육문화공연 사업을 펼치는 박물관으로 이어지는 필룩스 정신에는 '감성 조명'이 자리 잡고 있다. 게다가 사업을 대하는 그의 마인드는 일반인의 상식을 뒤집는다.

> **노시청 회장의 사업 철학**
> - 돈만 쫓는 철학이 없는 사업은 위험하다.
> - 부도덕한 뒷거래에는 어떤 이익을 보장한다 해도 참여하지 않는다.
> - 기업은 같이 고생하는 직원들의 것이고, 사회의 것이다.
> - 사람들에게 사랑받을 짓을 하면 기업은 산다.

노시청 회장의 이런 독창적인 생각이 필룩스를 '조명기구'를 파는 게 아니라 '빛의 문화'를 파는 회사로 성장시킨 비밀이었다.

미래세대에 빛을 전하는 일

필룩스 노시청 전 회장은 파란만장한 인생을 살았다. 가난과 굶주림이 늘 함께하는 어린 시절을 지냈지만, 맨손으로 조그마한 조명회사를 창업하여 자수성가로 조명기구 분야에서 세계 2위 규모의 기업을 키웠다.

필룩스는 자연의 빛을 느끼고 즐기는 듯한 '감성 조명'을 구현하려 했던 인공조명 시스템

기술을 세계 최초로 상용화하는 데 성공하며 조명산업의 변방에 불과했던 우리나라의 기술력을 단숨에 선진국 대열로 끌어올렸다. 여기에 노 전 회장은 조명박물관 건립은 물론, 각종 빛 사랑 문화사업들을 펼쳐왔다. 특히 자연과 인간이 함께 상생하고 인간이 더 건강한 빛을 지향해나가자는 취지로 우리 생활의 공해의 빛과 생명의 빛을 담은 사진 또는 UCC 작품을 모집하여 전시하기도 했다.

빛 생산 조명사업가로 40년을 살아온 노시청 전 필룩스 회장은 이제 경영일선에 물러났지만, 여전히 '빛'을 나누기 위해 자신이 할 일을 찾아 도전하고 있다. 그는 경기도 가평에 19만 8,000㎡(약 6만 평) 규모의 리조트를 건설하고 있다. 이곳에서 노 전 회장은 대한민국의 미래를 이끌 청소년을 대상으로 돈 쓰는 습관과 시간 관리, 건강관리 등을 배우는 '좋은 습관 훈련원', '창업학교' 등을 운영할 날을 기다리고 있다. 노 전 회장에게는 가장 밑바닥에서 출발해 혈혈단신으로 벤처기업을 일구어 세계적인 기업을 만들어낸 소중한 경험이 있기 때문이다.

사업 초기, 그는 실패를 거듭했다. 숱한 위기도 겪어보았다. 당시 중소기업체가 대기업에 납품을 잘하기 위해서는 크고 작은 로비활동이 필요했다. 하지만 그는 바른길, 오래 갈 수 있는 길인 투명한 경영을 실천했다.

인생의 황혼기에 접어든 노 전 회장은 자신의 기업경영 노하우를 창업을 준비하는 젊은 세대에게 나누어 주고자 한다. 그가 예비 창업가들에게 던져온 핵심 메시지는 늘 한결같다.

 노시청 전 회장의 창업 메시지

❶ 창업하고 사업을 하는 데는 수많은 실패와 숱한 위기를 기꺼이 맞이한다는 생각이 필요하다.
❷ 넘어지는 것을 두려워하지 말고 사업에 일어나는 모든 일과 가능성을 즐겨라.
❸ 넘어지는 것이 곧 배우고 성공하는 길이다.
❹ 쉬운 편법이 있다는 유혹이 있을 때 오히려 투명한 경영의 힘을 믿어라.

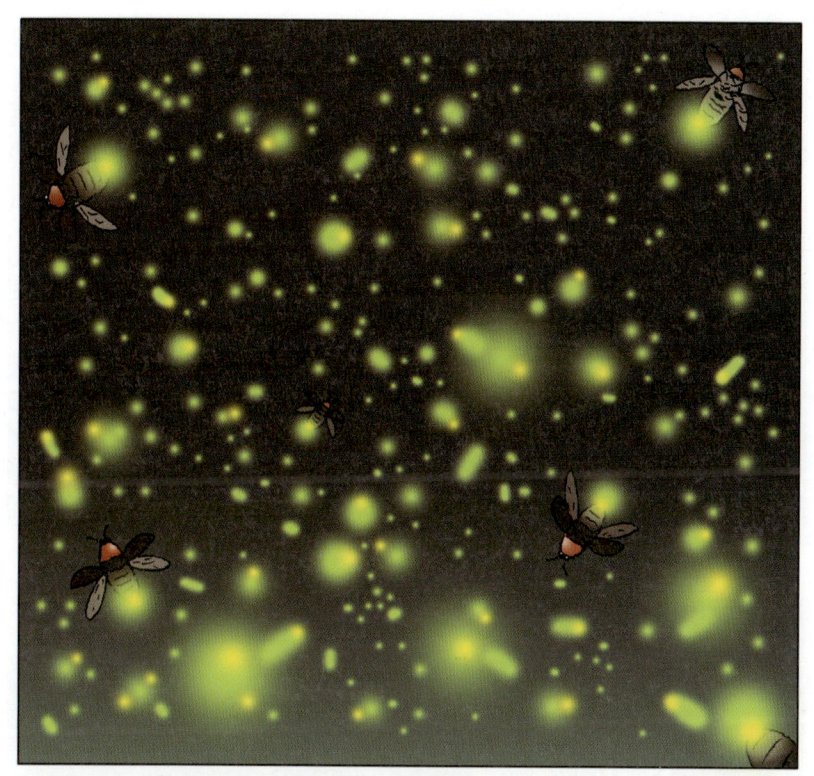

탁탁탁탁탁탁

연세대 전기공학과에 입학하자마자 노시청은 친구들의 만류에도 불구하고 학교 앞 가장 넓은 사무실을 빌려 12대 탁구대가 갖춰진 탁구장을 차렸다.

기발한 아이디어와 다양한 이벤트를 적용한 왕자탁구장은 날로 번창해 나갔다.

1975년 장교로 군대를 제대할 무렵 노시청은
대학원 진학을 고려하다 '보암전기전자연구소'를 세운다.
연매출 1000억 원 대에 이르는
세계적인 조명기업 필룩스의 출발점이다.

1979년 최초의 국산 '페라이트 코어' (변압·유도 핵심부품)와 '고주파 인덕터' (전기회로 핵심부품) 탄생.

동남전기 납품

삼성전자 오디오 사업부 부품 납품

1984년 사명을 보암산업 변경 (대기업 납품업체에서 독립)

1993년 국내 최초로 중국 진출

1997년 코스닥 상장

2000년 사명을 필룩스로 바꾸고 글로벌 조명 사업 시작

'Art Technology'를 주창하며 빛 디자이너가 된 노시청. 그가 만들어 낸 빛은 문화적 감성을 담은 조명으로 인정받으며 세계적인 명품 브랜드 매장과 조형물을 비추고 있다.

빛이란 무엇입니까?

빛은 단순히 어둠을 밝히는 기능이 아닙니다! 건강, 생체리듬, 학습, 예술, 감성, 오감 등 이 세상 모든 것과 연결돼 있습니다~ 그래서 빛으로 세상을 아름답게, 행복하게, 건강하게 만들 수 있는 것입니다!

집을 짓고 나서야 빛을 설치하는 게 옳다고 생각했다. 그러나 그게 아니었다. 빛이 세상의 모든 것을 디자인하고 있었다.

그 순간 진리의 깨달음을 얻었다. 빛의 왕국 필룩스를 건설할 수 있었던 소중한 생각의 씨앗이었다.

어린 시절 빛에 끌린 그는 평생 수집한 빛 수집품을 모아 경기도 양주에 조명박물관을 세웠다.

조명박물관은 빛 공해를 인식하고 공감하기 위한 '빛공해 사진·UCC 공모전'을 매년 개최하고 있다.

라이팅콘서트! 음악과 미술과 빛이 어우러지는 문화예술 공연은 조명박물관의 대표적인 행사다.

2009년부터는 예술가들이 참여할 수 있는 '라이트 아트 공모전'을 개최했다.

노시청 경영 인생 40년
FEELUX 필룩스 매각합의 결정!

내가 일군 기업이라도 내 것만이 아니다. 신의 것이고 우주의 것이고 모두의 것이다. 평생을 키워온 필룩스의 지속가능 성장과 임직원의 삶을 보장하는 것이 우선이니 전문 경영자에게 매각하여 융합·전문 경영의 체제를 지속시키는 것이 옳다고 믿었고 노시청 회장은 그 믿음을 실천했다.

노시청 전(前) 필룩스 회장은 기업을 이루려는 예비사업가들에게 자신의 40년 경영철학과 인생노하우를 전수하며 제2도전을 위해 달리고 있다.

04

연체료 없이 비디오를 빌려드립니다!
콘텐츠의 보물창고 넷플릭스 창업자 리드 헤이스팅스의 '연체료'

어느 날 한 비디오 대여 가게에서 주인과 손님의 언쟁이 벌어졌다.
"지금 연체료로 40달러(약 4만6천 원)를 물라고요?"
"저희 대여 규정이 그렇게 정해져 있기에 어쩔 수 없습니다."
손님은 결국 40달러나 되는 연체료를 지불하고는 씩씩거리면서 집으로 돌아올 수밖에 없었다. 하지만 분은 쉽게 가라앉지 않았고 머릿속에는 어처구니없이 40달러를 날린 상황만이 계속 맴돌았다.
'40달러면 집에다가 한 달간 비디오를 배송해줘도 남는 금액이 아닌가?'
값비싼 연체료에서 시작된 손님의 생각은 어느덧 사업 아이디어로 바뀌어갔다.
'까짓 거, 직접 비디오 대여 서비스 회사를 만들고 만다!'

리드 헤이스팅스의 경험

이 손님이 바로 '넷플릭스'의 창업자 리드 헤이스팅스이다. 그는 자신이 운영하던 회사인 퓨어 소프트웨어(Pure Software)를 매각한 후 집에서 쉬는 동안 업계 1위의 비디오 대여점인 '블록버스터'에서 '아폴로 13(Apollo 13)' 비디오를 빌려보았다. 그러다 반납일을 깜빡하는 바람에 40달러에 이르는 연체료를 지불해야 했다.

블록버스터는 1985년 비디오 대여부터 시작해 DVD, 게임 CD 등을 대여해준 뒤 대여비를 받는 체인점 기업으로, 거미줄처럼 미국 전역 곳곳에 매장이 자리잡고 있던 당시 비디오 대여 서비스 업계의 최강자였다.

사실 대여 기간에 따라 물품을 빌려주는 일에서 연체료 제도를 시행하는 것은 어찌 보면 당연한 일이다. 특히 대여품이 빠르게 회전할수록 수익이 증가하는 비즈니스 모델이 핵심인 블록버스터이기에 '연체'라는 문제 상황에 높은 금액을 책정하는 것은 원활한 수익 모델을 유지하는 데 필수 불가결한 일이었다. 따라서 블록버스터는 연체일이 하루가 경과할 때마다 대여금액의 100%를 연체료로 부과했다. 높은 연체료여야 연체에 대한 경각심은 물론 연체에 따른 손해를 해결할 수 있다는 발상이었다.

그러나 이것은 철저히 기업의 입장일 뿐, 고객들에게 있어 고액의 연체료는 엄청난 불만 요소였다. 문제는 그뿐만이 아니었다. 막상 매장에 직접 방문하여도 다른 이들이 먼저 빌려가는 바람에 원하는 작품을 찾을 수 없을 때가 있었는데, 이러한 문제는 최신작이나 인기작을 대여하려는 경우 더욱 빈번하게 발생했다.

블록버스터의 문제점에서 탄생한 아이디어

리드 헤이스팅스는 블록버스터에서 발생하는 불만사항들을 한꺼번에 해결할 아이디어를 궁리했다.

'연체료가 없는 비디오 대여 서비스를 제공할 아이디어는 없을까?'
'굳이 매장에 직접 방문하지 않아도 대여할 수 있는 서비스를 만들 순 없을까?'
'대여율이 높은 최신 작품이나 인기 작품을 안정적으로 제공할 방법은 없을까?'

그리고 리드 헤이스팅스는 다음과 같은 해결법을 찾아냈다.

Q 연체료가 없는 비디오 대여 서비스를 제공할 아이디어는 없을까?

A 반납 기한을 없애고 월정액제로 운영하면 된다. 미리 낸 월정액 내에서 무제한으로 대여할 수 있게 한다. 또 월정액 크기를 다양하게 구성해, 한 달이라는 기간 내에 한 편, 3편, 8편 등을 자유롭게 볼 수 있게 다양한 월정액제를 도입한다. 만약 대여한 지 한 달을 넘기게 되더라도 다음 달 월정액이 지급돼 있으니 연체료를 따로 물지 않아도 되고, 손님의 입장에서는 그저 다른 비디오를 대여하지 못하게 되는 셈이니 서로가 손해를 보지 않아도 된다.

Q 굳이 매장에 직접 방문하지 않아도 대여할 수 있는 서비스를 만들 순 없을까?

A 온라인으로 주문을 접수하고 우편으로 배송을 하면 손님이 매장을 직접 방문하지 않아도 될 것이다. 매장 운영비를 줄이는 대신 우편비용으로 충당한다면 충분히 가능할 것이다. 우편 배송비를 고려한 최소 기준의 월정액을 설정하면 고객에게 월정액 부담을 크게 주지 않으면서도 고객 방문 문제를 해결할 수 있다.

Q 대여율이 높은 최신 작품이나 인기 작품을 안정적으로 제공할 방법은 없을까?

A 체인점 형태의 대여점 방식이 아니라 중앙 물류관리 시스템으로 운영함으로써 해결 가능하다. 일반 영화 대여점은 하나의 영화를 많은 사람에게 대여하므로 최신 작품이나 인기 작품의 회전율이 높아야 이익이 발생한다. 하지만 중앙 물류관리 시스템은 지역별로 수요 상황을 실시간 분석하고 배분할 수 있으니 회전률에 크게 영향을 받지 않으면서 고객의 만족도를 높일 수 있다. 중앙 물류관리 시스템과 월정액제 시스템을 서비스의 양 축으로 작용하게 함으로써 비즈니스를 지속해서 발전시킬 수 있을 것이다.

　1997년, 드디어 연체료 없는 영화 대여 서비스 '넷플릭스'가 탄생했다. 리드 헤이스팅스는 비디오 대여 매장에서 실랑이한 경험을 토대로 기존 대여 서비스가 갖고 있었던 문제를 고민했고 직접 아이디어를 찾아 실현했다.

　이후 새롭고 혁신적인 방식의 넷플릭스는 빠르게 시장을 넓혀나갔다. 후발주자였던 넷플릭스와 당시 업계 1인자였던 블록버스터의 대결이 성사되었지만 승부의 답은 이미 정해져 있었다. 2011년 골리앗 기업이라 할 수 있었던 블록버스터가 파산하면서 후발주자 넷플릭스가 대여 서비스 시장의 리더로 등극했다.

2007년 인터넷 스트리밍 시장으로 새로운 도약

창업 이후 넷플릭스는 거대기업인 블록버스터를 제치고 업계 1위가 되었지만 새로운 도전을 멈추지 않았다. 넷플릭스는 '인터넷 시대'와 '스마트폰 시대'의 요구를 빠르게 읽었다. 구독자들이 PC를 통해 내려 받은 영상을 DVD로 굽는 번거로움 없이 TV에서 곧바로 넷플릭스를 즐길 수 있기를 원했다. 리드 헤이스팅스는 다시 한 번 현재 넷플릭스의 문제를 냉정하게 평가했다.

'아날로그 방식의 비디오 대여 서비스를 디지털로 구현할 수 있을까?'
'인터넷 시대에 알맞은 대여 서비스는 무엇일까?'
'미래 넷플릭스의 정체성은 무엇이어야 하는가?'

그는 또 한 번 이 질문들의 답을 찾아 나갔다.

Q 아날로그 방식의 비디오 대여 서비스를 디지털로 구현할 수 있을까?

A 다양한 기기 사업자들과 협력 관계를 구축하고, 이를 바탕으로 스트리밍 사업을 진행할 수 있다. 고화질로 내려받아 보는 방식은 불편하니 다소 화질이 떨어져도 실시간 볼 수 있는 스트리밍 방식을 선택하는 것이 좋다. 스마트폰과 인터넷망 시대는 기존에 일방적인 TV 채널이 아닌 OTT(Over The Top) 플랫폼이 대세를 이룰 것이다. 정해진 공간에서 방송사가 정해둔 편성표를 따라갈 수 없는 시청자들이 넷플릭스에서 시공간적 제약을 뛰어넘어 언제 어디서나 본인이 원하는 영상을 시청할 수 있도록 해야 한다.

Q 인터넷 시대에 알맞은 대여 서비스는 무엇일까?

A 월정액 방식을 그대로 활용하되 가입자가 언제 어디서든 무제한으로 영화와 TV 드라마를 감상할 수 있도록 한다. 특히 기존 비디오 대여 서비스 회원들도 콘텐츠를 이용할 수 있도록 온·오프 서비스를 동시에 받을 수 있게 한다. 또한 고객의 취향에 맞는 콘텐츠를 빠르게 찾고 추천해 줄 수 있는 서비스를 계속 강화해 나가야 한다.

Q 미래 넷플릭스의 정체성은 무엇이어야 하는가?

A 넷플릭스는 결국 콘텐츠 창조기업이 되어야 한다. 이를 위해서는 다른 곳에서 볼 수 없는 우수한 자체 콘텐츠를 보유하고 차별적인 최고의 콘텐츠를 제공해 나갈 필요가 있다.

추천기능과 오리지널 콘텐츠

이러한 넷플릭스의 구상은 차례차례 실행되어 나갔다. 넷플릭스는 2007년부터 온라인 스트리밍 시장을 열었으며 기존 가입자들에게도 당시 7,000여 편에 달하는 다소 오래된 영화들을 자유롭게 온라인으로 볼 수 있게 했다. 이로 인해 기존 가입자들은 그대로 남았고 신규 가입자 수는 빠르게 늘어갔다. 2007년~2008년의 1년 동안 신규 가입자를 200만 명 이상 유치할 수 있었고, 그다음 해에는 300만 명, 다시 그다음 해에는 8백만 명의 가입자를 확보할 수 있었다. 고객들이 점차 온라인 스트리밍 서비스를 이용하기 시작하면서 우편 배송에 드는 비용도 급격히 줄어들었다.

넷플릭스가 오랜 시간 공을 들이고, 또 그들의 성공에 가장 크게 기여한 서비스는 개인 맞춤형 추천 알고리즘을 적용한 '추천기능'이었다. 2000년에 처음 공개된 넷플릭스의 추천 알고리즘인 '씨네매치(Cinematch)'는 빅데이터 분석과 머신러닝을 적용해 모든 소비자의 패턴을 직접 인식할 수 있는 추천 서비스이다.

넷플릭스는 알고리즘의 성능을 높이기 위해 다양한 데이터들을 수집했다. 영상 시청 날짜 및 시간, 시청을 중단한 시점, 빨리 감기나 건너뛰기 등의 개인적인 행동 정보들까지 모두 수집했다. 여기에 감독이나 출연진, 제작연도, 제작국가, 상영 시간 등과 같은 객관적 정보는 물론 작품 감상 후 소감 등의 핵심 키워드도 태그화했다.

심지어 넷플릭스는 추천시스템의 확률을 높이기 위해 '넷플릭스 100만 달러 챌린지'를 열기도 했다. 약 48만 명의 회원이 1만 7,000여 개 영화를 보고 평가한 1억 개의 자료를 제공한 뒤 이를 토대로 10% 이상 업그레이드한 추천기능 알고리즘을 만들면 100만 달러 상금을 지급하는 대회였다.

넷플릭스의 또다른 강점인 넷플릭스 오리지널 콘텐츠의 파워 또한 점점 커졌다. 최초로 선보인 드라마 《하우스 오브 카드(Houses of Cards)》의 성공사례가 대표적이다. 넷플릭스는 2011년에 《하우스 오브 카드》의 판권을 구매해 직접 제작했다. 이후 넷플릭스는 시즌 1의 시리즈 13편을 한날한시에 모두 공개했고, 드라마는 폭발적인 반응과 함께 에미상 감독상 등 3개 부문에서 수상했다. 이 드라마의 흥행을 계기로 넷플릭스는 명실상부 '콘텐츠 기업'의 길을 걷게 된다.

이후 국내에서도 봉준호 감독의 영화 《옥자》를 시작으로, 드라마 《킹덤》 등 넷플릭스 오리지널 콘텐츠가 주목받기 시작했다. 또한 넷플릭스는 《미스터 션샤인》과 같은 tvN의 콘텐츠 다수의 해외 독점 판권을 확보해 전 세계 시청자들에게 소개하고 있다. 특히 대한민국에서 2021년 9월 17일에 공개된 넷플릭스 오리지널 드라마 《오징어 게임》은 세계적인 열풍을 일으키며, 한 달 만에 넷플릭스 최고 흥행작 자리에 오르기도 했다. 넷플릭스에 따르면 같은 10월 13일 기준 전 세계 1억 1,100만 넷플릭스 구독 가구가 한국 창작자들이 만든 이 드라마를 시청했다고 밝혔다.

대여 서비스 기업에서 '글로벌 콘텐츠 창조기업'으로

넷플릭스의 출발은 화려하지 않았다. 그저 동네 비디오 대여 서비스를 개선한다는 아이디어에서 시작했다. 40달러의 연체료를 물어낸 것이 너무 억울해 좀 더 고객을 위한 좋은 서비스를 제공한다는 마음으로 창업한 것뿐이었다. 더구나 '블록버스터'라는 거대 체인점 기업이 이미 버티고 있는 상황이었다. 그러나 넷플릭스는 경쟁기업들을 모두 이겨내고 시장의 리더가 됐다. 이후에도 넷플릭스는 비즈니스 무대를 넓혀 도전을 계속했고 멋지게 성공을 거두었다.

이미 우리들에게 넷플릭스는 더 이상 비디오 대여 서비스 기업이 아닌 '글로벌 콘텐츠 창조기업'으로 기억되고 있다.

05

알바 2명과 시작한 투자기업, 세계를 삼키다!
소프트뱅크 손정의 회장의 '시스템'

"당신은 지금 하는 그것에 대해 확신하고 있는가?"
"당신은 옳다고 믿는 그것에 대해 확신하고 있는가?"
"당신은 안다고 생각하는 그것에 대해 정말 안다고 확신하고 있는가?"
"당신은 분노하는 그것에 분노해야 한다고 확신하고 있는가?"

확신할 수 없다. 인간은 전체를 못 보기 때문에 부분을 본다. 뇌는 하나의 정보를 잘게 쪼개서 낱개로 만들어야 비로소 인지할 수 있다. 그렇게 먹기 좋게 나뉜 것이 지식과 데이터다. 하지만 그렇기에 명확하게 드러나는 지식과 데이터만으로는 사이에 일어났던 사건과 그 이면의 숨은 에너지를 보지 못한다.

- ◆ 인간의 눈은 움직임(에너지, 생명력)을 보지 못한다.
- ◆ 인간의 눈은 무대(배경, 환경)를 보지 못한다.
- ◆ 인간의 눈은 관계(상승, 상쇄)를 보지 못한다.
- ◆ 인간의 눈은 이것과 저것 사이를 이어주는 연결(맥락)을 보지 못한다.
- ◆ 인간의 눈은 입력과 연산과 결과를 스스로 작동하는 시스템을 보지 못한다.
- ◆ 인간의 눈은 과거와 현재와 미래로 흐르는 시간(흐름, 추세)을 보지 못한다.
- ◆ 인간의 눈은 기승전결로 연결되는 사건을 보지 못한다.

차별받던 한 재일교포의 확신

차별받던 재일교포 3세였지만 일본 최고 부자가 된 일본 기업인 소프트뱅크그룹의 창립자이자 회장 손정의. 그에게는 정말 확신이 있었던 것일까? 그리고 정말 남들이 보지 못하는 것을 보았던 것일까?

손 회장이 이끄는 '소프트뱅크그룹(SBG)'은 일본 최대 IT 기업이자 세계적인 투자회사이다. 일본 3대 이동통신사 중 하나인 '소프트뱅크 주식회사'의 모기업이며, 핵심 계열사로는 일본 3위의 이동통신사인 소프트뱅크 주식회사, 'SB C&S(유통, 커머스)', 'Z홀딩스(인터넷 서비스)' 등이 있다.

한편으로는 1,000억 달러 규모의 기업투자 펀드인 비전펀드(Vision Fund)를 사우디아라비아 국부펀드, 애플, 퀄컴 등의 합동 투자를 받아 운용하며 '우버', '엔비디아', '알리바바', '사이버리즌', '위워크' 등 전 세계 유망기업에 투자했다. 이외에도 일본의 프로야구구단인 소프트뱅크 호크스를 운영 중이다.

이처럼 황금알을 낳는 거위로 불리는 소프트뱅크그룹은 2020년 회계연도(2020.4~2021.3)에 연결된 결산 기준에 따르면 약 51조 5천억 원의 순이익을 기록했다. 이는 일본 기업 사상 최대 기록으로, '도요타자동차'가 2017년 회계연도에 달성한 종전 최대 기록의 약 두 배에 이르는 금액이다.

손 회장의 개인 자산 역시 어마어마한 규모를 자랑한다. 미국 경제매체 『포브스』에 의하면 2018년 기준 그가 보유한 자산은 219억 달러, 약 28조 8,000억 원으로 2017년에 이어 2년 연속 일본 최고 부자이자 세계 39위 부자의 자리에 올랐다.

작은 사무실에서 일구어낸 성공 신화

세계경영을 손바닥 위에서 주무를 정도로 거대한 투자의 큰손으로 불리는 손정의 회장의 출발선은 어디서부터였을까? 손정의 회장하면 회자하는 유명한 에피소드가 있다. 이십 대 한 젊은 청년의 창업 스토리를 직접 들어보자.

1981년 늦은 여름 일본의 한 사무실. 저는 사무실에 붙어있는 방 한 칸을 빌려 이제 막 창업한 24살 청년 사업가입니다. 아르바이트생으로 뽑은 직원 두 명이 전부였죠.

저는 1957년 일본 규슈 사가현에서 조선인이 모여 사는 무허가 판자촌 마을에서 재일 한국인 3세로 태어났어요. 할아버지가 일제 강점기 시절 일본 탄광에서 광부로 일하다 일본에 살게 되었지요.

어린 시절 '조센징'이라는 차별과 멸시가 있었지만, 아버지에게 격려와 지원을 받으며 학업에 열중했어요. 중학생 시절 저의 장래 희망은 학교 선생님이 되는 것이었어요. 하지만 재일교포 출신이 일본에서 교사가 되는 건 거의 불가능한 일이었지요. 전 고등학교를 중퇴했어요. 곧바로 미국으로 건너가 캘리포니아 한 고등학교와 전문대를 졸업한 후 버클리대학으로 편입해 경제학을 마쳤습니다.

미국에 있는 동안 저는 컴퓨터와 디지털 세상의 변화를 읽었습니다. 사업가가 되기로 결심했지요. 졸업하자마자 미국에서 다시 일본으로 돌아온 저는 사무실 한편에 컴퓨터 두 대를 놓고 PC용 소프트웨어 유통회사인 '유니슨 월드'를 설립했습니다.

아침 첫 업무를 시작하면서 저의 꿈을 아르바이트생 직원들에게 알려주고 싶었어요. 옆에 있던 귤 상자 위에 올라간 나는 두 직원을 앞에 두고 우리의 미래에 대해 이렇게 설명했습니다.

"이제부터는 정보혁명이 시작될 것입니다. 나는 전 세계 사람들에게 정보혁명을 제공하기 위해 사업을 시작했습니다. 우리 회사는 정보혁명의 핵심인 소프트웨어를 판매할 예정입니다. 30년 뒤 우리 회사는 매출을 두부 한 모, 두 모 세듯이, 1조, 2조를 세는 회사가 되어 있을 것입니다."

물론 그들이 제 말을 믿으리라 생각하진 않았어요. 실제로 제 말을 들은 두 직원은 얼마 지나지 않아 회사를 그만두었지요. 그러나 저는 스스로를 의심하지 않았습니다. 확신이 있었죠. 디지털 세상의 변화를 보았으며, 이로 인해 미래에 일어날 사건들을 분명히 읽었기 때문입니다.

물론 회사의 창업과 그 운영 과정이 순탄했던 건 아닙니다. 인생은 언제나 예기치 못한 상황이 벌어지고 돌출요소가 생기니까요. 저의 경우는 예기치 못한 건강 문제로 생명의 위협을 겪어야 했습니다.

창업 초기 저는 만성 B형 간염을 진단받게 됐어요. 목숨을 위협받을 정도로 심각했죠. 병원에 입원하는 시간이 점점 늘어갔습니다. 울기도 많이 울었죠. 미래 꿈이 컸던 만큼 절망도 컸습니다. 하지만 이내 정신을 차렸습니다. 지금 현재 여건에서 내가 할 수 있는 일을 하자. 몸에 무리가 가지 않으면서도 꿈을 이루기 위해 지금 당장 할 수 있는 유일한 일은 바로 '독서'였죠. 저는 투병 기간에 무려 3,000여 권의 책을 읽었습니다. 이때의 독서는 이후 사업에도 저에게 큰 힘이 되었습니다. 다행히 저는 기적적으로 병을 이겨내고 사업에도 다시 매진할 수 있었습니다.

이후 저는 유니슨 월드라는 회사명을 '소프트뱅크'로 바꾸고 조신전기와의 소프트웨어 납품 계약 체결을 시작하며 놀라운 성장을 거듭하게 되었습니다.

'돌멩이 수프 요리사'와 손정의의 공통점

세계적인 사업가 손정의가 이룩해 낸 업적의 비결은 과연 무엇이었을까? 이를 분석해 보기 전에 먼저 '돌멩이 수프 요리사' 이야기를 소개해보고자 한다.

옛날 옛적에 이글거리는 태양 아래서 타는 목마름과 굶주림에 괴로워하는 한 사람이 있었다. 요리사였던 그는 식당을 하다가 쫄딱 망한 뒤, 이제는 광장의 노숙자로 전락해 있었다. 이대로라면 그는 얼마 버티지 못하고 숨을 거둘 것이며, 그가 죽더라도 광장의 군중들은 아무도 거들떠보지 않을 것이다.

지닌 것이라고는 오직 빈 냄비 하나뿐인 상황에서 요리사는 굶주림에서 벗어나기 위해 오래도록 생각에 잠겼다. 그리고는 한참 후 공동우물에서 물을 길어 냄비에 가득 담았다. 그리고 오는 길에 돌멩이와 마른 나무들을 주워 모아 간이 아궁이를 만들고 불을 지폈다. 아궁이 위에 냄비를 올린 요리사는 주머니에서 꺼낸 깨끗하고 반질반질한 차돌 하나를 꺼내 냄비에 넣고 물을 끓이기 시작했다. 지나가던 행인들이 하나둘씩 돌멩이를 끓이는 요리사의 어처구니없는 광경에 발길을 멈추었고, 어느 새 상당수의 무리가 되어 요리사의 행동거지를 주목했다. 요리사는 세상 진지한 표정으로 다음과 같이 말했다.

"제가 지금 세상에 다시없는 별미 중의 별미인 돌멩이 수프를 끓이는 중입니다! 그런데 한 가지 아쉬운 것이 있긴 해요. 돌멩이 수프에 올릴 고명만 조금 있으면 맛이 진짜 끝내줄 텐데 말이죠."

'설마' 하면서도 호기심에 찬 몇몇 사람들이 들고 있던 장바구니에 이것저것 고명이 될 만한 것을 조금씩 꺼내 냄비에 넣었다. 누군가는 계란을 넣었고 누군가는 두부를 넣었으며 또 누군가는 후춧가루나 소금을 넣었다. 이렇게 하나 둘씩 재료가 모이더니 어느새 냄비 안에는 그럴싸한 요리가 완성되어 있었다.

무에서 유를 창조하는 시스템 통찰

손정의 회장의 일대기에는 '돌멩이 수프 요리사'의 전략이 배어있다. 청년 사업가 손정의는 아무것도 가진 것이 없었다. 갓 대학을 졸업한 그가 조그마한 사무실을 차릴 수 있었던 것도 친척들에게 조금씩 자금을 출자 받을 수 있어서였다.

이처럼 그가 맨손으로 창업한 회사의 비즈니스 모델은 소프트웨어 개발자와 사용자 사이에 소프트웨어를 유통하는 것이었다. 이런 사업구상은 겉으로는 간단한 듯 보이지만 사실은 사업 전체가 어떻게 시스템으로 연결되어 작동되는지를 통찰해야 가능한 일이었다.

1. 청년 사업가 손정의는 자금도 없고 도와줄 사람도 없다.
2. 고비용, 인력, 시간을 투자해 직접 소프트웨어를 개발해 성공하면 큰돈을 벌겠지만, 실패하면 회사는 영영 회생할 수 없고 개인적으로도 커다란 손해를 본다.
3. 따라서 이미 검증된 최고의 히트 소프트웨어의 개발사들로부터 소프트웨어에 대한 독점 판권을 사들인다.
4. 독점 판권을 확보한 소프트웨어들을 한 패키지로 묶어 소비자들이나 기업에 판매한다.

새로운 황금알을 직접 생산하는 대신 기존에 누군가 이미 개발해 놓은 황금알을 독점적으로 유통하는 전문회사를 만들면 최소한의 투자로 최대의 효과를 얻을 수 있다는 게 그의 사업전략이었고, 이러한 창의적 통찰은 보기 좋게 적중했다. 손 회장의 회사는 당시 일본 최대 소프트웨어 업체였던 '허드슨'과 '마이크로소프트'와의 독점 유통권을 확보하면서 비약적인 성장을 거두게 된다.

대학 시절, 낱개가 아닌 시스템에 눈 뜨다

시작은 초라했지만 결국 위대한 성공을 이뤘다. '황금알을 만들기보다는 황금알을 낳는 거위를 만들라'는 그의 철학은 과연 어떻게 만들어졌을까?

손정의는 대학 시절부터 뛰어난 아이템 없이도 황금알을 낳는 거위 '시스템'에 주목하고 있었다. 창업을 꿈꾸었지만 변변한 자금도 없었고, 상품을 직접 개발하는 것이 실제로 얼마나 어려운지도 이미 잘 알고 있었다.

이러한 상황에서 성공하는 방법은 단 한 가지, 상품을 개발해 파는 대신 아이디어를 파는 것이었다. 이를 증명하기 위해 그는 자신의 아이디어를 파는 시스템을 대학을 다니면서 실험하기도 했다.

당시 대학생이었던 손정의는 키패드에 언어를 입력하면 이를 외국어로 번역해서 음성으로 읽어주는 방식의 외국어 번역기를 구상하고 있었다. 그는 이러한 아이디어에 독특한 시스템을 결합하여 수익을 창출해 냈다. 그 과정을 정리해 보면 다음과 같다.

 손정의 회장의 '돌멩이 수프'

❶ 기술 개발은 대학교수와 연구원들에게 부탁한다. 물론 비용은 개발 후 특허권을 팔아 수익이 생긴 후 지불하겠다고 설득한다. 대부분은 거절했지만 일부의 사람들이 그의 제안을 받아들였다.
❷ 제품의 소프트웨어 설계도가 완성된 후 전자제품 회사에 자신이 개발한 상품을 알리고 특허권 구매를 제안했다.
❸ 전자제품업체인 '샤프'와 계약을 맺은 뒤 번역기 특허권을 약 10억 원에 판매했다.
❹ 특허수익을 기술 개발에 함께 참여해준 분들에게 나누어주었다.

손 회장에게는 아이디어가 있었다. 그리고 사업이 진행되는 '전체 시스템'을 통찰할 수 있는 눈이 있었다. 그는 자신이 직접 자본을 투자해 상품을 개발한 뒤 제품을 판매할 필요가 전혀 없다는 걸 깨달았다. 마치 돌멩이 수프를 만든 요리사처럼 손정의는 자신의 자본이 없이도 제품을 발명시켰고 수익을 만들어 냈다. 『손정의 제곱 법칙』의 저자 이타가키 에이켄은 "아이디어를 파는 것이야말로 손정의 비즈니스의 본질이며 본업이다."라고 분석했다.

같은 원리의 유통회사에서 투자회사로

1990년대 들어 소프트뱅크는 유통회사에서 투자회사로 변신한다. 물론 유통회사와 투자회사는 완전히 다르다. 만약 미국의 한 기업이 하늘을 나는 자동차를 개발했다고 치자. 그 자동차를 한국에서 판매할 수 있는 권리를 독점계약한 뒤 국내에 팔아 수익을 얻으면 유통회사가 된다. 이와 달리 하늘을 나는 자동차 기술을 가지고 있는 기업에 자금을 투자한 후 기업의 이익에 배당을 받으면 투자회사가 된다.

하지만 두 사업유형 모두 직접 물건을 개발하거나 생산하지 않고 간접적으로 판매를 대행하거나 투자한다는 점에서 똑같았다. 손 회장은 이번에도 새로운 황금알을 직접 개발하는 대신 기존에 누군가 개발해 놓은 황금알(아이디어)에 투자하는 전문회사를 만들어 최소 투자로 최대 효과를 얻는 사업전략을 세웠다.

30대가 된 사업가 손정의는 기존 사업을 지속하면서 동시에 혁신적인 아이디어에 대한 투자 및 제휴, 공격적인 인수·합병(M&A) 사업을 병행하여 소프트뱅크를 세계적인 글로벌 투자기업으로 키웠다. 특히 미국 포털사이트 '야후'와의 제휴를 통해 1996년 '야후 재팬'을 자스닥에 상장시키며 큰 성공을 일궈냈다.

2000년에는 파산한 일본채권신용은행(현 아오조라은행)의 주식을 사들였다가 3년 뒤인 2003년 미국 사모펀드인 '서버러스'에 매각해 엄청난 차익을 남겼으며, 2004년에는 '닛폰 텔레콤'을 인수했다. 그리고 2005년에는 일본의 슈퍼마켓 체인인 '다이에'로부터 프로야구팀인 호크스와 후쿠오카돔을 인수, '후쿠오카 소프트뱅크 호크스'의 구단주가 됐다.

2012년에는 이모바일 산하의 이동통신사인 '이액세스'를 인수하면서 가입자 수 기준, 일본 이동통신 업계 2위로 올라섰다. 그리고 2013년 7월에는 전년 10월에 발표한 미국 3대 이동통신 업체인 '수프린트넥스텔'을 1조 5,709억 엔에 인수하며 세계 3위의 모바일 그룹으로 우뚝 서기도 했다.

알리바바 창업자 마윈과 손정의 투자 일화

손정의 회장이 중국 전자상거래업체인 '알리바바'에 투자하여 어마어마한 성공을 거둔 이야기는 지금까지 전설적인 일화로 회자하고 있다. 당시 손 회장은 알리바바의 마윈 회장을 만난 지 단 6분 만에 200억 원을 투자하기로 한 것으로 알려져 있다.

당시만 해도 마윈의 알리바바는 직원 30여 명이 근무하고 있는, 창업한 지 아직 1년밖에 되지 않은 미래가 불투명한 회사였다. 그럼에도 불구하고 손정의 회장이 마윈을 만난 지 6분 만에 200억 원이라는 막대한 돈을 투자한 이유는 무엇이었을까? 그는 그때 결정에 대해 미국 경제매체 블룸버그에서 다음과 같이 말한 바 있다.

"당시 알리바바는 구체적인 사업계획도 매출도 없었다. 그러나 마윈이라는 인물은 달랐다. 그의 눈이 매우 강렬했고 빛이 났다. 카리스마와 리더십이 있는 사람으로 보였다. 알리바바가 아니라 마윈을 믿었다."

혹여 손정의는 마윈에게서 과거 귤 박스 위에 서서 알바생 직원 두 명을 앞에 두고 일장연설을 했던 자신의 모습을 발견했을지도 모른다. 이처럼 마윈이라는 남자를 믿고 알리바바에 대해 수차례 진행된 손정의 회장의 투자는 대성공이었다. 알리바바는 2014년 뉴욕증권거래소에 상장했으며 당시 알리바바의 주식 34.1%를 보유한 최대 주주였던 소프트뱅크는 주식 상장으로 약 2천만 달러의 총투자금을 578억 달러로 회수할 수 있었다. 이는 투자금액의 약 3,000배에 달하는 어마어마한 수익이었다.

손정의의 인생 50년 계획과 확신

손정의 회장은 늘 미래를 계획하는 사람으로도 유명하다. '소프트뱅크 신 30년 비전 제작 위원회'가 펴낸 책 『손정의, 미래를 말하다』에서 손정의 회장은 20대 초 회사를 설립하면서 '인생 50년 계획'이라는 이름으로 20대, 30대, 40대, 50대, 60까지 5단계의 라이프 플랜을 만들어 30년이 지난 지금까지 꾸준히 지켜오고 있다고 한다. 단계별 목표를 살펴보면 다음과 같다.

20대, 이름을 알린다. 자신의 사업을 시작한다. 자신의 분야에서 이름을 알린다.
30대, 자금을 모은다. 자금은 1,000억, 2,000억으로 셀 수 있는 규모라야 한다.
40대, 큰 승부를 건다. 1조 엔, 2조 엔으로 셀 수 있는 규모의 승부를 정한다.
50대, 어느 정도 사업을 키워 비즈니스 모델을 완성한다.
60대, 다음 경영진에게 바통 터치를 한다.

이렇듯 그는 늘 미래를 생각하고 미래를 그리며 미래를 향해 나아간다. 미래를 보고 일의 전모를 통찰하는 사람만이 미래와 자기 일에 대한 확신을 가질 수 있는 것이다.

손정의 회장의 삶을 살펴본 독자분들에게도 질문을 던져 보고 싶다. '당신은 정말 확신할 수 있는가?'

확신하려면 모호함을 제거해야 한다. 미래를 생각하고 그려야 한다. 일의 전체를 통찰해야 한다.

 확신을 부르는 통찰의 비밀

❶ 움직임(에너지, 생명력)을 보라.
❷ 무대(배경, 환경)를 보라.
❸ 관계(상승, 상쇄)를 보라.
❹ 이것과 저것 사이를 이어주는 연결(맥락)을 보라.
❺ 입력과 연산과 결과까지 스스로 작동하는 시스템을 보라.
❻ 과거와 현재와 미래로 흐르는 시간(흐름, 추세)을 보라.
❼ 기승전결로 연결되는 사건을 보라.

낱개, 결과, 부분, 데이터는 '지식'을 다루는 세계다. 지식을 다루던 시대는 지났다. 지금은 그 너머를 봐야 한다. 지식 시대의 너머에는 과연 무엇이 있을까? 움직임(에너지, 생명력)이 있고, 무대(배경, 환경)가 있고, 관계(상승, 상쇄)가 있고, 연결(맥락)이 있고, 시스템이 있고, 시간(추세)이 있고, 일의 전모가 있고, 사건이 있다. '통찰'을 운용하는 세계다. 이것이 작동하는 세상이 현재다.

지난 2000년간 인류가 지식의 세상을 열었다면 미래 2000년은 통찰의 세상을 열고 있다. 움직임과 관계와 사건의 전모를 통찰하는 순간 당신은 하고자 하는 일에 확신을 얻고, 믿는 것에 대해 확신을 얻고, 아는 것에 대한 확신을 얻고, 분노에 대한 확신과 두려움에 대한 확신을 얻는다. 그렇게 통찰은 진리에 대한 확신을 준다. 과연 당신은 확신을 가지고 도전하고 있는가?

06

편의점 알바생에서 CEO가 될 수 있었던 비결
전 스타벅스코리아 사장 정진구 씨의 '제안'

그의 꿈은 농사꾼이었다. 그래서 서울대 농학과를 나왔다. 군대를 전역한 후에는 '삼립식품' 구매부에서 처음 일을 시작했다. 하지만 그는 일을 하면서도 미국에 가서 선진국의 방식을 배워야 한다고 늘 생각했다. 당시의 한국은 가난했고, 군대에서 생활할 때 만난 미군들은 우리나라의 사람들과는 달랐다. 미국에 대해 더 알고 싶었다. 그래서 그는 언젠가 반드시 금의환향하겠노라고 다짐하고는 열심히 일하며 번 돈 200달러를 들고 1974년 미국으로 떠났다.

미국에 도착한 그는 직장을 구했지만 다니던 회사가 다른 지역으로 이사 가는 바람에 일자리를 잃고 말았다. 그래서 24시간 편의점 '세븐일레븐'에서 아르바이트를 시작했다. 시간당 3달러를 받는 가난한 유학생이었다.

하지만 그는 편의점에서도 남들과 다르게 일했다. 아르바이트 일을 하면서 느끼는 편의점 운영상의 여러 가지 문제를 꼼꼼히 기록했고, 좋은 아이디어를 찾아 본사에 제안서를 보냈다. 처음 그는 편의점 내에 금전등록기를 들여놓을 것을 제안했고 그 아이디어가 받아들여졌다. 그의 제안에는 실효성이 있었고 매출에도 영향이 나타났다. 얼마 안 돼 본사는 금전등록기를 미국 내 세븐일레븐 6,800개 전 점포에 배치했다. 그는 아이디어를 인정받아 점원 생활 4개월여 만에 부점장이 되었다.

이후에도 그의 아이디어 제안은 계속됐다. 이번에는 수많은 범죄의 타깃이 되는 편의점의 특성을 고려하여 강도 예방법에 관한 매뉴얼을 제작했다. 본사는 이 매뉴얼 또한 채택하여 전 점포에 활용했다. 다시 한 번 그의 노력이 인정돼 6개월 만에 점장으로 고속 승진했다.

그는 직위가 높아졌음에도 현장에서 느낀 그의 분석과 그를 기반으로 하는 아이디어 제안을 계속했다. 고객들의 행동을 분석하고 그들의 불만이 뭔지, 현재 안고 있는 문제가 뭔지를 관찰하였으며 문제를 해결할 수 있는 기발한 아이디어를 찾아냈다. 점장 생활을 한 지 6년 정도의 세월이 지났을 때 그는 세븐일레븐 본사의 지역책임자가 되었다. 아르바이트 점원에서 어느새 세븐일레븐 본사의 간부가 된 것이다.

그리고 1985년, 드디어 그는 미국에서 한국으로 금의환향할 수 있었다. 당시 그의 직책은 '배스킨라빈스 코리아'의 총괄 이사였다.

편의점 점원에서 한국 최고경영자로

아르바이트로 일을 시작해 승진에 승진을 거듭하여 배스킨라빈스 한국 CEO로 돌아온 이가 바로 외식업계에서 '마이더스의 손'으로 불리던 정진구 씨다. 그는 국내에 외식문화가 거의 없었던 시절부터 외식업계를 키운 장본인이었다. 커피 체인점 '스타벅스', 아이스크림 전문점 '배스킨라빈스', 프라이드 치킨 체인점 '파파이스' 등이 바로 그의 손을 거쳐 한국에서 최초로 들어온 브랜드들이다.

국내에 돌아온 그는 1994년까지 100개의 점포를 내며 배스킨라빈스 브랜드를 국내에 안착시켰다. 이어 1995년부터 프라이드 치킨 체인점인 파파이스 아시아 지역 총괄 CEO로 자리를 옮겼다.

파파이스에서 그는 5년 동안 전국에 150개의 매장을 오픈하며 대성공을 거두었다. 이후 그는 1999년부터 2002년까지 2대 스타벅스코리아 CEO에 영입되었다. 이후 1999년 6억 원에 불과했던 스타벅스의 매출을 2002년에는 437억 원으로 늘리면서 국내 커피 프랜차이즈 1위의 자리에 올려놓았다.

정진구 씨는 스타벅스 사장과 고문직을 마친 뒤에도 국내 외식문화의 선두주자인 CJ 식품서비스 부문 총괄 사장, CJ 푸드빌과 CJ의 베이커리 사업 부문인 '뚜레쥬르'의 대표이사 등 최고경영자 자리를 두루 거쳤다.

돈도 없고 백도 없고 아무것도 없었던 맨손의 유학 청년인 아르바이트 점원에서 외식업계 경영 리더로 성공한 정진구 씨의 인생을 들여다 보면 성공을 만들어 낸 그만의 특별한 비결이 있음을 알 수 있다. 그것은 바로 상황을 분석하고 아이디어를 찾아 확신한 뒤 곧바로 실행에 옮겼다는 점이다.

1. 시대의 흐름을 읽고 현상을 냉철하게 분석한다.
2. 현장에 문제를 발견한다.
3. 새로운 아이디어를 찾아낸다.
4. '강력한 확신'을 가진다.
5. 실행한다.

아이디어나 새로운 사업기획을 실천하는 과정을 반복함으로써 그는 한 계단씩 꾸준히 성장했다. 1985년 미국의 아이스크림 브랜드인 배스킨라빈스를 국내에 론칭하려고 준비할 때의 일이었다. 보통의 아이스크림에 비해 서너 배 비싼 데다가 거리에서 떠먹어야 하는 고급 아이스크림 브랜드가 과연 한국에서 통할 것인가? 주위의 반대가 거셌다.

그러나 정진구 씨에게는 확신이 있었다. 그의 확신은 단순히 자신의 '감'이 아니라 시대 흐름을 읽은 것에서 비롯된 객관적인 분석의 결과물이었다. 그의 생각은 이러했다. '몇 년 후 88올림픽이 개최된다. 88올림픽 개최 전후로 사회와 문화에 많은 변화가 일어날 것이다. 그 변화는 고급 브랜드 아이스크림에 대한 수요를 만들 것이다.' 그는 확신이 있다면 좌고우면 하지 않고 할 수 있는 모든 방법을 실행해야 한다고 믿었다. 그는 유행을 직접 만들어 냈다. 배스킨라빈스 명동점을 오픈한 후 전 직원들에게 다음과 같이 지시했다.

"오늘부터 3시간 일찍 퇴근합니다. 그리고 명동점으로 가세요. 직원들에게 아이스크림은 공짜입니다. 아이스크림을 들고 가게 밖으로 나와 거리를 걸으며 드시기만 하면 됩니다."

당시 한국에는 컵 아이스크림을 떠먹는 문화가 없었다. 그렇다면 직원들이 길거리에서 직접 아이스크림을 떠먹으며 배스킨라빈스의 문화를 알리면 된다는 게 정진구 사장의 아이디어였다. 이후 직원들은 명동거리를 걸어 다니며 배스킨라빈스 컵 아이스크림을 떠먹는 모습을 꾸준히 연출했고, 이러한 분위기는 점차 젊은이들에게 확산하기 시작했다.

몇 달이 지나지 않아 사람들이 거리에서, 버스 안에서, 그리고 지하철 안에서 컵 아이스크림을 먹는 풍경이 익숙해졌다.

확신이 있었다. 그래서 할 수 있는 것을 과감하게 실천했다. 이를 통해 정진구 씨는 결국 명동에서 과거에 없던 새로운 풍경을 창조해 냈다.

'테이크아웃' 문화의 창시자

"드시고 가세요? 아니면 테이크아웃인가요?"

커피를 주문하면 항상 듣는 질문이 있다. 이제 한손에 컵을 들고 카페를 나가 길거리에서 여유를 즐기는 모습은 우리에게 너무나 친숙하다. 사실 정진구 씨는 커피 전문점들의 '테이크아웃' 문화를 국내에 정착시킨 창시자이기도 하다. 배스킨라빈스에서의 성공 경험을 토대로 동일한 방법을 시도했다. 물론 이러한 시도의 배경에는 대한민국에 새로운 커피문화를 만들 수 있다는 확신이 있었다.

이번에도 먼저 직원들을 일찍 퇴근시켜 스타벅스 매장에 들리게 했다. 그리고 각자 커피를 받고 밖으로 나와 길거리에서 커피를 마시게 했다. 사장인 그 역시도 스타벅스에서 일하는 동안 매일 스타벅스 로고가 새겨진 컵을 들고 다녔다. 어느새 사람들이 커피잔을 들고 다니는 풍경이 익숙해졌고 테이크아웃 문화는 우리나라에 빠르게 자리 잡았다.

지금 출발선에 선 당신에게 필요한 것은 바로 맨손으로 일군 첫 경험자들의 성공 시스템대로 주어진 상황을 분석하고 계획을 세운 뒤 이를 하나씩 실천하는 것이다. 세계적인 동기부여가이자 다양한 자기 계발 전략에 관한 베스트셀러 작가 브라이언 트레이시는 국내 초청 강연에서 다음과 같은 7가지의 단계별 성공전략을 소개한 적이 있다.

 브라이언 트레이시의 7가지 단계별 성공전략

❶ 구체적인 목표를 정하라.
❷ 목표를 적어라.
❸ 목표를 달성할 기한을 정하라.
❹ 단계, 활동, 행동 등 적을 수 있는 것을 모두 적어 리스트를 만들라.
❺ 우선순위를 정하라.
❻ 실행에 옮겨라.
❼ 매일매일 실천하라.

수많은 사람이 꿈을 이루는 걸 지켜본 그는 자신 역시 조언대로 실천하여 성공적인 사업가와 강연자가 될 수 있었다고 고백했다. 성공하는 사람들과 컨설턴트들의 조언에는 서로 통하는 부분이 있다. 그건 바로 '깊이 생각하고 과감하게 실천하라'는 것이다. 모든 꿈은 실천을 통해 만들어지지만, 실천에 옮긴다는 것이 말처럼 쉽지는 않다. 행동에는 수많은 어려움과 모순이 도사리고 있다.

그래서 인간은 실천의 전 단계인 '생각'에 주목하기 시작했다. 어떻게 생각하면 '확신'을 가지고 더 실천하기 쉬워질 것인가? 정진구 씨의 성공과정에서 해답의 실마리를 찾아낼 수 있다. 그의 시도에는 항상 확신이 있었고, 확신을 통해 변화를 읽고 문제를 발견했으며 창의적인 아이디어를 찾았기 때문이다.

◆ 깊이 생각하라
  (1단계) 변화를 읽어라.
  (2단계) 문제를 발견하고 핵심을 생각하라.
  (3단계) 아이디어를 생각하라.

◆ 확신을 가지고 시도하라
  (4단계) 먼저 시도하고
  (5단계) 함께 시도하라.
  (6단계) 매일 계속 시도하라.

생각은 실천에 영향을 끼친다. 그리고 실천은 생각에 영향을 끼친다. 생각은 실천을 쉽고 편하게 하도록 도와주며 확신을 준다. 실천의 경험은 다시 생각과 전략을 풍부하게 하여 통찰력을 던져준다. 이처럼 생각과 실천이 서로에게 도움을 주는 선순환구조를 만들어주는 것이다.

생각하고 확신하고 실천하라!

그렇다면 과연 생각이 우선인가? 아니면 실천이 더 우선인가? 이러한 질문에 대해 GE의 전 회장인 잭 월치는 다음과 같이 대답한 적이 있다.

"생각과 실천, 그것은 둘 중 하나를 선택할 수 있는 문제가 아니라고 생각한다. 그 둘은 항상 함께 굴러가는 바퀴이다."

정진구 씨는 낯선 미국 땅에서 홀로 내일을 개척해 나가야 하는 가난한 유학생이었다. 심지어 처음으로 얻은 직장도 금세 잃고 말았으며 당장에 그가 할 수 있는 일은 편의점 아르바이트뿐이었다. 하지만 그 상황에서도 긍정적인 사고를 멈추지 않았다. 당장 편의점에서 자신이 할 수 있는 창의적인 일을 찾아 나섰다. 데이터를 모으고 메모를 시작했다. 문제를 찾아내고 아이디어를 개발했다. 확신을 가지고 끊임없이 더 나은 방법을 제안했다. 이러한 확신과 제안이 그에게 항상 새로운 기회를 열어주었다.

지금 자리에 만족하지 못하는 사람이라면 정진구 씨의 생각을 마음속에 한 번쯤 되새기는 것은 어떨까?

"끊임없이 생각하고 확신을 가지고 실천하라."

07

교통경찰관의 고충에서 탄생한 LED 볼펜
반디펜 개발한 발명가 김동환 씨의 '전화위복'

  야간 콘서트장에 가면 어김없이 '이것'이 등장한다. 녹색, 주황색 등 화려한 불빛이 콘서트장을 가득 채우고 반짝반짝 장관을 이룬다. 바로 손에 들고 흔드는 야광봉이다. 팬들이 흔드는 화려한 야광봉은 이제 밤에 개최되는 콘서트, 축제, 경기장에서 필수 아이템이 됐다.
  이 야광봉을 개발한 이는 김동환 씨다. 그가 개발한 야광봉은 대한민국 문화발전과 함께 성장해 왔다고 해도 과언이 아니다. 야광봉이 처음으로 등장한 시기는 2002년, 한일 월드컵을 앞두고서였다. 저녁 경기 때마다 수많은 사람이 야광봉을 들고 길거리 응원을 벌였다. 그리고 야광봉 응원은 어느새 가수들의 팬클럽으로 이어졌다. 인기 아이돌 그룹에게는 저마다 상징색이 있는데 팬들이 저마다의 아이돌 그룹의 상징색에 맞는 야광봉을 흔들기 시작하면서 이제는 콘서트장의 필수 응원 도구가 됐다. 이러한 국내 응원문화가 K-팝 열풍과 함께 세계로 전파되면서 야광봉 역시 글로벌 히트 상품이 됐다.

'반디펜'과 '야광봉' 만든 발명가

이러한 야광봉이 만들어지기 전, 김동환 씨가 앞서 발명한 제품이 하나 있다. 이 역시 빛을 다룬 제품이 '반디라이트펜(반디펜)'이다. 반디펜은 볼펜의 심이 LED 중앙을 통과하도록 특수 설계되었기에 어두운 곳에서 별도의 조명 없이도 손쉽게 필기가 가능한, 한마디로 '어디서든 필기가 가능한 펜'이다. 특허청에 1995년 12월 21일에 출원되어 1998년 9월에 등록된 반디펜의 아이디어는 다음과 같이 소개되어 있다.

"이 발명 특허의 명칭은 '버튼 작동식 발광펜'이다. 기존의 라이트펜은 필기심이 노출될 때마다 무조건 조명기가 켜지도록 구성되어, 조명이 불필요한 주간 등의 경우에는 배터리 낭비가 크다. 또한 기존 발명품들이 필기심의 출퇴를 위한 버튼과 조명을 위한 스위치가 별도로 이루어져 있어 불편하다. 이에 따라 필기심 출퇴용 버튼의 작동과 조명 스위치 조작을 연동시켜 간편하게 필기심 출퇴와 조명을 선택할 수 있도록 구성한다."

반디펜은 세상에 나오자마자 히트상품이 됐다. 1996년 제24회 제네바 국제 발명전시회 은상과 제11회 미국 발명전시회 금상 등을 받으면서 단숨에 언론의 주목을 받았다. 그의 회사는 문구 제작 전문기업으로 성장했으며 전 세계에 반디펜 등 문구제품을 수출하는 글로벌 기업으로 도약했다.

교통경찰관 모습에서 태어난 아이디어!

과거 김동환 씨는 경찰장비 전문업체인 익산실업을 창업해 경찰장비와 안전용품 등을 납품하는 사업을 하고 있었다. 어느 날 김 대표는 밤에 근무하는 교통경찰관이 왼손에 수첩을 들고 오른손으로 메모를 하고 있는 모습을 보게 되었다. 그 교통경찰관은 수첩을 밝히기 위해 핸드 플래시를 어깨와 목 사이에 낀 채 겨우겨우 볼펜으로 글자를 기록하고 있었다.

사실 이는 그동안 누구나 숱하게 봐온 모습이기도 했다. 흔히 드라마나 영화의 등장인물이 어두운 밤, 혹은 어두운 지하실 안에서 펜 뚜껑을 입에 문 채 왼쪽에 작은 수첩을 들고 오른손으로 무언가를 기록하지 않던가? 하지만 그는 이러한 일상적인 모습에서 강렬한 아이디어를 떠올렸다.

김동환 씨의 반디펜 창조 프로세스

① 그에게는 경찰장비 전문업체 사업을 하며 평소 경찰장비를 개발하고자 하는 고민이 있었다.
② 어느 날 밤 경찰이 손전등을 목과 어깨 사이에 끼고 매우 불편하게 수첩에 메모하는 모습을 보았다.
③ 볼펜에서 빛이 나오면 손전등 없이도 훨씬 편하게 메모를 할 수 있다.
④ 볼펜과 빛을 결합할 수 없을까?
⑤ 야간근무 현장에서 빛이 나오는 펜을 한손으로 간편하고 빠르게 조작하여 사용하게 할 순 없을까?

김동환 씨는 '라이트'와 '볼펜'을 결합한 이 아이디어 제품을 직접 만들어보기로 결심했다. 물론 아이디어 제품을 실제로 구현해 내는 일은 쉽지 않았다. 볼펜 앞부분에 발광다이오드를 결합하는 것은 물론, 간편하게 심의 출퇴와 빛의 온·오프를 연동시키는 작업에 오랜 시간이 걸렸다.

그렇게 약 2년간 총 6억 원 정도의 비용을 투입한 끝에 1994년 볼펜 앞부분에 부착한 발광다이오드에서 빛이 나오는 볼펜을 개발할 수 있었다. 제품 이름은 'Moon Night'로 상표등록도 마쳤다.

'반디펜'은 이내 유명해졌다. 단숨에 전 세계 25개국을 상대로 수출이 이루어졌고 누적 매출 600억 원을 기록했다. 반디펜의 성공으로 익산실업은 길라씨엔아이로 법인 전환한 후 본격적으로 다양한 문구제품을 생산했으며 이들 제품은 미국과 일본 등 전 세계에 수출되었다. 김동환 씨는 1999년과 2001년 4월 중기청과 특허청에서 신지식인으로 선정됐다.

전화위복, 위기는 기회가 되다!

반디펜이 크게 성공하면서 여러 가지 위기 상황도 뒤따랐다. 한 대형 문구업체가 반디펜의 상표특허를 침해하면서 분쟁이 벌어진 것이다. 대기업과의 특허분쟁은 큰 이슈가 되었지만 결과적으로 반디펜이 승소하면서 기회가 찾아왔다. 신문이나 텔레비전 광고 등의 마케팅을 쉽게 펼칠 수 없는 중소기업의 입장에서 특허분쟁은 어마어마한 홍보마케팅 효과를 가져왔고, 오히려 국내 소비자들에게 반디펜을 알리는 소중한 계기가 된 것이다.

반디펜의 인기는 국내를 넘어 국제 특허분쟁까지 불러일으켰다. 이번 상대는 무려 '월트 디즈니'였다. 한국의 작은 기업과 세계적인 대기업 사이에 상표 특허분쟁이 일어나자 이번에는 CNN이 분쟁 과정을 뉴스로 다뤘다. 결과적으로 국내에서의 저작권 분쟁상황과 유사한 흐름이 되었다. 이번에는 전 세계에 반디펜을 알리고 수출에 성공하는 계기가 됐다. 그야말로 '전화위복(轉禍爲福)'이었다.

내가 해결할 방법이 없을까?

새로운 것을 발명하거나 새로운 비즈니스 모델, 새로운 생각을 창조해내는 사람들의 공통점은 무엇일까? 그들이 스스로 문제를 해결하려 한다는 점이다.

그들은 다른 사람들이 문제를 해결해주는 것을 기다리는 대신 스스로 자신을 창조자의 포지션에 놓는다. 어느 날 문득 발명가가 된 김동환 씨도 그랬다. 그의 경영철학은 바로 '세계에서 오직 하나뿐인 제품만을 생산한다.'이다.

그는 반디펜의 노하우를 활용해 안경이나 시계를 고치는 소형 드라이버가 장착된 '맥가이버 라이트펜'이나 등산이나 캠프에 유용한 '나침반 라이트펜', 자외선 불빛으로 위조 여부를 구별해 내는 '위조지폐 감별펜', 공연 분위기를 돋우는 '반디 라이트스틱' 등 다양한 아이디어 상품을 개발했다. 물론 그가 만든 제품이 모두 성공을 거둔 것은 아니다. 그러나 그의 상품들은 모두 하나 같이 '직접 문제를 해결하면 된다'는 마음 덕분에 세상에 탄생할 수 있었다.

빛을 다루는 도로면 위 표시등인 '반디 도로표지병'을 개발하게 된 동기 역시 직접 문제를 해결하고자 하는 마음 때문이었다. 도로표지병이란 야간이나 비가 올 때 차선을 명확히 표시하기 위해 차선에 못처럼 박아둔 도로표지다.

'튼튼하고 어떤 환경에서도 눈에 잘 보이면서 친환경적인 국내 신기술로 이 도로표지병을 직접 개발해 보면 어떨까?'

정부가 인정하는 신기술을 개발한다면 공공 공사 설계 시 의무적으로 해당 신기술을 설계에 반영한다는 지원정책 역시 개발의 동기가 되었다. 이를 위해 순수 개발비만 37억 원가량이 들어갔다.

결과적으로 그가 개발한 '반디 도로표지병'은 관련 부처와 정부 기관들로부터 국내 신기술과 상품성을 인정받았다. 그러나 공공 공사 시 신기술을 설계에 의무적으로 반영해야 한다는 정책은 정작 현장에서 지켜지지 않았다. 그의 발명품은 현장에 여전히 작동하는 유착과 이권의 카르텔이 세운 벽을 넘지 못했다.

이 때문에 김동환 씨는 수익을 내지 못하고 막대한 투자로 인해 발생한 빚을 갚아나가야 하는 어려운 시절을 보내기도 했다. 다행히 그는 다시 회사를 회생시킬 수 있었다. 반디펜과 반디야광봉 덕분이었다.

김동환 씨는 반디 도로표지병의 실패로 오랫동안 불면증에 시달리기도 했다. 병원에서 다양한 치료를 했지만 쉽게 좋아지지 않았다. 이때 그는 과연 무슨 생각을 했을까?

'내가 직접 불면증을 해결할 방법을 찾아보면 어떨까?'

결국 김동환 씨는 불면증 치료에 도움이 되는 식품을 직접 개발했다. 불현듯 찾아왔던 건강 문제. 그것은 사업에만 매달려 온 그가 '식품'에 눈뜨게 된 계기였다. 지난 2011년 반디펜, 야광봉 등 기존 사업을 함께 일했던 직원에게 넘긴 뒤 충남 논산으로 내려가 농업회사법인 '옹기식품'을 창립했다. 식품 발명가가 된 김동환 씨는 조선시대에 궁중에서 임금님들이 먹던 간장과 된장을 개발하는 데 온 힘을 기울임과 동시에 다양한 전통 식품을 연구하고 있다. 그의 인생은 '발명'의 연속이다.

08

책과 비디오를 대여해 주던 동네서점의 위대한 변신
츠타야 창업자 마스다 무네아키의 '라이프스타일'

무(無)에서 유(有)가 창조되었거나 과거와 현재가 완전히 달라졌거나 평범했던 것이 위대한 것으로 변했다면, 그사이엔 도대체 무슨 일이 있었던 것일까?

비록 우리 눈에 잘 보이지 않더라도 그사이에 무슨 일이 일어난 것은 분명하다. 물이 얼음으로 변했다면? 온도가 내려가서 하룻밤 사이에 얼었다는 평범한 사고에서 벗어나 그 사이의 인과관계를 한번 치열하게 살펴보자.

미국 프리스턴대 생명공학과 파블로 데베네데티 교수팀은 물 분자와 얼음 사이에 벌어지는 과정을 연구했다. 연구팀은 '연산장치(CPU)' 2,100만 개를 합쳐 놓은 고성능 슈퍼컴퓨터를 활용해 4,096개 가상 물 분자가 얼음이 되는 과정을 분석했다. 그 결과, 물과 얼음 사이에 '결정핵'이 만들어지고 핵이 만들어지는 데 걸리는 시간이 '백만 분의 1초'에 불과한 찰나의 순간이라는 사실을 밝혀냈다.

물 분자와 얼음 사이의 프로세스를 좀 더 구체적으로 설명하자면 다음과 같다.

1. 온도가 떨어지면 공간 속에 있는 주변 물 분자들이 서로 뭉쳐 작은 방울을 형성한다.
2. 방울의 크기가 커지다가 백만 분의 1초 만에 '임계 핵'이라 부르는 지점에 도달한다.
3. 임계 핵 지점에 도달한 뒤부터는 자발적으로 얼음 결정이 형성된다. 얼음의 입자는 보통 안정된 육각형 형태로 알고 있지만, 불안정한 육면체 형태도 존재하며 서로 결합해 있다.
4. 핵이 만들어지는 초기에, 상대적으로 불안정한 육면체 형태의 얼음이 많아지면 서로 뭉치려는 힘이 강해진다.
5. 서로 뭉쳐져 구에 가까운 모양이 만들어지면 안정적인 상태의 얼음이 형성된다.

이처럼 물 분자와 얼음 사이에는 백만 분의 1초 만에 '임계 핵'을 만들어 서로 결합하고 새로운 형태로 만드는 과정이 숨어있음을 알 수 있다.

프러포즈를 연결하는 다리

세상에 이유 없는 변화는 없다. 그 사이에는 반드시 절차가 있다. 가령 남녀사이에 프러포즈가 완성되는 과정에도 반드시 이쪽과 저쪽을 연결하는 설계도가 필요하다. 나와 그 사이를 잇는 '다리'가 없다면 절대 사랑은 완성되지 않는다.

'나'와 '그'를 연결하는 가상의 다리를 한번 건설해 보자.

그   나

먼저 반지를 전달하고 고백하기 위해서는 나와 그가 함께 발 딛고 있는 공간의 사이를 가늠해야 한다. 나와 그의 '사이'에는 시공간이 존재한다. 따라서 공간의 넓이와 물의 깊이를 파악한 뒤, 그 사이를 연결할 다리를 건설할 시간을 고려해 설계도를 그려야 한다.

그 다음에는 나와 그를 잇는 무대 위에 상판을 깔아 '나'와 '그'를 연결해야 한다. 이로써 나와 그를 연결하는 도로가 생겼고 서로 통할 수 있게 됐다.

이제 다리 위를 달릴 차의 트렁크에 풍선을 가득 싣고 프러포즈 반지를 안 주머니에 넣고서 '나'가 '그'에게 다가간다.

'그' 앞에 차를 멈춰 세운 뒤 트렁크를 열어 풍선을 하늘로 날리는 연출과 함께 반지를 꺼내 프러포즈한다.

이로써 이쪽과 저쪽이 연결되고 과거가 현재로 이어지며 평범함이 특별함으로, 나와 그가 하나로, 프러포즈가 완성된다. A와 B 사이에 다리가 연결되었기 때문이다. 이처럼 사이를 잇는 다리는 하루아침에 만들어지지 않는다. 반드시 일련의 과정을 거친다.

35평 동네서점에서 탄생한 국민 브랜드

우리나라에서는 불과 10여 년 전만 해도 동네 곳곳에 도서 대여점이 즐비했다. 하지만 책이나 비디오는 물론 음반 및 DVD 등을 빌려주던 동네 아지트의 역할은 어느 순간부터 카페가 대신 차지하게 되었다. 이제 동네에서 책이나 비디오, 음반 및 DVD를 빌려보는 풍경은 사라진 지 오래고, 도서 대여점 또한 그 맥이 거의 끊긴 상황이다.

옆 나라 일본에서도 '츠타야'라는 이름의 도서 대여점이 있었다. 35평짜리 작은 이 동네서점은 도서, 음반 및 DVD를 대여해 주던 평범한 곳이었다. 과거 국내에 유행했던 도서 대여점 콘셉트가 바로 이 츠타야 서점에서 비롯된 것이다.

하지만 놀랍게도 츠타야 서점은 2021년을 맞이한 지금도 여전히 성황리에 운영되고 있다. 아니, 그냥 유지되는 정도가 아니라 '컬처컨비니언스클럽(CCC)'이라는 거대한 기업으로 성장해 일본 내 약 1,500개의 매장을 갖춘 명실상부 국민 브랜드로 활동하고 있다.

동네서점과 일본 국민 브랜드 '사이'

35평짜리 작은 동네서점에서 일본 국민 브랜드가 된 컬처컨비니언스클럽(CCC) '사이'에는 어떤 창의가 숨어있을까? 우리나라의 도서 대여점과 츠타야의 가장 큰 차이점은 둘 다 도서와 음반 대여업을 위주로 출발했지만, 츠타야의 경우 현재는 '라이프스타일을 기획하여 파는 비즈니스'가 되었다는 사실이다. 한마디로 정의하긴 어렵지만, 동네서점과 일본 국민 브랜드 사이에 '라이프스타일 제안 백화점'이 포함되어 있다고 설명할 수 있다.

라이프스타일 제안 백화점이란 무엇인가, 이 비즈니스 콘셉트를 보다 쉽게 이해하기 위해서는 먼저 2011년 도쿄 다이칸야마에 개점한 '츠타야 서점 T-SITE'를 살펴봐야 한다. 츠타야 서점 T-SITE는 도쿄의 핫 플레이스로 알려져 있다. 서점이지만 그냥 서점이 아니다. 이곳은 보통의 서점과는 다른 몇 가지 특징을 가지고 있기 때문이다.

츠타야 서점 T-SITE의 특징

- 이곳에서는 시장의 변화와 소비자의 니즈를 철저하게 분석하여 빠르게 고객에게 필요한 라이프스타일을 제공한다.
- 이 공간에는 책뿐만 아니라 음악, 영화, 음반, 카페, 식당, 식료품, 도구, 서비스 등 고객이 원하는 무엇이든 들어갈 수 있다.
- 고객의 관심 라이프스타일에 따라 전문 큐레이터가 코너(콘셉트)를 기획하며, 서로 다른 다양한 장르를 창의적으로 융합하여 상품과 서비스를 제공한다.

여행 코너에서는 여행 서적을 시작으로 여행용품, 여행사 등 여행과 관련된 필수적인 서비스가 한 공간에 자리 잡고 있으며, 여행전문가가 여행 관련 라이프스타일을 기획하고 서비스한다. 요리 코너에서는 요리 서적과 요리 비디오는 물론, 주방 도구, 전자기구, 식자재까지 판매하고 있다. 물론 이곳의 큐레이터는 요리 전반에 해박한 지식을 가지고 있는 전문가이다. 각 코너의 담당자들은 콘셉트에 맞게 상품 매입부터 매장 구성과 디자인 등 모든 서비스 전략을 수립하고 실행한다.

당신이 이곳의 손님이라고 가정해 보자. 해외여행을 떠나볼까 하고 서점 코너에 갔는데, 다양한 여행 관련 도서 옆에 여행용 가방이나 목 베개, 약통, 멀티탭, 보조배터리 등 여행용품점 코너가 있고 그 옆에 단체여행 상품이나 항공권을 예약할 수 있는 여행사와 함께 숙박과 렌터카를 예약할 수 있는 코너가 마련되어 있다.

게다가 근처에는 여행 관련 책을 30권 낸 여행플래너의 상담 코너가 있어 여행 준비나 해당 국가 여행 시 체크 사항을 안내받을 수 있다. 여행 관련 책을 사러 왔다가 여행 라이프스타일에 대한 모든 서비스를 제공받을 수 있는 것이다.

고객의 입장에서, 츠타야는 분명 서점이지만 동시에 카페이고, 고급 레스토랑이고, 편의점이고, 가전용품점이며, 여행사이자, 주방용품점이며 식료품 가게이기도 하다는 이야기다.

평범한 동네 츠타야 서점과 국민 브랜드 '사이'에는 무엇이 있을까? 바로 도서를 매개로 음반, 문구, 소품, 패션, 디자인, 가전용품, 자동차용품까지 다양한 생활용품을 제안하는 비즈니스 모델이 있다.

환상적인 생각은 고객 관찰에서 나온다

이처럼 환상적인 생각과 놀라운 변화를 가능케 한 주인공은 히라카타 역 근처에 작은 동네서점인 츠타야를 시작으로 일본의 라이스타일 제안 기업 컬처컨비니언스클럽(CCC)을 세운 기업가 마스다 무네아키다.

그는 10여 년간 다니던 패션 회사를 그만두고 1983년 책도 팔고 음반과 비디오 등을 대여해주는 츠타야 서점을 오픈했다. 1980년대만 해도 서점에서 음반과 비디오 등을 판매하는 것은 파격적인 일이었다. 인기에 힘입어 츠타야 서점은 10년 만에 600개 이상의 대여점으로 확대됐다. 2003년 츠타야는 회원의 이용 장려를 위해 이용 포인트를 누적해주는 'T포인트 카드시스템'을 도입했는데, 이용자가 워낙 많다보니 일본 인구의 절반에 달하는 회원 수를 기록했을 정도다.

도쿄 다이칸야마 츠타야 서점은 그의 모든 고객 중심 경영철학이 압축되어 실현된 서점이다. 츠타야 서점 T-SITE를 오픈하기 전 그는 하루 종일 거리에서 지나가는 사람들을 관찰했다. 카페에서 사람들을 지켜보거나 역에서 매장이 들어설 곳까지 때로는 20대 여성의 기분으로, 때로는 노인의 기분으로 거리를 걸어보았다.

이러한 경험을 통해 그는 거리를 지나가는 사람들 중 개와 산책하는 노인들이 주류라는 사실을 발견했다. 개와 함께 산책하는 노인들의 상당수는 인생을 여유 있게 즐기고, 원하는 때 휴식을 취하며 편하게 소비할 수 있는 라이프스타일을 가지고 있었다. 따라서 그는 60세 이상의 시니어들처럼 시간적 여유와 경제력을 갖춘 이들에게 필요한 라이프스타일 서비스 공간을 만들어야겠다고 생각했다.

이를 위해 서점을 분야별로 분류해서 배치하고, 단순히 서점을 책을 파는 공간으로 한정하는 대신 무대 자체를 바꾸었다. 철저히 고객의 관점에서 그들의 관심사와 라이프스타일에 근거하여 다양한 분야의 서비스를 융합한 뒤 원스톱으로 제공하는 새로운 공간을 창조했다.

이곳에서는 시니어를 위해 얼굴 팩부터 마사지, 몸매관리, 발 관리, 아로마 관리 등 모든 피부관리를 서비스하는 에스테 살롱과 함께 반려동물 병원이 함께 있는 가게가 함께 운영되었다. 게다가 그들의 편의를 위해 가게를 나서면 곧바로 택시를 바로 잡을 수 있는 택시 승강장까지 설치했다.

그의 혁신적인 도전은 대성공을 거두었고, 마스다 무네아키는 일본에서 '혁신의 아이콘', '지금 가장 주목받는 경영자'로 불리게 되었다.

모든 기획자는 디자이너가 돼야 한다!

마스다 무네아키 본인이 직접 쓴 『지적자본론(민음사)』에서 그는 "기획이란 고객의 삶을 디자인해야 한다는 것이다. 그런 의미에서 모든 기획자는 디자이너가 되어야 한다."고 설명했다. 모든 의사결정의 중심에 고객을 놓고 서비스와 공간을 새롭게 실현해낸다는 그의 가치 창조 방식은 점차 클라우드나 콘텐츠 분야와 같은 비즈니스 영역으로 확장되었다.

마스다 무네아키가 사내 블로그에 10년간 기록한 경영일기를 모아 엮은 책 『취향을 설계하는 곳 츠타야(위즈덤하우스)』에서는 "사람은 풍경 속에서 무의식중에 의미를 찾는다."는 자신의 통찰을 전해주기도 한다. 고객의 기분으로 서비스를 기획하기 위해 그는 몇 번이고 매장을 바라본다. 같은 매장이라도 아침의 기분, 점심의 기분, 저녁의 기분으로. 이처럼 그의 시선은 늘 사람들의 관심, 상대의 입장에 초점을 맞추고 있다.

"상대를 생각해서 타인의 이야기를 웃는 얼굴로 들어준다. 그것은 내용이 좋아서라기보다 상대가 불쾌하지 않도록 하려는 배려다. 그런 의미에서는 진심이 아니다. 상대에게 'NO'라고 말할 때가 진심이다. 여기에서 커뮤니케이션이 시작된다고 생각한다. 'NO'라는 말을 들어도 포기하지 않고 상대에게 도움이 되는 일을 생각한다."

이러한 마스다 무네아키의 경영철학이 적용된 유명한 공간이 또 하나 있다. 바로 일본 사가현의 '다케오 시립도서관'이다. 이곳은 2013년 문을 연 지 약 1년 만에 방문자 수가 100만 명을 돌파한 획기적인 도서관으로 유명하다. 마스다 무네아키 이 도서관을 '복합문화공간'으로 창조해냈다.

다케오 시립도서관은 사실 도서관의 기능을 갖춘 것은 물론 동시에 멀티미디어 이용관과 음반 이용실, 미술관과 커피숍의 기능을 갖추고 있다. 도서관의 건축 디자인과 실내장식 또한 그 자체만으로 하나의 예술 같은 작품이 되도록 디자인되었으며, 책의 진열방식 역시 기존의 도서관과 달리 수십 만 권에 이르는 모든 책을 자유롭게 꺼내 볼 수 있도록 철저히 방문자 위주로 구성했다. 또한 다양한 주제로 기획되는 도서 기획전을 수시로 열어 이용자들의 관심을 꾸준히 유도하고 있다.

온라인 시대 오프라인의 해답은 '공간'

다양한 장르를 자연스럽게 융합시키고 기존과 완전히 다른 공간을 재창조해내는 마스다 무네아키의 창의적 사고를 분석해 보면 다음과 같은 프로세스에 따르는 것을 알 수 있다.

마스다 무네아키의 창의 프로세스

❶ 서점은 서점이 아니다. 전자제품 판매점은 전자제품 판매점이 아니다. 도서관은 도서관이 아니다. 이것을 파는 가게는 이것을 파는 가게가 아니다. (=일론 머스크의 제1원칙 사고법)
❷ 공간을 재해석하고 기존에 인식된 공간 자체를 바꿀 수 있다고 다시 생각한다.
❸ 실제로 소비자 입장에서 생각하고 소비자 관점에서 행동하여 소비자의 기분으로 현장에 서 본다.
❹ 그들이 원하는 '라이프스타일'을 상상하고 설계한다.
❺ 라이프스타일 콘셉트에 맞게 다양한 장르의 서비스를 융합하고 공간 재창출하여 기존과 다른 새로운 서비스를 제공한다.

이와 같은 마스다 무네아키의 라이프스타일 창의 프로세스는 다른 분야에도 얼마든지 적용할 수 있다. 그는 2015년 도쿄 세타가야구 후타코타마가와 역 근처에 '츠타야 가전'을 오픈했다. 이곳 역시 자세히 들여다 보면 평범한 가전제품 공간에서 벗어나 라이프스타일로 재창조되어 있음을 확인할 수 있다.

가전제품 전문점인 츠타야 가전의 내부에는 스타벅스 매장과 함께 잡지와 도서 코너, 컴퓨터 주변기기 코너, 자전거 편집숍, 카페 같은 독서 공간 등 다양한 장르가 조화를 이루어 구성되어 또 하나의 새로운 문화공간으로 탄생했다. 이곳에서는 사진, 네트워킹, 음악, 영상, 먹거리, 미용 등 가전제품 분야별 전문 컨설턴트와 여행, 아트, 건축, 인문 등의 도서 컨설턴트들이 고객들의 종합적인 라이프스타일을 상담 및 설계해준다.

이처럼 츠타야식 공간 큐레이션은 우리의 상상력을 뛰어넘는 공간과 경험을 제공한다. 이것이 츠타야가 현재까지 주목받는 기업으로 성장하고 있는 이유다.

현대 사회에서 온라인 배송과 디지털 스트리밍 영상서비스가 대세를 이루고 있음을 부정하기는 어렵다. 하지만 오프라인 매장들이 살아남기 힘든 지금의 시대에서 츠타야는 온라인 쇼핑몰로 성장한 아마존을 위협하고, 온라인 콘텐츠 기업인 넷플릭스에 전혀 밀리지 않는 아날로그 글로벌 기획회사로 평가받고 있다.

PART 5
관계를 읽는 크리에이터의 눈

01

대학교 리포트에서 탄생한 세계 최대 물류배송기업
페덱스 창업자 프레데릭 스미스 회장의 '자전거 바큇살'

"창의성은 언뜻 보기에 아무 연관 없는 것들을 연관 짓는 힘이다." _작가 윌리엄 플로머
"무엇이든 그것 하나만 집어내려고 할 때 우리는 그것이 세상
만물에 얽혀 있음을 알게 된다." _자연사학자 존 뮤어
"인생은 엉클어진 실타래 같은 거미줄이다." _윌리엄 셰익스피어

'자전거 바큇살' 모양의 배송 시스템

    1962년 미국 예일대에서 경제학을 수강하던 대학생 프레데릭 스미스는 학기 말 리포트로 새로운 화물수송 시스템을 기반으로 하는 비즈니스 모델에 대한 아이디어를 제출했다. 당시 물류 사업자는 배달을 요청한 고객을 찾아가 물건을 받은 후 배송지역을 분류하고 또다시 각 수령자에게 전달하는 식의 배송 시스템으로 업무를 진행했는데, 미국의 국토가 워낙 크기 때문에 택배 배송이 오래 걸리고 지역에 따라 배송 기간도 천차만별이었다.

때문에 도착 예정 시간을 예고하기 쉽지 않아 배송이 열악한 지역의 경우 고객들은 물건이 언제 도착하는지도 모른 채 무작정 기다리는 수밖에 없었다. 하지만 더 나은 방법이 없다는 생각에 모두들 언제 올지 모른 물건을 기다리는 일에 익숙해져 있었다.

당시 대학생이었던 프레드릭 스미스 역시 이런 택배 배송의 불편함을 잘 알고 있었다. 그러던 중 어느 날 그는 우연히 '자전거 바큇살' 모양을 보고 흥미로운 아이디어를 떠올렸다.

"자전거 바큇살이 모이는 중앙에 '중간 물류창고'를 만들어 바큇살이 뻗어나가듯 물건을 배송하는 시스템을 만들면 훨씬 효율적이겠군."

그는 학기 말 리포트에 미국 내 인구분포의 중심지역에 화물 집결지를 만들고, 모든 화물을 먼저 허브에 모은 다음 재분류하여 미국 전역에 효과적으로 배송한다는 아이디어를 정리해 제출했다. 리포트 내용은 다음과 같았다.

프레드릭 스미스의 바큇살 아이디어

❶ 미국 내 인구분포를 조사해서 중심지역에 화물 집결지(허브)를 만든다.
❷ 모든 화물을 허브로 모은다.
❸ 허브에서 화물을 목적지별로 분류한다.
❹ 자전거 바큇살 모양처럼 여기저기 펼쳐진 목적지에 화물을 전달한다.
❺ 이를 통해 효율적이면서 신속하고 예측 가능한 화물배송 서비스를 구현한다.

이와 같은 배송 시스템은 정확히 오늘날 '쿠팡'이나 'CJ대한통운' 등에서 적용하고 있는 물류 산업의 핵심 운영 방식이다. 화물을 우선 한곳에 모은 뒤 분류하고 배송하는 단계적 현대 물류시스템을 50년 전, 그것도 한 대학생이 머릿속에 그려낸 것이다.

비록 이 아이디어는 당시 담당 교수에게 실현 가능성이 없다는 이유로 좋은 평가를 받지는 못했다. 하지만 프레드릭 스미스는 자신의 리포트를 토대로 세계적인 화물 택배 기업 '페덱스'를 창업했다.

'비행기'에 주목한 항공 물류의 아버지

프레드릭 스미스는 졸업 후 곧바로 군에 입대했고, 전역하자마자 대학생 시절 제출했던 리포트를 토대로 '페더럴 익스프레스(연방 특급 배송)'를 창업했는데, 이 물류회사가 바로 '페덱스(FedEx)'이다. 그의 나이 27살 때의 일이었다.

물론 20대 청년이 항공 물류회사를 창업할 수 있었던 것은 무엇보다도 그의 집안이 부자였기 때문이다. 그는 부모로부터 상속받은 400만 달러(44억 원)와 투자자들로부터 받은 9,100만 달러(1,017억 원)를 바탕으로 8대의 비행기를 구입해 미국 내 여러 도시로 화물을 배송하는 항공 물류 사업을 시작할 수 있었다.

하지만 풍부한 자본금 이전에 페덱스가 탄생할 수 있었던 데에는 다양한 아이디어가 퍼즐처럼 연결됐던 것도 한몫한다. 페덱스의 탄생에는 자전거 바퀴살에서 힌트를 얻어 새로운 물류배송시스템을 구축한다는 아이디어 외에도 또 하나의 중요한 '연결고리'가 있었는데, 그것은 '비행기'였다. 허브 배송과 항공 물류의 통합이 바로 페덱스 기업의 핵심 가치였기 때문이다.

프레드릭 스미스가 대학을 다니던 1960년대만 해도 물류배송은 기차나 트럭 중심으로 이루어졌다. 경제학을 배우던 그는 시대의 변화가 점점 더 빨라질 것으로 내다봤다. 물류배송도 국내외를 가릴 것 없이 전 세계가 이어지게 될 것이며, 자연스럽게 '비행기'가 중심 역할을 하게 되리라 예상했다.

"비행기에 소형 첨단장비나 고부가가치 화물을 실어 목적지로 운송하는 '비행기 특급 운송'은 완전히 새로운 배송 서비스가 될 수 있을 거야."

사실 프레드릭 스미스가 '비행기'에 관심을 갖게 된 것은 결코 우연이 아니었다. 그는 어린 시절 비행기 조정법을 배워 비행기 운전을 한 경험이 있었으며, 1966년 학교를 졸업한 후 해병대에 입대해 베트남 전쟁에 참전하기도 했다. 그는 여기서 비행기 뒷좌석을 담당하는 파일럿으로 4년간 복무하게 된다. 그의 삶에는 늘 비행기가 있었다. 때문에 그의 기업 구상이 자연스럽게 항공 물류회사로 이어진 것이다.

페덱스는 나중에 화물 운송 전용 항공사인 '플라잉 타이거 라인'을 인수 합병하면서 항공 운송 서비스가 가능하게 되었다. 또 '로버츠 익스프레스', '바이킹 운송' 및 '칼리버 시스템'을 인수하고, 이후 '아메리칸 프라이트웨이즈'까지 인수하여 현재의 '페덱스'란 기업명으로 통합하였다.

페덱스는 현재 전 세계 항공 물류 시장을 주도하고 있는 회사가 됐다. 2021년 기업현황에 따르면 하루에 320만 개 이상의 화물을 처리하며 전 세계 220개국, 400,000명 이상의 종업원과 50,000개 이상의 지역의 사무소, 659여 대의 항공기 그리고 41,000여 대의 차량을 운용하고 있다.

파산 위기를 넘어 세계적 물류 기업으로

페덱스 기업을 역사를 쫓아가 보면 다양한 위기의 순간이 있었음을 알 수 있다. 창업 후 얼마지 지나지 않은 1973년, 1차 오일쇼크가 찾아왔다. 페덱스는 유가 급상승으로 인해 막대한 부채가 생겨났고, 회사가 파산할 지경에 이르고 말았다.

회사를 살리기 위해 스미스 회장은 백방으로 뛰어다니며 투자를 요청했지만 모두 거절당했다. 간신히 운영되던 회사의 자금마저도 고작 5,000달러(559만 원)밖에 남지 않게 되었다. 파일럿에게 지급할 임금은 물론이고, 비행기에 넣을 기름을 살 돈마저 없었다. 스미스 회장은 전 재산을 처분하고 빚도 져야 했다. 그는 자포자기하는 심정으로 수중에 마지막으로 남아 있던 5,000달러를 들고 라스베이거스에 갔는데, 여기서 블랙잭 도박으로 27,000달러를 따내 기적적으로 직원들의 월급을 지급할 수 있었다고 한다.

이후 스미스 회장은 용기를 내 마지막이라는 심정으로 투자를 받기 위해 사방으로 다시 뛰어다녔고, 파산 직전의 순간 겨우 투자유치에 성공했다. 이를 통해 생사의 기로에 놓였던 페덱스는 겨우 산소호흡기를 떼고 다시 도약을 시작할 수 있었다.

1975년 페덱스는 최초로 흑자를 기록하는 데 성공했으며, 1976년에는 360만 달러(40억 원)의 순이익을 기록했다. 취급하는 화물의 양도 일일 평균 1만 9,000개로 늘어났다. 1978년에는 뉴욕증권거래소(NYSE)에 회사를 상장했으며 1980년에는 미국 내 90개 도시로 서비스 지역을 확대했고, 1981년에는 캐나다로의 국제 배송도 시작했다. 1983년에는 인수 합병 없이 10년 만에 10억 달러(1조 1,185억 원)의 매출을 달성한 미국 최초의 기업에 등극했다.

이제 페덱스는 1976년 흑자로 전환한 이후, 전 세계 최대 규모의 물류 사업자로 성장했다. 항공 물류뿐만 아니라 차량을 활용한 지상 물류, 사무용 제품 배달 등 다양한 신사업 영역을 개척하고 있다.

'비행기'와 '자전거 바큇살 모양의 허브 방식'을 이용해서 익일배송을 전문으로 하는 기업으로 출발해 오늘날 세계적인 기업으로 성장한 페덱스에는 '시도하는 것과 실패하는 것을 두려워해서는 안 된다.'라는 스미스 회장의 경영철학이 곳곳에 숨어있다.

대학 시절 생각한, 그것도 평가 교수에게 C학점을 받는 리포트에서 탄생한 아이디어임에도 불구하고 졸업과 군 제대를 마친 20대 나이에 실행시킨 그에게는 과감한 도전정신이 있었다. 스미스 회장의 삶에서 우리는 실패에 굴하지 않는 아이디어가 어떻게 현실이 되는지 확인할 수 있다.

02

섹시한 디자인의 코카콜라병은 어떻게 탄생했을까?
콜라병 디자인공모 수상 알렉산더 사무엘슨과 얼 딘의 '카카오 열매'

"코카콜라는 코카콜라다. 아무리 돈을 많이 주어도 길모퉁이에서 건달이 마시는 것보다 더 좋은 코카콜라를 마실 수는 없다. 부자든 가난한 사람이든 상관없이 똑같이 코카콜라를 소비한다. 대통령도, 세기의 여배우도 우리와 똑같은 코카콜라를 마신다. 모든 코카콜라는 동일하며, 똑같이 좋기 때문이다."   _『앤디 워홀의 철학(1975)』 중에서

고전 코미디 영화 《부시맨》에는 코카콜라병이 나온다. 칼라하리 사막에서 살아가던 부시맨족의 마을에 어느 날 비행기 조종사가 지나가다가 버린 빈 콜라병이 떨어진다. 난생처음 보는 이상한 물건과 만난 부시맨들은 콜라병을 '신의 물건'이라 믿게 된다. 평화롭던 마을에 혼란이 찾아오고 이내 분쟁으로 발전한다. 이에 주인공인 추장 카이는 마을의 평화를 깨트리는 콜라병을 세상의 끝에 가져가 신에게 돌려주기 위해서 먼 길을 떠난다.

카이는 백인들이 사는 마을을 통과하면서 기상천외한 상황을 겪게 되고 순진한 그는 생활 방식의 차이로 도시의 사람들과 충돌을 일으키다가 급기야는 감옥에 갇히고 만다. 그러나 아

프리카에서 동물의 생태를 연구하던 한 학자와 기자 케이트의 도움으로 풀려나와 그의 연구 작업을 도와주게 된다. 이후 카이는 테러리스트들을 체포하는 데 도움을 주거나 인질로 있던 아이들을 구해내는 등의 사건을 거쳐 고향 칼라하리 사막으로 돌아와 가족들과도 재회한다.

이 영화에서 콜라병은 단순히 음료수병이 아니었다. '아트'이자 '스토리'였으며, '문화'였다. 또한 문명사회를 비꼬는 풍자와 해학의 '장치'가 되었다.

1886년 코카콜라가 만들어진 후 지금과 같은 디자인의 코카콜라병은 1915년에 처음 탄생했다. 병의 디자인을 나이로 치면 100살을 훌쩍 넘긴 셈이다. 그 오랜 세월 동안 코카콜라와 콜라병은 수많은 이야기를 창조했다.

세계적인 팝 아티스트 앤디 워홀은 1962년 「더 그로서리 스토어(The Grocery Store)」라는 작품에서 코카콜라병과 팝 아트를 결속시키며 큰 반향을 일으켰다. 20세기 독창적인 초현실주의 화가로 잘 알려진 살바도르 달리 또한 1943년 「미국의 시(The Poetry of America)」라는 작품에서 코카콜라병을 활용했으며, 에두아르도 파울로찌 역시 1947년 「나는 부자의 노리개였다(I was a Rich Man's Plaything)」라는 작품에서 코카콜라 이미지를 사용했다. 빨간 옷을 입은 산타 할아버지 모습도 코카콜라 광고가 오랜 세월에 걸쳐 정착시킨 이미지이다.

코카콜라병을 부르는 별명 또한 많았다. 1910년대에는 당시 유행하던 호블스커트(똑바로 걷기 어려울 만큼 밑으로 내려갈수록 통이 좁아지는 형태의 스커트)와 모양이 비슷해 '호블스커트 병'이라 불렸고, 영화배우 메이 웨스트의 우아하고 아름다운 몸매를 닮았다고 해서 '메이 웨스트 병'으로 부르기도 했다.

오늘날 코카콜라병의 별명으로 가장 많이 사용되는 '컨투어 병'은 프랑스 잡지 『라 몽드(La Monde)』가 코카콜라병 모양을 독특한 '컨투어(Contour: 윤곽)'라고 묘사한 것에서 시작됐다. 코카콜라병은 그 특유의 곡선 때문에 아름다운 여성의 몸매를 형상화한 것 아니냐는 루머에 휩싸이기도 하는 등 긴 역사만큼이나 다양한 이야기를 품고 있다. 이뿐만이 아니다. 코카콜라병은 인물이 아닌 소비재로는 최초로 미국 시사주간지 『타임지』의 표지를 장식하기도 했다.

진통제로 탄생한 코카콜라

코카콜라는 원래 진통제 역할을 하는 음료로 1886년 약국을 운영하던 제약사 팸버튼이 개발한 신약이었다. 미국 동남부 조지아주에 살던 존 스티스 팸버튼 박사는 1861년 남북전쟁에 참전하여 큰 부상을 당하고 만다. 당시 많은 부상병이 그랬던 것처럼 알코올과 진통제 모르핀에 중독되어 있던 그는 1885년 조지아주에서 금주령이 생기자, 알코올을 끊고 동시에 모르핀의 중독증상을 이겨내고자 술을 대체할 수 있는 새로운 음료를 개발하기 시작했다.

이듬해 팸버튼 박사가 개발한 이 새로운 약은 남아메리카의 '코카나무 잎'과 서아프리카에서 자라는 '콜라나무 열매 추출물'을 배합한 원료를 사용했다. 코카나무 잎에는 '코카인'이라는 성분이, 콜라나무 열매에는 '카페인'이 들어있어 잠을 깨우는 각성 효과가 있었다. 존 팸버튼 박사는 이러한 신약을 탄산수에 섞는 달콤한 시럽 음료로 만들어 판매했다.

현재는 다양한 첨가물을 추가하고 마약성 성분인 '코카인'을 뺐지만, 처음에는 순수하게 코카잎 추출성분과 콜라 콩, 설탕 시럽, 탄산수를 이용해 만들어진 의약품에 가까웠다. 당시 약국 경리 담당이었던 프랭크 로빈슨은 주성분인 코카 잎(Coca)과 콜라 콩(Kola Bean)의 이름을 조합해 'Coca-Kola'라는 이름을 제안했고 훗날 이것이 '코카콜라(Coca-Cola)'가 되었다.

처음 코카콜라는 약용으로 만들어졌기 때문에 팸버튼의 약국에서만 판매가 이루어졌는데 5센트를 받고 매번 잔에 따라 판매하는 방식이었기 때문에 그리 잘 팔리지 않았다. 하지만 이를 눈여겨보던 약제 상인 에이서 캔들러가 코카콜라 특허 인수 비용으로 권리금 550달러를 제시했고, 팸버튼은 코카콜라 원액 제조 방법과 모든 권리를 그에게 넘긴다. 이로써 코카콜라의 새 주인이 된 에이서 캔들러는 팸버튼 약국의 경리를 보던 프랭크 로빈슨과 동업하여 1892년 코카콜라 회사를 설립하고 본격적으로 사업을 시작했다.

회사 설립 후 1894년부터는 휴대 및 운반을 고려해 코카콜라를 유리병에 담아 팔기 시작했고, 에이서 캔들러는 자신의 탁월한 영업능력과 차별화 전략을 발휘해 코카콜라를 전국적으로 유통 판매시키는 데 성공했다.

성공과 모방, 코카콜라병의 고민

1886년만 해도 하루 평균 9잔 판매되던 코카콜라는 1900년에 이르러 미국의 거의 모든 주에서 판매될 만큼 크게 성장했다. 코카콜라는 폭발적인 인기에 힘입어 미국 전역에 '코카콜라병'을 제조할 수 있는 독점 판매권을 주는 방식으로 사업을 확장해 나갔다. 초기에는 코카콜라가 원액을 주면, 보틀링 파트너가 직접 제작한 병에 원액을 넣어 판매하는 프랜차이즈 방식이었다.

수많은 보틀링 파트너가 생겨났고 코카콜라 판매량도 계속해서 증가했다. 하지만 사업이 성장함에 따라 코카콜라는 아이러니하게도 그 인기 탓에 위기를 맞게 되었다. 코카콜라의 높은 인기와 성장에 시기를 느낀 경쟁업체들이 코카콜라병을 흉내 낸 유사품들을 만들기 시작했기 때문이다.

당시의 콜라병은 모방이 전혀 어렵지 않았다. 코카콜라의 병은 일반적인 둥근 원통 모양의 평범한 디자인이었기 때문에 사람들이 비슷한 모양의 병에 유사품을 마치 진짜 코카콜라인 양 판매한 것이다. 회사는 이를 막으려고 코카콜라병에 로고를 새겼지만, 금세 그것마저 모방하는 곳들이 나타났다.

모방 방지를 위한 회사의 노력은 계속됐다. 1906년 코카콜라는 경쟁업체의 모방을 방지하기 위해 눈에 잘 띄도록 컬러풀한 상표가 표기된 다이아몬드 모양의 라벨을 병에 부착했다. 다이아몬드 라벨과 함께 '앰버컬러'를 사용한 갈색 콜라병을 출시하기도 했다.

하지만 이마저도 소용이 없었다. '코카놀라(Koka-Nola)', '마 코카코(Ma Coca-Co)', '토카콜라(Toka-Cola)', 심지어 아주 교묘하게 스펠링만 살짝 바꾼 '코크(Koke)' 등 수많은 모방제품들이 판을 치기 시작했다. 소송도 시도해 보았지만 결국 피해는 고스란히 코카콜라가 떠안아야 했다.

피해가 너무 커진 코카콜라는 생존을 위해 특단의 조치를 내리게 된다. 바로 누구도 쉽게 흉내 낼 수 없는 새롭고 독창적인 병을 디자인하기로 한 것이다.

새로운 '콜라병 디자인'의 탄생

오늘날 사용하고 있는 콜라병의 디자인 아이디어는 이처럼 경쟁업체의 모방으로부터 브랜드를 보호하기 위해 시작됐다. 따라서 디자인 제1과제는 바로 '누구도 따라 할 수 없는 독창적인 병을 디자인하는 것'이었다.

1915년 코카콜라는 500달러의 포상금을 걸고 최초로 코카콜라병 공모전을 열었다. 당시 공모전에는 아래와 같은 주문사항이 있었다.

'겉으로 봤을 때 코카콜라임을 알 수 있어야 하고 불을 끄고 만져봤을 때도 코카콜라임을 알 수 있는 디자인이어야 한다.'

코카콜라병 공모전에서 우승한 팀은 미국 인디애나주에 위치한 루트 유리공장에서 디자이너로 일하고 있던 알렉산더 사무엘슨(Alexander Samuelson) 등이었다. 그들은 병 디자인 아이디어를 찾기 위해 도서관에서 관련 자료를 물색했다. 우선 그들은 먼저 코카콜라의 원료인 '코카'에 대해 알아보기로 했다.

백과사전에서 '코카'라는 뜻을 찾던 팀원들은 우연히 비슷한 단어인 '코코아'를 발견하게 되었고, 코코아의 원료인 카카오 열매 모양은 이들의 눈길을 단숨에 사로잡았다. 카카오 열매는 길이 30cm 정도의 크기로 끝이 뾰족한데, 붉은색·노란색·주황색·보라색 등 여러 빛깔을 띤다. 모양은 가운데가 길게 늘어졌으며 볼록한 곡선 모양과 세로로 난 결을 따라 올록볼록하게 겉면의 흐르는 듯한 선들을 지니고 있다. 이들은 럭비공처럼 생긴 카카오 열매 모양을 처음 보는 순간 영감이 떠올랐다.

"카카오 열매 모양의 코카콜라병 디자인을 만들어 보면 어떨까?"

이들은 유리병과 카카오 열매 형태를 접목했다. 그리고 여기에 코카콜라 회사가 있는 조지아주의 '그린(Green)'컬러를 병의 빛깔로 적용해 보기로 했다.

"조지아주는 콜라가 처음으로 만들어진 곳이지. 연하고 깨끗한 느낌의 녹색인 조지아 그린(Georgia Green)을 병의 메인 컬러로 정하면 잘 어울릴 것 같아요."

조지아주 애틀란타의 약사였던 존 펨버튼이 코카의 잎과 콜라의 열매를 주원료로 콜라를 만든 이후, 콜라는 조지아주의 상징과도 같은 존재가 되어 있었다. 세계 최대의 청량음료 제조·판매 회사인 코카콜라의 본사도 현재 이곳에 있다. 당시 조지아주에는 걷기 좋은 트레일, 노를 젓고 싶은 호수, 산책하기 좋은 해변이 있었다. 프로비던스 캐니언(Providence Canyon), 드리프트우드 비치(Driftwood Beach), 오커퍼노키 습지(Okefenokee Swamp) 등 산과 바다를 모두 품은 다양한 지리적 환경까지 갖추고 있는 도시로 그야말로 '그린(Green)'이라는 색상이 어울리는 도시였다.

코카콜라병의 탄생 프로세스

❶ 눈으로 볼 때나 손으로 만지는 것만으로 코카콜라의 음료라는 걸 알 수 있게 차별화해야 한다(시각, 촉각의 독창적인 코카콜라 병).
❷ 자료를 찾다가 우연히 '카카오 열매'를 발견했다.
❸ 럭비공처럼 길게 늘어진 볼록한 곡선 모양과 겉면의 흐르는 듯한 세로로 난 선들이 있는 카카오 열매 모양을 디자인에 표현했다.
❹ 콜라병에 숲이 많고 푸르른 코카콜라의 고향인 조지아주의 칼라 이미지'(조지아 그린, Georgia Green)'를 결합했다.
❺ 새로운 코카콜라의 병은 한눈에 알아볼 수 있는 독창적인 디자인이면서 미끄러지지 않게 콜라를 마실 수 있는 실용성도 동시에 갖추었다.

1915년 11월 16일 우연히 발견한 '카카오 열매'의 형태와 '조지아주의 푸른 숲과 바다의 컬러'가 결합하여 탄생한 코카콜라병은 디자인 특허를 받았고, 이듬해 1916년에는 코카콜라의 공식 디자인 병으로 지정되었다. 코카콜라는 이 독특한 병의 디자인으로 타사와 큰 차별점을 둘 수 있었고, 세계적인 청량음료 회사로 거듭날 수 있었다.

조금씩 날씬해진 코카콜라병의 역사

1920년 즈음에 이르러 대다수 보틀링 파트너들이 공식 디자인으로 지정된 코카콜라병을 생산하게 된다. 코카콜라는 병 디자인에 대한 독점적 지위를 유지하기 위해 지속해서 특허권을 갱신했다. 특히 모든 특허가 만료되는 1951년 이후를 대비하기 위해 특허청에 병 디자인을 상표권으로 보호해달라는 요청을 제출했다. 이미 코카콜라병의 독창적인 곡선과 디자인은 그 자체로 코카콜라를 상징하기 때문이었다. 이를 인정받은 코카콜라병은 1961년, 상업용 포장 용기로는 드물게 특유의 독창성을 인정받아 상표로 공식적인 보호를 받게 되었다.

이후에도 코카콜라병은 1915년 최초의 특허를 받은 시기의 럭비공처럼 살짝 통통한 모양에서 오늘날의 좀 더 날씬한 디자인으로 여러 차례 리뉴얼 작업을 거쳤다. 1955년 산업 디자이너인 레이먼드 로위(Raymond Loewy)가 리뉴얼한 날씬한 병이 가장 잘 알려져 있으며, 오늘날까지도 날씬하면서도 안정감 있는 형태가 이어지고 있다.

여기 코카콜라병이 하나 있다. 우리는 지금 그 병을 바라본다. 콜라를 담고 있는 병은 곡선이 아름답고 손에 잡고 마시기 편하다. 검은 콜라를 마신 후 드러나는 그린 톤의 유리병은 마음을 편하게 만들어준다. 그뿐이다.

이번에는 시공간의 통찰적 시선으로 다시 보자. 우리는 100년 이상 긴 세월을 거쳐 태어나고 성장하고 변해 온 코카콜라병 역사를 추적할 수 있다. 콜라병의 창조 프로세스 속엔 모방작에서 상표를 보호하기 위해 새로운 병이 필요했던 절박한 무대가 있었다. 또, 콜라를 담은 투박한 기존 유리병에 우연히 발견한 '카카오 열매' 모양과 조지아의 푸른 도시적 컬러가 연결되는 공간적 만남이 있고, 조금씩 세련되고 날씬하게 변모해 온 시간의 절차도 숨어있다. 그러니까 콜라병은 시공간의 스토리가 만들어 낸 결괏값이다.

당신은 보이는 코카콜라병의 결과를 보고 있는가? 아니면 보이지 않는 시공간 속 코카콜라병의 창조 프로세스 전모를 통찰하고 있는가? 진지하게 스스로 질문을 던져보아야 한다. 창의력의 출발은 관점이다.

03

'뇌졸중 예고 모자' 한 번 써 보실래요?
삼성전자 사내공모 수상 뇌예모 팀의 '웨어러블'

"뇌졸중의 위험성을 아세요?"

뇌졸중은 뇌에 혈액이 공급되는 혈관이 막히거나(뇌경색) 터져서(뇌출혈) 뇌 손상으로 이어지는 질환이다. 통계청에서 발표한 「대한민국 사망원인 통계」 자료에 따르면 지난 2019년 사망원인 중 뇌혈관 질환인 뇌졸중은 암, 심장질환, 폐렴에 이어 4번째로 많았다.

한때 단일 질환으로는 국내 사망률 1위를 기록하기도 했던 무서운 병인 뇌졸중이 괴로운 진짜 이유는 자칫 사망하는 날까지 가족의 수발을 받으며 반신불수로 살아야 할 가능성이 있기 때문이다.

뇌졸중은 겨울에, 그리고 노인들에게 유난히 위험하다. 기온이 급격하게 낮아지는 초겨울 이른 새벽에는 뇌혈관이 수축하면서 혈압이 올라가 갑작스럽게 뇌졸중이 발생할 확률이 커진다.

이처럼 두려운 질환인 뇌졸중은 불행 중 다행으로 뇌에 작은 변화가 생기기 때문에 발생하는 신체 한쪽의 마비, 시력 저하, 이해력 저하, 실어증 등의 전조증상이 있다. 앞선 뇌의

변화로 인한 전조증상을 일찍 알아채고 서둘러 치료받을수록 일상생활에 지장이 없을 정도의 건강을 회복할 가능성이 크다.

얼마나 빨리 뇌졸중을 미리 알아채느냐가 생명을 살리는 것뿐만 아니라 신체 마비로 살아가는 불행한 삶을 막을 수 있다. 하지만 문제는 앞서 소개했듯이 그 증상이 다양해 초기 발견이 쉽지 않다는 점이다.

삼성전자 'C-Lab(Creative Lab)' 제도

만약 부모님이 추운 새벽 집 밖을 나설 때 '뇌졸중을 예고하는 모자'를 착용할 수 있다면? 또한 이 모자에 장착된 뇌파 감지 시스템이 뇌졸중 발병 여부를 파악해 즉각 본인과 가족들에게 스마트폰으로 바로 알려 준다면? 아마도 새벽 산책이나 겨울에 일을 나가시는 부모님에게 아침마다 하는 새로운 배웅 인사가 생겨날 수도 있을 것이다.

"아버지, 뇌졸중을 예고하는 모자 먼저 챙기세요."

현실에서 상용화를 목전에 두고 있는 '웨어러블 헬스케어 기기'에 대한 이야기다. 삼성전자 소속 직원들로 구성된 뇌예모 팀은 그동안 앞서 소개한 '뇌졸중을 예고하는 모자'를 오랫동안 연구하고 개발해 왔다. 이미 몇 년 전에 시제품이 나오기도 한 이 제품은 국제전자제품박람회(CES)에 소개되기도 했다.

이 아이디어가 빛을 볼 수 있었던 것은 삼성전자가 임직원이 제안한 창조적인 아이디어를 선정해 사업화하도록 지원하는 'C-Lab(Creative Lab)' 제도 덕분이다. 삼성전자는 현재 창의 아이디어의 '발굴-구현-사업화'로 이어지는 선순환 체계를 구축해 지속 가능한 혁신을 만들고 국내 스타트업 생태계 활성화에 기여한다는 취지로 C-Lab을 운영하고 있다.

C-Lab은 삼성전자 임직원 대상의 사내벤처 'C-Lab Inside'와 사외 스타트업 육성 프로그램 'C-Lab Outside'로 구성되어 있으며, 삼성전자는 이러한 C-Lab을 통해 창의 아이디어가 혁신으로 성장할 수 있도록 지원하고 있다.

삼성전자는 C-Lab Outside에서 매년 한두 차례 정기적으로 혁신적인 아이디어와 기술로 더 나은 가치를 창출하여 사회에 공헌하고, 삼성전자와 기술, 사업 각 분야에서 시너지를 낼 수 있는 스타트업을 찾는 중이다.

삼성에서 시행하는 아이디어 발굴 프로젝트는 벌써 10년이 넘게 그 명맥을 이어오고 있다. 임직원의 창의력을 북돋우기 위해 2011년 C-Lab이 시작될 당시, 삼성전자는 '창의개발연구소'라는 프로젝트를 진행하고 있었다. 애플 아이폰의 탄생과 갤럭시S의 추격 등 글로벌 경쟁에서 쓴맛을 보고 교훈을 얻은 직후였다.

삼성은 예측하기 힘든 변화의 경영환경에서 창의적 해결책을 제시하는 창의인재가 필요하다는 사실을 절감했다. '창의와 혁신'이 일어나는 미국의 실리콘밸리 문화를 회사 내에 심어야 한다는 절박함도 한몫했다.

혹시 구글X에 대하여 알고 있는가? '구글X(Google X)'는 자율주행 기술을 개발하는 '웨이모' 등 야심찬 프로젝트를 연이어 출시해온 구글 산하의 혁신적인 서비스 연구 조직이다. 구글X에는 총 13개의 프로젝트가 선을 보였는데, 8개의 프로젝트는 성공과 함께 별도의 법인으로 분리되었고, 4개의 프로젝트는 현재 연구 중이며, 바닷물을 연료로 바꾸는 프로젝트는 실패와 함께 종료했다. 구글X 출신 중 가장 유명한 회사는 앞서 소개한 자율주행 기술 회사인 '웨이모(Waymo)'인데, 구글X 산하 자율주행 프로젝트로 시작해서 졸업한 후에 별도의 회사를 만들어 알파벳의 자회사가 되었다.

삼성이 구글X와 같이 임직원들의 혁신적인 아이디어 발굴과 개발지원 프로그램을 위해 만든 것이 바로 'C-Lab'이다. C-Lab은 공모를 통해 아이디어 모집한 뒤 임직원들이 제안한 아이디어를 창의성과 혁신성 중심으로 심사한다. 혜택 또한 파격적이었다.

"아이디어가 채택된 임직원(팀)은 C-Lab 프로젝트의 리더가 되어 최대 1년까지 현업에서 벗어나 독립된 근무 공간과 완전 자율근무를 보장합니다. 저희는 단순히 아이디어 모집에 그치지 않고 그 아이디어가 실제로 개발 및 구현될 수 있도록 끝까지 지원할 것입니다. 함께 일할 동료가 필요하다면 나이·직급에 관계없이 뽑을 수 있는 팀 구성 선발권도 부여합니다. 또 성과를 내면 벤처사업가에 준하는 보상을 제공할 예정입니다."

삼성은 사내 아이디어를 모집한 후 시범적으로 4개 아이디어를 선정하여 개발에 들어갔다. 이렇게 완성된 프로젝트는 5만 원대 비용으로 제작이 가능한 '안구 마우스', 3D 센서와 카메라 등을 활용한 '시각장애인용 자전거', 태양광으로 충전해 영화를 볼 수 있는 프로젝터인 '햇빛 영화관' 등으로 모두 화제를 모았다.

이렇듯 내부 혁신의 기반이 만들어지자 삼성에서는 C-Lab 프로젝트를 확대했다. 2014년 4월에 실시한 C-Lab 과제 공모에선 1,100여 건의 아이디어가 접수됐다. 삼성전자는 2014년 6월 C-Lab 프로젝트를 활성화하기 위해 집단지성 시스템인 '모자이크(MOSAIC)'도

구축했다. 모자이크는 'Most Open Space for Advanced Intelligence and Creativity'의 각 머리 글자를 따온 말로, '여러 가지 조각을 짜 맞추듯' 삼성전자 30만 임직원의 역량과 집단 지성이 한데 모이는 아이디어 공유 플랫폼을 의미한다. 이곳에서는 사업, 조직문화 등과 관련한 다양한 아이디어를 실시간 수렴하고 있다.

이 시스템에는 매일 약 5만 명의 임직원이 접속하고 있으며, 부서 간의 벽을 넘어 수만 여 건의 아이디어가 쏟아지고 있다. 삼성전자는 '모자이크' 시스템에 다국어 지원을 확대하여 전 세계에 퍼져있는 임직원들의 지성이 한 곳에 모이도록 유도하고 있다.

'뇌졸중 예고 모자' 개발팀 뭉치다

'뇌졸중을 예고하는 모자'를 개발하는 '뇌예모' 팀은 초창기에 C-Lab 프로젝트로 선정되며 탄생했다. 삼성전자 생활가전사업부와 무선사업부 소속 직원 5명이 2013년 본격적인 아이디어 개발을 위해 뭉친 것이다.

C-Lab 소속이 된 이들은 스마트폰을 활용하여 뇌파를 분석함으로써 뇌졸중 발생 위험을 판별하는 기기를 만들었다. 그들의 연구과제 키워드는 '뇌졸중, 뇌파, 센서, 웨어러블, 스마트폰'으로, 모자라는 도구 속에 다양한 키워드를 하나로 연결해야 했다. 이러한 아이디어는 단순한 의문의 조합으로 탄생했다.

"나이가 들면 뇌졸중 위험도가 높아진다는데, 부모님도 연세가 있으니 걱정되네. 뇌졸중 위험을 미리 알 수 있는 기기를 만들면 어떨까?"

"센서와 모자를 결합해 손쉽게 뇌졸중 진단 정보를 알려주면 되지 않을까."

2012년 삼성전자의 한 직원이 이러한 아이디어를 회사에 제안했고, 그 가능성을 인정받아 '뇌예모' 팀이 탄생, 1년의 개발할 시간과 예산을 얻게 되었다. '삼성뉴스룸'에 소개된 뇌예모 팀의 개발과정은 무수한 실패 속에서 또 다른 가능성 찾기의 연속이었다.

"알고리즘 개발에 전혀 진전이 없었던 초반 6개월 동안은 정말 아무런 결과도 내놓지 못했습니다. 처음에는 '하다 보면 무언가 나오겠지' 싶었지만, 막상 모니터에 보이는 건 노이즈와 뇌파조차 구별되지 않는 데이터뿐이었습니다. 그래도 포기할 수는 없었습니다."

삼성의료원과의 협업

이처럼 뇌예모 팀의 개발은 실패의 연속이었고 결국 개발 기간을 연장할 수밖에 없었다. 개발의 가장 큰 난관은 뇌파를 측정해 뇌졸중을 정확하게 진단해야 하는 의학 영역이었다.

뇌파(腦波, Brain Wave)는 뇌에서 일어나는 전기신호로, 뇌파를 실시간으로 읽어냄으로써 뇌의 활동 상황을 측정하거나 뇌졸중과 같은 질환 발생상황을 진단할 수도 있다. 하지만 개발 단계마다 "뇌파 관련 전문가가 한 명도 없는 팀에서 아이디어만으로 뇌졸중을 예고하는 모자를 만든다는 건 불가능하다."는 말을 듣게 되었고, 뇌예모 팀은 이러한 의견을 반영하여 삼성의료원과 협업을 진행하게 되었다.

핵심과제는 명확했다. 기존의 뇌파 진단기기는 병원 내에서 전문가들이 사용하는 의학 장비로 사용하기 까다로웠다. 이들 장비를 사용해 병원에서 뇌파를 측정할 때는 피부에 젤이나 식염수를 발라야 했으며 두피에 닿는 센서도 금속 소재로 모자와 결합하기에는 너무 불편했다.

기존의 뇌파 감지 의료 장비가 지닌 한계와 약점을 두루 평가한 뇌예모 팀은 뇌파를 분석해 정상 여부를 판별하는 소프트웨어를 만드는 것으로 개발 방향을 결정했다. 센서와 소프트웨어를 스마트폰과 웨어러블 기기에 장착하여 누구나 쉽게 사용할 수 있도록 하기 위해서다.

문제를 하나씩 해결하기

지금까지 뇌예모 팀의 아이디어 창조 프로세스를 정리해 보면 다음과 같다.

뇌예모 팀의 뇌졸중 모자 창조 프로세스

❶ 갑자기 찾아와 생명을 위협하는 뇌졸중을 미리 알려주는 기기를 만들고자 한다.
❷ 기존 병원 뇌파 측정기기를 웨어러블과 결합하여 개인이 사용할 수 있는 제품으로 만든다.
❸ 뇌파 분야 및 의료 전문성을 위해 '삼성의료원'과 협업하여 개발한다.
❹ 팀원들의 소프트웨어 개발 경험을 토대로 측정 센서와 소프트웨어를 만든다.
❺ 센서와 소프트웨어를 스마트폰과 다양한 형태의 웨어러블 기기에 장착하여 개인이 편리하게 사용할 수 있도록 한다.

뇌예모 팀은 비록 이 의료제품 개발의 종착역이 어딘지 확신할 수 없었지만 그럼에도 포기하지 않고 문제를 정리한 뒤 하나씩 해결해 나갔다.

Q 병원에서 쓰는 뇌파 측정기기들은 몸에 젤이나 식염수를 마구 발라야 하고 두피와 닿는 센서 또한 금속 소재여서 착용감이 좋지 않다. 기존 뇌파 장치의 불편을 해소하는 방법은 없을까?
A 센서 부분의 소재 자체를 바꿔보자. 전기가 통하는 고무 소재를 사용한다면 금속 소재를 대체할 수 있을 것이다. 게다가 젤이나 식염수를 사용하지 않아도 되고, 착용감을 개선할 수 있다.

Q 뇌졸중 환자의 뇌파 빅데이터는 물론 뇌졸중 증상에 대한 구체적인 분석 및 병리학적 임상 지식이 필요한데 이를 어디서 얻을 수 있을까?
A 삼성서울병원의 뇌파 전문 교수님들에게 자문해 보자. 뇌파 정보를 정밀하게 수집해 정확도는 높이고 노이즈는 최소화할 수 있는 기법을 연구하면서 모자에 장착할 수 있을 정도로 장치의 크기를 최소화해 나가면 될 것이다.

수많은 실패를 거듭한 끝에 하나씩 문제를 해결해 나갔고, 이렇게 개발된 '뇌졸중을 예고하는 모자'는 고무 소재로 평범한 모자처럼 쓰고 다닐 수 있으며 보온 기능이나 디자인 등 모자로써의 실용성 역시 고려하여 제작됐다.

특히 뇌파 추출 성공률의 경우 1% 남짓에서 시작하여 연구를 거듭해 100%를 달성했다. 뇌파의 정상 여부를 정확하게 판별하는 알고리즘을 완성하면서 정상 뇌파와 뇌졸중 위험이 있는 뇌파를 사전에 구분해 낼 수 있게 되었다.

동시에 다양한 웨어러블 소품에 적용 가능한 인쇄회로기판(PCB)과 센서 장치의 크기를 대폭 줄일 기술도 개발해 냈다. 이 기술은 모자 형태는 물론 안경, 머리핀, 가발 등 머리에 착용할 수 있는 것들이라면 무엇이든 센서 장착이 가능케 했다. '뇌졸중 예고 모자' 시제품의 완성으로 인해 뇌파를 진단할 수 있는 우울증이나 뇌전증(간질)까지 예고할 수 있는 헬스케어 플랫폼의 구축이 이뤄질 수 있게 되었다.

물론 개인이 모자나 안경, 머리핀을 착용하고 뇌졸중, 우울증, 뇌전증에 대한 헬스케어를 받게 하는 날이 언제가 될지는 아직 알 수 없다. 제품 상용화까지는 몇 가지 상품화 과정과 절차가 남아 있기 때문이다. 그러나 이처럼 아이디어에서 출발한 불굴의 도전이 이어진다면 언젠가 수많은 사람의 생명과 건강을 지키고 헬스케어 시장에 혁신을 불러올 제품이 탄생할 것이다.

삼성전자는 최고의 창조 활동 임직원으로 선정하여 시상하는 '창조상'을 만들어 '뇌졸중 예고 모자' 개발팀에 수여했다.

04

창의적 기획서의 공통점을 찾아라!
7가지 아이디어 공모전 대상 수상자들의 '연결'

각종 창업이나 아이디어 제안 공모에서 대상을 수상해 높은 상금과 특전을 받은 기획서 및 제안서들을 분석해 보면 대부분 공통적인 패턴이 숨어있음을 알 수 있다. 기획서의 내용을 수식하는 껍데기와 포장을 모두 벗겨내고 가장 마지막에 남는 핵심 뼈대만 살펴보자. 그 핵심 요소들을 정확하게 파악함으로써, 우리 역시 다양한 분야에서 더 빠르고 쉽게 좋은 제안과 아이디어를 창의하고 설계할 수 있을 것이다.

브리스톨대 창업공모전 대상 수상자 프로빈과 맥샤인

영국 브리스톨대학교가 개최한 창업공모전에서 대학을 갓 졸업한 앰버 프로빈(인류학과 혁신 전공)과 헤이즐 맥샤인(물리학과 혁신 전공)이 대상 수상의 영예를 거머쥐었다. 이들이 제시한 비즈니스 모델은 바로 '조립형 여성 공중화장실'인 'Peequal(소변 'Pee'와 동등한 'Equal'을 합친 단어)'이었다.

피퀄을 보다 이해하기 쉽게 표현하자면 '남성의 소변기와 같은 가림막 구조의 화변기(쪼그려 앉는 형태의 변기)'라고 할 수 있다. 이 여성용 화변기 구조가 대상을 차지한 이유는 여성의 화장실 대기시간 및 사용시간을 6분의 1로 줄일 수 있었기 때문이다.

이러한 창업계획서의 아이디어는 두 사람이 생활 속에서 겪은 불편함에서 탄생했다. 프로빈과 맥샤인은 과거 야외 음악 페스티벌 등에서 아르바이트를 한 경험이 있었다. 두 사람은 1시간 정도의 적지 않은 휴식 시간이 주어짐에도 불구하고 식사를 하거나 화장실을 다녀오는 일을 한 시간 내에 모두 해결하지 못했는데, 공중화장실 사용을 기다리는 줄이 너무 길어 쉬는 시간을 모두 허비해야만 겨우 볼일을 해결할 수 있었기 때문이다.

'도대체 여성 화장실 대기시간은 남성 쪽보다 왜 이렇게 긴 걸까?'

막연하게 생각만 해왔던 이 문제를 진지하게 연구해 보고 싶어진 둘은 실제로 현장 조사에 나섰고, 여성 화장실의 줄이 남성 화장실보다 무려 34배가량 길다는 사실을 알아냈다. 둘은 이러한 결과에 그치지 않고 이 문제의 원인을 하나씩 찾아 나섰다. 여성 2,000명을 인터뷰하고 여성 화장실 안에서 시간이 지체하게 만드는 요소들을 세세한 단계별로 나누어 분석해 보았다.

프로빈과 맥샤인은 이러한 분석 결과를 토대로 여성들이 남성들과 달리 화장실을 이용할 때 늘 출입문을 여닫고 잠가야 하며, 대부분 양변기 위를 티슈로 닦아 청소하는 과정을 거치는 데 많은 시간을 할애한다는 사실을 알게 됐다.

문제를 파악한 둘은 이를 해결할 방안을 모색했고 남성 화장실의 '소변기'에서 힌트를 얻을 수 있었다. 회전이 빠른 남성 화장실의 소변기가 지닌 장점을 여성 화장실에도 반영하는 것이었다.

이렇게 창안된 새로운 여성 화장실의 콘셉트는 일명 여성들을 위한 일종의 '패스트 트랙 화장실'이었다. 우선 화장실 내부 각 칸의 잠금식 출입문을 없애고 대신 남성 소변기처럼 가림막을 설치했다. 이로써 출입문을 관리하는 데 들어가는 불필요한 시간을 줄일 수 있었다.

또한 피부 접촉으로 인한 청소과정을 거쳐야 하는 양변기 대신 즉시 사용이 가능한 화변기를 설치했다.

화장실은 야외 이동과 설치의 편의성을 위해 공간에 따라 둥근 형태나 긴 형태 등 손쉽게 구조를 변형할 수 있고, 변기의 개수도 간단하게 늘리거나 줄일 수 있도록 했다. 이처럼 새롭게 디자인된 이동식 여성 공중화장실 제품으로 모의실험을 진행해 본 결과 1시간 이상 걸렸던 대기시간이 15분 이내로 단축되는 결과가 나타났다.

이들 대상 수상작 기획서의 핵심 요소 창조 프로세스를 정리하면 다음과 같다.

프로빈과 맥샤인의 수상작 창조 프로세스

❶ 여성 공중화장실 사용 대기 시간에 대한 문제를 해결할 방안을 모색한다.
❷ [여성 2,000명 인터뷰를 통한 시간 지체 요소 및 단계별 분석 데이터] + [남성용 소변기의 공간 및 기능 요소]를 연결한다.
❸ 패스트 트랙이 가능한 남성의 소변기 같은 화변기 콘셉트의 'Peequal(소변 Pee와 동등한 Equal을 합친 말)'을 개발한다.
❹ 가림막과 화변기를 중심으로 화장실을 세팅하고 공간디자인 설계를 창의적으로 진행한다.
❺ 여성의 화장실 대기시간을 6분의 1로 줄이는 혁신적인 야외 여성 공중화장실을 비즈니스 모델로 창조한다.

에스젠 코리아(sGen Korea) 최고상 '헬프 트레블러(Help Traveler)' 팀

'에스젠(sGen, Smart Idea Generation)'은 삼성SDS에서 오픈 이노베이션 전략을 바탕으로 운영 중인 아이디어 발굴 프로그램 브랜드명으로, 창의적이고 새로운 사업 아이템을 발굴하기 위해 전 국민을 대상으로 사업 아이디어를 모집하고 있다.

이들이 1등 상금 3,000만 원과 취업 특전을 내걸고 시행했던 대국민 아이디어 공모전 '에스젠 코리아(sGen Korea)'에서 최고상인 최우수상을 거머쥔 팀의 아이디어는 '헬프 트레블러(Help Traveler)'라는 이름의, 여행자를 위한 지도 기반 Q&A 서비스였다.

이들의 아이디어는 '뻔한 여행지 정보를 알려주는 관광안내 책자 대신 현지에 있는 사람들에게 직접 실시간으로 살아있는 정보를 얻을 수 있다면?'이라는 발상에서 출발했다. 가령 여행 책자에 나와 있는 명동이나 남대문에 가면 젊은 외국 여행객들만 많지만 우리나라 젊은이들은 홍대나 강남을 더 많이 찾는 것처럼, 여행 책자 대신 현지의 사람들에게 직접 관광명소를 물음으로써 더욱 다양하고 생생한 정보를 전달받을 수 있겠다는 생각이 들었다.

문제는 '어떻게 해당 지역의 현지인과 효율적인 소통을 할 것인가?'였다. 그러다 우연히 위치를 탐색할 수 있는 'GPS 기술'을 떠올렸다. 이를 통해 이전에 따로 놀던 생각의 퍼즐조각들이 하나둘 조립되기 시작했다.

특정 여행지의 정보를 얻기 위해 지도에서 해당 위치에 질문을 남기면 그 지역 정보에 대해 잘 아는 현지인들이 직접 답을 달아주는 이른바 '여행객을 위한 지도 기반 Q&A 서비스'를 생각하게 된 것이다.

 헬프 트레블러 팀의 수상작 창조 프로세스

❶ 여행 책자보다 더 정확하고 빠르게 최신의 여행 정보 서비스를 제공하고 싶다.
❷ [현지인 실시간 현장 여행 정보 제공] + [GPS 기술]을 조합한다.
❸ 콘셉트는 GPS 지도 기반 현장의 즉각적인 여행 정보 Q&A 서비스이다.
❹ 여행자와 현지인의 Q&A 가능 시뮬레이션을 통해 현실화 방안을 제시한다.
❺ 실현성을 높인 비즈니스 모델을 제안한다.

제4회 신한카드 아이디어 공모전 대상 전남대 '레스투' 팀

제4회 신한카드 아이디어 공모전에서 대상을 수상한 전남대학교 레스투 팀이 인터뷰를 통해 밝힌 아이디어의 핵심 콘셉트는 'S-with point 서비스'였다.

S-with point 서비스는 카드 결제 고객들이 그룹을 이루도록 만들고, 이 그룹이 커지고 결제실적이 늘어날수록 혜택 역시 커지는 소셜 기반의 리워드 서비스 아이디어이다. 고객들이 카드로 결제하는 행동이 하나의 '플래시몹(단체 퍼포먼스)'을 연출하는 모습을 상상하면 된다. 플래시몹의 참여자 규모가 점점 커질수록 참여자는 더 큰 혜택을 받게 되는 원리이다.

이 기획안이 특별한 이유는 '고객들이 얼마나 포인트 혜택을 받을 수 있는가?' 혹은 '기업이 고객들에게 어떤 혜택을 줘야 할까?'와 같이 흔한 목표를 설정하지 않았기 때문이다. 도전자들은 근원적인 문제까지 거슬러 올라가 카드사와 이용자가 모두 발 딛고 있는 상생의 관점에서 카드 서비스의 문제를 재정의했다.

그들은 '사용자들이 무엇을 행동하게 함으로써 포인트 혜택을 더 많이 받게 할 수 있을까?'에 초점을 두고 고민했다. 그리고 이러한 솔루션을 젊은이들이 많이 실행하는 '플래시몹'에서 가져왔다.

흩어져 있던 이들이 어느 순간 하나로 모여 독특한 작품이 만들어지는 '플래시몹'의 원리에서 카드 사용과 혜택의 방향에 대한 영감을 얻은 이들은, 여기에 다양한 소셜네트워크 요소를 접목함으로써 기업과 이용자가 동시에 이익이 되는 실현성 높은 아이디어를 창조해 냈다.

전남대 레스투 팀의 수상작 창조 프로세스

❶ 기존 카드사의 요소를 활용하여 타사와 차별적인 카드사 신서비스 전략을 구상한다.
❷ [카드 포인트의 혜택] + [플래시몹의 특징]을 조합한다.
❸ 콘셉트는 그룹 결제실적이 늘어날수록 혜택이 커지는 소셜네트워크 기반의 리워드 서비스 아이디어이다.
❹ 실제 현장에 아이디어를 시범적으로 시뮬레이션해 본 뒤 검증 과정을 제시한다.
❺ 실현성, 경제성, 기대효과를 구체적으로 입증한다.

LG전자 휘센 아이디어 공모전 대상 숙명여대 자매 팀

LG전자 휘센 아이디어 공모전에서 '휘센 미니 로봇' 아이디어로 대상을 받은 숙명여대 자매 팀의 경우 아이템의 모티브를 지난 1999년 크리스 콜럼버스 감독이 제작한 영화 《바이센터니얼맨》이라는 인간형 가사 로봇에서 얻었다. 가사 로봇을 염두에 두고 계속 고민하던 이들은 과거에 출시된 공기청정기 '휘센 미니'라는 제품에 대하여 알게 됐다. 사용자들의 다양한 댓글을 찾아 읽어보는 등 제품을 분석해 본 결과, 비록 소비자들의 큰 인기를 끌진 못했지만 많은 장점이 있었음을 알게 되었다.

휘센 미니는 휘센에어컨 하단에 설치해 제균과 제습 기능을 강화한 제품이다. 이 제품의 특징은 에어컨과 따로 떼어 이동하며 독립적으로 사용할 수 있다. 별도 코드도 필요 없다. 특히 에어컨과 선풍기를 동시에 틀면 전력을 아끼면서 찬바람의 순환에 도움이 되듯 휘센 미니를 스탠드형 에어컨과 마주 보게 사용하면 청정기능에 찬 공기 순환 효과는 물론 전기료까지 절약할 수 있다.

이후 자매 팀은 휘센 미니의 이런 장점 요소와 영화 속 로봇의 요소를 조합한 신개념의 '휘센 미니 로봇'을 제시할 수 있었고, 제품의 이동성과 독립성을 높이고 스스로 상황을 판단할 수 있는 인간형 가사 로봇 기능을 반영한 점에서 좋은 평가를 받았다.

숙명여대 자매 팀의 수상작 창조 프로세스

❶ 기업 브랜드에 적합한 새로운 가사 로봇 제품을 개발한다.
❷ [기존 휘센 미니의 장점] + [영화 속에 등장하는 가사 로봇]을 결합한다.
❸ 콘셉트는 휘센 미니 로봇 아이디어이다.
❹ 기존 휘센 미니에 로봇 기능을 결합하여 장점을 확대하고 단점을 극복하며, 보완과정을 구체적으로 제시한다.
❺ 휘센 미니의 로봇 실현성과 제품 성공 가능성을 제안한다.

한국보건산업진흥원 '시니어 제품 아이디어 공모전' 우수상

한국보건산업진흥원이 진행한 '시니어 제품 아이디어 공모전'의 우수상 수상자 아이디어는 '시니어 냉장고'였다. 그는 자신의 외할머니가 수술 후 불편한 모습으로 생활하는 모습을 자주 보게 되면서 아이디어를 구상하게 됐다. 허리가 불편한 할머니가 냉장고 깊숙이 음식을 꺼낼 때 굉장히 불편해하셨기에, 할머니가 좀 더 편하게 냉장고를 이용할 수 없을지 고민하다가 '허리가 불편한 할머니를 위한 편리한 냉장고 실내 디자인'을 떠올린 것이다. 그가 내놓은 답은 몇몇 건물 출입구에 설치된 '회전문'이었다.

 시니어 제품 공모전 팀의 시니어 냉장고 창조 프로세스

❶ 나이 드신 분들이 제품을 사용하며 겪는 불편함을 개선할 수 있는 새로운 시니어 제품을 개발한다.
❷ [허리를 다친 할머니가 냉장고 사용을 힘겨워하시는 모습] + [회전문 구조]를 연결한다.
❸ 콘셉트는 시니어 전용 실내 회전처리 냉장고이다.
❹ 다양한 데이터 조사, 논문자료, 자문을 통한 아이디어 구체화한다.
❺ 시니어 전용 실내 회전처리 냉장고의 실현성과 상품성, 디자인을 제안한다.

삼성메디슨 '미래 의료기기 아이디어 공모전' 대상 팀

삼성메디슨이 주최한 미래 의료기기 아이디어 공모전에서 대상을 차지한 팀의 아이디어는 '캥거루 인큐베이터'이다. 이는 엄마의 품에서 직접적인 신체 접촉을 느끼는 편안함을 그대로 재현하여 미숙아 치료와 성장 발달을 돕는 인큐베이터 디자인 제품으로 아이디어 발상 과정은 실로 간단했다. 산모가 신생아를 배 위에 올려놓고 돌보는 '캥거루 케어'와 '인큐베이터'를 조합했던 것이다.

 삼성메디슨 공모전 캥거루 인큐베이터의 창조 프로세스

❶ 현재의 문제점을 극복할 수 있는 새로운 의료기기를 생각한다.
❷ [인큐베이터 단점] + [캥거루 케어]를 조합한다.
❸ 콘셉트는 신체 접촉형 미숙아들의 성장 발달을 돕는 인큐베이터이다.
❹ 엄마와의 신체 접촉성을 가미한 감성적이고 심플한 디자인으로 제작한다.
❺ 실현성과 시장성을 분석하여 입증한다.

제1회 충청북도 모바일 앱 공모전 최우수상 팀

제1회 충청북도 모바일 앱 공모전에서 최우수상을 받은 팀의 작품은 'CB PostCard'라는 이름의 전자엽서였다. 이는 애플리케이션을 통해 충청북도의 대표 관광지, 관광지들의 정보와 사진들을 볼 수 있는 것은 물론, 이와 같은 사진들을 원하는 사람에게 SNS나 페이스북을 통해 전자 엽서 형태로 즉시 보낼 수 있도록 해주는 아이디어다.

충북의 다양한 여행지에 들러 좋은 경험을 한 곳의 이미지 엽서를 골라 친구나 가족들에게 곧바로 관광지 엽서를 보낼 수 있도록 한 이 아이디어는 심사위원들의 좋은 평가를 받았다.

이 아이디어는 팀원 중 한 명의 경험에서 비롯된 것이었다. 아이디어 회의 중 한 팀원이 프랑스 파리 여행 중 에펠탑을 보면서 느꼈던 감동을 주변에 있던 판매점에서 산 '에펠탑 사진 종이 엽서'에 적어 현장에서 바로 가족들과 친구들에게 보냈던 추억을 이야기했고, 사진 엽서의 매력과 모바일의 대중성을 결합한 '모바일 관광사진 엽서'를 떠올린 것이다.

모바일 앱 공모전 최우수상 'CB PostCard'의 창조 프로세스

① 충청북도를 널리 알릴 수 있는 참신한 앱 아이디어를 구상한다.
② [모바일 엽서 애플리케이션] + [프랑스 에펠탑 여행 중 종이 엽서(에펠탑 사진이 담긴)를 써서 가족과 친구들에게 부쳤던 추억]을 조합한다.
③ 충북 관광지에서 관광명소 사진 이미지가 담긴 모바일 엽서를 즉석에서 작성하여 바로 다른 사람들에게 보낼 수 있는 앱 서비스가 콘셉트이다.
④ 충북 관광지 정보와 다양한 이미지, 모바일 엽서 시스템 구축 시뮬레이션 과정을 제시한다.
⑤ 앱 서비스의 카테고리, 기능, 이용 절차 등 실현성과 대중성, 효과성을 입증한다.

많은 이들이 수백에서 수천만 원에 이르는 막대한 상금을 받고 명예 또한 거머쥔 공모전 수상자들을 부러워한다. 하지만 이러한 아이디어나 기획서를 보고 '대단하다!' 또는 '좋은 아이디어'라고 평가하거나 감탄하는 데 그치고 만다면 우리는 결코 스스로 창의적인 기획 작업을 할 수 없게 된다.

각종 공모전 수상작들이나 훌륭한 창업아이디어 제안서에서 숨어있는 공통적인 프로세스와 핵심적인 필수 요소들을 통찰한 사람이라면 얼마든지 좋은 아이디어를 발굴해낼 수 있다. 모든 아이디어 발상 과정 기획서 제작과정에는 공통점이 존재한다. 그것은 '사전에 문제를 정확하게 정의한 후, 다양한 분야의 정보를 서로 연결하고 콘셉트를 찾아 논리적인 설득 과정'을 거쳤다는 점이다. 이처럼 공통적인 창조 프로세스 패턴을 간파하고 활용하는 것이 바로 창의력의 핵심이다.

05

평창만의 독창성과 한국의 미를 메달에 담다!
평창동계올림픽 메달 디자인 이석우 대표의 '한글'

당신이 디자이너라고 가정하자. 당신에게 대한민국에서 개최되는 '평창동계올림픽'에 사용할 메달들을 디자인해야 하는 임무가 주어졌다. 물론 올림픽에서 사용되는 메달의 특성상 한정된 크기 안에는 정해진 컬러, 정해진 명칭과 세부 종목명, 오륜 엠블럼을 꼭 새겨야 한다. 즉 대부분의 디자인이 이미 정해진 상황에서 평창동계올림픽만의 독창성과 창의성을 디자인으로 표현해야 하는 것이다.

당신이라면 어떻게 색다른 올림픽 메달을 디자인하겠는가? 이 고민의 주인공은 2018년 2월 강원도 평창에서 선의의 경쟁을 치른 선수들에게 수여된 평창동계올림픽 메달을 만든 디자이너인 디자인컨설팅 회사 'SWNA'의 이석우 대표이다.

이 대표는 국가행사의 디자인작업을 수행하기 위해 1년여에 걸친 긴 시간 동안 깊은 고민에 잠겼다. 올림픽 메달은 국가적 상징과 가치가 담겨있는 올림픽의 '고갱이'이자 결정체이다. 게다가 2018 평창동계올림픽은 1988년 하계 올림픽을 개최한 지 30년 만에 치러지는 뜻깊은 동계올림픽으로, 온 국민의 염원을 담겨있는 대한민국의 축제였다.

평창동계올림픽 메달을 디자인하라!

올림픽 메달은 금은동 각 메달의 앞면과 뒷면, 리본과 메달을 담는 케이스로 구성되어 있다. 김석우 대표는 이 속에 기존 메달과는 완전히 다른 평창동계올림픽만의 독창성을 담아내고 싶었다. 그는 먼저 메달 패키지를 디자인하기 위해 전제조건과 제작 방향을 정리해 나갔다.

첫째, 올림픽의 상징인 메달은 올림픽 메달에 도전하는 세계 각 나라 선수의 열정과 노력, 땀과 눈물을 반영한다.
둘째, 강원도 평창의 지역적인 특색을 표현한다.
셋째, 우리 민족의 정신과 우리 문화유산을 메달에 담아낸다.

이 대표는 특히 우리나라의 문화유산을 어떻게 메달 디자인에 반영할 것인지 고심하고 또 고심했고, 이내 각 나라 문화의 커다란 뿌리인 언어에 주목했다. 언어생활 양식은 그 민족과 국가의 문화를 만들어 낸다. 이러한 의미에서 우리 민족의 정체성을 드러내는 '한글'을 창의적으로 형상화하고 입체화하면 한국적 아름다움과 독창성을 동시에 표현할 수 있을 것이라는 결론에 이르렀다.

입체감 있게 표현된 우리 민족의 '한글'

이석우 대표의 마음속에 쏙 들어온 것은 '한글'이었다. 그 뒤로 이 대표의 아이디어와 상상력은 스스로 날개를 달았다. 한글은 세계에서 가장 과학적인 문자이며 한국적 미를 담고 있는 우리 문화의 근간이자 씨앗이다. 그리고 씨앗은 곧 선수들의 노력과 열정을 의미한다. 따라서 한글 자음을 싹이 쑥쑥 자라듯 뻗어나가게 입체화한다면 우리 문화의 핵심과 선수들의 노력과 열정을 동시에 표현할 수 있을 것이라고 생각했다.

문제는 '앞면과 뒷면이라는 한정된 공간에서 어떻게 한글 자음의 입체적 표현을 실현해 낼 것인가'였다. 한참을 고민하던 이 대표의 눈에 메달의 한 부위가 들어왔다.
'메달에는 옆면도 있잖아!'
그동안 올림픽 메달에서 누구도 주목하지 않았던 옆면 테두리를 본 순간, 머릿속에서 꼬인 실타래가 풀리듯 엉켜있던 고민이 사라졌고, 어느덧 이석우 대표의 생각은 메달을 스케치하는 과정에서 확신이 되었다.

이석우 대표의 메달 디자인 콘셉트 스토리

❶ 메달 앞면에는 좌측 상단에 올림픽을 상징하는 오륜을 그린다. 면 전체는 좌측 상단에서 우측 하단으로 뻗어나가는 사선들이 역동적으로 펼쳐져 있다. 이 사선들은 '선수들의 노력'과 '인내'를 표현한다.
❷ 우측 하단으로 뻗어나간 사선들은 우측 옆면 테두리를 따라 '평창동계올림픽이공일팔'을 세로쓰기로 적은 뒤 모음을 제외한 초성과 종성의 자음을 딴 'ㅍㅊㅇㄱㅇㄹㄹㅁㅍㄱㅇㄱㅇㅇㄹㅍㄹ'을 조각해 입체감 있게 표현한 것이다.
❸ 뒷면에는 대회 엠블럼과 세부 종목명을 담는다. 사선들은 우측 상단에서 좌측 하단으로 뻗어나간다.
❹ 뒷면 우측 옆면 테두리를 따라 평창동계올림픽 영문자를 새긴다.

이로써 평창동계올림픽 메달 디자인의 콘셉트 스토리가 완성됐다. 전 세계에 평창동계올림픽 메달을 처음으로 선보인 사전 프레젠테이션에서 이석우 대표는 메달 디자인에 대해 다음과 같이 설명했다.

"우리의 메달은 살아있는 식물과 같습니다. 한글이 우리 민족의 문화를 만든 씨앗이자 뿌리라고 한다면 문화가 진화되고 발전하는 과정에서의 노력과 인내, 인고의 모습은 줄기, 이런 역사의 과정을 거쳐 만들어진 우리의 문화는 꽃과 열매입니다. 메달 앞뒷면에 뻗어나가는 역동적인 사선은 올림픽에 임하는 선수들의 열정과 인내, 노력이면서 동시에 한국 문화를 고양해 온 역동적인 역사와 정신을 반영한 것입니다."

한글은 뿌리이자 씨앗이고, 문화가 진화하고 발전하는 노력의 과정은 줄기이며, 찬란한 문화는 꽃과 열매이다. 선수들이 뿌리이자 씨앗이라면 선수들의 노력과 인내, 열정은 줄기이며 올림픽 경기와 메달이 꽃과 열매인 셈이다. 이 대표는 작은 메달 디자인 속에, 우리 문화의 '씨앗'이 진화되고 발전하는 과정을 거쳐 '꽃과 열매'가 된다는 함축적인 의미를 담은 것이다.

'한복과 기와지붕'이 결합된 리본과 케이스

평창동계올림픽의 메달에는 형태, 소재, 제조 공정까지 전 과정에 걸쳐 디자인 콘셉트와 아이디어가 일관되게 반영되었다. 그리고 이러한 일관된 디자인은 한국적인 요소가 표현된 메달의 리본과 케이스에서도 찾아볼 수 있다.

메달을 목에 거는 리본(스트랩)은 '전통 한복' 요소를 결합해 은은하고 단아한 멋을 표현했다. 먼저 한복의 천을 사용했다. 특히 'PyeongChang 2018'과 오륜기를 새겨 넣을 때는 전통 한복 특유의 아름다움이 묻어나도록 갑사 기법을 사용해 한글 눈꽃 패턴과 자수를 섬세하게 적용했다.

메달을 담는 케이스는 원목을 소재로 제작했다. 케이스 디자인에는 우리 전통가옥의 '기와 곡선'을 녹여냈다. 현대적으로 재해석된 기와지붕의 곡선은 한국적인 전통미와 세련미, 독창성을 동시에 드러냈다. 이처럼 메달과 리본, 케이스의 디자인을 통해 가장 한국적인 평창동계올림픽 메달이 탄생했다.

대한민국 정책브리핑에 따르면 평창동계올림픽 메달은 모두 259세트가 제작되었다. 이 259세트 가운데 222세트는 102개 세부 종목 입상자들에게 수여되었고, 나머지는 동점자 발생 대비용(5세트)과 국내외 전시용(국제올림픽위원회 25세트, 국내 7세트)으로 활용됐다. 이 대표가 디자인한 평창동계올림픽 메달은 IOC와 국제경기연맹으로부터 역대 올림픽 메달 중 가장 신선하고 창의적인 메달이라는 찬사를 받았다.

06

어묵숍에서 베이커리숍의 풍취를 느끼다!
삼진어묵의 전문숍 만든 박용준 전 대표의 '베이커리숍'

베이커리 전문점에 들어가 보자. 깔끔한 매장 내부에는 다양한 종류의 빵들이 전시되어 있다. 자연스레 입구에 있는 비치해 있는 쟁반과 집게를 든다. 중앙에는 크림빵, 팥빵, 소보로빵 등 제빵사들이 갓 구워낸 빵들이, 그리고 우측 냉장실 안에서는 케이크들이 진열되어 있다. 좌측 매대에는 식빵류와 모닝빵, 쿠키가 있고 그 옆으로 온갖 종류의 샌드위치와 샐러드가 자리 잡고 있다. 쟁반에 먹고 싶은 빵을 골라 담아 계산대로 가져가면 점원이 신속하게 계산하고 포장해 준다.

자, 이번에는 어묵 전문점으로 들어가 보자. 깔끔한 매장에는 다양한 종류의 어묵들이 전시되어 있다. 입구에 있는 비치해 있는 쟁반과 집게를 든다. 중앙에는 네모어묵, 길다란 어묵, 야채어묵 등 어묵 조리사들이 매장 안쪽에서 갓 만들어낸 어묵들이, 우측 냉장실 안에는 어묵만두가 진열되어 있다. 좌측 매대에는 어묵 고로케와 어묵튀김, 어묵 소보로 등이 있고 그 옆으로 핫도그 어묵이나 어묵 동그랑땡류의 제품들이 자리를 잡고 있다. 쟁반에 사고 싶은 어묵들을 골라 담아 계산대로 가져가면 점원이 신속하게 계산하고 포장해 준다.

마치 베이커리 전문점에 들어온 것 같은 이 어묵 전문점은 바로 '삼진어묵'이 연 어묵베이커리숍이다. 부산의 대표 어묵 기업이자 '부산어묵' 상표로도 널리 알려진 삼진어묵은 1953년부터 지금까지 3대째 이어져 온 장수기업이다.

2013년만 해도 삼진어묵은 매출액 82억 원으로 100억 원 매출을 목표로 하는 중소기업이었다. 직원 수도 45명에 불과했다. 그러나 불과 5년 뒤인 2018년, 삼진어묵은 920억 원의 매출액을 기록했으며 직원 수도 530명으로 성장했다.

삼진어묵의 놀라운 성장의 비밀은 재미있는 '연결'에서 시작됐다. 삼진어묵은 그저 평범한 어묵을 만들어 파는 작은 기업이었다. 판매하는 어묵들도 밑반찬이나 떡볶이 재료로 사용하는 사각 형태의 어묵이 대부분이었다. 그러나 삼진어묵은 2013년 12월, 국내 최초로 시작한 '어묵베이커리 사업'을 통해 단기간 비약적인 성장을 이루어냈다.

이와 같은 혁신은 3대째 가업을 이어받은 박용준 대표의 생각에서 시작됐다. 그는 베이커리 전문점에서 자신이 원하는 다양한 종류의 빵을 골라 쟁반에 직접 담아 구매하는 모습을 보고 새로운 아이디어를 구상했다.

'다양한 종류의 어묵을 베이커리 전문점에서처럼 쟁반에 골라 담아 구매하도록 하면 어떨까?'

30대 젊은 CEO의 '발상의 전환'

2011년 박용준 대표가 경영에 참여하던 당시만 해도 어묵 제조업체는 대기업을 포함해 60여 곳이 넘었으며 대기업과 중견기업의 점유율이 전체 시장의 70%를 차지하고 있었다. 자금이나 인력이 부족한 지방의 소기업인 삼진어묵은 경쟁에서 차츰 밀릴 수밖에 없었다.

미국 뉴욕에서 회계사 준비를 하다가 아버지의 갑작스러운 병으로 한국에 돌아와 가업을 물려받게 된 30대 중반의 박용준 대표는 새로운 변화와 혁신이 필요하다고 생각했다. 그의 생각은 여기에서 출발했다.

'갓 튀겨져 나온 따끈따끈한 어묵이 가장 맛있는데, 어떻게 하면 이 어묵을 소비자들에게 맛보게 할 수 있을까?'

매일 '어묵'에 대해 고민하던 중 한 가지 아이디어가 머리를 스쳐 지나갔다. 그것은 '베이커리(Bakery)'였다. 베이커리(Bakery)에서는 빵, 베이글, 케이크 등 매장에서 갓 구워낸 제품을 판매한다. 박 대표는 길거리 음식이나 시장에서 소비되는 어묵도 베이커리형 매장에서 판매하는 것이 어떨까 고민했다. 이렇게 판매하면 갓 구워낸 가장 맛있는 상태의 어묵을 즉시 고객에게 판매할 수 있을 뿐만 아니라 어묵의 고급화도 가능하기 때문에 일거양득의 효과를 거둘 수 있겠다는 계산이었다.

박용준 대표는 즉시 직영 어묵베이커리 전문브랜드 '삼진어묵'을 오픈했다. 가게에 들어서면 유명 베이커리 매장에 들어온 것 같은 실내장식과 구매방식이 먼저 고객의 눈길을 사로잡는다. 또한 제품을 직접 쟁반에 골라 담을 수 있도록 만들어 흔한 반찬 재료였던 어묵에 대한 고정관념을 깼다.

동시에 다양한 어묵을 개발하여 메뉴를 충분히 갖추었다. 어묵의 기본이 되는 생선살 외에 들어가는 재료가 한정적이라는 단점을 극복하기 위해 콩·단호박·고구마·연근·파프리카·치즈 등 다양한 재료를 섞어 만든 80여 종의 어묵을 개발해 출시했다.

하지만 삼진어묵의 가장 큰 강점은 갓 튀겨져 나온 따끈한 어묵을 바로 맛볼 수 있도록 했다는 점이다. 어묵에 콩·단호박·치즈 등 다양한 재료를 섞어 만든 수제 어묵을 매장에서 직접 만들어 제공했는데, 특히 '어묵 크로켓'을 개발함으로써 프리미엄 어묵으로 소비 트렌드를 주도했다.

이때부터 삼진어묵은 단순히 '어묵'을 판매하는 회사가 아니라 빵과 과자, 각종 디저트를 파는 프랜차이즈 베이커리 기업이 되었다. 각 지역의 베이커리 프랜차이즈에서 빵을 구워내듯 어묵 베이커리의 프랜차이즈에서도 매일 어묵을 튀겨내도록 한 것이다.

베이커리형 어묵 전문점으로 모든 걸 바꾸다!

베이커리형 전문점인 삼진어묵은 기존의 어묵을 고급 식재료나 디저트처럼 즐기는 패턴을 소비자에게 제안함으로써 어묵에 대한 관점을 바꾼 것은 물론, 길거리 시장이나 마트 판매를 주력으로 삼던 기존 경쟁상대와 차별화에 성공했다. 한 번의 혁신은 또 다른 혁신을 불렀다. 혁신은 고구마 줄기처럼 줄줄이 연결되어 있기 때문이다.

삼진어묵의 베이커리 매장은 어묵 시장에도 많은 변화를 몰고 왔는데, 그중 하나는 소비자들이 지닌 어묵에 대한 인식을 자연스럽게 바꾼 것이다. 그동안 어묵은 길거리나 재래시장에서 판매되어 약간은 비위생적이라는 인식이 있었던 것이 사실이었다. 그러나 어묵 베이커리숍이 제공하는 세련된 공간디자인과 디저트들은 어묵이라는 음식에 대한 기존 인식을 바꾸는 데 큰 역할을 했다.

어묵을 고급 식재료로 인식시키기 위해 생산과정에서부터 수많은 노력을 기울였다. 새로 설립한 공장에는 HACCP 인증에 가장 적합한 설비를 갖추고 자동화를 실현했다. 식품 생산 시스템을 전부 매뉴얼화 하였으며 매장마다 CCTV를 설치하는 등 위생환경 개선에 집중했다. 삼진어묵은 고품질 재료와 최고의 위생 설비, 체계화된 시스템으로 생산된다는 인식을 소비자들에게 심고자 힘썼다.

삼진어묵은 2021년 기준 국내 20여 개의 직영점을 두고 있으며, 싱가포르·인도네시아 등 해외에도 10여 개 매장을 운영하면서 어묵의 세계화에 꾸준히 도전하고 있다.

프랜차이즈·온라인몰로 제2의 도약

이후에도 새로운 경영진을 도입한 삼진어묵의 혁신은 계속되었다. 이번에는 베이커리형 전문점을 기반으로 하는 '체인점 사업'에 주목했다. 어묵베이커리 사업은 자연스럽게 프랜차이즈 사업으로 연결됐다. 삼진식품은 어묵 크로켓과 프리미엄 분식을 주력으로 하는 프랜차이즈 브랜드인 '삼진어묵당' 1호점을 강남에 오픈했다.

박 대표는 프랜차이즈 사업을 위해 다양한 식재료는 물론 비법 소스와 함께 프리미엄 어묵을 활용한 요리를 개발했으며, 이중 어묵파스타 떡볶이, 볼로네즈 떡볶이, 매콤 로제 떡볶이, 어묵크로켓까지 총 네 가지의 요리를 삼진어묵당의 시그니처 메뉴로 구성했다.

2012년 40억 원이던 삼진어묵의 전체 연 매출은 2013년 오래된 본사 공장을 개조해 1층에 어묵 베이커리를 개설한 이후 82억 원으로 두 배 이상 뛰었다. 2014년 9월에는 부산역에 개설한 지점이 전국의 철도역에 입점한 940여 개 매장 중 부동의 1위였던 대전 성심당을 제치고 매출 1위를 차지하는 성과를 올리기도 했으며, 이후 2018년 920억 원, 2019년 980억 원, 2020년 1,000억 원 등 2013년 대비 10배 이상 경이적인 매출 증가를 기록했다.

최근에도 삼진식품은 '저염 어묵', '냉동 간편식'을 연이어 선보이며 어묵 시장을 주도하고 있다. 삼진어묵의 저염 어묵인 '우리 가족 깐깐한 어묵'은 누적 판매량 100만 봉 이상을 기록해 화제를 모았으며, 제23차 '한국산업 브랜드 파워 조사(K-BPI)'에서 수산 가공식품 부문 1위 브랜드로 선정되었다.

혁신은 무대 자체를 바꾸는 것

　기업의 체질을 완전히 바꾼 박용준 대표는 2019년 혁신의 성과를 거둔 후 소위 '잘 나가는' 삼진어묵의 대표 자리를 전문 경영인에 내주어 화제가 되었다. 66년간 이어온 오너 경영이 막을 내린 것을 두고 지역 경제계에서는 이례적인 선택이라는 평가가 나오기도 했다.

　반찬으로 인식되어오던 어묵을 간식으로 발전시키고, '어묵 베이커리'라는 새로운 매장을 선보여 부산발 어묵 열풍을 전국에 불러일으켰던 그가 '삼진어묵 제2의 도약을 위해선 가족 승계보다 가치 승계가 중요하다'며 또 한 번 혁신적인 의사결정을 단행한 것이다.

　혁신(Innovation)이란 무엇인가? 무대 자체를 바꾸는 것이다. 무대는 마음먹기에 따라 얼마든지 넓힐 수도, 좁힐 수도, 아예 옮길 수도 있다. 창의란 무대 위에 기존과 완전히 다른 새로운 영역을 초연결하고 조합시키는 작업이다. 삼진어묵이 시도해 온 비즈니스 발상의 전환에는 어묵 시장을 무대로 베이커리 시스템을 새로이 조합했다는 특별함이 숨어있다.

 삼진어묵의 베이커리 시스템 조합 프로세스

❶ 어떻게 하면 가장 맛있을 때 어묵을 소비자들에게 맛보게 할 수 있을까?
❷ 어묵 판매방식을 베이커리와 연결한다.
❸ 베이커리형 어묵 매장을 연다.
❹ 이를 통해 갓 튀겨져 나온 따끈따끈한 어묵을 판매할 수 있으며 다양한 메뉴 개발과 위생관리, 시스템 운영이 가능하다.
❺ 이후 직영점뿐만 아니라 '체인점 사업'으로 비즈니스를 확장한다.

07

산호초 보호를 위해 만든 바닷속 박물관
멕시코 칸쿤 해양생물협회 조각가 제이슨 테일러의 '조각품'

멕시코(Mexico)의 세계적인 휴양도시 '칸쿤(Cancun)'. 이곳은 북미와 남미를 잇는 길목, 유카탄반도의 북동쪽 해안선에서 조금 떨어진 L자 모양의 섬(남북길이 21km, 동서길이 400m)에 위치해 있으며 본토의 시와 휴양지가 둑길로 연결되어 있다.

행정구역상 칸쿤시에 속하는 칸쿤섬과 해안지역에는 백사장·야자나무숲·산호초 등이 풍부하다. 날씨는 쾌적해서 1년 내내 우기가 없으며, 특히 칸쿤의 바닷물은 연중 온난한 상태를 유지해 해양 스포츠를 즐기기에 매우 좋은 환경을 자랑한다.

1970년까지만 해도 칸쿤은 100여 명의 마야인이 낚시와 채집을 하며 지내는 조그만 마을에 불과했다. 그러나 민간기업과 멕시코 정부가 공동으로 3년간 지정학적 조사를 한 결과, 칸쿤은 국제적인 휴양지로 성장할 수 있는 최적의 장소로 선정되어 개발이 진행되었다. 이후 칸쿤에는 세계 각지로부터 관광객들이 몰려들기 시작했다.

스노클링, 낚시, 골프, 사냥, 정글 투어, 잠수함 투어, 수중 다이버, 파라슈팅, 스카이다이빙 등 200여 종이 넘는 투어가 가능하고 산호 가루로 형성된 순백색의 해변은 세계 어느 곳에서도 만나볼 수 없는 파라다이스와 같았다.

약 140개 호텔과 380개 레스토랑 등 세계 유수의 휴양시설들과 각종 해양 리조트들이 칸쿤에 모여들었다.

멕시코 관광청에 따르면 칸쿤은 중남미인들이 꼽은 '가장 가고 싶은 신혼여행지 1위'로 선정되었으며 당일 관광객만 평균 620만 명, 유람선 관광객은 64만 명에 달해, 이곳의 관광 수입만 멕시코 국내총생산의 7.5%에 이른다고 한다.

칸쿤에는 또 하나 주목할 만한 보물이 있는데, 바로 세계에서 3번째로 큰 산호초 산맥이다. 자연적으로 조성된 이 산호초 지대는 칸쿤 사우스 끝에서 온두라스의 '베이 아일랜즈'까지 724km에 걸쳐 길게 뻗어있다. 이곳은 150개 이상의 리프 어종들과 거의 100개에 달하는 산호 종의 서식처인 해양생물의 '생태 보고'로 알려져 있다.

칸쿤 해양협회와 국립해양공원의 고민

이처럼 칸쿤이 해양관광 명소로 자리 잡으면서 주민들에게 큰 걱정거리가 하나 생겨났다. 칸쿤이 세계적인 관광 명소가 되면서 찾아온 수많은 관광객들로 인해 바닷속 산호초 지대가 몸살을 앓기 시작했기 때문이다.

특히 수중 다이버들은 칸쿤의 산호초 지대를 탐험하는 것을 가장 선호했는데, 이들이 몰려들면서 산호초들이 심각하게 생명력을 잃어가기 시작했다. 하지만 눈앞에서 산호초들이 훼손되어 가는 것을 보고도 관련 기관에서는 뾰족한 해법을 찾지 못했다.

칸쿤 해양협회와 국립해양공원 관리자들은 산호 지대를 보호할 수 있는 창의적인 해결책을 찾기 위해 끊임없이 아이디어 회의를 진행했다. 하지만 이미 멕시코의 국가산업이 되어버린 잠수함 투어나 산호 지대 탐험을 금지할 수 없는 상황이었기에 난감한 상황만 이어지고 있었다.

그러던 어느 날 회의에서 한 관계자가 독특한 아이디어를 떠올렸다.

"수중 산호초 지대를 대체할 관광 상품으로 수중박물관을 지어보면 어떨까요?"

이내 회의에 참석한 책임자들에 손에 '제이슨 테일러'에 대한 자료가 건네졌다. 책임자들은 그의 이력을 꼼꼼히 읽어나갔다.

제이슨 테일러는 1974년 영국인 아버지와 중남미 가이아나(Guyana) 출신의 어머니 사이에 태어나 말레이시아에서 어린 시절을 보냈다. 성장한 그는 영국으로 건너와 1998년 런던예술대학(London Institute of Arts)에서 조각을 전공했으며, 이후 17년간 다이빙 강사와 수중 자연과학자로 활동하면서 자신만의 독특한 작품들을 발표하는 세계적인 유명 수중조각가가 되었다.

제이슨 테일러는 2006년 세계 최초로 서인도제도의 그레나다 섬 연안에 수중 조각공원을 만들었다. 스쿠버다이버를 하다가 조각이 바닷속에 있다면 아름답겠다고 생각한 테일러는 즉시 정부의 허가를 받고 해양 시멘트를 사용해 65개의 조각상으로 세계 최초의 수중공원을 만들었다.

테일러가 만든 그레나다 섬 수중조각공원의 조각품은 콘크리트와 강철로 만들어졌으며 볼트로 부착되어 수중 2m에서 8m 사이에 배치되어 있다. 유리 바닥 보트를 타는 사람들이나 스노클러와 다이버들은 테일러의 이 아름다운 수중조각들을 감상하기 위해 찾아오는데, 더욱이 이 예술작품은 인공 암초 역할을 하여 수중 생물의 좋은 서식지를 제공하는 등 자연과 공존하고 있다. 이 때문에 내셔널 '지오그래픽(National Geographic)'이 세계의 불가사의 한 곳으로 자주 소개하는 명소가 되었다.

칸쿤 해양협회와 국립해양공원 관리자들은 제이슨 테일러와 그가 만든 수중박물관 보고서를 읽으면서 한줄기 희망을 발견했다. 그리고 자신들이 지금부터 무엇을 해야 할지 정확하게 깨달았다.

수영복을 입고 입장하는 해양박물관의 탄생

몇 년의 시간이 지나고 칸쿤에 특별한 박물관이 들어섰다. 이 박물관에 입장하기 위해서는 수영복을 입거나 유리 바닥 보트를 타야 한다. 방문객들은 박물관에서 독특한 바닷속의 작품들을 감상할 수 있다. 이곳이 바로 칸쿤의 수중박물관 'MUSA(Museo Subaquatico de Arte)'이다.

칸쿤 해양협회와 국립해양공원으로부터 의뢰를 받은 테일러는 2009년부터 수심 3m에서 6m에 걸쳐 실물 크기의 수중 조각상을 설치하며 작품 수를 늘려가고 있다. 세계 최대 규모의 수중박물관으로 2010년 250개의 조각상으로 개관했으며 2011년 400여 개 작품으로 완공했고, 최근에도 작품을 추가하여 약 500여 점의 작품이 전시되어 있다. 각 조각품은 해저에 연결되어 있으며 재료는 산호초 생활을 촉진하는 친환경 소재인 중성 콘크리트로 제작됐다.

대표적인 작품으로 수심 4m 지점에 설치된 「뱅커」가 있다. 흩어져 있는 서류 가방과 계산기에 둘러싸여 모래 속에 머리를 처박고 있는, 정장을 입은 일련의 조각상 무리이다. 이 조각상은 다가오는 환경 위기를 부정하며 저항하는 금융과 정부 기관의 근시안적이고 무책임한

태도에 대한 상징을 표현하고 있다. 이외에도 손을 잡고 기도하는 듯이 통일된 조각상들의 포즈는 황금만능주의를 설명하고 있다.

자연과 인간이 공존하는 가치실현

"사람들은 바다를 신성하게 여기지 않습니다. 누군가가 시스티나 성당에 달걀을 던진다거나 그랜드 캐니언 아래에 7성급 호텔을 짓고 싶어 한다면 아마 다들 비웃으면서 쫓아내겠죠. 그런데 우리는 매일 바다를 준설하고 물고기를 남획하고 오염시킵니다."

테일러는 진정으로 바다를 사랑하고 소중하게 생각하는 조각가였다. 그는 수중박물관을 만들면서 자연과 인간이 공존하는 가치를 실현하기 위해 최선을 다했다. 인류와 자연의 끊을 수 없는 공생과 조화를 상징하는 그의 작품들은 사람들에게 메시지를 전달한다. 이를 위해 그는 작품에서 폭풍 등의 자연재해로 뿌리째 뽑혀 나간 산호 조각들을 이식해 인공조각과 산호 조각을 하나의 완성작품으로 결합하기도 했다.

그는 조각상 재료서부터 조각상 모양이 바다 생태계에 도움이 될 수 있도록 기획했다. 조각상들의 다리 사이에 난 공간은 갑각류나 어린 물고기가 서식할 수 있도록 디자인되었다. 시간이 지나면서 조각 작품 자체가 인공어초 역할을 하여 해양생물이 부착할 수 있는 기반이 되었고, 여기에 해면, 멍게, 히드라 등의 부착생물들이 자연스럽게 정착하여 작품들을 채색하였다.

이처럼 부착생물들의 다양성과 생물량이 증가하면서 조각 작품들이 설치된 해양 공원에는 더욱더 다양한 어류들이 찾아왔고, 생태계는 빠른 속도로 회복되었다. 엄밀히 말해 인간과 자연이 함께 이 수중박물관을 새롭게 창조해 나가고 있는 셈이다. 인간과 자연의 합작품이라 할 수 있는 칸쿤의 수중박물관 'MUSA'는 연간 75만여 명의 관광객들이 찾고 있다.

수중박물관은 수많은 산호초와 수생생물이 피해를 받는 위기의 상황에서 바다를 사랑한 영국의 수중조각가 테일러의 만남으로 탄생했다.

칸쿤의 해양 생태계 공존 프로세스

❶ 칸쿤의 해당 생태계 파괴와 산호초 훼손이 심화하고 있는 상황을 해결해야 한다.
❷ 조각가 제이슨 테일러가 2006년 세계 최초로 서인도제도 그레나다 섬 연안에 수중 조각공원을 설치해 화제가 된 성공사례를 연결한다.
❸ 산호초 지대를 보호할 '대체재'로 수중박물관을 세운다.
❹ 작품은 자연과 인간이 공존하는 가치를 실현하는 방향으로 제작한다.

　수중박물관은 칸쿤 해양협회와 국립해양공원이 안고 있었던 다양한 문제를 단숨에 해결했다. 다이버들은 즐겨 찾던 산호초 지대 대신 수중박물관을 방문하면서 산호 지대의 피해가 줄어들었고 훼손된 산호초들이 회생할 수 있는 시간이 마련되었다. 나아가 조각 작품들은 산호초와 해저 생물의 서식지가 되는 인공 암초 역할을 해주었으며, 인간의 조각상과 자연의 산호초들이 결합해 창조해 나가는 신비롭고 아름다운 체험을 관광객들에게 제공했다.
　미국의 유명 미디어 『포브스(Forbes)』는 멕시코 칸쿤 앞바다를 '인생에서 한번은 가봐야 할 세계에서 가장 독특한 여행지' 리스트에 올려놓고 있다.

08

아토피 때문에 개발한 천연 소시지
청년 창업가 선앤두 김명진 대표의 '천연 재료'

저는 청년 창업가입니다. 세상에 없던 '천연 소시지'를 만들어 사람들이 건강한 음식을 먹을 수 있도록 돕고 있어요.

창업에 도전하겠다고 결심한 계기는 '아토피' 때문입니다. 전 어렸을 때 아토피 질환을 앓았기 때문에 화학첨가물이 있는 육가공제품을 먹을 수 없었는데, 햄이나 소시지를 너무 좋아했기 때문에 늘 괴로웠습니다. 그래서 저와 같이 아토피 질환으로 먹고 싶은 음식을 못 먹는 사람들을 위해 건강하고 안전한 소시지를 만들어 보고 싶다고 생각하게 됐지요.

크면서도 늘 관심은 나 스스로가 건강하게 먹을 수 있는 소시지를 직접 만드는 일이었어요. 청소년 시절에도 나름대로 열심히 소시지 연구를 했습니다.

'화학첨가물을 넣지 않고 천연 재료들만으로 소시지를 만들어 보자.'

청소년 시절부터 시작된 천연 재료 소시지 개발

어느 날 저는 천연 재료인 '모링가'를 알게 됐어요. 모링가는 아프리카와 인도 등에서 자라는 콩과식물입니다. 나무의 잎과 열매, 뿌리 씨앗 등 식물의 대부분을 먹거나 약으로 쓰는데, 우리 몸에 필요한 다양한 영양소를 풍부하게 함유하고 있어 '지구상에서 가장 영양이 높은 식물', '기적의 나무', '생명의 나무'라고 불리기도 해요. 또 인도 전통 의학인 아유르베다에서는 300가지 이상의 질병을 치유하고 예방하는 데 쓰인다고 하더군요.

고등학교 시절 당뇨와 성인병 개선에 도움을 준다는 '모링가'와 '소시지'를 결합한 천연 모닝가 소시지를 개발하는 게 제 첫 번째 도전이었습니다. 그러나 식품에 대한 전문지식이 부족한 고등학생이 새로운 식품을 개발한다는 게 쉬운 일은 아니었죠.

그래서 고등학교 2학년 때 건국대학교 식품바이오학과 교수님을 직접 찾아가 제 아이디어와 계획을 설명하고 도움을 부탁드렸습니다. 교수님은 기꺼이 저에게 많은 조언을 해 주셨죠. 덕분에 건강하고 안전한 재료를 육가공 식품에 적용하기 위한 체계적인 연구를 할 수 있었습니다. 결국 고등학교 2학년인 18세 나이에 저는 '모링가'라는 식물을 첨가해 당뇨와 성인병 개선에 도움이 되는 육가공제품을 개발하고 특허를 출원할 수 있었답니다.

이후 대학생이 된 저는 식품 사업가가 되고자 경영정보학과에 입학했고, 대학생 창업 강좌도 열심히 들었어요. 2017년 3학년 때 대학교 창업동아리를 결성하고 동시에 개인사업자로 '선앤두'를 창업했어요. 대학생의 신분으로 사업가의 길에 본격적으로 뛰어든 거죠. 그리고 곧 사업의 발판을 다질 좋은 기회를 만나게 되었습니다.

창업 후 그해 제가 사업하고 있는 지역인 충북 충주시에서는 해외 바이어를 초청해 2017 충주무역상담회가 개최됐어요. 무역상담회는 국내 벤처기업들이 국외 무역회사와 매칭을 하는 자리로 우리 제품을 홍보할 좋은 기회인데다 운이 좋으면 수출도 기대할 수 있었죠. 저는 창업동아리팀으로 '모링가 소시지'를 소개하는 무역상담회에 참가했는데, 참가업체 중 유일하게 중국 기업과 기능성 육가공제품 200만 달러 수출의향서를 체결했고 이는 곧 홍콩 수출로 이어지게 됐습니다. 당시 중국 쪽 바이어 분은 우리 제품을 무척이나 흥미로워하셨습니다. 우리 회사의 아이템 특성이 중국 시장의 상황과 잘 맞물렸다고 생각해요. 중국은 고기 문화가 발전한 나라 중 하나지만 그만큼 당뇨 환자 또한 많은 나라거든요.

중국에는 과거의 저처럼 치료를 위해서 고기를 먹을 수 없는 사람이 많은데, 우리 제품은 천연 재료를 사용해 건강한 성분을 함유했기 때문에 당뇨를 치료하는 과정에서도 먹을 수 있다는 장점이 좋게 보였던 것 같습니다. 바이어는 그 자리에서 바로 우리와 수출 MOU를 체결하는 계약서를 작성했습니다. 중국 분이라 언어가 달라서 문서가 오갈 때 일일이 번역하느라 고생도 많았지만, 그래도 창업 3개월만에 엄청난 성공을 이루어낸 그 날이 아직도 많이 기억에 남아요.

분명한 차별성과 소비자 시장 개척

물론 대학생 창업자 입장에서 실제 제품 양산체제를 만들어 식품을 만드는 과정은 쉽지 않았습니다. 부족한 자금 때문에 여기저기 찾아다니며 노력한 끝에 충북도와 충북테크노파크, 충주시 등으로부터 창업자금을 지원받을 수 있었습니다.

이후 저희 회사는 충주시가 조성한 청년몰에 입주해 사업을 시작했고, 20평 남짓한 공간에서 제품을 생산하기 시작했어요. 창업자들과 사업가들이 대거 입주해 있던 청년몰은 새로운 인연을 만들어주었죠. 이곳에서 만난 사업가들과 의기투합해 3인 공동대표로 법인회사 '선앤두'를 설립하게 됐지요. 처음에는 회사에서 생산되는 제품을 홍보하기 위해 전국 축제장마다 찾아다니며 저의 소시지를 알렸어요.

저희에게는 분명한 차별성과 소비자 시장이 있었습니다. 사과와 찹쌀, 자색고구마, 옥수수, 양파, 당근 등 천연 농산물과 혼합해 안전한 육가공 식품을 만들어 내고 있었기 때문이지요.

 선앤두의 천연 소시지 창조 프로세스

❶ 다양한 질환으로 먹고 싶은 음식을 못 먹는 사람들을 위한 건강하고 안전한 소시지를 만든다.
❷ 농산물을 주원료로 화학첨가물을 전혀 사용하지 않은 '기능성 육가공'을 개발한다.
❸ 천연식물 양념류, 無항생제, 無MSG, 무항생제 기능성 원료육 천연식물 사료로 만든 사과 소시지, 모링가 소시지, 여주 소시지, 블루베리 소시지 등 신제품을 출시한다.
❹ 지역 특산물과 유가공 식품을 연결해 충주의 특산물인 충주 사과 등 로컬푸드를 이용한 충주사과 소시지, 충주사과 떡갈비 등을 개발해 지역과 기업이 함께 성장해 나간다.

지역 특산물을 이용한 천연식품을 만드는 아이디어는 성공적이었고 이후부터 선앤두는 안정적으로 성장하기 시작했습니다. 2018년에는 충주기업도시에 부지를 마련, 공장을 신축하고 벤처기업 인증도 받았습니다.

2019년부터는 회사에서 생산하는 제품을 충주 지역 각 학교에 급식재료로 납품키로 계약했고 고속도로 휴게소 등에서도 판매를 시작했습니다. 저희 회사는 다양한 신제품들을 개발해 잇따라 내놓으며 사업영역을 전국으로 확장해 나갈 수 있었지요. 최근에는 HACCP(안전관리인증) 인증을 받아 안전한 먹거리 생산에 더욱 탄력을 받게 됐습니다.

천연 식재료와 지방 특산물이 결합된 신제품 개발

저는 더욱 다양한 천연 식재료와 더 많은 지방 특산물, 더 다양한 특용 작물(여주, 블루베리 등)을 결합하여 기존에 없던 신제품을 개발해 나갈 것입니다. 우리 회사의 제품 중 하나인 사과 소시지는 바로 충주의 특산물인 사과를 활용한 제품입니다. 제주의 특산물을 활용한 감귤 떡갈비나 감귤 햄을 만들 수 있겠죠. 이런 식으로 우리 제품을 다양화하면서 지방의 농가 소득도 올릴 수 있는 효과도 기대할 수 있습니다.

저는 한번 시작한 일은 끝을 봐야 하는 성격입니다. 그래서 제 사업 분야에서 최고가 되는 것을 목표로 삼고 있지요. 만약 창업을 꿈꾸는 이들이 있다면 끈기와 열정이 가장 중요하다고 말해주고 싶어요. 저도 처음 창업을 시작하여 법인회사로 전환하기까지 어려움이 많았습니다. 제품을 홍보하기 위해 충주에서 열리는 축제마다 참가했고, 부족한 자금을 마련하기 위해 노력하면서 여러 기관에서 자금을 지원받기도 했죠. 이처럼 처음에는 좋은 아이디어와 함께 두 발로 뛰어다니는 열정도 꼭 필요합니다.

더 좋은 아이디어를 도출하고 난관을 극복하는 모든 과정은 끈기와 열정 없이는 이룰 수 없어요. 이 때문에 '하다가 안 되면 취업이나 해야겠다'는 식의 무모한 마인드보다는 창업 과정에 대해 깊게 생각하고 준비한다는 각오가 필요합니다.

자신만의 꿈을 꾼 청년

지금까지 소개한 창업 도전기는 청년 창업가 주식회사 '선앤두' 김명진 대표에 관한 이야기다. 그는 어릴 때부터 천연 재료 소시지 연구를 시작해 고등학교 시절 연구 4년 만에 신기술 특허출원, 창업 3년 만인 대학 시절에 수출 200만 불 계약 체결 등 화려한 성공 신화를 만들고 있다.

어린 시절 아토피 때문에 건강한 소시지를 직접 만들어 보겠다는 목표를 정하고 꿈을 향해 한순간도 잊지 않고 연구하고 도전해왔던 청년 창업가 김명진 대표는 지금까지 성공에 대해 이렇게 평가했다.

"창업을 다소 무모한 도전으로 바라보는 시각도 있었지만, 구체적인 준비가 돼 있었기에 가능했습니다."

09

알링턴국립묘지 정상방문 기념패에 숨은 비밀
금속 공예 작가 김동현 씨의 '단추'

창의성은 한 편의 시에서 쉽게 엿볼 수 있다. 모든 시에는 '하나' 안에 '둘'을 넣는 창조기술이 녹아있기 때문이다. 나태주 시인의 「풀꽃」을 감상해 보자.

자세히 보아야 예쁘다.
오래 보아야 사랑스럽다.
너도 그렇다.

이 시에서는 '예쁘고 사랑스러운' 하나의 주머니 안에 '풀꽃'과 '너'라는 둘을 집어넣었다. 이번에는 안도현 시인의 「너에게 묻는다」를 읽어보자.

연탄재 함부로 차지 마라.
너는 누구에게 한 번이라도 뜨거운 사람이었느냐?

이 시는 '열정적인 삶'이란 하나의 주머니 안에 '연탄재'와 '너'라는 둘을 집어넣었다. 하나의 주머니 안에 둘 이상의 다양한 것을 집어넣어 완전한 하나로 다시 만드는 '은유(메타포)' 작업이 바로 예술이다.

- ◆ 스티브 잡스는 아이폰 안에 '핸드폰'과 '인터넷', 'MP3 플레이어', '앱' 등을 집어넣었다.
- ◆ 광고 천재 이제석 씨는 멀리 보고 자세히 보는 도구라는 주머니 안에 구글(구글 글자의 ○○)과 '망원경'(렌즈의 ○○)을 집어넣어 구글 광고를 만들었다.
- ◆ 대한민국 최고의 산업 디자이너 김영세 씨는 전통의 아름다움이라는 주머니 안에 전통주 술병과 경주 '첨성대' 모양을 집어넣어 첨성대 모양의 전통주 술병을 만들었다.
- ◆ 세계적인 디자인 공모전 중 하나인 레드닷 디자인 어워드에서 대상을 수상한 배상민 교수는 꽃이 시들어 죽을 때가 많은 일반적인 화분에 '오뚝이'의 원리를 집어넣은 디자인으로 물이 마르면 눕고 물을 주면 일어서는 독특한 화분을 만들었다.
- ◆ 레오나르도 다빈치는 16세기 피렌체 도시에 배수관 역류로 홍수가 빈번해지자, 하나의 배수관이라는 주머니 안에 뚜껑과 인간의 '심장 판막' 원리를 연결하고 집어넣은 디자인으로 역류 문제를 해결했다.

하나 안에 둘을 연결하여 집어넣은 메타포가 시(詩)다. 시는 곧 디자인이며 광고이자 예술이다. 모든 디자인, 광고, 예술이 메타포로 창조되기 때문이다.

알링턴 국립묘지 기념관에 기증한 기념패

2021년 청와대 의전실에서는 미국 방문 준비 회의가 진행되고 있었다. 문재인 대통령이 곧 있을 한미정상회담을 위해 미국 워싱턴을 방문하게 되었는데, 워싱턴 D.C. 인근에 있는 알링턴 국립묘지 기념관에 참배 일정이 잡혀있었다. 이곳을 방문하는 세계 정상들은 관례대로 전시실에 무명용사의 희생을 기리는 기념패 하나를 기증하고 있다.

2021년 5월 20일. 문재인 대통령은 워싱턴 D.C. 인근에 있는 알링턴 국립묘지 기념관에서 참배를 마친 뒤 기념관 전시실에 기념패 하나를 기증했다. 기념패에는 '무명용사와 그들의 고귀한 희생을 기리며(In Memory of the Unknown Soldiers and their Noble Sacrifices)'라는 문구가 새겨져 있었다.

이날 전시된 기념패는 큰 화제를 모았다. 기념패를 만든 소재만큼이나 특별한 이야기가 그 안에 담겨있었기 때문이었다.

참전용사들의 배지와 단추로 제작된 기념패

문 대통령이 기증한 기념패는 김동현 금속 공예 작가가 제작한 작품이다. 그는 망치 성형을 기반으로 은과 구리를 활용하여 지난 십여 년 이상 국내외에 활발한 작품 활동을 해왔다. 한국 현대 금속 공예의 잠재력과 가능성을 보여주는 작가에게 수여되는 '올해의 금속공예가상'을 수상하기도 했다.

김 작가가 디자인한 이번 기념패는 서양의 기념비에 주로 사용하는 '사각주(오벨리스크)' 형태로 제작됐고, 패의 중앙에는 6·25전쟁 참전용사들의 배지와 단추들이 장식되어 있었다. 이 배지와 단추들은 바로 1950년 마산 서부지역 전투 당시의 유물인 'US배지'와 6·25전쟁에서 가장 치열했던 전투로 꼽히는 다부동 전투의 유물인 '독수리·별 문양 단추'였다. US배지는 2013년 경남 마산에서, 독수리·별 문양 단추는 2019년 경북 칠곡에서 우리 국군 유해발굴단이 각각 발굴한 미군복에서 떨어져 나온 유품들이었다.

알링턴 국립묘지에 6·25전쟁 미군 참전용사 다수가 안치되어 있는 만큼, 이들의 희생정신을 기리고 기억하기 위하여 '미군의 배지와 단추'를 결합해 만든 기념패를 기증한 것이다. 71년 만에 한국전 참전 미군 용사 유품이 고국에 돌아온 셈이다.

이외에도 기념패에는 세 가지 디자인 요소가 결합되어 깊은 의미를 담아냈다. 먼저 유품 주변에는 기념패가 상승하는 모양을 따라 나비가 날아가고 있는 모습을 표현했다. 이는 '산화되어 날아가는 영혼'을 상징한 것이다. 다음으로는 한국적 요소를 반영했다. 기념비 겉면에 한국의 전통 문양을 활용했는데, 이것은 한국의 전통과 번영이 우방국 참전의 노고와 희생으로 이뤄졌음을 상징하는 의미다. 마지막으로는 안쪽 면에 '불탄 흔적의 문양'을 새겼는데, 한국전쟁으로 인하여 발생한 피해를 표현한 것이다.

알링턴 국립묘지 정상방문 기념패의 제작 프로세스

❶ 알링턴 국립묘지 기념관 전시실에 기증할 기념패에 가장 한국적인 요소를 연결한다.
❷ 기념패 형태에 서양의 기념비 모양을 연결한다.
❸ 기념패에 6·25전쟁 참전용사들의 실제 유품인 'US 배지'와 '독수리·별 문양 단추들'을 연결한다.
❹ 유품 주변에 '산화되어 날아가는 영혼'을 상징하는 나비를 연결한다.
❺ 기념패에 우방국의 참전 노고와 희생과 한국의 전통 문양을 연결한다.
❻ 마지막으로 불탄 흔적의 문양과 한국전쟁으로 인한 피해를 연결한다.

국립묘지 관계자들의 마음을 울리다

카렌 듀렘 아길레라 국립묘지 관리국장은 한국이 전달한 이 기념패를 보고 다음과 같은 소감을 밝혔다.

"한국전 참전용사의 유품으로 만들어진 기념품을 보면서 매우 가슴이 메어 옴을 느꼈습니다. 특히, 전사자의 유품이지만 마치 참전용사가 미국으로 돌아온 느낌이었습니다. 이곳을 방문하는 많은 이들이 기념품을 볼 때마다 참전용사들을 생각하게 될 것입니다."

메리 카펜더 기념관 전시실장도 기념패를 보고 이렇게 말했다.

"제 부친이 한국전에 참전하셨고, 생존해서 복귀하셨습니다. 오늘 기념품에 부착된 유품을 보며 가슴 한편이 아려오는 것을 느꼈습니다. 많은 정상이 기증한 선물을 봐왔지만 이처럼 개인적으로 마음에 다가오는 것은 처음이었습니다. 매우 의미 있는 기념품에 감사합니다."

2021년에 한국에서 제작된 특별한 기념패는 현재 알링턴 국립묘지 기념관 전시실에 전시되어 있다. 이 기념패는 한손에 쥘 수 있을 정도로 작지만 많은 이야기를 품고 있다. 한국전쟁과 아픔의 이야기가 담겨 있고, 한국이 발전시켜온 전통문화가 담겨 있으며, 미군과 우방국 참전용사들의 희생정신이 담겨 있다. 그리고 국립묘지에 잠들어있는 영혼들의 이야기가 담겨 있고, 나아가 한국인의 이야기와 미국인의 이야기가 담겨 있다.

10

행운의 네 잎 클로버, 무엇과 어울릴까?
화훼 농부 푸드클로버 홍인헌 대표의 '스타벅스'

한 남자가 들판에 쭈그리고 앉아 아침부터 저녁까지 뭔가를 열심히 찾고 있다. 풀 사이로 뭔가를 찾았나 싶다가도 이내 고개를 숙이곤 다시 오리걸음으로 뒤뚱거리며 한 걸음씩 나아간다. 그가 이토록 힘들게 찾고 있는 것은 바로 '네 잎 클로버'이다.

네 잎 클로버는 전장의 포화 속에서 나폴레옹을 구했다는 일화에서 시작되어 행운의 상징으로 여겨지고 있다. 하지만 사람들이 네 잎 클로버를 좋아하게 된 건 그보다 더 오래 전인 중세시대부터로, 십자가 모양을 닮았다는 이유에서 귀하고 신성한 식물로 여겨졌다.

물론 네 잎 클로버는 사람들의 눈에 쉽게 띄지 않는 점에서 희소성의 가치도 지니고 있다. 네 잎 클로버가 만들어질 확률은 1만분의 1로, 자연에서 네 잎 클로버를 찾을 확률은 거의 없다시피 하다. 이처럼 오랜 세월을 거쳐 네 잎 클로버는 가치를 만들고 사람들의 관심을 불러 모았다.

들판에서 네 잎 클로버를 찾기 위해 한참을 고생하던 그는 우연히 이런 생각이 들었다.
'행운의 상징이라는 네 잎 클로버를 직접 재배할 순 없을까?'

이러한 아이디어에서 출발해 들판의 네 잎 클로버를 재배종으로 바꿔 대량생산은 물론 국내 최초 식용으로 개발하는 데 성공하여 다양한 상품으로 만든 '들판의 사람'이 바로 농업회사법인(주) 푸드 클로버의 홍인헌 대표다. 그는 충북 청주의 한 농장에서 네 잎 클로버를 재배 중이다.

국산 품종 개발의 꿈

그가 네 잎 클로버를 재배하기 전까지 이를 활용한 상품이나 관련 시장은 거의 없는 상태였다. 네 잎 클로버와 관련된 상품들이 있기는 했지만 대부분 일회성이었고 대규모 공급원은 전무했다.

대학 시절 홍 대표는 원예학을 전공한 후 화훼농가와 시장을 연결하는 화훼 유통업에 종사했다. 그러다가 국내 최초로 대형마트에 꽃, 분화와 관엽식물 등 식물을 납품하는 전속계약을 맺게 되었다.

당시 그는 '산세베리아'가 선풍적인 인기를 끄는 것을 보며 식물 상품이 얼마든지 대형마트에서 통한다는 사실을 확인했다. 하지만 동시에 한 가지 아쉬운 점도 발견하게 되었는데, 국내 화훼시장의 인기 품종이 전부 외국산이라는 사실이었다. 당시만 해도 시장에 내세울 만한 국내 품종은 전무한 상황이었다.

'언젠가는 직접 인기 국산 품종을 개발해서 나만의 브랜드를 유통해 보고 싶다.'

'원산지가 우리나라이면서 소비자들에게 인기 있는 식물은 없을까?'

홍 대표의 머릿속에는 온통 이런 생각뿐이었다. 그때 문득 떠오른 것이 바로 '네 잎 클로버'였다. 누구나 청소년 시절을 돌이켜 볼 때 네 잎 클로버와 관련된 추억 한 두 가지쯤은 있을 것이다. 네 잎 클로버는 납작하게 잘 말려서 책갈피에 끼워두거나 가족, 친구, 연인들끼리 선물하기도 했던, 모두가 좋아하는 식물이었다.

홍 대표는 해외 논문을 살펴보는 등 깊이 있는 연구를 시작하면서 네 잎 클로버에 행운 외에도 다른 매력이 많이 숨겨져 있다는 사실을 알게 되었다.

네 잎 클로버를 먹을 수 있다고?

홍 대표는 네 잎 클로버와 함께 펼칠 수 있는 멋진 미래를 상상했다. 행운의 상징으로 친구들에게 선물하던 네 잎 클로버를 대량 육종 생산하여 건강 다이어트 식품으로 판매한다는 아이디어는 누구도 생각한 이가 없던 그야말로 기상천외한 발상이었다.

그때부터 홍 대표는 네 잎 클로버를 채취하기 위해 들판 이곳저곳을 찾아다니기 시작했다. 막상 시간을 투자해 찾아 나서니 네 잎 클로버를 찾아내는 일 자체는 그리 어렵지 않았다. 하지만, 네 잎 클로버의 번식과 육종에 성공하기까지는 수많은 시간과 연구가 필요했다.

홍 대표는 먼저 야생에서 자연적으로 변이한 네 잎 클로버를 찾아내 그 줄기를 잘라 땅에 심었다. 그리고 나중에 줄기에 꽃이 피면 네 잎 클로버에서 핀 꽃에서만 씨를 받아 교합해 다시 심었다. 이 과정을 무려 5년 동안 반복했다.

수없이 반복한 끝에 홍 대표는 결국 네 잎 클로버만 자라는 종자를 얻는 데 성공했다. 유전자 변형 또는 방사선 없이 자연 번식 방법을 적용해 세계 최초로 재배에 성공한 네 잎 클로버 종자의 탄생이었다. 홍 대표는 이 종자에 '대박'과 '포유'라는 이름을 붙이고 2013년 국립종자원에 품종 등록을 마쳤다. 대박과 포유는 잎의 90% 이상이 네 잎 또는 그 이상으로 자란다.

이후 홍 대표는 네 잎 클로버를 다양한 아이디어와 결합하여 상품화하기 시작했다. 가장 먼저 종자를 화분에 심어 '수능'을 앞둔 수험생들에게 선물하기 위한 상품을 만들었다. 하지만 그는 이 상품으로 쓰디쓴 실패를 경험해야 했다. 네 잎 클로버 화분을 대형 마트에 납품했지만 막상 마트 실내에 진열해 놓자 햇빛 부족으로 네 잎 클로버의 잎이 금세 노랗게 변해버린 것이다. 연구 끝에 해결 방법을 찾았지만 그 사이 막대한 비용과 생산설비가 들어 길을 잃기도 했다.

하지만 오히려 이 실패는 네 잎 클로버의 '식품화' 상품개발에 매진하는 계기가 되었다. 네 잎 클로버는 건조 중량의 40%가 단백질로 구성되어 있다. 게다가 필수 미네랄인 칼슘, 크롬, 철망간, 아연, 셀레늄, 구리, 마그네슘 등이 다량 함유되어 있어 녹즙, 샐러드, 분말로 섭취할 수 있다. 따라서 클로버는 채식주의자의 부족한 단백질 보충과 다이어트에 좋다. 홍 대표는 잎에 이토록 단백질이 많이 들어있는 품종은 클로버가 유일하다는 사실 또한 알게 됐다.

식용으로 개발된 '네 잎 클로버'는 잎 수가 네 잎 이상이며 평균 다섯 잎으로 구성되어 기존 세 잎 클로버보다 같은 중량에서 영양성분이 1.7배 이상 높았다. 또한 잎이 큰 품종으로 개발되었기에 분말이나 샐러드 녹즙용으로 공급되기에도 충분했다.

물론 네 잎 클로버의 식용 상품화 과정은 홍 대표가 직접 국내에서 완전히 새로운 시장을 하나하나 새로 개척해 가는 일이기도 했다. 클로버는 외국에서 식용이 가능하지만 국내에서는 동물 사료용 외에 식용으로 등록돼 있지 않은 상태였다.

그는 직접 해외 자료와 논문을 찾아 근거자료까지 제출하고 나서야 식약처에 클로버 식용 작물 등록을 끝마칠 수 있었다.

호텔·고급음식점 및 스타벅스로의 공급 계약

네 잎 클로버의 국내 식용 상품시장 판매가 가능해지자 그는 무작정 셰프들을 만나 일단 써 보라며 샘플을 전달했다. 홍 대표는 이러한 적극적인 홍보를 통해 식용 및 음식의 장식용으로 다양한 호텔·고급음식점과 계약에 성공했다. 63빌딩 식당가에 네 잎 클로버를 납품해 음식에 장식으로 등장하자 소문은 SNS를 타고 빠르게 퍼져나가기 시작했다. 자연스럽게 네 잎 클로버는 화제가 됐고 계속해서 입소문을 탔다. 홍 대표는 상품이 어느 순간부터 스스로 날개를 달아 홀씨처럼 퍼져나간다는 말을 실감했다.

어느 날 '스타벅스' 식음료 기획 담당 직원이 소문을 듣고 홍 대표를 직접 찾아왔다. 처음엔 3개 매점에 일주일 기준으로 600장을 공급했다. 이내 인기를 끌자 전국 1,120개 스타벅스 매장으로 공급이 확대됐다.

이때 하루에 2만 개의 네 잎 클로버를 납품했고, 두 달 동안 약 2억 원의 매출을 올렸다. 스타벅스는 이 네 잎 클로버를 이용해 토핑으로 올린 '오트 그린 티 라떼'를 출시했다. 행운을 상징하는 이 메뉴는 출시 첫날부터 1만 잔이 완판되었다.

푸드컬처를 창조하다

식용 네 잎 클로버, 이 기발한 상품이 활약할 수 있는 시장은 넓었다. 식용 네 잎 클로버는 커피 전문점 외에도 빵집 등과 같은 다양한 식음료 프랜차이즈에 공급되었다. '네이버 스토어', '지마켓', '11번가' 등 인터넷 쇼핑몰과 '카카오 쇼핑'에서도 판매되었으며, 국내 최대 새벽 배송 업체인 '마켓컬리'에도 납품되고 있다. 대형 마트에서는 '행운 네잎 클로버 샐러드'라는 이름으로 판매되고 있다. 네 잎 클로버는 이미 녹즙·분말 시장에도 진출했으며 스마트팜을 이용해 그 세를 확장해 나갈 계획이다. 국내를 넘어 중국 시장에도 진출한다.

네 잎 클로버는 미래 우리 농업에도 큰 희망이 될 수 있다. 네 잎 클로버는 오이나 고추처럼 1년에 한두 차례 수확해서 파는 것이 아니라, 같은 밭에서 연중 매일 같은 양을 수확할 수 있다. 네 잎 클로버 농사가 일반 농작물보다 수익률이 배 이상 높다. 홍인헌 대표는 자신의 네 잎 클로버 재배 노하우를 농민들에게 공개해 앞으로 네 잎 클로버가 국내에 대중화될 수 있도록 최선을 다할 것이라고 말했다.

홍 대표가 이뤄낸 창조 프로세스를 정리해 보자.

홍인헌 대표의 네 잎 클로버 창조 프로세스

❶ 식물의 상품성을 확인한 뒤 언젠가 직접 인기 국산 품종을 개발해서 자신의 브랜드를 유통해 보고 싶다고 생각한다.
❷ 네 잎 클로버에 주목하고 자연에서 채취해 대량 재배할 수 있는 품종을 최초로 개발한다.
❸ 네 잎 클로버와 '식용'을 연결한다.
❹ 호텔·고급음식점 셰프들을 만나 일단 장식용으로 써 보라며 샘플을 전달한다. 63빌딩 식당가와 스타벅스 등과 계약하면서 화제를 모으고 도약한다.
❺ 단백질 식음료품, 다이어트 식품, 샐러드, 스마트팜 등 식용제품으로 개발한다.
❻ 네 잎 클로버와 '쇼핑몰시장', '새벽 배송 시장', '중국 시장', '국내농업 혁신 시장' 등과 연결한다.

독창적인 콘셉트로 개발된 네 잎 클로버는 지금 이 순간에도 고리에 고리로 이어져 상품화와 사업화로 뻗어나가고 있으며 앞으로도 무수히 많은 연결이 이루어질 것이다. 홍인헌 대표에게 네 잎 클로버는 단순히 감상용 식물이 아니다. 건강을 주고 음식을 디자인하는 푸드컬처이다.

PART 6
인문학에서 피어난 창의성의 꽃

01

달에 산이 있다고 확신한 최초의 인간
과학자 갈릴레오 갈릴레이의 '그림'

중세(中世)가 막을 내렸다. 하지만 여전히 세상은 지구중심설과 태양중심설이 충돌하고 있었다. 진리처럼 믿어온 지구중심설(천동설)의 오류를 지적하고 "우주의 중심에는 태양이 있다."는 태양중심설(지동설)을 주장한 니콜라우스 코페르니쿠스의 우주관은 여전히 종교계와 과학계의 논쟁거리였다.

사람들은 밤하늘의 달에도 관심이 많았다. 달에 있는 검은 얼룩이나 반점들은 육안으로도 확인할 수 있기 때문에 우리는 그것을 보면서 토끼 같은 형상을 떠올려 보고, 상상의 나래를 펼쳤다. 당시 사람들은 달이 '지상계와 천상계를 가르는 경계'로 완벽한 구형이라고 믿었다. 구형은 완전을 의미했다. 달이 완전하다고 사람들이 믿었던 이유에는 완전한 구형만이 지구 둘레를 회전할 수 있다는 고정관념이 담겨 있었다.

당시 코페르니쿠스의 '태양중심설'과 '달'에 유별나게 깊은 관심을 가진 과학자가 한 명 있었으니, 바로 갈릴레오 갈릴레이였다. 갈릴레오는 이탈리아의 철학자이자 과학자, 물리학자이자 천문학자로 활약했다.

그의 주된 업적을 꼽으라면 망원경을 개량하여 '목성의 위성', '달의 반점', '태양의 흑점' 등을 발견한 것, 물리학 입문 과정에서 배우는 등가속 물체의 운동 법칙을 확립한 것 등이 있다. 또한 그는 코페르니쿠스의 이론을 옹호하여 태양계의 중심이 지구가 아니라 태양임을 믿었던 인물 중 하나였다.

그중에서도 특히 갈릴레오는 달을 가장 완벽하게 이해한 사람이었다. 그는 육안으로 달에 보이는 검은 얼룩이 평평한 얼룩인지 아니면 울퉁불퉁한 암석과 산, 협곡 때문인지 정확하게 알았던 최초의 인간이었다.

직접 개조한 망원경으로 관찰한 달

갈릴레오는 1609년에 아주 재미난 장난감을 손에 넣게 된다. 바로 망원경이었다. 손재주가 좋았던 갈릴레오는 손수 8~9배율의 망원경을 만들어 베네치아의 산 마르코 광장에 있는 종탑에 올라갔다.

종탑에서 바다와 해안가를 살펴본 갈릴레오는 망원경이 지닌 가능성을 봤다. 이후로 1609년 11월 30일부터 12월 18일까지 그는 시간만 나면 직접 개조해 만든 고배율 망원경을 통해 하늘을 관찰했다. 달을 시작으로 목성의 위성, 금성의 상변화, 토성의 고리, 태양의 흑점 등을 관측했으며, 이를 통해 은하수가 별들의 무리이며 행성이 스스로 빛을 내지 않고 반사한다는 사실을 알아냈다. 갈릴레오는 어느 날 달을 관찰하다가 문득 몇 번이고 망원경 렌즈 속을 확인하면서 이런 생각을 하게 됐다.

'달은 완벽한 구여야 하는데, 왜 내 눈에는 달도 지구처럼 산도 있고 계곡도 있고 울퉁불퉁한 것처럼 보이지?'

갈릴레오는 1610년 3월, 망원경을 이용한 천체 관측 내용을 담은 세계 최초의 책 『시데레우스 눈치우스(Sidereus Nuncius, 별의 메신저)』를 출간했다. 이 책에는 그가 관측한 천체의 여러 모습이 등장하는데, 그중 가장 하나가 바로 달의 모습을 스케치한 그림이다. 물론 그가 그린 그림과 현대에 측정한 진짜 달의 모습에는 다소 차이가 있지만, 계곡과 산을 명암으로 울퉁불퉁하고 거칠고 디테일하게 표현하고 있었다. 실제로 책에 갈릴레오는 달에 대해 다음과 같이 묘사했다.

"그런데 작은 반점들을 거듭 관측한 결과, 달과 모든 천체에 대해 옛날부터 많은 철학자들이 믿었던 것과 달리, 달 표면이 매끈하거나, 평평하거나, 완벽한 구 모양을 하고 있지 않다는 결론에 이르렀다. 오히려 그와 반대로 달의 표면은 거칠고 울퉁불퉁하며, 높고 낮은 돌출부로 가득 차 있다. 즉, 달 표면에도 지구 표면과 아주 비슷하게 높은 산과 깊은 계곡이 있다."

2천 년간 인간들이 믿어왔던 달에 관한 고정관념을 완전히 뒤엎을 사실을 갈릴레오가 최초로 찾아내 기록한 것이다. 사람들은 두 눈으로 달의 표면을 정확하게 관찰할 수 없었다. 그래서 달의 신화를 믿었다.

'설마 달에도 산이 있고 계곡이 있을까? 산이나 계곡이 있다면 완벽한 구가 아니잖아. 완벽하지 않은데 어떻게 저 하늘에서 지구의 주위를 정확하게 회전할 수 있겠어?' 이런 신화를 갈릴레오는 처음으로 깨부쉈다. 그는 망원경을 보면서 달도 산과 골짜기가 있다는 걸 확신했다. 갈릴레오는 어떻게 이런 결론에 도달할 수 있었을까? 그의 사고 과정은 다음과 같았다.

1. 달의 경계 부분이 매끈하지 않고 울퉁불퉁하다.
2. 달의 밝은 부분에도 거뭇거뭇한 부분이 있다.
3. 달의 어두운 부분에 밝은 점 몇 개를 볼 수 있다.
4. 저렇게 보이는 이유는 달에도 지구처럼 산과 계곡이 있기 때문이다.

달에 산과 계곡이 있다는 건 그저 달을 제대로 보았다는 사실에 그치지 않는다. 달이 지구와 다를 바 없다는 사실은 천동설을 믿었던 인간의 우주관에도 영향을 주었다.

1. 달은 완전한 구가 아니다.
2. 달이 완전한 구가 아니라도 지구를 도는 회전운동을 한다.
3. 그렇다면 지구가 완전한 구가 아니라도 태양을 도는 회전운동을 할 수 있을 것이다.

갈릴레오가 발견한 달의 모습은 산과 계곡이 있는 지구도 태양의 주변을 돌 수 있다는 점을 시사한 것이다.

달에서 산과 계곡을 관찰하는 법

갈릴레오는 어떻게 망원경으로 관찰한 현상만으로 달에 산과 계곡이 있다는 것을 확신할 수 있었을까? 사실 영국 수학자이자 천문학자인 토마스 해리엇은 갈릴레오보다 앞서 달을 자세하게 관찰했고, 경계 부분이 매끈하지 않다는 것을 발견하여 기록에 남겼다. 그러나 그는 자신이 발견한 것을 어떻게 해석해야 할지 몰랐다. 반면에 갈릴레오는 해리엇과 달리 달에 산과 계곡이 있다는 것을 알아챌 수 있었다. 그 해석의 차이는 어디에서 온 것일까?

갈릴레오 갈릴레이는 1564년 이탈리아 토스카나지방의 피사에서 태어났다. 그의 아버지는 작곡가이자 유명한 류트 연주가로 음악 이론에 관해 중요한 연구를 일부 남겼다. 갈릴레오는 어린 시절부터 예술을 접했고 관심도 많았다. 특히 젊었을 때는 미술 아카데미에서 미술을 배웠으며 평소에도 유화와 스케치를 자주 그렸다. 갈릴레오가 '그림'을 배웠다는 것은 무엇을 의미할까? 바로 명암의 표현을 이해했다는 말이다. 갈릴레오는 '화가의 시각'으로 달의 모습을 볼 수 있었다.

그림에서 명암대조법을 사용해 산과 계곡을 표현한다는 걸 잘 알고 있던 갈릴레오는 달의 산과 계곡이 우리의 눈에 명암대조법처럼 시각적으로 표현된다는 사실을 쉽게 파악한 것이다. 이처럼 그림의 명암대조법을 알고 있었다는 점이 갈릴레오가 달에서 산의 존재를 파악하는 데 결정적인 역할을 했다.

당신이 예술을 취미로 가진다면?

시청자들의 많은 사랑을 받은 드라마인 《슬기로운 의사 생활》에서 주인공인 의사 친구들은 정기적으로 모여 밴드 활동을 한다. 전쟁터 같은 의료현장에서 벗어나 취미로 기타와 키보드, 드럼을 연주하며 노래하는 그들이 멋져 보인다. 이처럼 예술 활동은 삶의 여유와 생각의 휴식을 주는 것은 물론, 때로는 예술과 일이 융합해 미처 생각하지 못했던 영감을 불러일으키기도 한다.

세계적인 베스트셀러『생각의 탄생』의 저자인 로버트 · 미셸 루트번스타인(미국 미시건 주립대 교수) 부부는 창의성을 키우는 지름길이 바로 이 '예술적 감각'에 있다고 설명한다. 실제로 로버트 루트-번스타인 교수 등 연구팀이 노벨상 수상자들과 그 외의 여러 과학자들을 비교한 결과 노벨상을 수상한 과학자들은 노벨상을 수상하지 않은 과학자들보다 특정한 분야에서 큰 차이를 보였는데, 다름 아닌 '예술'에 관한 것이었다.

예를 들어 최초의 노벨 화학상 수상자인 J.H 반트호트는 예술적 취미가 다양했다. 플루트를 잘 불었으며 4개 국어로 시를 썼다. 그리고 반트호트처럼 노벨상 과학자들의 약 93%가 노래와 춤, 연기, 미술, 영상, 시와 문학, 목공예, 공예, 음악(연주), 사진 등 한 가지 이상의 예술 활동을 하고 있었다.

특히 노벨상을 수상한 과학자는 그렇지 않은 과학자보다 미술 활동을 취미로 즐기고 있을 확률이 7배, 글쓰기에 취미가 있을 확률이 12배, 공연에 취미가 있을 확률이 무려 22배나 더 높았다. 반대로 생각하면 예술에 관심이 높은 과학자일수록 노벨상을 받을 확률이 높다는 말이기도 하다.

예술이 과학과 만나 영감으로 이어진 사례는 정말 많다. 그러니 미래를 꿈꾸며 창조적 삶을 살아가고자 한다면 하나쯤 흥미 있는 예술 분야에 취미를 가져보는 것은 어떨까?

02

저자가 되고 싶다면 저에게 오세요!
개인 출판 컨설팅 1인1책 김준호 대표의 '책'

이 세상에는 'ISBN'이 있는 사람과 없는 사람, 두 부류의 사람이 있다. ISBN(International Standard Book Number)은 우리말로 '국제표준도서번호'인데 저자의 책에 부여되는 세계에서 단 하나뿐인 번호이다. 국립중앙도서관에 등재된 ISBN은 세월이 지나도 바뀌지 않는다. 책을 쓴 저자의 자손이 세월이 흐른 뒤 찾아가도 할아버지, 할머니의 저술을 확인할 수 있다. 1,000년을 건너뛰어 자기 목소리를 전달할 수 있는 마법과 같은 책을 써낸 저자만이 얻을 수 있는 증표라고 할 수 있다.

이러한 책의 불멸성을 멋지게 표현한 글이 참 많다. 그중에 기억에 남는 글을 한 편 소개하고자 한다.

"우리는 책을 한 번 슬쩍 훑어보는 것만으로도 이미 죽은 지 수천 년이 된 저자의 목소리를 생생하게 들을 수 있다. 저자는 1,000년을 건너뛰어 소리 없이, 그렇지만 또렷하게 자신의 이야기를 독자의 머릿속에 직접 들려준다. 글쓰기야말로 인간의 가장 위대한 발명이다.

글쓰기가 사람들을 하나로 묶어 놓았고, 먼 과거에 살던 시민과 오늘을 사는 우리를 하나가 되게 했다. 책은 인간으로 하여금 시간의 굴레에서 벗어나게 했다. 그러므로 글쓰기를 통해서 우리 모두는 마법사가 된 것이다."

이처럼 과거 특정한 계층이나 선택받은 이들만이 책이라는 불멸의 작품을 남길 수 있었던 시대를 지나, 많은 사람이 자신만의 책을 쓸 수 있는 세상이 도래했다. 청소년 시절 꿈꾸었던 시나 소설을 써 보려는 이들도 있고 그동안 특별한 경험이나 연구 결과를 집대성하거나 자신만의 지식정보를 체계화하겠다는 사람들도 있다.

책을 통하여 자신의 이야기를 세상에 알리고픈 자, 더 나아가 세상과 소통하며 삶을 바꾸고 싶은 이들도 많으며 또 자신의 전문성을 드러내고 홍보하기 위해 마케팅용으로 책을 쓰려는 이들도 적지 않다.

하지만 이러한 시대임에도 불구하고 개인이 책 한 권을 기획하고 출판사에 제안하여 책을 출간하는 과정은 여전히 쉽지 않다. 막연한 생각이나 연구 결과를 책으로 기획하기 위해서는 저자의 노력 이외에도 출판 분야에 대한 전문적 지식이 필요하기 때문이다.

초보 저자를 위한 개인 출판 셰르파

'1인1책' 김준호 대표는 저자가 되고자 하는 사람들에게 길을 제시하는 이른바 개인 출판 '셰르파'다. 셰르파는 등산을 돕는 이로 지식의 에베레스트를 오르려는 예비 저자들의 컨설턴트라고 할 수 있다.

김 대표는 20대 시절 신문사에서 기자로 근무했다. 그는 20대 후반 영어전문가들을 직접 인터뷰해 낸 책이 베스트셀러가 되면서 출판에 관심을 두게 됐다. 이후 몇 권의 책을 더 내면서 책을 쓰고 싶어 하는 이들의 질문을 많이 받게 되었고 출간에 대해 조언을 해주기 시작했다.

책을 써 보고 싶다는 이들에게 조언해 줄 때마다 예비 저자들은 천군만마를 얻은 듯 기뻐하고 고마워 했다. 또 그런 조언을 통해 작가가 된 이들이 저마다의 분야에서 자신감을 얻고 크게 성장을 하는 모습을 지켜봤다.

이러한 과정을 통해 그는 출판 컨설팅 분야에 묘한 매력을 느꼈다. 다양한 분야의 전문가들을 만나는 것이 좋았고 좋은 콘텐츠를 가진 작가들을 발굴해 그들이 성장해 가는 과정을 지켜보는 일 또한 매력적이었다. 저자와 출판사를 연결해 책을 탄생시키는 과정에서 보람을 느낀 그는 새로운 꿈을 꾸게 되었다. 예비 저자를 위한 전문적인 출판 컨설팅 기획사를 창업해야겠다고 생각한 것이다.

김준호 대표의 개인 출판 컨설팅 창조 프로세스

❶ 많은 사람들이 책 출간이라는 정상에 오르기 위해 세르파를 찾고 있다.
❷ 평범한 사람들을 최고의 전문가로 성장시킨다면 정말 가치 있는 일이 될 것이다.
❸ 충실한 콘텐츠나 콘셉트를 가진 사람과 책을 연결하면 세상에 새로운 가치를 창출할 수 있다.
❹ 예비 저자를 발굴해 출판사와 연결해 주는 전문적 에이전시 활동을 해 보자.

이렇게 김준호 대표는 저자 에이전시와 출판기획을 전문으로 하는 '서정콘텐츠그룹'을 시작으로 자체 출판 디자인 시스템을 결합한 출판 에이전시인 '1인1책'을 창업했다. 그동안 1인1책은 수백 명의 전문가를 발굴해 저자로 탄생시켰고 지금까지 200여 권 이상 다양한 분야의 책을 기획, 출판했다.

김 대표는 책을 쓴 사람들이 자신의 전문성을 발휘해 성장할 수 있다는 확신을 얻었다. 책이 사람을 어떻게 바꿀 수 있는지도 분명히 알게 됐다.

"대한민국 모든 국민이 자신의 분야에서 자신의 콘셉트를 찾아 한 권씩 책을 쓸 수 있다면 얼마나 좋을까?"

그가 한 사람당 한 권의 책을 쓰자는 '1인1책 캠페인'을 10년 넘게 벌이게 된 계기였다.

1인1책 김준호 대표는 예비 저자와 여러 번 만나 출판기획 회의 과정을 통해 책의 기획에서 출판사 섭외, 편집과 제작, 마케팅에 이르기까지 출판의 전 과정에 걸쳐 조언한다. 그리고 저자, 출판사와 함께 책의 성공을 위한 다양한 방법을 제시하고 함께 노력한다. 지금은 출판 에이전시뿐만 아니라 출판편집, 전자책 제작, 자체 출판시스템을 구축해 더 많은 이들이 자신의 책을 출간할 수 있도록 돕고 있다.

요즘은 전문가가 아닌 평범한 개인들도 책 쓰기에 관심을 보이고 있다. 경험과 노하우를 글로 정리함으로써 자존감을 키우는 등 자기 성장에 큰 도움이 되기 때문이다. 그래서 1인1책에서는 별도로 책 쓰기 교육프로그램을 마련했다. MBC아카데미나 여성인력개발센터, 지자체 평생학습관, 50플러스 교육기관, 초중고 방과 후 청소년 교육프로그램 등에서 1인1책 책 쓰기 과정을 실시해 많은 작가를 탄생시켰다.

"특히 청소년 작가 만들기에 큰 보람을 느끼고 있습니다. 많은 학생은 말합니다. 책 쓰기 과정을 통해 스스로 직접 쓸 책을 기획하고 목차를 만들어 한 편씩 글을 쓰다 보니 정말 자신도 작가가 될 수 있다는 자신감이 생겼고 책을 보는 관점이 완전히 달라졌다고요. 저 역시 책 쓰기 과정을 통해 청소년들이 엄청나게 성장한다는 사실을 깨달았지요. 우리나라 초중고 학생들이 모두 청소년 시절 자신의 책 한 권씩 출간할 수 있도록 돕는 게 1인1책의 비전 중 하나입니다."

책쓰기로 성장하는 사람들의 세상을 꿈꾸는 김준호 대표의 대한민국 1인1책 캠페인은 지금도 계속되고 있다.

출판 기획이라고요?
기획은 우리 출판사에서도 할 수 있어요!

출판사 대표의 차가운 반응을 뒤로하고 출판사 문을 나서는 출판 에이전시 서정의 김준호 대표.

11년 전 작가와 출판사를 연결하는 출판 에이전시 서정을 창업했지만 출판사의 반응은 그리 호의적이지 않았다.

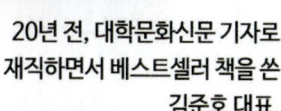
20년 전, 대학문화신문 기자로 재직하면서 베스트셀러 책을 쓴 김준호 대표.

그 이후 그는 책을 내려는 사람들에게 도움을 주는 비즈니스를 생각한다.

책을 몇 권 쓰고, 다른 저자들의 집필을 돕다 보니 출판 에이전시를 하면 재밌을 것 같았다.

#1 행복 이노베이션

실례합니다... 여기가 출판 에이전시 서점...

#2 아빠 음악이 뭐예요

1급 시각장애인이면서 독거노인인 양일용 교수.

그와 개인적인 인연을 맺고 있는 김준호 대표는 우울한 삶을 살고 있는 양일용 교수에게 책쓰기를 제안했다.

교수님 책을 한권 써보시지요~

책을?

책, 그래... 그런데, 눈도 안 보이는데...?

제가 작가와 협업해 책을 기획해 볼께요!

그래서 시작된 『아빠 음악이 뭐예요』는 독서논술 프로그램에서 채택돼 1만 부가 넘게 나갔다.

이렇게 한 권 한 권 기획출판 하다 보니 낸 책만 어느새 200여 권이 되었다.

김준호 대표는 책을 내려는 사람들에게 더 큰 이슈를 제안하면 보다 더 활성화 되겠다는 생각을 하고 고민하였다.

그래서 '당신이 바로 콘텐츠입니다'는 캐치 프레이즈를 내걸고 프로젝트를 하기로 마음 먹었다.

책을 내서 인생의 새로운 터닝포인트를 만들려는 사람들, 우울증도 극복하고, 자신의 콘텐츠를 갖고 강사로도 활동하고, 브랜드도 만들 수 있는 프로젝트.

바로 '1인1책' 프로젝트를 하기에 이르렀다.

전 국민 1인1책 프로젝트는 남녀노소, 계층을 가리지 않고 진행됐다. 초등학교, 중고교, 대학, 군대, 기업, 지자체에 이르기까지 1인1책은 지속되고 있다.

김준호 대표는 중국 칭다오 한인학교 특강을 계기로 전 세계에 1인1책을 전파하기로 마음먹었다. 이에 유럽 10개 도시, 중국, 일본, 동남아에 이르기까지 1인1책 프로젝트의 깃발을 들고 있다.

03

인문학과 과학을 가장 아름답게 통합한 사람
세계적 필독서 『코스모스』의 작가 칼 세이건의 '전공'

누구에게나 '가까이하기엔 너무 먼 그대'가 있다. 며느리와 시어머니, 오빠와 여동생 혹은 대리와 부장, 직원과 사장님 사이, 또는 유독 까다로운 고객처럼 거대한 장벽이 있어 쉽게 넘나들지 못하는 사이 말이다. 그런 관계 중 하나가 바로 아빠와 딸 사이 아닐까?

몇 년 전 필자는 대한민국 중2 딸의 아빠였다. 부녀지간은 오묘한 사이다. 아마도 둘의 사이에 섭섭함, 세대 차, 두려움, 애틋함 등의 모든 감정이 마구 뒤섞여 엉켜있기 때문일 것이다.

당시 우리 중2 딸은 세상에서 가장 까칠한 중2로 이른바 '세까중2'였다. 중학생이 되고 대화마저 끊긴 딸과의 사이에 그나마 가끔 던져지는 한마디는 대부분 '비수'에 가까웠다.

"아빠 바보같이 그것도 몰라요?"
"아빠 왜 이렇게 글을 못 쓰는 거예요? 오탈자가 수두룩해요!"
"아빠 그렇게 함부로 말하면 안 되죠, 그건 망나니들이나 하는 말이잖아요!"

'융합'이란 단어가 유행한 지 한참이다. 창의하려면 전혀 서로 다른 것을 연결하여 '융합'해야 한다고는 하지만 정작 어떻게 전혀 다른 것, 모순 관계 같은 사이를 잘 융합시킬 수 있는지에 대해서는 명쾌하게 알려주는 이가 아무도 없었다.

'도대체 아저씨인 아빠와 세까중2인 딸 사이에 있는 거대한 장벽을 어떻게 넘고 서로 화합할 수 있단 말인가?'

필자는 딸과의 화합을 되찾기 위해 치열하게 고민했고, 마침내 '이야기'라는 답을 찾게 되었다.

아빠와 중2 딸의 '화합' 대작전

서로 다른 건 물론이고, 심지어 아무리 모순 관계에 있더라도 이야기 속에서는 얼마든지 하나로 융합될 수 있다. 이야기 속에는 아무리 오묘한 사이인 아빠와 중2 딸, 며느리와 시어머니, 오빠와 여동생, 대리와 부장, 직원과 사장님의 관계라도 필연적으로 공존해야 한다.

세대갈등, 고부갈등, 직장 상하 직원 간의 불협화음, 고객과의 문제, 각종 모순은 이야기 속에서 오히려 더욱 흥미진진한 사건을 만든다. 이에 필자는 중2 딸과 거리를 좁히기 위해 아빠와 딸이 함께 쓸 수 있는 멋진 이야기 구조를 발견해 내기로 결심했다. '우리 부녀 화합 대작전'은 그렇게 시작되었다.

딸은 초등학생 4학년 때부터 웹소설을 쓰기 시작한 작가 지망생이다. 그리고 필자는 창의성과 생각의 공식을 연구하고 강연하는 저자 겸 강사다. 우리 둘의 틈이 아무리 멀다고 해도 함께할 수 있는 공통분모, 즉 같은 무대의 이야기가 하나 있었다. 어느 날 필자는 딸에게 이렇게 제안했다.

"아빠가 개발한 창조적인 생각 공식을 네가 재미있는 판타지 소설로 써 보면 어떨까?"

다행히 딸은 제안을 받아들였다. 그렇게 한배를 탄 우리는 이야기의 바다로 출항했다. 그날부터 필자와 딸과의 관계에 새로운 이야기가 펼쳐졌다. 우리는 A4 용지를 앞에 두고 함께 머리를 맞댔다. 소설의 전체 구성과 스토리를 설계하고 주인공 캐릭터를 구상했다.

"프로메테우스가 불을 인간에게 준 신화처럼 신이 인간에게 생각 공식을 알려 주는 내용이면 어떨까?"

나의 제안에 딸은 이렇게 답했다.

"그리스·로마 신화를 활용하자는 거죠?"

"그렇지!"

"그럼, '크레아티오(Creatio)'라는 라틴어가 창조라는 의미인데 창조의 여신으로 캐릭터를 만들면 어때요?"

"오, 좋아."

"테아트룸 같은 이름의 전령도 있으면 좋겠어요."

"신비감 있는 이름이야. 그런데, 그런 라틴어는 어떻게 그렇게 잘 알고 있니?"

"그거야 판타지 소설을 쓰려면 이런 라틴어 사전은 필수로 가지고 있어야 하니까요!"

딸은 책꽂이에서 두꺼운 라틴어 사전을 꺼내 흔들었다.

우리가 구상한 판타지 소설의 이야기는 제우스가 하늘의 창조 공식을 인간들에게 알려주기 위해 프로메테우스의 딸 '크레아티오'를 이 세상에 보내면서 시작된다. 크레아티오는 중학생 2학년 샛별을 찾아와 이상한 비밀 노트를 건네준다. 주인공 샛별은 신비한 요정 크레아티오와 신비로운 만남을 통해 이 세상에 새로운 것이 생겨나는 창조의 원리를 배우며 가정과 학교에서 부딪치는 10대들의 다양한 문제들과 친구와 갈등을 창의적으로 해결해 나간다.

어제까지 절대 연결될 수 없는, 서로 물과 기름 같았던 '아저씨' 아빠와 '까칠한' 중2는 이야기를 통해 둘 사이에 놓인 거대한 벽을 허물어 나갔다. 딸은 6개월 만에 10대를 위한 창의성 판타지 소설을 완성했다.

"네가 탈고를 할 줄 알았어. 이번 주말에는 시내 서점에 가서 우리 책을 내줄 출판사 이메일을 함께 수집하자."

우리는 주말에 함께 대형 서점 안을 돌아다니며 책을 구경하고 출판사 연락처와 이메일 리스트를 정리했다. 출간 제안은 번번이 거절당했지만 우리는 좌절하지 않았다. 애초에 중학교 2학년의 판타지 소설을 선뜻 받아줄 출판사를 만나기란 쉽지 않을 거라 예상했기 때문이다.

"포기하지 말자. 아기도 세상에 태어나려면 열 달을 뱃속에서 소중하게 보살펴야 하잖니? 반드시 좋은 출판사를 만날 수 있을 거야."

한편 딸은 몇몇 출판사가 회신해 준 조언은 반드시 받아들여 원고에 반영했다. 거절이 반복될수록 원고는 더욱 탄탄해졌고 마침내 딸의 소설을 출간하겠다는 출판사가 나타났다. 이렇게 우린 소설의 공동 저자가 될 수 있었다.

딸은 책을 출간한 후 언론 인터뷰에서 이렇게 말했다.

"판타지 소설을 쓰는 과정이 힘들었지만, 아빠와 함께 도전하는 과정이 무척 재미있었어요. 저의 소설이 창의성이 필요한 어린이와 청소년 친구들에게 조금 더 창의적이고, 행복한 삶을 사는 데 도움이 됐으면 좋겠어요."

아빠와 중2 딸의 '화합' 대작전은 이렇게 성공했다.

딸에게 선물한 책, 칼 세이건의 『코스모스』

세상에서 서로 융합하고 통합하여 연결되는 것은 새로운 창조의 과정에서 일어나는 필연적인 과정이다. 따로 떨어진 낱개는 아무런 변화 없이 그 자체로 존재한다. 하지만 어떤 특별한 공간에 서로 연결되는 순간, 낱개로 존재하던 무언가에 관계의 핵심이 만들어지면서 싹이 트고 꽃을 피워 수많은 열매를 맺는다. 이것이 자연과 물리와 창조의 이치다.

필자는 딸과 함께 출간을 마친 후 필자가 좋아하는 엄청나게 두꺼운 책 한 권을 선물했다. 그리고 조건을 하나 걸었다.

"네가 이 책을 완독하면 아빠가 독서 성공 용돈으로 10만 원을 줄게."

결국 딸은 이 책을 완독하여 10만 원의 용돈을 받을 수 있었다. 이 책은 청소년은 물론, 전 세계인의 필독서로 불리는 『코스모스』였다.

이 책은 전 세계 60개국에 방송되어 6억 시청자를 감동시킨 텔레비전 교양 프로그램을 책으로 옮긴 칼 세이건(Carl Sagan)의 역작이다. 현대 천문학을 대표하는 저명한 과학자인 칼 세이건은 이 책에서 우주 탄생과 하늘과 별, 인류에 대한 사람들의 상상력을 사로잡고, 난해한 과학과 철학적 개념을 명쾌하게 해설하는 놀라운 능력을 마음껏 발휘했다.

책에서 그는 빅뱅, 대우주, 은하수 은하의 변방, 태양과 태양계 행성들을 탐험한다. 여기에 에라토스테네스와 같은 철학자에서 뉴턴, 다윈 같은 과학자들이 개척해 놓은 길을 따라가며 우주와 지구, 인간의 과거, 현재, 미래의 성과를 알기 쉽게 풀이해 들려준다. 우주와 인간, 별과 행성, 철학과 과학, 과거와 현재와 미래가 오롯이 융합해 있는 책이 바로 『코스모스』이다.

필자가 딸에게 이 책을 추천한 것은 작가 칼 세이건과 같은 우주같이 넓은 관점과 세상을 창조적 시선으로 보는 주인의 세계관을 가졌으면 하는 바람 때문이었다. 칼 세이건은 어떻게 인류가 걸어온 모든 과학과 인문학적 깨달음을 융합하고 하나로 통합해 볼 수 있는 안목을 갖출 수 있었을까? 필자의 강렬할 호기심이 딸에게도 그대로 전해지길 바랐다.

칼 세이건의 인생 이야기

칼 세이건은 1934년 미국 뉴욕 브루클린의 빈민가에서 우크라이나 이민 노동자의 아들로 태어났다. 그럼에도 그는 시카고 대학교에서 인문학 학사, 물리학 석사, 천문학 및 천체물리학 박사학위를 받았으며, 이어 스탠퍼드 대학교 의과대학 유전학 조교수, 하버드 대학교 천문학 조교수, 코넬 대학교의 행성연구소 소장, 데이비드 던컨 천문학 및 우주과학 교수, 캘리포니아 공과대학 특별 초빙 연구원, 행성협회의 공동 설립자 겸 회장 등을 두루 역임했다.

또한 그는 NASA의 자문 위원으로 보이저, 바이킹 등의 무인 우주 탐사 계획에 참여했으며, 행성 탐사의 난제 해결과 핵전쟁의 영향에 관한 연구로 NASA 훈장, NASA 아폴로 공로상, 소련 우주항공연맹의 콘스탄틴 치올코프스키 훈장, 미국 천문학회의 마수르스키 상, 미국 국립과학원의 최고상인 공공복지 훈장 등을 받기도 했다.

이처럼 바쁜 삶 속에서도 칼 세이건은 다양한 과학 관련 책을 저술했다. 그 중 하나가 바로 영어로 출판된 과학책 중 가장 많이 판매된 것으로 기록된 『코스모스』이며, 이외에도 인간 뇌의 신비를 다룬 『에덴의 용』을 출간해 퓰리처상을 받기도 했다. 동시에 그는 소설가이기도 했는데, 그가 쓴 소설 『콘텍트』는 영화화되기도 했다. 평생 우주에 대한 꿈과 희망을 일구던 그는 1996년 12월 20일에 세상을 떠나기까지 과학의 대중화에도 많은 노력을 기울여 세계적인 지성으로 주목받았다.

그의 이력을 따라가 보면 특이한 점을 발견할 수 있다. 바로 그 자신이 인문과학과 자연과학을 넘나드는 전공의 소유자였다는 사실이다. 칼 세이건은 대학에서는 인문학을 전공했는데 대학원에서는 물리학을 공부했다. 생각해 보면 이것이 우주와 세상과 인간을 연결하고 융합하여 전체를 통합해 보는 『코스모스』 같은 역작을 집필할 수 있었던 이유가 아니었을까 싶다.

대학가에 불기 시작한 학문 간 융합 바람

그런데 이쯤에서 궁금증이 또 하나 생긴다. 칼 세이건은 어떻게 인문학과 물리학, 천문학 등 전혀 다른 분야에 관심을 가지게 됐을까? 그리고 어떻게 전혀 다른 전공으로 학위를 받을 수 있었을까?

그 비밀을 풀기 위해 1951년 칼 세이건이 갓 대학생이 된 시절로 떠나보자. 1950년대 당시 미국의 대학가에서는 새로운 바람이 불고 있었다. 그것은 인문학과 과학을 함께 연결하거나 아우르는 '간학문(Inter-disciplinary)의 융합'이 유행했다는 점이다. 여러 대학에서는 인문학, 경상, 공학 등 전공에 상관없이 전교생을 대상으로 '과학기술의 방법론' 등과 같은 자연과학 분야의 강의를 개설했다.

자기 분야에 매몰되지 말고 다양한 분야의 학문을 통합적으로 아우르자는 취지로 인문 또는 물리과학 등 교양 강좌들이 속속 개설됐다. 하버드 대학의 경우에는 대학 내에 자유전공학부를 개설했다. 인류의 명저 중 하나로 손꼽히는 『과학혁명의 구조』로 수많은 학문 분야를 두루 통합함과 동시에 지대한 영향을 끼친 토머스 쿤은 학문 간의 융합이 가능한 자유전공학부의 과목을 들을 수 있었기에 이 책을 집필할 수 있었다고 회고한 바 있다.

토머스 쿤은 대학생 시절 물리학도였다. 하지만 자연 과학계열 전공이 아닌 학생을 대상으로 개설한 자연과학개론 강의를 접하면서 과학과 역사적 관점을 서로 연결할 수 있었다. 이 때의 연결은 이후 토머스 쿤이 자연과학뿐 아니라 철학, 심리학, 언어학, 사회학 분야의 폭넓은 독서를 하는 계기가 되었고, 이러한 경험을 토대로 그는 다양한 분야의 사람들과 토론하는 과정을 거쳐 점자 과학혁명 이론에 대한 모형을 설계할 수 있었다.

물론 칼 세이건이 입학한 시카고대학에서도 '학문 간 융합' 시도가 다양하게 이루어지고 있었는데 대표적인 것 중 하나가 바로 독서 프로그램이었다. 'Great Books Program'으로 이름 지어진 시카고 북 플랜이 시행됨에 따라 시카고대학에 입학한 모든 학생은 반드시 졸업할 때까지 100권이 넘는 다양한 분야의 인문 고전 도서를 의무적으로 읽어야 했다. 시카고대학의 졸업생들은 이러한 독서 프로그램을 거쳐 훗날 위대한 학자로 거듭났다.

관계의 세계와 움직임의 세계를 통찰하라

우리 눈에 우연처럼 보이는 모든 것에는 사실 필연이 존재한다. 하지만 필연은 잘 보이지 않고 관계 사이에 숨어있다.

하늘을 본다. 태양은 멈춰있다. 아니다. 태양은 움직인다. 아니다. 태양이 움직이는 게 아니라 지구와 내가 움직이는 것이다. 아니다. 태양계 전체가 움직이니 태양이 움직이는 게 맞다. 아니다. 세상의 모든 것은 움직인다.

길거리에 돌멩이 하나 있다. 돌멩이는 멈춰있다. 아니다. 사실 돌멩이는 맹렬하게 움직이고 있다. 돌멩이는 날아가려 하고 지구는 중력으로 돌멩이를 끌어당기고 있다. 버둥대는 돌멩이가 강력한 중력에 사로잡혀 균형점을 찾은 상태가 바로 돌멩이의 멈춰있는 모습이다.

길가의 돌멩이는 움직이는가? 고정돼 있는가? 움직이고 있다는 확신을 가져야 한다. 세상은 전부 살아 움직이고 있다. 멈춰있는 게 하나도 없다. 인간의 눈에만 멈춰있는 듯 보일 뿐이다. 멈춰있는 관점으로 보았기 때문에 '천동설'이 나왔고 '지식'과 '학문'과 '의학'이 쪼개지는 방향으로 발전할 수밖에 없었다.

우주의 섭리와는 달리 인간에게는 고정된 것이 더 접근하기 편하다. 당연하다. 내 손 위에 멈춘 떡이 좋고, 가만히 있는 미꾸라지가 잡기 쉽고, 카우보이 손에 멈춘 소를 잡기가 훨씬 편하며, 낱개의 정보라야 다루기 쉽고 단편적인 지식을 암기하는 게 훨씬 빠르기 때문이다.

이처럼 인간은 누구나 낱개로 쪼개면 쪼갤수록 좋아한다. 학문을 쪼개 전공별로 나누어 자기 전공만 깊이 파는 걸 선호한다. 피부과와 내과, 정형외과 등을 세세하게 쪼갤수록 공부하기가 쉽다. 회사에서 부서를 쪼개면 쪼갤수록 일이 효율적이고 편하다. 그러다 점점 함정에 빠진다.

이것이 인간의 관점이다. 무대 위에 역할을 이미 맡은 배우의 관점이다. 하지만 이것은 어디까지나 인간만의 생각이지 우주나 감독의 관점이 아니다.

반대로 세상을 움직이는 관점으로 보면서 '상대성 이론'이 나왔고 '양자역학'이 나왔다. '지식통합'과 '학문통합'과 '의학통합'의 필요성이 제기됐다. 기존의 고정된 입자 중심 세계관이 와르르 무너지기 시작했다. 움직이는 관점이 고정된 관점을 이기고 있다.

우주가 팽창하고 별과 행성이 만들어지고 창의가 일어나고 생명이 탄생하고 문명이 발전하고 역사가 진보하는 이유는 '움직임' 때문이다. 움직임은 생명력이기에 살아있음이요, 살아 있는 것이 곧 움직임이다.

창의란 무엇인가?

우주적 시선이나 창조자, 그리고 창의하는 자의 관점은 '전체'를 보는 것이다. 전체 안에서는 세상이 고정될 수 없다. 편하고 쉽고 효율적인 것으로 향한 끝에 마주하는 건 멈춤뿐이기 때문이다. 고정된 지점에 도달한다는 것은 곧 그곳이 죽음의 단계임을 의미한다.

창조의 무대를 세팅하고 연출하는, 이야기를 펼쳐 이어가야 하는 감독의 관점에서는 모든 것이 살아있어야 한다. 서로 관계를 맺고 있어야 한다. 매 순간 움직이고 있어야 하고, 파동의 상태여야 한다. 배우 관점에 보이는 똑 떨어지는 낱개, 단편, 쪼갬, 편리, 쉬움, 효율을 거부해야 한다. 창의한다는 건 무엇인가? 창의한다는 건 가장 먼저 세상을 움직임으로 보는 창조자의 시선, 즉 감독 관점으로 바꾸는 것이다. 통합형 창의인재였던 칼 세이건은 『코스모스』를 통해 우리에게 이런 메시지를 던지고 있다.

칼 세이건의 창의 법칙

❶ 배우 관점의 쉬움과 편리, 순간의 효율을 거부한다.
❷ 한발 물러서 창조자의 시선, 감독 관점으로 내가 발 딛고 있는 무대 전체를 통찰해야 한다.
❸ 배우 관점에서 느껴지는 '어렵다'에 도전할 용기가 필요하다.
❹ 감독 관점의 포지션에 서서 전체가 살아 숨 쉬는 물리적 작동원리를 파악해야 한다.
❺ 살아있는 관계와의 연결과 융합을 통해 다양한 흐름을 통찰할 수 있게 된다.

04

그가 2천 년 앞을 내다볼 수 있었던 이유
원자론을 제시한 고대 철학자 데모크리토스의 '공간'

> 세상을 우연의 산물로 본 데모크리토스, 디오게네스, 아낙사고라스, 탈레스, 엠페도클레스, 제논, 헤라클레이토스가 보였다. _단테, 『신곡』, 지옥 편 제4곡 136~138

당신은 혹시 단테의 신곡에 수식어를 달고 소개된 이 사람, '데모크리토스'에 대해 알고 있는가? 그는 기원전 460년 무렵에 태어나 살았던 고대 그리스 철학자로, 고대 철학자 소크라테스보다 10살 앞서 삶을 살았다. 많은 이들이 서양철학의 출발선에 인간에 주목한 소크라테스를 세우는 경향이 있지만 비록 많은 이들이 주목하지 않아도 스스로 강렬한 빛을 내는 이가 바로 데모크리토스다. 그리고 이렇게 생각한 것은 비단 필자뿐만이 아니었다.

로마의 정치인, 변호사이자 라틴어 작가인 마르쿠스 툴리우스 키케로는 "나는 데모크리토스에 대해서 무어라 말할 것인가? 우리는 재능의 크기에서뿐만 아니라 사고력의 크기에서 그를 누구와 비교할 수 있을까?"라고 자문했다.

고대 철학자 필로데모스 역시 데모크리토스를 두고 이렇게 평가했다. "그는 옛사람들 가운데 가장 뛰어난 자연철학자일 뿐만 아니라 기록된 사람 중 누구 못지않게 이것저것에 대해 관심이 많은 사람이다."

오늘날 데모크리토스는 그리스의 '100드라크마(dracana)' 지폐에 그의 초상이 사용될 정도로 높게 평가되고 있다.

70여 편에 이르는 저작들

실제로 그는 다방면에서 천재성을 뽐냈으며 이 사실은 70여 편에 이르는 그의 저작들 제목만 보아도 알 수 있다. 기원후 3세기 고대 그리스의 전기 작가로 활동한 디오게네스 라에르티오스의 기록에 따르면 데모크리토스의 저서들은 다음과 같다.

『대우주론』, 『소우주론』, 『우주지』, 『행성에 관하여』, 『자연에 관하여』, 『인간의 본성에 관하여』, 『지성에 관하여』, 『감각에 관하여』, 『영혼에 관하여』, 『맛에 관하여』, 『색에 관하여』, 『원자의 다양한 움직임에 관하여』, 『형태 변화에 관하여』, 『천체 현상의 원인들』, 『대기 현상의 원인들』, 『불과 불타는 것에 관하여』, 『청각 현상의 원인들』, 『자석에 관하여』, 『씨앗과 식물과 열매의 원인들』, 『동물에 관하여』, 『하늘에 대한 기술』, 『지리학』, 『극에 대한 기술』, 『기하학에 관하여』, 『기하학적 실재들』, 『원과 구의 접선에 관하여』, 『수론』, 『무리수 선분과 입체에 관하여』, 『투영』, 『천문학』, 『천문표』, 『광선에 관하여』, 『반사된 상에 관하여』, 『리듬과 하모니에 관하여』, 『시에 관하여』, 『노래의 아름다움에 관하여』, 『화음과 불협화음에 관하여』, 『호메로스에 관하여』, 『표현과 언어의 정확함에 관하여』, 『말에 관하여』, 『이름에 관하여』, 『가치에 관하여 또는 미덕에 관하여』, 『현자의 특징이 되는 성향에 관하여』, 『의학』, 『농업에 관하여』, 『그림에 관하여』, 『전략론』, 『대양의 주항』, 『역사에 관하여』, 『칼데아의 사상』, 『프리기아의 사상』, 『바빌로니아의 신성 문헌에 관하여』, 『메로에의 신성한 문헌에 관하여』, 『질병으로 인한 열과 감기에 관하여』, 『아포리아에 관하여』, 『법적 문제들』, 『피타고라스』, 『추론의 규준에 관하여』, 『확증』, 『윤리의 논점들』, 『행복에 관하여』 등

하지만 안타깝게도 현재 데모크리토스의 저서들은 그 목록과 토막글이 몇 편 남아 있을 뿐이다. 그의 저서가 모조리 사라진 이유는 기원전 390~391년 테오도시우스 황제가 기독교를 의무로 칙령을 내리고 이에 반하는 문서를 모두 없애버렸기 때문인 것으로 추정하고 있다.

당시 아테네와 알렉산드리아에 있던 모든 학교는 폐쇄되었고 기독교 교리에 맞지 않는 모든 문서가 방대하고 조직적으로 파괴되었다. 일신교가 지배하던 시대에 데모크리토스의 이성적이고 유물론적인 자연주의는 허락되지 않았을 가능성이 크다. 데모크리토스는 살아있을 당시 그의 통찰을 억압당했고 그 후의 역사에서도 그의 영향력이 의도적으로 과소평가 됐다는 평가가 많다.

하지만 데모크리토스가 쓴 다양한 책 제목들에서 확인할 수 있듯이 그의 관심사는 우주나 인간의 본성을 탐구한 전문서는 물론 수학 분야, 음악 분야, 예술 분야, 군사 분야, 종교 분야, 여행 분야, 식물백과사전 등 거의 전 분야에 뻗어있었다. 기원전 460년 무렵에 혼자서 한정된 자료와 아직 체계화되지 못한 지식으로 이와 같은 작업을 수행했다는 사실은 그저 놀랍기만 하다.

고대 원자론의 창시자 또는 완성자

데모크리토스 하면 꼭 따라붙는 단어가 하나 있으니 바로 '아톰(Atom)'이다. 원자로 번역되는 아톰은 더 이상 쪼갤 수 없다는 뜻의 희랍어이다. 지난 2000년간 우주의 본질로 규정되었으며 현대 물리학의 주류 학설로 삼아왔던 '고대 원자론'을 창시한 자 또는 완성한 이가 바로 데모크리토스였다. 모든 물질이 더 이상 쪼갤 수 없는 작은 것들로 이루어졌다는 게 원자론의 핵심이다.

데모크리토스는 이 세계의 모든 것이 많은 원자로 이루어져 있으며 세계는 이 원자와 텅 빈 공간으로 이루어지고 있다고 생각했다. 원자가 합쳐지기도 하고 떨어지기도 하면서 자연의 모든 변화가 일어난다고 본 것이다.

데모크리토스가 제시한 고대 원자론은 2000년이 넘는 긴 세월 동안 깊은 바닷속에 잠든 보물처럼 주목받지 못했다. 이러한 원자론을 다시 수면 위로 끌어올린 것은 영국의 화학자이며 물리학자인 존 돌턴이었다.

1803년 돌턴은 자신의 저서인 『화학의 신 체계』에서 '질량 보존의 법칙'과 '일정 성분비의 법칙'이 성립하는 이유를 설명하기 위해 원자설을 사용했다. 이때부터 원자설은 현대 물리학의 주류 학설이 되었고, 이후 인류가 발전시켜 온 철학, 자연과학, 물리학 등 모든 것에 영향을 미치는 핵심 콘셉트가 되었다.

데모크리토스는 이미 은하수가 수많은 별이 모여서 이루어진 별들의 집단이라는 사실을 통찰하고 있었다. 이 사실을 1750년에 와서야 비로소 알게 된 영국의 천문학자 겸 수학자인 토머스 라이트는 데모크리토스의 혜안에 경탄을 금치 못하면서 이렇게 이야기했다.

"천문학이 광학 기술 발전의 덕을 보기 훨씬 전부터 데모크리토스는 흔히들 말하는 이성의 눈만 가지고도 무한의 심연을 충분히 꿰뚫어 볼 수 있었다. 그러므로 그는 후대에 더 유리한 조건에서 능력 있는 천문학자들이 이룩한 수준에 이미 오래전에 도달했던 셈이다. 데모크리토스의 사고력이야말로 헤라의 젖을 극복하고 밤하늘의 등뼈를 뛰어넘어 하늘 높이 치솟아 올랐던 것이다."

지구 문명이 모조리 파괴되었을 때, 후세를 위해서 딱 한 마디만 남길 수 있다면 무슨 말을 남기겠냐는 질문에 물리학자 리처드 파인만은 이렇게 답했다. "모든 것은 원자로 이루어져 있다!"

비록 최신 현대 물리학의 양자역학 이론은 2500년간 절대 진리로 살아남았던 원자론을 '원자 가설'로 그 지위를 낮추었지만, 그럼에도 불구하고 데모크리토스의 통찰력은 빛이 바래지 않는다. 실험이 아니라 오직 직관(直觀)을 통해 원자 가설은 물론, 수많은 분야의 근원을 추적했다는 점에서 그는 여전히 과학 분야에서 가장 근대적인, 가장 근대에 근접한 고대인이라고 평가받아 마땅하다.

한 생각 천재가 탄생한 이오니아

이쯤에서 궁금증이 생길 법도 하다. "어떻게 그게 가능하지? 데모크리토스의 타고난 천재성을 인정한다 하더라도 그의 경이로운 업적을 다 해석할 순 없지 않은가?" 이를 확인하기 위해 기원전 460년 무렵 데모크리토스가 살았던 그리스를 살펴보자.

데모크리토스는 그리스 북부 지방 트라키아의 압데라에서 태어났으며 젊은 시절에 바빌로니아와 이집트를 여행했다. 그는 내성적이고 깊은 사고형 인간이었기 때문에 소크라테스를 만나러 아테네까지 갔음에도 불구하고 부끄러운 나머지 자기소개도 하지 못했다고 전해진다.

데모크리토스는 히포크라테스와 절친한 사이였으며 물질계의 아름다움과 우아함을 경외했다. 그는 '우정'을 소중히 여겼고 '즐거움'을 인생의 목표로 삼았으며, '독재나 종교, 신에서 자유로운 사고'를 즐기면서 평생을 생각하고 연구하며 책을 썼다.

주목할 점은 데모크리토스가 태어나고 평생 연구하며 살았던 곳인 '압데라'다. 이곳은 지중해와 에게해를 끼고 서양과 동양이 서로 만나는 그리스 해안 도시이자 이오니아 지방의 도시였다. 당시 그가 발 딛고 있었던 공간은 모든 선진문화가 한데 모이고 동서양의 문화가 만나는 '교차로'였다. 다시 한 번 '압데라'의 특징을 정리해 보자.

> **동서양의 교차로 압데라**
> - 이집트와 메소포타미아의 위대한 문화를 포함하여 아프리카, 아시아, 유럽의 문화가 한데 만나서 교차·배양되던 곳이었다.
> - 각종 편견, 다양한 언어, 각기 다른 문화에 배경을 둔 사상 그리고 수많은 신이 만나고 경쟁하고 융합하며 서로에게 좋은 영향을 주고 있었다.
> - 이오니아는 다양한 특성과 각기 다른 문화를 지닌 섬이 모여 커다란 세계를 이루고 있었다. 섬들은 정치체계가 달랐고 믿는 신화가 달랐다. 하지만 문제가 될 게 없었다. 전체로는 하나로 받아들였기 때문이다.

압데라에서는 나와 다른 생각, 다른 문화를 접한다 해도 전혀 이상할 게 없었으며 좋은 것은 빨리 받아들여졌다. 이오니아의 도시들은 세상이 만나는 '길목'과 같은 공간이었다. 실제로 페니키아의 음성 알파벳 기호를 처음으로 그리스어에 사용한 곳도 이오니아였다. 자연스럽게 이오니아에는 글을 읽고 쓸 수 있는 사람들이 늘어났다. 조선시대로 치면 한자만 쓰던 일부 양반사회에서 누구나 한글을 쓰는 사회로 변한 뒤 전혀 다른 나라가 된 것처럼 이오니아인들의 평균적인 소통 능력과 지적 수준은 매우 높아졌다.

한편 이오니아는 사람들과 상품과 기술이 만나는 거대한 '시장'이기도 했다. 당연히 상인들에게 자금과 권력이 생겨났다. 그들에게는 필요에 의해 새로운 기술을 도입하고 창의적인 도구를 만들 능력이 있었다. 이오니아의 뛰어난 사상가 중에는 항해사, 농부, 직조공의 자식들이 많았는데 그들은 직접 과학의 세계를 열고 만들기 시작했다. 기술과 과학이 꿈틀대고 씨앗이 발아하기 시작했다. 이오니아 지방은 그 자체로 하나의 거대한 인큐베이터 역할을 했다.

데모크리토스는 이러한 인큐베이터 안에서 태어나 세상을 보고 듣고 새로운 생각을 할 수 있는 행운을 얻었다. 아마도 데모크리토스는 자라면서 이오니아에서 생겨난 수많은 사람의 생각과 풍경을 만났을 것이다. 그리고 이러한 경험을 통해 각각의 독립적인 원자가 움직이면서 다른 원자들과 함께 서로 어우러져 거대한 세계를 이룬다는 통찰을 얻었을 것이다.

'혁신과 창조의 인큐베이터' 세 가지

한반도 지도를 한 번 살펴보자. 지난 100년간 한반도에 번성한 도시들이 곳곳에 위치해 있다. 서울, 부산, 인천, 개성, 평양, 신의주, 천안, 군산, 강릉, 나주. 이러한 도시들의 공통점은 무엇일까? 물론 '입지 조건'일 것이다. '서울'은 육지 교통뿐만 아니라 한강을 이용한 수로 교통이 편리한 지역이다. 대한민국 제2의 대도시로 불리는 '부산'은 대륙과 해양이 만나는 항구 도시이다.

'인천' 역시 항구 도시이다. 인천은 현재도 인천항과 인천국제공항을 중심으로 제조업과 물류 산업이 발달해 있다. 개성, 평양, 신의주, 천안, 군산, 강릉, 나주도 마찬가지다. 사람들이 몰려들고 교류가 활동하고 소통이 활발한 지역에서 새로운 창의가 일어나는 건 너무나 당연한 이치인 셈이다.

이번에는 세계지도에서 뉴스나 책에서 자주 접해보지 못한 낯선 국가들의 위치를 살펴보자. 마찬가지로 한 가지 공통점을 찾을 수 있는데 하나같이 항구가 없고 교통요지가 아니라는 점이다. 이들 국가는 사막, 산맥, 강대국으로 사방이 꽉 막힌 경우가 대부분으로, 다른 국가와 만나지 못하고 교류가 일어나기 힘들다. 지정학적 무대는 그만큼 국가의 부귀영화를 결정하는 중요한 요소인 셈이다.

한반도의 지도를 다시 한 번 살펴보자. 한·중·일 열강 정중앙에 끼어 있다는 것을 알 수 있다. 고래 싸움에 강제로 참여하게 된 새우는 빠른 의사결정이 없다면 생존할 수 없다. 하지만 장점도 있다. 정중앙에 있다는 건 반대로 중심축이 될 수 있다는 의미다. 중심축의 역할을 얻는 순간 한·중·일 열강을 균형 있게 통제할 수 있는 힘을 얻는다. 어느덧 한국은 새우에서 균형추가 되었다. 우리나라의 생존과 변화와 성공 역시 많은 부분에서 공간이 영향을 끼치고 있다.

만약 당신이 유럽의 고풍스러운 대성당을 마주하고 있다고 생각해 보자. 성당 안에 들어서는 순간 당신은 비록 무신론자일지라도 신과 조우하는 듯한 경외감과 신비감을 단숨에 느낄 수 있을 것이다.

성당 안에서 마주한 경외감과 신비감은 당신의 마음에서 생겨났을까? 그렇지 않다. 거대한 스케일, 높은 천장, 압도적인 돔의 형태, 거대한 공간이 만들어 내는 청각적 울림과 시각적 벽화, 그러한 '크기'에 압도당하는 작디작은 인간으로서의 '나'에게 건축가가 '기술적'으로 계획해 창조한 감정일 뿐이다. 말하자면 보이지 않는 공간이 당신의 감정을 연출하는 수학 공식이 된 것이다.

창조적으로 살고 싶다면? 매 순간 창의하고 싶다면? 그렇다면 손에 잡히지 않고 보이지 않는 '공간'을 통찰해야 한다. 세계적인 창의성 석학 칙센트미하이 교수도 이 점에 동의한다. 그의 저서 『창의성의 즐거움』에서는 장소의 중요성을 아래와 같이 소개하고 있다.

"창의성 개발을 위해서는 어느 장소에 있는지가 매우 중요하다. 그 이유는 첫째, 자신이 추구하는 영역에 접근할 수 있는 위치에 있어야 하기 때문이다. 지식을 골고루 배포되지 않으며 지역에 따라 다르게 응집된다."

스티븐 존슨의 저서 『탁월한 아이디어는 어디서 오는가』에서는 '혁신과 창조의 인큐베이터'가 되는 세 가지 공간을 제시하고 있다.

"첫 번째 공간은 '산호초 군락'이다. 바다의 산호초 군락에서 해양생물 4분의 1가량이 창조되었다.
두 번째 공간은 '도시'이다. 도시 규모가 50배 크면 혁신은 130배 이상 일어난다.
세 번째 공간은 '웹' 무대이다. 웹에서는 아날로그에서 통용했던 모든 법칙이 파괴되고 완전히 새로운 혁신이 일어난다."

세계 각국의 나라 중에서 노벨상을 20개 이상 수상한 나라를 열거해 보면, 미국(385), 영국(133), 독일(108), 프랑스(70), 스웨덴(32), 러시아(31), 스위스(28), 일본(28), 캐나다(27), 오스트리아(22), 네덜란드(21), 이탈리아(20) 등이다. 이는 일정한 조건이 갖추어진 나라에서 노벨상이 나오기 쉽다는 것을 의미한다. 우리가 지금 어디에 어떤 공간에 있는가에 따라 우리의 창의력이 결정된다는 사실을 잊지 말자. 창의하고 싶다면 창의가 일어나는 '공간'으로 가라. 그게 어렵다면 당신이 '그 공간'을 직접 만들어 보는 것도 좋은 방법이다.

05

인간은 '프레임'으로 세상을 인식한다!
프레임 개념의 창시자 조지 레이코프의 '인식'

"머릿속에 코끼리를 절대 떠올리지 마세요."

이 순간 여러분의 머릿속에는 '코끼리'가 떠올랐을 것이다. 다시 한 번 말한다.

"아니, 여러분 지금부터 절대, 결단코, 어떤 일이 있어도, 제발, 머릿속에 코끼리를 떠올리지 말아 주세요!"

그럼에도 여러분은 머릿속에 떠오른 코끼리를 어찌 하지 못할 것이다. 코끼리를 떠올리지 않기 위해서는 먼저 코끼리를 떠올려야 하기 때문이다.

이처럼 사람은 누구나 특정한 정보를 처리하기 전에 먼저 처리할 도구를 사용한다. 미국 UC버클리대학교의 인지과학과 언어학 교수 조지 레이코프는 이것을 '프레임'이라고 이름 붙였다. 인지언어학자인 그는 사회·정치적 의제들에 대한 개인들의 경험과 태도는 핵심적 은유에 해당하는 '프레임'에 영향을 받는다는 이론을 제시했다. 다시 말해 앞서 소개한 예에서 코끼리가 보이는 안경을 이미 썼기에 어쩔 수 없이 그 안경 너머에서 코끼리를 볼 수밖에 없다는 이야기다. 이처럼 프레임에는 인간을 움직이는 힘이 있다. 그 원리를 살펴보자.

1. 우리는 누구나 프레임이란 안경을 사용하고 있다.
2. 이미 안경을 쓰고 있는데, 그 안경을 전혀 느끼지 못하는 것은 이미 안경에 익숙해져 있기 때문이다.
3. 무의식적으로 안경을 사용하고 있어 자신이 안경을 쓰고 있다는 사실조차 잊는다.
4. 정치인, 정부, 언론, 기업 등은 이 안경, 즉 프레임을 먼저 손에 넣으려고 한다.
5. 우리는 누구나 프레임 전쟁 속에 살고 있다.
6. 지금, 이 순간에는 누군가는 자신의 프레임을 만들어 전쟁에서 승리하고 있다.

프레임을 바꾸면 '존재'가 달라진다!

인간이란 어쩔 수 없이 프레임에 영향을 받는다. 그렇다 보니 기업 역시 마케팅이나 혁신에 프레임이란 도구를 전략적으로 활용한다. 존재를 바꿀 수 없다면 프레임을 바꾼다. 프레임을 바꾸는 데 성공한다면 존재 자체를 바꿀 수 있다.

포도주 브랜드로 유명한 '보졸레 누보'의 마케터 조르주 뒤뵈프의 사례를 살펴보자. 과거 포도주는 2년 이상 숙성된 제품만을 인정해 주었다. 즉, 포도주에는 오래 숙성될수록 깊은 풍미를 내는 고급이라는 '프레임'이 있었다. 따라서 1년 이내에 생산된 포도주는 싸구려 하급품으로 인식되었다.

하지만 프랑스 남부 보졸레에서는 주로 그 해 키운 포도로 만든 포도주를 판매하고 있었다. 시간을 움직일 수 없는 이상 포도주 존재를 바꿀 수는 없다. 여기서 포도주 마케터였던 조르주 뒤뵈프는 사람들의 인식을 바꾸기로 했다.

"1년 이내 생산된 포도주는 아직 숙성되지 않은 맛의 하급품으로 인식된다. 하지만 1년 이내 생산된 포도주라서 햇포도의 신선하고 상큼한 맛이 있지 않은가?"

뒤뵈프는 홍보와 마케팅을 통해 사람들의 프레임을 바꾸고자 했다. 햇포도로 만든 포도주야말로 풋풋하고 신선하고 깨끗한 맛을 즐길 수도 있다고 사람들을 설득했다. 그의 전략이 들어맞았는지 정말로 사람들의 프레임이 바뀌었다.

매년 가을에 수확한 포도로 만든 후 이듬해까지 숙성을 기다리지 않고 11월에 바로 마시는 보졸레 누보가 인기를 끌면서 고급 와인의 생산지로 유명한 보르도 지방보다 인지도가 떨어졌던 보졸레 지역의 다른 와인들까지 큰 인기를 얻었다. 이후 햇포도로 만드는 포도주 브랜드 '보졸레 누보'는 세계적인 상표가 됐다.

도시의 혁신에 프레임이 활용된 사례도 있다. 캐나다의 유명 관광도시 '그린빌 아일랜드'는 혹처럼 튀어나온 지형이 섬에 다리를 연결한 모습과 비슷하다고 하여 붙여진 이름으로, 원래는 벤쿠버 항을 중심으로 성장한 공업 도시였다. 그러나 경제공황을 겪으며 낡은 시멘트 공장만이 흉측한 모습으로 남은 쇠퇴한 도시가 되었고, 이후 부흥을 위해 해당 지역을 관광도시로 다시 정의하며 사람들의 프레임을 바꾸어 나갔다.

가장 먼저 낡은 공장과 창고들을 장난감처럼 채색하여 다시 디자인했다. 또한 관광객들을 유치하기 위해 버스와 배를 타고 마치 진짜 섬에 들어가듯이 그린빌 아일랜드에 입장할 수 있도록 만들었다.

거기에 그린빌 아일랜드에 남아있던 오래된 창고와 공장들을 활용해 마치 과거로 여행을 떠나는 느낌을 살렸고, 항구 특유의 분위기를 가미하여 더욱 운치 있는 도시를 만들었다. 이후 그린빌 아일랜드는 독특한 분위기와 식료품 가게 등을 토대로 많은 관광객을 유치하면서 도시재생에 성공했다.

스페인의 빌바오(Bilbao) 역시 조선 산업과 철강으로 유명한 지역이었지만, 산업구조가 변화하자 점차 쇠퇴한 도시가 되었고, 주민들은 하나둘씩 고향을 떠나기 시작했다. 하지만 20세기 후반 빌바오 역시 도시재생에 성공하면서 연간 100만 명의 관광객이 찾는 관광 명소가 됐다.

빌바오의 기존 프레임을 새로운 것으로 바꾼 혁신가는 미국의 유명 건축가 프랑크 게리(Frank owen Gehry)였다. 당시 게리는 창의적인 건축물을 만드는 아티스트로 유명했는데, 마침 그는 건축을 넘어서는 도시 전체의 재생에 관심을 가지고 있었다.

그는 도시의 이미지를 바꾸기 위해 가장 먼저 빌바오의 핵심 랜드마크로 '구겐하임 미술관(The Solomon R. Guggenheim Museum)'을 세웠다. 또한 시에서는 추가로 '살베 다리'를 건립하여 종합적인 관광문화 도시 인프라를 구축했다.

살베 다리 덕분에 빌바오 도심과 강변 양쪽에서 사람들이 접근할 수 있게 되었고, '데우스토대학'과 '아리아가 극장'과 함께 문화 및 예술 지구의 삼각형 구도를 창조시켰다. 이러한 삼각형 구조를 통해 도시의 프레임은 완전히 바뀌게 되었다.

인간의 사고방식과 프레임 전쟁의 서막

모든 인간은 원래 창의적일까? 언뜻 달콤하게 들리지만 믿을 수 없는 말이다. 인간은 태초 이래 창의적이지 않게 사고하도록 진화해 왔기 때문이다. 원시 시대부터 인간은 주변 환경으로부터 자신을 스스로 보호해야 했다. 따라서 인간은 오감이든 육감이든 뇌의 역량을 총동원해 다양한 위험 요소를 감지하도록 진화해 왔다.

그 시절의 인간은 빠른 정보처리 능력이 생존능력과 직결될 수밖에 없었다. 주변에서 흘러오는 정보를 재빠르게 파악해 처리하지 않으면 언제라도 자신의 생명이 위협을 당할 수밖에 없는 상황이었기 때문이다.

이러한 측면에서 볼 때 인간은 누구나 불안증 환자라고 할 수 있다. 직접적인 생명의 위험을 덜 받게 된 요즘 같은 시대에도 인간은 세포 깊이 박힌 불안감을 가지고 살아간다. 당장 정보가 없거나 부족해지면 인간은 금세 불안감에 휩싸인다. 두 손으로 눈을 가려봐도 쉽게 깨닫는다. 인간은 눈을 감고 한 발자국조차 앞으로 내딛기를 힘들어한다. 정보가 차단된 뇌는 공포를 느끼기 때문이다.

인간에게 불확실성은 강한 스트레스를 유발한다. 사람들은 이 스트레스를 극복하기 위해 본능적으로 다양한 정보를 가장 신속하게 입수하여 다시 가장 빠른 속도로 결론을 도출하도록 진화했다. 그러다 보니 자연스럽게 인간에게는 창의적인 사고보다 빠른 결론적 사고방식이 더 필요해진 것이다.

이런 사고처리 방식을 가진 사람은 대개 눈에 잘 보이는 일부 정보만 가지고 빠르게 의사결정을 내린다. 그러니 당연히 오류가 생길 수밖에 없다. 쉽사리 잘못된 판단을 하거나 고정관념에 쉽게 빠지는 사람의 이면에는 신속하고 편리하게 판단할 수 있는 장점도 동시에 존재한다. 이러한 상황에 맞춰 인간은 결국 생존에 유리한 신속성을 선택했고 창의성의 길과 멀어진 것이다.

또한 인간은 언제나 합리적으로 사고하려는 이성적 동물이기도 하다. 제아무리 신속성을 추구하더라도 '합리성'을 포기하진 않는다. 합리성을 지키기 위해 인간은 최대의 '인과관계의 법칙'에 따르게 되었다. 인과관계의 법칙이란 어떠한 결과에 꼭 맞는 원인을 찾아 대입하려는 사고다. 이 사고에 따라 인간은 가능한 인과관계의 의미를 명확하게 정리하려 한다. 따라서 인과관계가 똑 떨어지게 생각을 마무리 지으면 심리적 안정감을 얻을 수 있다.

예를 들어 '이건(결과) 이것(원인) 때문이야!'라고 뇌에서 알맞은 인과관계를 조합하면, 이후에는 실제로 그러한 가설이 맞지 않더라도 생존 위험 경계의 불안증을 해소하고 빠르게 신체 모든 기관의 안정화를 위한 호르몬을 내보며, 이는 곧 심신의 안정감과 만족감으로 이어진다. 앞선 내용을 정리하자면 우리 뇌는 정보처리에 있어서 다음과 같은 중요한 몇 가지 특징을 가지고 있다.

 뇌의 정보처리 과정에서 나타나는 특징

① 인간의 뇌 인지구조는 보이는 부분, 결과, 단편적 정보를 조합하여 귀납적으로 처리하는 방식이다. 하지만 사실과 인지는 다를 수 있다. 우리의 감각은 현실을 있는 그대로 받아들이지 않는다. 우리의 '인지' 구조는 불완전하며, 외부의 영향이나 자극에 다르게 반응한다.
② 인간은 정보를 최대한 신속하게 처리하려고 한다.
③ 인간은 나름 이성적 동물이기에 인과관계에 따라 합리적으로 처리하면서 심리적(호르몬) 안정감을 느낀다. 하지만 이 때문에 인간은 원인에 잘못된 이유를 대입하거나 눈에 보이는 현상에서 찾은 근거를 갖다 붙이고, 기존에 자주 인식된 사고체계를 자동적으로 대입시키는 등 필연적으로 '생각의 오류'를 동반하게 된다.
④ 인간의 이런 인지 시스템은 생존을 위한 뇌의 이유 있는 전략적 활동이라 할 수 있다.

만약 항상 목숨을 걸어야 할 정도의 진지하고 완벽한 판단을 내리게 된다면 우리의 머리는 매일같이 폭발할지도 모른다. 엄청난 양의 에너지를 소비하는 뇌는 쉽게 지쳐버리고 미쳐버릴 수 있기 때문이다. 당연히 뇌의 주인인 인간은 한순간도 편안히 안정을 취할 수 없게 된다.

이처럼 뇌의 과부하는 그리 바람직하지 않은 일이라고 할 수 있다. 에너지 효율은 물론 인간의 정신건강에서 보아도 이는 너무도 자명한 사실이다. 이러한 연유로 뇌는 어쩔 수 없이 무수히 쏟아져 들어오는 정보들 속에서 '취사선택'하는 전략을 쓴다.

겉으로 드러나고 시각적으로 쉽게 포착되는 데이터 정보나 요소들을 어떤 결과의 원인 값으로 간단히 지목해 버리는 뇌의 전략적인 습관, 즉 우리가 흔히 말하는 '고정관념'과 같은 사고가 만들어진다. 이것이 프레임(Frame)이이라는 사고방식의 기본 틀이다.

당연히 인간에게는 기존 프레임을 바꾸지 않고 지키려는 속성이 있다. 다른 사람이 그 프레임이 틀렸다며 진실을 알려줘도 쉽게 자신의 프레임을 바꾸려 하지 않는다. 도리어 "코끼리를 생각하지 마!"라고 강요할수록 자꾸 코끼리가 생각나는 것처럼 그 프레임을 강하게 만드는 역효과를 낳을 수도 있다.

조지 레이코프 교수는 "특정 프레임이 신념과 결합하면 확정 편향에 빠지게 된다."고 경고하기도 했다.

확정 편향에 빠진 인간은 자신이 보고 싶은 것만 봄으로써 자신의 믿음에 대해 근거 없는 과신을 갖게 된다.

프레임은 뇌의 초기 설정값

빠르고 단순하게 인과관계의 정보를 처리하는 프레임은 '뇌 에너지 효율'이라는 면에서는 엄청난 장점이 되지만 동시에 너무 쉽게 잘못된 판단과 의사결정을 내리게 되는 단점을 지닌다. 마치 동전의 양면과도 같다. 그리고 인간은 이러한 딜레마 상황에서 쉽게 오판한다.

인지심리학 교수로 유명한 조던 피터슨은 이러한 인간 사고의 오류 작동방식을 하나의 '방'에 비유해 설명하기도 했다.

"이 방에는 무수히 많은 정보가 있다. 하지만 방에 들어와 그것을 처리하기 시작할 때 우리는 자신의 목적과 직접 관계가 있는 정보에만 관심을 둔다. 우리가 미처 모르는 것들 그리고 어떻게 행동해야 할지 모르는 미지의 영역들은 어디에나 존재한다."

조던 교수의 말에 따르면 인간은 '전체의 정보'가 아니라 자신에게 필요한 '부분의 정보' 위주로 인지한다. 물론 피터슨 교수 역시 이런 인간의 사고가 오히려 대단히 합리적인 진화의 산물이라고 말한다. "모든 정보를 받아들이도록 뇌의 초기설정값이 설계된 일부 천재들은 실제로 쏟아져 들어오는 정보들을 다 감당할 수 없게 되어 탐색체계가 탈진하고 개념 체계는 분열되기 시작하면서 정신분열증에 걸릴 확률이 높다."는 게 조던 교수의 설명이다.

아이디어 개발원리를 다룬 『통찰의 기술』의 저자 신병철 박사 역시 자신의 책을 통해 "본래 사람은 외부 정보를 대할 때 공정치 못하고 한쪽으로 치우치게 되어 있다. 모든 정보를 똑같이 처리하지 않고, 어떤 정보에 더 많은 주의를 기울이고 어떤 정보에는 아예 눈길조차 주지 않는 경향이 크다. 이것을 보통 선택적 정보처리라고 한다."고 설명했다.

조던 피터슨 교수나 신병철 박사의 이야기는 결국 하나의 결론을 가리키고 있다. 인간은 그다지 창의적이지 않고 습관적 사고나 고정관념과 같은 프레임에 따라 사고하며, 특히 자신의 목적과 직접 관계가 있는 일부 정보 위주로 신속하게 받아들이고 처리하도록 설정된 이른바 '초기설정값'으로 뇌를 세팅해 두는 것이 지극히 정상적이라는 것이다.

이런 초기에 설정된 뇌의 인식처리 절차에 의해 인간은 자신의 목적과 직접 관계가 있거나 있다고 믿는 일부의 정보나 자기 입장, 보이는 시각에서 포착한 정보를 그냥 '완전한 정보'라고 믿어보기로 '작정'한다.

그러다 보니 창의적이지 않은 생각의 오류가 끊임없이 생산된다. 인간이 잘못된 판단을 내리는 이유는 "우리는 자신이 본 것이 진짜 현실이라고 생각하기 때문"이라고 MIT의 시스템사고 전문가 존 스터먼 박사는 주장한다. 인간이 쉽게 오판을 내리거나 창의적으로 생각하지 못하는 이유는 결국 자신이 봐온 부분의 것으로 전체를 성급하게 판단하기 때문이라는 것이다.

창조적 관점으로 프레임을 넘어서라!

자신이 보고 싶은 것만 보는 인간의 생각 처리방식에서 벗어나는 것은 쉽지 않다. 우리는 나의 뇌가 편의성에 의해 스스로 창의적 사고를 막는 초기설정값으로 세팅되어 있다는 사실을 인정하고 받아들여야 한다.

그러나 창의적인 인간이 될 수 있는 해답이 아예 없는 건 아니다. 우리는 세계적인 기업 '아마존'의 포스투에어 책임자 스캇 루스필드가 『심플렉서티』라는 책에서 한 말에서 하나의 중요한 통찰을 얻을 수 있다.

"우리는 프로그램 방정식에서 인간적인 요소들을 배제하려 애씁니다. 사람들은 자신들이 전문가라 생각하고 어떤 유형이나 경향들을 추정해 내려 애씁니다. 하지만 그 사람들이 내리는 판단은 대개 틀립니다."

스캇 루스필드의 설명을 풀어서 해설하자면, 어떤 중요한 의사결정을 할 때 '인간의 관점'을 우선 배제해 놓고 보자는 것이다. 그리고 우리가 쉽게 '이건 이것 때문이야'라고 넘겨왔던 인과관계의 판단을 '이건 이것 때문이 아닐 수도 있어. 이미 생각 바이러스가 있잖아'라며 첫 번째 생각을 일단은 거부해 보자는 것이다.

내 생각 메커니즘(Mechanism) 안에 이미 '프레임 오류'를 일으키는 나쁜 '바이러스'가 침투해 있다는 전제 아래 사고한다면? 이러한 의심 아래 생각하는 것이 바로 창조자의 시선이자 창조적 관점이다. 프레임 안에 갇히지 말고 창조적 관점으로 벽을 넘어서자. 창의성의 출발은 인간의 시각과 프레임을 버리고 객관적으로, 있는 그대로, 전체적으로, 존재 자체로, 방의 관점에서 바라보는 것이다.

창의적인 사고는 인간 자신의 목적과 뇌의 인식 여부와 관계없이 방에 있는 그대로를 객관적으로 냉철하게 바라보는 것에서 출발한다.

프레임 전쟁에서 이기는 법

원하든 원하지 않든 인간은 누구나 프레임으로 세상을 본다. 프레임을 장악하면 인간을 움직일 수 있다. 그렇기 때문에 프레임 전쟁은 계속된다. 그 전쟁 속에서 살아남기 위해서는 먼저 내가 쓰고 있는 프레임을 이해하고 그 프레임을 극복해야 한다. 낡은 프레임, 거짓 프레임, 인식 프레임, 부분 프레임 등을 극복하는 방법은 다양하다.

- ◆ 평면적 사고 → 입체적 사고
- ◆ 단편적 사고 → 통합적 사고
- ◆ 입자적 사고 → 양자적 사고
- ◆ 낱개 사고 → 상호작용(관계와 연결) 사고

여기에 스스로 창조적 관점에서 프레임을 새롭게 만들어 나가야 한다. 더 과학적이고, 더 객관적이고, 더 전체적이고, 더 창의적이고, 더 통찰적이고, 더 인류적이고, 더 진보적이고, 더 도덕적인 사고를 통해 보다 진일보한 프레임을 전파해야 한다. 이러한 프레임을 스스로의 행동과 목소리에 싣고 꾸준히 반복해야 한다. 더 많은 사람이 인문학과 철학으로 무장하여 더 나은 프레임을 공유할 때 우리는 새로운 세상을 창조할 수 있다.

06

노자가 꿰뚫어 본 통찰력, 공자가 제시한 방향성
동양의 두 철학자 노자와 공자의 '만남'

동양의 역사에서 가장 창의적인 사람을 선택해야 한다면 필자는 '노자'와 '공자'를 고를 것이다. 너무 자주, 많이 언급된 두 철학자는 이제 뒷방 늙은이 취급받기 일쑤지만 여전히 우리에게 많은 통찰을 던져주고 있다. 노자는 누구인가? 또, 공자는 누구인가? 사실 그들 각자는 중요하지 않다. 이 글은 어디까지나 '노자 + 공자'에 대한 이야기다.

여기 동전이 하나 있다. 동전에는 뒷면이 있고 앞면이 있다. 뒷면과 앞면이 동시에 있을 때 동전은 가치 있다. 앞뒤가 함께일 때 완전하다. 자신이 보는 동전의 뒷면이 노자라면 앞면이 공자이다. 현학적인 이야기는 걷어내고 그들이 진정 세상에 던지고 싶었던 메시지를 그들 스스로의 입을 통해 들어보자.

노자가 '무위자연'을 주장한 이유?

노자는 기원전 570년부터 479년 사이에 주나라에 살았던 것으로 추정된다. 춘추전국시대였던 당시 중국 역사에서 가장 오래 존속한 주나라는 790년간 왕조를 이어오고 있었다. 그러나 국가에는 흥망성쇠가 있는 법. 견융족에 의해 도읍을 낙읍으로 옮긴 주나라는 주 왕실의 약화로 인해 나라의 틀을 유지하던 봉건제 역시 약화하고 있다.

왕의 힘이 약해지니 제후국들이 하나둘 주 왕실에 반기를 들기 시작했다. 이들은 철제 무기로 무장한 군대를 발전시키고 전쟁을 벌였다. 군웅들이 등장하고 인재를 등용해 극진히 대접했다. 인재들은 저마다 이론을 만들고 자유로운 논쟁과 토론으로 본인이 속해 있던 학파가 옳다고 주장하며 백가쟁명(百家爭鳴)의 시대를 열었다. 이중 '전국칠웅'이라 불리는 진, 초, 제, 연, 조, 위, 한의 일곱 나라가 일어나 서로 대립했다.

혼란의 시대였고 변화무쌍한 시대였다. 그 누구도 한 치 앞을 내다볼 수 없었다. 냉철한 이성 대신 점괘가 사람들의 길을 안내했다. 이 역사의 도도한 흐름 앞에 인간은 그저 강물 따라 흘러가는 조각 배와 같았다.

노자는 주나라에서 황실의 도서관장으로 일한 인물로 생전에는 그다지 유명하지도, 특별히 이름을 알리지도 못했다. 다만 그의 이야기를 모아 담은 그다지 두껍지 않은 책 『도덕경』이 후대에 유명해지면서 사람들이 노자와 그의 사상을 연구하기 시작했다.

노자는 우주 만물의 원리를 탐구한 사람이다. 그는 인간은 과연 어떻게 살아야 하는가를 고민했고 답을 얻었다. 세상의 이치를 깨닫고 '도(道)'라고 이름을 붙였으며 인간은 바로 이 도(道)에 따라 사는 것이 옳다고 믿었다. 도(道)는 자연의 길이고 자연의 순리다. 자연법칙 그 자체이다. 그러니 사람이 자기 생각과 마음대로 살지 말고 자연의 순리를 따라 살아가려고 노력할 때 우주 만물의 원리이자 세상의 이치인 도(道)에 이른다고 생각했다. 노자의 도(道)란 분주히 길을 걷는 행인들에게 툭 던지는 메시지처럼 느껴지기도 한다.

"사람들이여, 세상은 변화무쌍합니다. 그러니 너무 아등바등하며 살 필요가 없어요. 당신이 명예와 부를 쫓고, 비전을 세우고, 꿈꾸고, 노력하고 도전해도 세상은 시시각각 변하며 새로운 제도가, 새로운 문화가, 보이지 않던 환경이, 우리 발밑의 무대가, 수많은 돌출요소가 느닷없이 나타나 여러분의 발목을 잡고 뒤통수칠 거예요. 자연이 인간을 지배하고, 물리학 법칙이 인생과 삶을 지배하고 있어요. 천지 우주는 보이지 않는 무요, 인간 만물은 보이는 유이고 무는 유를 낳았으니 인간은 낳아준 자연의 순리에 따라 살아가면 됩니다."

노자는 자신의 깨달음을 『도덕경』에서 이렇게 설명하고 있다.

道可道 非常道 名可名 非常名
도가도 비상도 명가명 비상명
저마다 자신이 진리라 말하지만, 세상에 정해진 답은 없다. 정해진 것도 없다. 이것은 이것이 아니라고 저것은 저것이 아니다.

無名 天地之始 有名 萬物之母 故常無 欲以觀其妙 常有 欲以觀其黴
무명 천지지시 유명 만물지모 고상무, 욕이관기묘 상유 욕이관기교
이름이 없는 보이지 않는 세계가 천지 우주의 시작이요, 이름이 붙여진 보이는 세계가 세상 만물의 자궁이다. 우주의 시작인 무(無)의 세계에 작동하는 법칙을 이해하면 그 신비함을 발견하게 되고 세상의 자궁인 유(有)의 인간 세계를 알면 우리가 어떻게 살아야 하는지 답을 찾을 수 있다는 이야기다.

此兩者 同出而異名 同謂之玄 玄之又玄 衆妙之門
차양자 동출이이명 동위지현 현지우현 중묘지문
보이지 않는 것과 보이는 것, 무(無)와 유(有), 천지 우주와 세상 만물, 자연과 인간. 물리학 법칙과 인생은 같은 곳에서 나온 다른 이름이며, 하나의 세트를 이루어 같다고 말할 수 있으니 참 오묘하다. 그 음양이 하나가 되는 막연한 그곳이 바로 모든 신비한 것들이 창조되는 문이라는 뜻이다.

    노자는 사람들에게 말한다. '무위자연(無爲自然)' 하라고. 강을 거슬러 배를 젓지 말고 강물에 배를 맡기라고. 계절을 이기려 애쓰지 말고 사계절의 변화에 따르라고. 바람이 부는 대로 돛을 맡기라고. 자연의 이치를 살펴 거기에 따라 살면 그것이 가장 자연스럽고 행복한 삶이라고. 자연의 법칙을 거스르는 것은 오직 인위뿐이며 그것이 인간을 싸움으로 내몰고 불행으로 이끄는 것이라고. 인위를 버리고 무위자연을 선택하는 것이 바로 도(道)라고.
    그렇다면 자연을 대표하는 가장 자연스러운 것은 무엇일까? 노자는 '물(水)'이라고 생각했다. 물은 만물을 이롭게 하면서도 서로 다투는 법이 없다. 자기주장을 하지 않는다. 형체도 없고 아무런 색깔도 없다.
    물은 그릇의 모양에 따라 변한다. 물은 사람들이 싫어하는 낮은 곳을 향한다. 욕망도 욕심도 없이 더 낮은 곳으로 가려는 속성을 가지고 있다. 모든 물은 바다로 모여들고 바다는 세상

에서 가장 넓다. 그러므로 물은 도에 가장 가깝다. 최고의 선은 물과 같다. 이 세상에서 물이 가장 윗길 가는 선(善)의 표본이니 바로 '상선약수(上善若水)'이다.

노자가 사람들에게 던지는 조언은 간단하다. 현실에 만족하며 살라는 것이다. 부귀영화에 너무 집착하지 말라는 것이다. 아옹다옹 싸우지 말라는 것이다. 허풍쟁이가 되지 말고 아는 체도 말고 오직 진실한 말만 하며 꼭 필요한 말만 하라는 것이다.

춘추전국시대, 혼돈의 시대, 백가쟁명의 시대를 살았던 노자의 삶은 오늘날 우리가 사는 치열한 생존경쟁의 삶과 닮아 있다. 노자의 이야기는 고단한 삶을 사는 우리 시대 누군가에게 큰 위로가 된다.

노자의 통찰은 오묘하다. 보이는 것은 보이지 않는 것에 지배당하고 유는 무로부터 지배당하며 세상 만물은 천지 우주에 의해 지배당하고 인간은 자연에 지배당한다. 물리법칙에 의해 지배당하는 우리네 인생과 삶의 모습은 과연 우리들의 발목을 잡고 뒤통수를 치는 것들이 누구인지에 대한 큰 깨달음을 준다.

하지만 노자의 이야기가 틀리지 않았다고 하더라도, 또 위로를 준다 하더라도 그의 가르침은 오롯이 받아들이기에는 어딘가 허무하다. 자연이 진화하듯 인간 역시 앞으로 한 걸음씩 진보해 나가야 하기 때문이다.

공자와 제자 3,000명이 창조한 교육시스템

춘추전국시대 노나라 출신으로 같은 시대를 살았던 공자는 노자보다 대략 열 살에서 스무 살 정도 나이가 어렸다. 공자가 노자를 찾아가 예를 물었다는 기록도 있다.

공자의 삶은 평탄하지 않았다. 태어난 지 3년 만에 아버지가 죽고 17살 때는 어머니마저 세상을 떠났다. 19살에 결혼한 공자는 온갖 일을 했다.

스무 살부터 창고지기를 했고 부잣집에서 가축을 기르기도 했다. 아들을 낳은 지 얼마 지나지 않아 아내와 별거했다. 그러나 공자는 고단한 현실에 머물러 있지 않았다. 일하고 남는 시간을 홀로 학문에 매진했다.

그는 어지러운 이 시대에 지도자와 백성이 어떻게 살아야 하는지 답을 찾고 싶었다. 그리고 정치에 입문하여 꿈을 펼쳐 보이고 싶었다. 공자는 회계 출납직을 시작으로 관리 생활을 시작하여 30세에 이르러 관리 지위도 얻고 학문적으로도 많은 진전을 보였다. 정치전문가로서의 식견이 입소문을 타면서 한두 명씩 제자들이 모여들기 시작했다. 공자가 각국의 정치조언자로 활동하기 시작한 것은 그의 나이가 쉰 살이 넘었을 때였다.

52세 무렵 공자는 노나라의 '대사구(현재의 법무부 장관)'에 기용되었고 최고 재판관 및 외교관직도 겸하게 되었다. 하지만 공자는 정치지도자로 화려한 성공을 거두지는 못했다. 정치적 갈등에 염증을 느낀 공자는 3년 만에 관직을 버린 뒤 제자들과 함께 14년간 여러 나라를 유랑했고 길거리 학교에서 학문과 지혜를 이야기하며 살았다.
　　공자는 세상을 떠돌며 제자들에게 자기 생각을 말하고 때론 질문에 예시를 들어 답했다. 훗날 제자들은 공자의 말과 대화를 정리해 『논어』를 펴냈다. 공자가 『논어』를 통해 제자들과 혼돈의 시대를 살아가는 지도자들, 그리고 백성에게 던지고자 했던 메시지는 무엇이었을까? 공자는 말했다.

"끊임없이 배우고 익히는 것이 가장 기쁜 일이다."
"나는 지식을 가지고 태어나지 않았다. 옛것을 부지런히 탐구해 온 사람이다."
"아는 걸 안다고 하고 모르는 건 모른다고 하는 것이 참으로 아는 것이다."
"진정한 앎은 자신이 얼마나 모르는지를 아는 것이다."
"배우기만 하고 생각하지 않으면 얻는 것이 없고 생각만 하고 배우지 않으면 위태롭다."
"말하고자 하는 바를 먼저 행동하라. 그 후에 자신이 행동한 것을 말하라."
"들은 것은 잊어버리고, 본 것은 기억하고 직접 해본 것은 이해한다."
"남이 나를 알아주지 않아도 노여워하지 않는 것이 군자이다."
"스스로 존경하면 다른 사람도 그대를 존경할 것이다."
"산을 움직이려면 작은 돌 하나 들어내는 일부터 시작하라."
"멈추지 않으면 천천히 가는 것은 문제가 되지 않는다."
"잘못하고 고치지 않는다면 이것이 바로 잘못이다."
"실수를 부끄러워하지 말라. 실수를 부끄러워하는 것이 죄다."
"일이 잘못되면 군자는 자기 탓을 하고 소인은 남 탓을 한다."
"좋아하는 것을 직업으로 삼으면 평생 일하지 않아도 된다."
"배우고 익히면 고집스러운 생각을 갖지 않게 된다."
"멀리 내다보지 않으면 가까운 곳에 반드시 근심이 생긴다."
"내가 원하지 않는 바를 남에게 행하지 말고 내가 원하는 걸 남에게 행하라."
"노여움이 일 때는 그 결과를 미리 생각해 보라."
"이익을 보고 의를 생각하며 위태로운 걸 보고 목숨을 내어주며 오랜 약속 잊지 않고 지키는 사람이야말로 완전한 인간이다."
"어디를 가든지 마음을 다해 가라."

공자는 삶의 현장에서 우리 인간이 어떻게 살아가야 하는지 분명하고 명쾌한 조언을 들려주었다. 이러한 공자의 조언에 감동하여 제자가 된 사람이 자그마치 3,000명에 이르렀다.

어찌 보면 공자와 제자들은 교육시스템을 실현해낸 최초의 사람들이다. 공자의 '인생 학교' 멘토링은 사람들의 마음을 울렸고 그의 생각은 입과 입, 책과 책으로 전해졌다.

2500년이 지난 오늘날에도 여전히 공자의 지혜는 살아 숨 쉬고 있다. 수많은 위인이 『논어』에서 영감을 떠올렸고 수많은 정치지도자나 세계적인 경영자들이 필독서로 혹은 추천 도서로 여전히 『논어』를 꼽고 있다. 잘 먹고 잘 살고 더 편리하고 더 문명화된 사회가 됐지만 인간이 살아가는 관계, 소통, 이치는 하나도 변하지 않았기 때문일 것이다.

노자 + 공자 = 완전성

노자를 연구한 전공자가 있고 공자를 연구한 전공자가 있다. 하지만 둘을 동시에 연구한 이는 잘 보이지 않는다. 과연 노자는 노자이고 공자는 공자일까? 그렇지 않다. 노자와 공자는 하나다. 하나일 때 완전하다. 동전의 뒷면과 앞면이 하나일 때 완전하듯 말이다.

노자의 통찰은 위대하지만 허무주의에 빠지기 쉽다. 신선놀음이나 하는 것과 같은 무력감에 갇힌다. 그러나 공자와 함께라면 이야기는 달라진다. 공자는 우리들에게 노자의 통찰력을 얻되 허무함을 딛고 끊임없이 공부하고 실력을 키워 당신이 설계한 무대에서 한 걸음씩 진보해 나아가라고 구체적인 노하우를 알려준다. 원인에서 일어나 결과에 당도하여 끝내 새로운 것을 창조해내기 위한 방향을 제시한다.

노자는 "보이지 않는 것과 보이는 것, 무와 유, 천지 우주와 세상 만물, 자연과 인간. 물리학 법칙과 인생은 같은 곳에서 나온 다른 이름이며 세트를 이루어 같은 하나다."라고 우주 만물의 본질을 간파했다.

보이지 않는 것이 노자라면 보이는 것은 공자다. 무가 노자라면 유는 공자다. 천지 우주가 노자라면 세상 만물은 공자다. 자연이 노자라면 인간은 공자이며 물리학 법칙이 노자라면 우리네 인생은 공자다. 노자는 우리네 인생사에서 매양 '뒤통수'를 조심하라고 경고하며 발목 잡히지 않으려면 '아무것도 하지 마라'고 조언한다. 하지만 공자는 당신이 지금 할 수 있는 일을 '마음을 다해서 하라'고 격려한다.

노자와 공자의 가르침

노자
① 세상에 정해진 답은 없다. 정해진 것도 없다. 이것은 이것이 아니고 저것은 저것이 아니다.
② 아무리 발버둥 쳐도 뒤통수치고 발목 잡는 보이지 않는 것들이 있으니 아등바등 살지 마라.
③ 욕심 부리지 말고 부귀영화 탐하지 말고 싸우지 마라.

공자
① 끊임없이 배우고 익혀라.
② 행동하고 실천하고 작은 일부터 시작하라.
③ 앞날을 내다보고, 실패를 두려워하지 말고, 좋아하는 일을 하며 모두가 원하는 일을 선택하고, 느려도 멈추지 말고, 한 걸음씩 나아가며 온 마음을 다해 시도하라.

07

『길가메시』와 『오디세이아』 이야기
삶이란 무엇인가? 영웅 길가메시와 오디세우스의 '인생'

인간은 누구나 같은 질문을 붙들고 살아간다.

죽음이란 무엇인가?
삶이란 무엇인가?
어떻게 살 것인가?

인간이 살아가는 한 이 질문은 현재도 미래에도 계속될 것이다. 물론 그 옛날 과거에 살던 이들 역시 예외는 아니었다. 오랜 옛날 이 질문에 먼저 매달렸던 인간이 찾아낸 대답을 들을 수 있다면 큰 행운일 것이다. 같은 고민을 한 반가운 동지를 발견한 기분이 들 테니 말이다.

인류 최초로 쓰인 두 대서사시 『길가메시』와 『오디세이아』는 바로 '죽음이란 무엇인가? 삶이란 무엇인가? 어떻게 살 것인가?'에 대한 고대인의 답이었다. 필자는 이 대서사시를 처음 만나고 이런 생각을 했다.

'내가 이 이야기를 좀 더 젊어서 만날 수 있었다면 참 좋았을 텐데.'

그래서 필자는 독자들에게 인류 최초의 대서사시인 『길가메시』와 『오디세이아』에 나오는 두 영웅 길가메시와 오디세우스의 이야기를 소개하고자 한다.

죽음이란 무엇인가?

인류 최초 서사시 『길가메시』는 기원전 2000년대에 점토판에 새겨진 이야기다. 길가메시는 기원전 28세기경 우루크를 126년 동안 지배한 왕이자 수메르 신화에서는 고대 메소포타미아에서 군림한 반신반인의 마인, 가장 오래된 기원을 가진 인류 최고(最古)의 서사시에 기록된 영웅이다. 영웅 길가메시 이야기는 이렇게 시작한다.

옛날 옛적 도시국가 우루크에 반신반인인 왕 길가메시가 살고 있었다. 그는 잘생겼고 총명했으며 천하장사였다. 왕은 세상에서 자신이 가장 강하다는 걸 알게 됐고 자만심에 빠져 온갖 악행을 저지르기 시작했다. 백성들에게 강제로 노동을 시키고 약한 사람들을 만나면 두들겨 패기 일쑤였다. 심지어는 결혼하려는 처녀들은 반드시 자신과 먼저 첫날밤을 치러야 한다는 악법까지 만들었다. 더 이상 참을 수가 없던 백성들은 하늘의 신을 찾아가 요청했다.

"천신이시여, 길가메시의 악행을 이제 참을 수 없습니다. 그를 제발 벌하여 주소서."

천신은 백성들의 요청에 따라 창조의 여신을 시켜 '엔키두'를 만들고 그를 세상에 내려 보냈다. 엔키두는 소의 몸에 긴 머리칼이 덮은 모습을 하고 있었으며 동물에 가까웠지만, 힘이 장사였다. 엔키두는 처음에는 다른 동물들처럼 살지만 샴하트라는 사제의 눈에 발견되어 함께 생활하며 동물에서 인간의 지혜를 얻게 되었다. 샴하트는 엔키두에게 말했다.

"이제 당신은 지혜를 얻었어요. 강력한 힘과 지혜를 함께 가졌으니 신과 같지요. 그러니 길가메시 왕이 사는 곳으로 모시고 갈게요."

백성들에게 길가메시의 폭정을 들은 엔키두는 분노했다. 마찬가지로 엔키두의 이야기를 들은 길가메시는 그를 불러들여 대결을 신청했다. 그러나 엔키두와 마주한 길가메시는 자신이 그의 상대가 안 된다는 걸 직감했고 무릎을 꿇었다(길가메시가 이기거나 서로 비겼다는 판본도 있다). 이내 둘은 화해하고 가장 친한 친구가 되었다.

이후 길가메시와 엔키두는 동지가 되어 많은 일을 함께 해결해 나갔는데 그중에는 산지기 '훔바바'를 무찌른 이야기가 유명하다. 이처럼 둘의 영웅담이 하늘에까지 퍼지자 사랑과 풍요의 여신이 길가메시를 좋아하게 됐다. 하지만 여신의 청혼에 길가메시는 장문의 모욕적인 언사와 함께 그녀를 무시했다.

여신은 화를 참지 못했다. 아버지 신에게 부탁해 하늘의 황소를 지상에 풀어놓도록 했다. 황소는 대지를 모조리 짓밟았고 곡식과 성이 쓰러졌다. 하지만 길가메시와 엔키두는 힘을 합쳐 하늘의 황소를 죽이는 데 성공한다.

하늘의 황소가 죽자 여신의 분노가 극에 달했다. 하늘의 황소를 죽인 길가메시와 엔키두의 처리 문제로 하늘에서는 회의가 소집됐다. 하지만 길가메시는 신의 피가 섞인 반인반신이었기에 차마 죽일 수 없었고, 결국 그들의 창조물인 엔키두를 죽이는 것으로 결정이 됐다.

신의 저주로 인해 엔키두는 이내 병에 걸려 죽게 되었고 길가메시는 시체가 다 썩을 때까지 엔키두를 안고 울었다. 가장 친한 친구이자 함께 걸어온 동지가 사라지자 길가메시는 한 번도 생각하지 않았던 것을 생각하게 됐다.

"인간은 죽습니다. 내 가슴은 무겁습니다. 나 역시 무덤으로 가게 됩니까? 나도 그런 운명입니까?

"도대체 죽음이란 무엇이란 말인가요?"

"죽음이 이토록 고통스럽다면 영원히 사는 길은 없는 건가요?"

길가메시는 불사(不死)의 비법을 얻기 위해 대홍수에서도 살아남은 자인 '우투나피쉬팀'을 찾아 여행을 떠난다. 그는 여행 중에 신이 준 황금 술통을 안고 있던 '시두리'라는 이름의 여관 주인을 만났다. 여관 주인은 불사의 방법을 찾는 길가메시의 이야기를 듣고 이렇게 말했다.

"그대, 길가메시여, 당신이 아무리 헤매어 다녀도 당신이 구하는 생명을 찾을 수 없을 것이오.

신이 사람을 만들었을 때 그들은 인간에게 죽음을 주었고, 생명은 그들의 수중에 있기 때문이오. 그러니 당신의 배를 가득 채우세요. 밤과 낮으로 즐거운 일을 만들고 매일 향연을 베푸세요. 밤이나 낮이나 춤과 노래가 울려 퍼지게 하세요. 깨끗한 옷을 입고, 머리와 몸을 씻으세요. 당신이 손안에 품고 있는 아이를 보시고, 당신의 아내가 당신 품 안에서 기뻐하게 하세요. 지금 현실에 충실하고 현실을 즐기는 것이 지금 인간이 해야 할 일이오."

하지만 길가메시는 시두리의 충고를 무시하고 다시 불사의 비법을 아는 우투나피쉬팀을 수소문하여 찾아다녔고 드디어 그를 만나 불사의 비법을 끈질기게 물어보았다. 이러한 길가메시의 간청에 결국 우투나피쉬팀은 불로초가 있는 장소를 알려 준다.

끝끝내 불로초를 얻은 길가메시는 이 불로초를 그 자리에서 혼자 먹는 것이 아니라 우루크로 가져가서 모든 노인에게 나눠주어 다 같이 젊어지려 했다. 그러나 우루크로 돌아오는 길에 연못에서 목욕을 하던 중 뱀이 불로초를 몰래 훔쳐 먹고는 껍질만 남겨두고 도망가는 바람에 모든 일이 물거품으로 돌아가게 됐다.

우루크로 돌아온 길가메시는 매일 한탄만 하며 살았다. 하지만 어느 날 꿈속에서 신들이 나타그에게 속삭였다.

"길가메시야, 죽음을 피할 수 없다. 그러니 받아들여라."

꿈에서 깬 길가메시는 여태까지의 행적을 돌에 새긴 후 백성들이 보는 앞에서 의연하게 죽는다.

훗날 로마 시인 호라티우스는 여인 시두리의 조언을 시로 표현하며 "카르페디엠, 오늘을 붙잡게. 미래에 최소한의 기대를 걸면서."라고 노래했다.

삶이란 무엇인가?

대서사시 『오디세이아』는 기원전 8세기경 그리스의 방랑시인 호메로스가 쓴 작품이다. 그가 쓴 『일리아스』가 트로이 전쟁에 참여한 아킬레우스, 아가멤논 등 전사들의 무용담과 영웅들에 대한 전반부의 이야기라면, 『오디세이아』는 트로이 전쟁 영웅 오디세우스의 10년간에 걸친 귀향 모험담을 담은 후반부의 이야기로 볼 수 있다. 『일리아스』에는 '일리온(트로이)의 노래'라는 뜻이, 그리고 『오디세이아』에는 '오디세우스의 노래'라는 의미가 각각 담겨 있다.

『오디세이아』의 주인공이자 그리스 연합군의 영웅 오디세우스는 트로이 전쟁을 끝내고 자신의 병사들과 고향으로 향하고 있었다. 트로이 전쟁을 치른 지 10년, 그리고 트로이가 멸망해 집으로 향한 지 10년. 20년이 흘렀지만 여전히 이타카의 왕이자 트로이의 전쟁영웅 오디세우스는 집에 당도하지 못하고 있었다.

오디세우스가 바다 위를 헤매거나 섬에 억류되는 등 고향으로 돌아가지 못한 이유는 올림푸스 신들이 그의 길을 번번이 가로막았기 때문이었다. 어떤 전쟁이든 신들의 원성을 사기 마련이지만 특히나 노여움을 풀지 못한 바다의 신 포세이돈은 오디세우스가 자신의 고국으로 돌아가는 것을 가만두지 않았다.

오디세우스는 항해 도중 포세이돈의 아들인 외눈박이 거인 폴리페모스의 동굴에 갇힌다. 여기에서 오디세우스는 기지를 발휘해 거인이 술에 취해 자는 틈을 타 불에 달군 말뚝으로 외눈을 찌르고 가까스로 탈출에 성공한다. 하지만 오디세우스의 귀향을 막아서는 고난은 이

제 시작에 불과했다.

요정 키르케의 마술에 걸려들어 부하들이 모두 돼지로 변하는 고난을 겪었다. 세이렌 자매가 사는 바위 옆도 지나야 했다. 이들 세이렌 자매는 지중해의 한 섬에 살면서 감미로운 노래로 지나는 배의 선원들을 섬으로 유혹하여 잡아먹는 것으로 유명했지만, 오디세우스는 밀랍으로 선원들의 귀를 막고 자신은 몸을 배에 묶어서 무사히 지날 수 있었다. 경고음을 뜻하는 '사이렌'이란 말의 어원이 바로 이 세이렌 자매다.

이번에는 포세이돈이 다시 앞길을 막아섰다. 외눈박이 거인 아들을 장님으로 만든 것에 분노하여 바다에 풍랑을 일으켰고 그는 요정 칼립소의 섬에서 눈을 뜬다. 요정 칼립소의 섬에서 오디세우스는 7년을 지내며 안락한 생활을 한다. 칼립소는 오디세우스에게 말했다.

"오디세우스여, 저와 생애를 함께 해준다면 영원한 생명을 줄게요. 함께 이곳에서 영생을 누리며 행복하게 살아요."

칼립소의 유혹에 오디세우스는 정신이 번쩍 들었다.

"나는 결코 그럴 수 없소. 당장 집으로 돌아가 아내 페넬로페를 만날 것이오."

쪽배에 몸을 싣고 칼립소의 섬을 떠나 항해하다가 거센 폭풍에 난파되어 죽을 뻔했다. 심지어 저승까지 찾아갔다. 저승에서 빠져나온 뒤에는 파이아케스인들의 스케리아 섬에서 나우시카 공주에게 구조되어 왕인 알키노오스의 궁전을 방문하기도 했다. 오디세우스는 따뜻한 환영의 잔치에 참석하면서 이렇게 말한다.

"왕이시여, 이렇게 잔치를 벌이고 사람들이 나란히 앉아 함께 먹고 마시며 떠들며, 신과 같은 목소리를 가진 가인(歌人)의 노래를 들으며 즐거워하는 것보다 더 감사한 일은 없다고 생각합니다. 제가 보기에 이것이 세상에서 가장 아름다운 일인 것 같습니다."

생사를 넘나드는 고난의 파도를 넘으며 일상의 소중함을 절절하게 느낀 오디세우스의 심경이 느껴지는 대목이다. 오디세우스는 알키노오스의 도움으로 천신만고 끝에 고향 이타카 섬으로 돌아올 수 있었다. 집을 나선 지 꼬박 20년 만이었다.

한편 이타카 왕인 오디세우스가 자리를 비운 20년 동안 왕비 페넬로페에게 구혼하는 자들이 궁전에 몰려들었고, 그의 재산을 탕진하며 오만방자하게 굴고 있었다. 이들을 모두 물리친 오디세우스는 페넬로페와 극적인 상봉에 성공했다. 하지만 20년이라는 고난의 세월을 이겨내고 아내와 상봉하였음에도 오디세우스는 마지막까지 현실적인 감각을 잃지 않는다.

"여보, 아직 우리에 모든 고난이 끝에 도달한 것이 아니오. 앞으로도 헤아릴 수 없이 많은 노고가 있을 것이고 그것이 아무리 많고 힘들더라도 나는 그것을 완수해야만 하오."

어떻게 살 것인가?

　삶이란 무엇인가? 인간은 태어나는 순간 쏘아져 날아가 죽음이라는 과녁에 박혀 파르르 떨고 마는 화살과 같다. 활시위를 당기는 자도 아니요, 활도 아닌 인간은 누구라도 문득 고독과 마주 서게 된다. 쏘아진 모든 인간은 그래서 고독하다. 어떻게 인간은 이 지독한 고독을 이겨낼 수 있을까?

　길가메시도 죽음을 이길 불사약으로 인생의 답을 찾으려 했다. 그러나 끝내 어떤 해답도 찾지 못했다. '시두리'라는 여성은 "현실에 충실하세요, 지금의 행복을 찾으세요."라는 아이디어를 제시했다. 하지만 인간은 지금까지도 이 가르침만으로 만족하지 못하고 있다.

　삶의 의미를 찾는 건 이다지도 어렵다. 그러나 방법이 아예 없는 건 아니다. 비록 인간은 세상에서는 이미 쏘아진 화살 한 발에 불과하지만 내 삶의 무대에서만큼은 스스로 팽팽한 활시위를 당겨 복원력을 만들어내는 궁사가 될 수 있다. 궁사는 스스로 활을 움켜쥐어 화살을 쏠 수 있는 존재이다. 고독을 극복하는 방법은 쏘아진 화살로만 남지 말고 내 삶에서 스스로 화살을 메기는 궁사가 되는 것이다.

　당신은 시간이 가져오는 필연적인 죽음을 앞에 두고 어떻게 살 것인가? 흐르는 시간 속에서 죽음을 피할 수 없다면 시간 대신 공간에 주목하면 된다. 내 삶의 무대에 내가 궁사가 되어 창조적으로 내가 설계하며 살아가면 된다.

　이 순간의 삶을 내가 창조하며 살면 된다. 더 열정적이고 더 치열하게, 더욱 사랑하며 더욱 깊고 소중한 인연과 만남과 관계를 맺으면 된다. 시간의 절대성을 공간의 관계로 풀어내면 된다.

　삶이라는 공간에서 아내를 얻고, 자녀를 얻고, 친구를 얻는 것이다. 동지를 얻는 것이다. 귀한 스승을 만나고 소중한 제자를 얻는 것이다. 유비, 관우, 장비, 제갈량이 서로를 얻는 것이며, 스티브 잡스가 워즈니악을, 또 래리 페이지가 세르게이 브린을, 빌 게이츠가 스티브 발머를 얻는 것이다.

　만남으로 동지를 얻고 만남으로 사건을 만든다. 만남으로 창조를 이루고 진보를 낳는다. 인생이란 이처럼 만남의 연속이고, 죽음의 두려움을 이기는 것 역시 만남이다. 만남이 운명을 바꾼다. 공간의 삶 속에는, 만남 속에는, 상호작용 속에는 또 오디세우스의 헤아릴 수 없이 많은 노고와 임무가 주어질 것이다. 우리는 그것을 하나씩 완수해야 나가면 된다. 두 영웅 길가메시와 오디세우스 삶을 통해 인류 최초 두 개의 대서사시가 들려주는 이야기는 바로 우리 인간의 영원한 고민이자 인간의 변치 않을 답이다.

「길가메시」와 「오디세이아」가 전하는 인생의 메시지

❶ 죽음이 아니라 삶에 주목하라.
❷ 현실에 충실하고 현재의 행복을 소중하게 여겨라.
❸ 인생이란 고난의 여행. 언제나 노고가 따른다. 그러나 우리 앞에 주어진 임무를 완성해나가야 한다.
❹ 만나야 할 것을 만나라.

08

바다가 노인을 이길까? 노인이 바다를 이길까?
어니스트 헤밍웨이의 '인간'

세상은 '관계'로 얽혀 있다. 이것과 저것과 그것이 서로 연동되어 있다. 어떠한 무대가 세팅되면 그 위에 관계가 드러나고 상호작용을 통해 합의되는 결정 사항이 절차를 거쳐 결과를 창조한다. 예외는 없다. 에너지도, 전기도, 길거리 잡초도, 돌멩이 하나도, 일도, 병도, 사람도, 사회도, 기업도, 상품도, 행정도, 대지나 바다도, 지구도, 태양도, 우주도 이와 같은 메커니즘으로 존재한다.

무대는 그 위에 존재하는 관계를 지배하고, 관계의 상호작용은 의사결정을 지배하며, 의사결정은 절차를 지배하고, 절차는 결과를 지배한다. 이 모든 역학 관계를 꿰뚫어 보는 창조적인 인간의 관점이 바로 '인문학적 통찰'이다. 인문학적 통찰은 세상의 숨은 이치를 볼 수 있는 창조적인 인간의 눈이다.

소설 『노인과 바다』에는 '바다'와 '인간' 사이의 관계를 탐구하는 창조적인 인간의 시선이 스며있다.

노인과 바다, 그리고 인문학적 통찰

『노인과 바다』는 E.헤밍웨이(1899~1961)의 중편소설로 1952년에 발표되었다. 이 작품은 헤밍웨이의 걸작 중의 하나로 1954년 노벨문학상을 안겨주기도 했다.

줄거리는 간단하다. 어부인 한 노인이 84일 동안 아무것도 잡지 못하다가 85일째 되는 날, 먼 바다로 나가 사흘 동안의 장렬한 싸움 끝에 거대한 청새치를 잡는다. 그러나 돌아오는 길에 상어 떼를 만나 결국 앙상한 물고기 뼈만 가진 채 돌아오고 만다.

노인의 이름은 산티아고. 그는 쿠바의 작은 어촌에서 멕시코만을 끼고 고기 낚시를 하면서 살아왔다. 몸은 몹시 야위고 얼굴은 태양에 그을었으며, 양손에는 오랜 세월 고깃배와 함께했다는 증거로 상흔이 문신처럼 나 있다. 노인의 배는 작고 볼품이 없다. 배의 돛은 포대 천으로 여기저기 기운 것으로 마치 노인 자신의 모습과 닮았다.

노인은 젊었을 때는 힘이 장사였고 마을에서 가장 솜씨 좋은 어부였다. 그러나 세월과 더불어 힘과 운세가 다했는지 벌써 84일째 한 마리의 고기도 낚지 못하고 있었다. 그의 기운이 쇠진했다. 그러나 눈빛만큼은 아직 살아 있었다. '오늘은 반드시 지난날 최고였던 영광을 재현해 보리라' 기상만큼은 여전했다.

노인에게는 그의 화려한 경험 때문인지는 몰라도 고기잡이 솜씨를 배우고자 항시 따라다니는 마을 소년 '마눌린'이 있었다. 소년은 노인과 함께 바다에 나가는 것을 좋아했지만 소년의 부모는 고기 한 마리 낚지 못하는 노인 배 대신 다른 배로 옮겨 타도록 했다. 노인은 무척 아쉬웠다. 노인에게 소년은 유일한 친구이자 말동무이며 바다 위의 동지였다.

어느 날 노인은 아프리카 밀림에서 노니는 사자 꿈을 꾸었다. 예감이 좋았다. 해가 뜨기 전 노인은 모든 장비를 꾸려 바다로 나갔다. 정오가 훨씬 지난 후 낚시를 드리우고 있던 노인은 낚싯바늘에 무언가가 걸렸음을 알아챘다. 엄청나게 큰 고기임이 분명했다. 고기는 노인의 돛단배를 끌며 달아나기 위해 끊임없이 헤엄쳤다. 노인과 고기의 본격적인 사투(死鬪)가 시작됐다.

노인과 물고기의 팽팽한 줄다리기는 밤낮으로 이어졌다. 잠을 못 자 눈은 퀭하고 기진맥진했다. 요동치는 낚싯줄을 쥔 노인의 손바닥에서는 피가 흘렀다. 사흘이 흘렀다. 사투 끝에 고기가 수면 위로 모습을 드러냈다. 거대한 청새치였다. 노인은 작살로 청새치의 심장을 찔렀다. 드디어 청새치를 배에 붙잡아 맬 수 있었다. 1,500파운드(약 680킬로그램)는 넘을 듯한 놈이었다.

노인은 배 옆구리에 고기를 매고는 마을 사람들에게 자랑할 생각에 의기양양하게 육지로 향했다. 노인에게 거대한 청새치는 전쟁에서 승리한 전리품이었다. 그러나 바다는 노인의 꿈을 허락지 않는다. 노인은 마을로 돌아오는 길에 잡은 고기를 노리는 상어 떼의 공격을 받는다. 노인은 다시 한 번 상어 떼와 전쟁을 벌인다. 죽기 살기로 싸웠다. 몸이 뻣뻣해져 왔다. 나이프도 몽둥이도 모두 부러졌다. 밤중까지 전투는 계속됐다. 그러나 고기는 이미 뼈만 앙상하게 남는 상태로 작살과 칼, 그리고 삿대까지 모두 잃어버렸다. 노인에게 남은 것은 아무것도 없었다. 바다만이 상어와의 전쟁에서 노인이 보여 준 의지를 기억해 줄 따름이다.

뼈만 앙상하게 남은 고기를 가지고 귀항한 노인은 오막살이 침대에서 늘어지게 한숨 잤다. 아침이 되고 찾아온 소년에게 노인은 고기와 벌인 사투를 얘기해 준다. 소년 마눌린은 눈물을 흘리며 노인을 위로한다. 하지만 노인의 고독을 소년이 완전히 이해할 수는 없었다. 노인은 늙은 자신의 모습을 보면서 인간 행위의 헛된 수고만 생각하게 된다. 소년이 돌아간 뒤 노인은 또다시 잠이 들고 아프리카 사자의 꿈을 꾼다. 사자는 젊고 강하지만 고독하다. 노인은 일어나 다시 고깃배에 올라 바다로 향한다.

『노인과 바다』는 표면적으로는 바다 한가운데에서의 외로움과 절대 고독에 맞서면서 희망을 잃지 않는 노인의 삶을 그린 작품이다. 하지만 이야기 속에서는 보이지 않는 관계가 얽혀 세상 만물이 이어져 있다는 통찰을 보여주고 있다.

제목에 나오는 단어인 '노인'과 '바다'는 각각 인간과 우주를 대표하는 이름이다. 바다는 우주의 존재이자 세상이고 자연과학이며 물리법칙이다. 반면 노인은 인간이며 인생이다. 작품 속에서 노인과 바다는 서로 떼려야 뗄 수 없는 관계로 연결되어 있다. 둘이지만 하나인 세트다. 별개로 보이지만 사실은 한 몸이다. 둘을 하나로 보는 눈이 바로 철학이요 인문학이며 세상을 바라보는 관점이다.

 노인과 바다의 관계와 인문학적 통찰

① 노인 → 청새치
② 상어 떼 → 노인 → 청새치
③ 바다 → 상어 떼 → 노인 → 청새치
④ 인간 → 바다 → 상어 떼 → 노인 → 청새치
⑤ 철학, 인문학, 관점 → 우주, 세상, 자연과학, 물리법칙 → 인간, 인생
⑥ 보이지 않는 손이 세팅한 무대(이상과 진리) → 관계의 상호작용 → 의사결정 → 절차 → 보이는 결과(현상)

세상에는 만물이 무수히 얽혀 있고 서로가 관계 짓고 있으며, 서로가 서로를 지배하여 폭주하지 않도록 통제하고 있다. 우리는 질서 위에 서 있다. 인생이라는 무대에 올라온 이상 우리가 마지막까지 거머쥘 수 있는 건 아무것도 없다. 누구나 그걸 안다. 우리가 잡으려는 부귀영화와 명예와 권력은 그저 신기루일 뿐이다. 노인은 부단히 노력하지만 바다는 언제나 모든 것을 예외 없이 무효로 만든다. 인간은 주어진 배역에 충실하지만 우주는 언제나 우리 그러한 인간의 뒤통수를 후려친다.

우주가 쳇바퀴라면 인간은 그 안에서 하염없이 달리는 다람쥐다. 무대는 냉정하고 인간은 고독하다. 존재는 쿨하지만 인식은 허무하다. 물리가 바다의 법칙이라면 통찰은 이를 마주하는 노인의 관점을 찾는 것이다.

노인이 그랬듯 인류는 고독과 허무와 실패와 패배에 좌절하지 않는다. 그는 힘겨운 몸을 이끌고 다시 세상으로 나아간다. 노인은 인간으로, 철학으로, 인문학으로, 관점으로 우주에, 세상에, 자연과학에, 물리법칙에 굴하지 않고 하나가 된다.

인류 철학사의 창조 메커니즘 탐험 역사

인류의 철학사는 '보이지 않는 손이 세팅한 무대(이상과 진리) → 관계의 상호작용 → 의사결정 → 절차 → 보이는 결과(현상)' 사이에 작동하는 지배 관계에 대한 탐험 과정이다. 철학자들의 핵심 메시지를 주마간산(走馬看山)으로나마 가볍게 훑어보자.

고대 그리스의 철학자 소크라테스는 '질문주의자'였다. 그는 겉으로 드러나는 지식만 가진 사람들을 무지(無智)한 이로 규정했다. 인간이 무지에서 벗어나는 방법은 끊임없는 질문이라고 방향을 제시했다. 소크라테스는 다양한 사람들과 토론했는데 제자들이 던진 질문에 즉각적인 답을 주는 것보단 거꾸로 계속 질문을 던지는 것을 선호했다. 질문을 진행하는 동안 잘못된 판단의 모순을 스스로 깨우치고 바른 판단으로 유도했는데 이것이 유명한 '산파술'이다. 소크라테스는 무지에서 탈출하라고 경고하며 현재 아는 것에 멈추지 말고 "Think again" 하라고 외쳤다.

소크라테스의 제자인 플라톤은 '이상주의자'였다. 눈에 보이는 현상 배후에 보이지 않는 완전한 본질이 있으며, 그 본질을 이상적인 세계로 보았다. 그것이 바로 '이데아(Idea)'이다. 보이지 않는 이데아는 동굴 밖의 진짜 세상으로 존재하지만, 인간이 보는 현실 세계는 동굴 벽에 비친 죄수의 자기 그림자일 뿐이라는 것이 바로 '동굴의 비유'이다.

플라톤의 제자인 아리스토텔레스는 '논리적 현실주의자'였다. 그는 이상에서 현실을 연결하려 했다. 그는 세상을 더 정교한 메커니즘으로 사유했다. 그래서 논리학, 연역적 삼단 논법 등을 창시했다. 그는 모든 인간 행위의 궁극적 목적을 행복이라 보고, 이 행복은 관계 사이의 '중용(中庸)'을 실천할 때 얻을 수 있다고 생각했다. 그러므로 교육은 이성을 통해서 중용의 덕을 가진 행동을 하게 하는 것이라고 보았다.

중세는 보이지 않는 이상적 힘과 보이는 현실에서 '이상적 신이 현실의 인간과 세상을 지배하는 시대'였다. 이때는 신은 세상의 감독이었고 인간은 배우였다. 이러한 중세시대가 끝나자 그동안 억눌려 오던 과학적 사고가 싹트기 시작했다.

베이컨은 중세에 반기를 든 '경험적 과학주의자'였다. 그는 '아는 것이 힘(Knowledge is Power)'이라고 주장함으로써 중세 신 중심의 철학을 인간 중심주의의 철학으로 바꾸어 놓았다. 인간이 안다는 건 오직 직접 보고 만지고 실험해 본 것뿐이라고 베이컨은 생각했다. 그래서 그는 인간이 갖는 선입견이나 고정관념 등의 오류를 4대 우상에 비유해 정리했다. 과학적 검증의 세계관을 제시했지만 지나치게 귀납적 인식에서 벗어나지 못했다는 평가도 받고 있다.

데카르트는 근원의 진리를 논리적으로 탐구하는 '합리론자'였다. 베이컨의 귀납적 인식론을 거부하고 소크라테스와 아리스토텔레스의 논리적 사유 메커니즘을 활용했다. 삼단 논법을 발전시킨 연역적 사유를 활용해 진리를 추적하는 구체적인 솔루션을 제시했다. 데카르트는 진리를 찾아가기 위해 끊임없이 의심하는 '회의적인 방법'을 활용했다. 데카르트는 가장 확실하고 의심할 여지가 없는 진리를 찾으려 했다. 그래서 택한 방법이 진리가 아닌 것들을 소거하는 것이었다. 그는 확실한 진리를 찾으려 불확실하다고 생각하는 감각도 배제했는데, 이는 감각도 반드시 맞는 것이라고 확신할 수 없기 때문이다. 그리하여 도달한 결론이 "나는 생각한다, 고로 존재한다."이다.

이후 공리주의 철학자들은 사유의 단위를 개인이 아니라 사회로 넓혔다. 홉스와 로크는 한 개인의 사유가 사회공동체와 밀접한 사회계약 관계로 작동된다고 믿는 '조직론자'였다. 팀워크, 리더십, 국가와 국민, 사회관계에 주목한 것이다. 다만 홉스는 개인은 어리석기 때문에 때로는 독재도 필요하다고 말한 '지배론자'였고 로크는 반대로 개인의 기본권을 강조해 부당한 지배 권력자에겐 저항할 수 있다고 말한 '인권론자'였다.

루소는 '인간 교육론자'였다. 인간이 문명사회 속에서 어떻게 성장하는지 탐구했으며 교육을 통해 지식이나 정보가 아닌 인간교육이 필요하다고 생각했다. 벤담은 사회공동체에서 정의를 판단할 때 다수의 합의를 중요시한 '양적 다수결 의사결정론자'였다. 이에 반해 밀은 '질적 다수결 의사결정론자'였다. 인간은 배부른 돼지보다 배고픈 소크라테스를 원하는 존재라는 것이 그의 의견이었다.

칸트는 '품성론자'였다. 순수한 이성적 판단이 진리라고 보았다. 인간의 품성이 중요하다고 여긴 이성주의자였다. 헤겔은 '관념적 메커니즘주의자'다. 그에게 철학은 이성개념(절대자)의 체계이거니와 이 이성개념은 정반합의 3단계를 거치는 프로세스였다.

니체는 중세 이후 인간의 세계관에 혁신을 제시한 '관점디자이너'이다. 철학자 최초로 인간에게 새로운 관점을 제시했다. 초인의 관점, 창조자의 관점, 주인의 관점, 감독의 관점. 인간 스스로가 그 관점을 얻는 순간 '신은 죽었다'고 말할 수 있다고 보았다. 니체는 창조적인 관점이 인간을 이 세상의 주체로 만든다고 믿은 것이다.

"어느 시대에도 그랬듯이 오늘날에도 모든 인간은 노예와 자유인으로 나뉜다. 하루 3분의 2를 자신을 위해 쓰지 못하는 사람은 노예다."
_니체 『인간적인 너무나 인간적인』 중에서

철학이란 무엇인가? 세상만사, 우주 만물과 인간의 관계, 노자와 공자의 관계, 삶과 죽음의 관계, 바다와 노인의 관계, 물리학과 인문학의 관계, 나와 너의 관계를 통찰하여 어떻게 의사결정해야 하는가의 문제다.

창조자의 관점에서 세상은 움직인다. 보이지 않는 손이 세팅한 무대 → 관계의 상호작용 → 의사결정 → 절차 → 보이는 결과라는 관계와 지배구조를 거쳐 세상은 움직이고 작동하고 있다.

헤밍웨이의 소설 『노인과 바다』는 세상과 인간 사이에 작동하는 보이지 않는 관계에 관한 이야기다. 노인은 자기 뒤통수를 친 바다로 다시 나아가며 우리에게 바다에 지배당하지 말고 맞서라고 말한다.

에필로그

창의적인 사람들의 공통점을 찾아보세요!

"새는 알에서 나오려고 투쟁한다. 알은 세계다. 태어나려고 하는 자는 한 세계를 깨뜨리지 않으면 안 된다."

_헤르만 헤세 『데미안』

우린 학교에서, 그리고 세상에서 많은 걸 배웁니다. 이것과 저것을 배웁니다. 이쪽과 저쪽을 배웁니다. 나와 너를 배웁니다. 원인과 결과를 배웁니다. 무와 창조를 배우고, 이상과 현실을 배우고, 멈춤과 움직임을 배우고, 시작과 끝을 배웁니다.

그런데 문제가 아직 남았습니다. 이것과 저것 사이에 뭐가 있지? 이쪽과 저쪽 사이에 뭐가 있지? 나와 너 사이에 뭐가 있지? 원인과 결과 사이에 뭐가 있지? 무와 창조 사이에 뭐가 있지? 이상과 현실 사이에 뭐가 있지? 멈춤과 움직임 사이에 뭐가 있지? 시작과 끝 사이에 뭐가 있지?

이게 참 중요할 것 같은데 말입니다. 내가 제자들을 만나면 선생님이 되고 아들을 만나면 아빠가 되고 동네 꼬마를 만나면 아저씨가 되며 시장에 상인을 만나면 손님이 됩니다. 같은 바다임에도 관계에 따라 친구와 바라보는 바다, 연인과 바라보는 바다, 부모님과 바라보는 바다로 그 의미가 다르게 창조됩니다.

단지 하나의 이쑤시개에 불과할지라도 이 이쑤시개가 사과를 만나면 포크가 되고 이쑤시개가 손가락과 만나면 수지침이 되고 이쑤시개가 산적과 만나면 산적꽂이가 되며 이쑤시개가 미니아트 건축물을 만나면 건축 재료가 됩니다. 이처럼 사이의 '관계'가 중요합니다. 관계가 그것의 입지를 결정하고 새로운 것으로 창조하기 때문입니다.

그런데 놀랍게도 초등학교, 중학교, 고등학교, 대학교, 대학원은 물론 사회를 다 거치도록 그 '사이'에 대해 가르쳐 주는 이가 없습니다. 나는 매일 그 '사이'가 궁금한데, 사람들은 그 '사이'를 궁금해 하지 않는 걸까? 왜 아무도 그 '사이'에 대해 가르쳐 주지 않을까?

이런 질문에 매달리다가 어느 날 문득 깨달았습니다. 이것과 저것, 이쪽과 저쪽, 원인과 결과 등 '지식'과 '정보'는 인간 눈에 잘 보이니 가르치기 쉬운 반면 '사이'는 눈에 잘 보이지 않아 가르치기 어렵다는 걸 말이죠.

그제야 필자는 사람들이 왜 '사이'를 궁금해 하지 않고 또 가르치지도 않는지를 알게 됐습니다. 그렇다면 '사이'가 뭔지 직접 연구할 수밖에. 필자는 창의적인 결과물을 분석하고 창의적인 사람들을 탐구하고 석학들의 책을 읽으며 생각하고 또 생각했습니다. 걸으면서 생각하고 샤워하며 생각하고 밥 먹으며 생각하고 똥 누면서 생각하고 누우면 생각하고 꿈에도 생각하고 일어나 눈 뜨자마자 생각했습니다. 무려 20년 넘게 '사이'에 대해 탐구했습니다.

- 이것 → 저것
- 이쪽 → 저쪽
- 나 → 너
- 원인 → 결과
- 무 → 창조
- 이상 → 현실
- 멈춤 → 움직임
- 시작 → 끝

이렇게 적어놓고 보니 진짜 중요한 것은 '→'였다는 사실을 알게 됐습니다. 그것이 모든 것의 공통분모니까요. '→'에 통찰이 숨어있고 창조적인 답이 나옵니다. '→'은 '사이'에 있는 공통적인 창조 프로세스였습니다. 그러니까 '→' 하나만 정확하게 알아내면 세상을 움직이고 관계를 형성하고 무에서 유를 창조하고 에너지가 작동하며 사건이 벌어지는 숨은 메커니즘을 통찰할 수 있다는 의미입니다.

유레카!

초중고는 물론 대학에서 배운 '이것'을 제거하고 '저것'도 제거하고 '이쪽'과 '저쪽'을 제거하고 '나', '너'를 제거하고 '원인'과 '결과'를 제거하고 '무'와 '창조'를 제거하고 '이상'과 '현실'을 제거하고 '멈춤'과 '움직임'을 제거하고 '시작'과 '끝'을 제거하고 나면 남는 것이 바로 '→'입니다.

이처럼 보이는 것들에 현혹되지 말고 신의 마음으로 보면 '→'를 제외한 나머지는 그때그때 상황에 따라 붙는, 인간의 눈에 인식되는 현상적 외피에 불과함을 알게 됩니다.

그렇다면 '→'는 무엇일까요? '→'는 의사결정 과정(Decision Making Process) 혹은 창조 프로세스(Creation Process)이며, 어떤 무대가 세팅됐을 때 요소와 관계, 상호작용과 결정 등을 통해 결과를 창조하는 메커니즘입니다.

필자의 이러한 오랜 생각은 세계적인 물리학자이자 양자이론과 중력이론을 결합한 '루프 양자중력'이라는 개념으로 블랙홀을 새롭게 규명한 우주론의 대가 프랑스 엑스마르세유대학교 이론물리학센터 교수 카를로 로벨리가 제시한 최신 물리학 이론과 닮아 있습니다.

카를로 로벨리 교수는 "사물은 낱개로 존재하는 것이 아니라 오직 프로세스로 존재한다. 단지 빠른 프로세스와 느린 프로세스만 있을 뿐이다. 존재한다는 것 자체가 환상이다. 세상은 서로의 관계 속에 존재하는 관점들의 총체"라고 자신의 이론을 설명한 바 있습니다.

지금까지 이 책을 읽으신 여러분은 비로소 '→'인 창조 프로세스를 포착해 그동안 잃어버렸던 완전한 창조과정의 세계를 엿볼 수 있는 '눈'을 얻었습니다.

어떻게 다르게 생각하지?
어떻게 새로운 걸 만들지?

이 책에 소개한 창의력으로 '히트 친' 사람들은 어떻게 창의에 성공할 수 있었을까요? 이들이 창조한 결과들은 모두 다릅니다. 또 활동 분야도 다르고, 지식과 경험도 다르고, 비전도 다르고, 열정도 다르고, 노력도 다르고, 아이디어도 다릅니다. 철학자냐, 과학자냐, 물리학자냐, 사업가냐, 예술가냐는 물론 동양이냐, 서양이냐도 다릅니다. 그러나 분명 그들 모두의 생각 속에 관통하는 하나의 공통점이 있습니다. 그것은 바로 그들 모두 창조적 관점으로 숨어있는 '사이'의 관계를 보았다는 사실입니다.

그들은 스스로 창조자의 포지션에 서서 '이쪽'에서 '저쪽'으로 가고자 했고, 이쪽과 저쪽의 사이의 전모를 통찰했습니다. 그리고 둘 사이에 창조 프로세스인 다리를 연결하고 건설했습니다. 그래서 코로나 백신이, 구글이, 당근마켓이, 디즈니 오솔이가, 스마트폰이, 유튜브가, 코카콜라병이, 평창동계올림픽 메달이, 각종 공모전의 대상 수상작이, 철학이, 문학이 새롭게 탄생한 것입니다. 그들은 창조의 다리를 건설하기 위해 창의 프로세스라는 '공통적인 도구'를 사용했습니다. 하나같이 새로운 무대를 발견했고 새로운 연결을 시도했고 하나의 콘셉트를 찾아냈으며 이를 도전과 인내로 실현해 결과를 만들어냈습니다. 물론 창조 프로세스의 일부는 우리 눈에 잘 드러나지 않습니다. 그러나 통찰력으로 보면 분명 무대와 연결의 전제조건이 있음을 발견해 낼 수 있습니다.

창의적인 '사람'이 중요한 게 아닙니다. 창의적인 사람들이 사용한 '공통적인 도구'를 아는 것이 필요합니다. 이 도구에 주목하여 부디 당신의 것으로 만들어 보길 권합니다. 창의로 성공한 그들처럼 우리 역시 발밑에 있는 보이지 않는 무대를 통찰하고 빠르게 새로운 연결을 창의한다면 얼마든지 결과를 창조할 수 있습니다. 당신도 가능합니다.

창조적 관점으로 당신 삶의 무대에서 주인으로 살아가길, 그리고 매순간 창의하며 하루 1%씩 성공확률을 높여가세요.

당신의 창조적인 도전을 응원합니다.

지은이 이동조

좋은 책을 만드는 길
독자님과 함께하겠습니다.

도서나 동영상에 궁금한 점, 아쉬운 점, 만족스러운 점이
있으시다면 어떤 의견이라도 말씀해 주세요.
시대인은 독자님의 의견을 모아 더 좋은 책으로 보답하겠습니다.

www.edusd.co.kr

선을 넘는 창의력 – 창의력으로 '히트 친' 사람들

초 판 발 행	2022년 03월 10일 (인쇄 2021년 11월 26일)
발 행 인	박영일
책 임 편 집	이해욱
저　　　자	이동조
편 집 진 행	김민준
표지디자인	이미애
편집디자인	임아람 · 채현주
발 행 처	시대인
출 판 등 록	제10-1521호
주　　　소	서울시 마포구 큰우물로 75 [도화동 538 성지 B/D] 9F
전　　　화	1600-3600
팩　　　스	02-701-8823
홈 페 이 지	www.sidaegosi.com
I S B N	979-11-383-1290-5 (03320)
정　　　가	16,000원

※ 이 책은 저작권법의 보호를 받는 저작물이므로 동영상 제작 및 무단전재와 배포를 금합니다.
※ 잘못된 책은 구입하신 서점에서 바꾸어 드립니다.